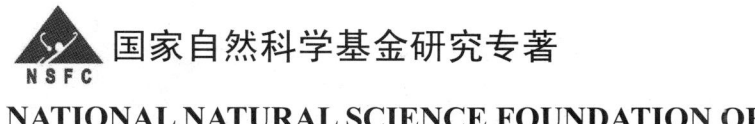
国家自然科学基金研究专著

NATIONAL NATURAL SCIENCE FOUNDATION OF CHINA

中国城市消费者互联网顾客关系质量及顾客忠诚影响机制研究

仇立 著

南开大学出版社

天津

图书在版编目(CIP)数据

中国城市消费者互联网顾客关系质量及顾客忠诚影响机制研究/仇立著. —天津:南开大学出版社,2018.4

ISBN 978-7-310-05567-8

Ⅰ.①中… Ⅱ.①仇… Ⅲ.①企业管理-网络营销-研究-中国 Ⅳ.①F279.23-39

中国版本图书馆 CIP 数据核字(2018)第 046627 号

版权所有 侵权必究

南开大学出版社出版发行
出版人:刘立松
地址:天津市南开区卫津路 94 号 邮政编码:300071
营销部电话:(022)23508339 23500755
营销部传真:(022)23508542 邮购部电话:(022)23502200

*

天津市蓟县宏图印务有限公司印刷
全国各地新华书店经销

*

2018 年 4 月第 1 版 2018 年 4 月第 1 次印刷
260×185 毫米 16 开本 17.25 印张 2 插页 392 千字
定价:59.00 元

如遇图书印装质量问题,请与本社营销部联系调换,电话:(022)23507125

内容简介

在 Web 2.0 时代,伴随信息技术的迅猛发展,电子商务(Electronic Business,EB)使传统商业模式借助 Internet 及信息技术前沿成功迁徙至互联网,人们的消费方式悄然发生变化,并进一步促使社会经济结构的深度变革。然而,与网络消费盛行背道而驰的是众多国内 EB 企业的惨淡经营,甚至是难以为继。因此,如何引导依靠资本孵化推动的中国电商行业整体破解亏损悖论,增加顾客访问黏度及重复购买率就显得尤为关键。在学术界,涉及 B2C 模式下互联网顾客关系质量及顾客忠诚形成机制研究领域相关科研成果多源自于电子商务行业较为发达的西方国家,而在异域文化背景下其理论架构能否成功移植至其他国家,其广泛适用性亟待进一步商榷。

基于上述考虑,本书拟通过文献研究与探索性研究,系统筛选、归纳影响互联网顾客关系质量及顾客忠诚的前置限定因素,并在此基础上构建适用于互联网虚拟消费情境下 EB 平台顾客忠诚形成机制及影响因素概念模型,然后运用数理统计方法来检验模型的有效性,并将数理统计分析结论应用于解决国内 EB 企业在开展网络营销进程中所遇到的相关问题,以期为互联网虚拟消费情境下我国 EB 企业改善互联网顾客关系质量、提升顾客态度忠诚及行为忠诚、实施顾客锁定战略提供相应理论支撑与可行性建议。具体研究内容:第一,系统梳理、归纳影响互联网顾客关系质量及顾客忠诚前置限定因素,并进一步界定互联网顾客忠诚形成机制关键路径;第二,在前期实证研究基础上构建了 B2C 模式下 EB 平台服务便利概念模型,并分别从企业与消费者不同视角切入探索影响 EB 平台服务便利前置限定因素;第三,构建了基于互联网虚拟消费情境下顾客对商品质量感知与顾客忠诚的全新二维质量分析架构;第四,深入探索基于复杂混沌网络环境下我国 EB 企业竞争战略范式演进路径;第五,将 6Sigma 理念植入 EB 平台服务质量管理体系,据此构建 B2C 模式下 EB 平台服务质量体系架构;第六,基于 EB 企业、互联网消费者、政府、第三方电商产品质量信息服务平台不同视角,深入探讨其对构建中国电商产业商品质量监管体系所发挥的积极作用,构建中国电商产业商品质量监管体系四力模型;第七,基于大数据背景下全新顾客需求分析模式,对 EB 企业系统践行 E-CRM 实施顾客锁定战略提出可行性建议。

序

"十三五"规划将扩大服务性消费规模作为引领消费结构升级宏观调控战略核心，进而在顶层设计层面明确新消费模式应充分彰显集约化、环保化、品质化与智能化。电子商务以互联网为媒介、应用信息技术将传统商业模式成功迁徙至虚拟消费体验情境，顺应了新消费结构升级发展的必然趋势。据CNNIC和Analysys统计数据显示：截至2016年12月，我国互联网消费用户达4.67亿，较2015年末增长12.9%；B2C交易规模占比持续提升，O2O融合态势进一步彰显。然而，与互联网虚拟消费盛行背道而驰的是国内众多EB企业的惨淡经营，甚至是举步维艰，难以为继。因此，在体验经济时代如何引导依靠资本孵化推动的中国电商行业整体破解亏损悖论，显著提升互联网顾客功能性体验价值、程序性体验价值、关系性体验价值，增加其访问黏度及重复购买意向将具有重要科研价值。

仇立同志的著作《中国城市消费者互联网顾客关系质量及顾客忠诚影响机制研究》针对我国城市居民互联网消费行为意向进行问卷调查实证研究，取得了诸多有益探索性科研成果，具体而言：第一，构建了EB平台顾客忠诚形成机制及影响因素概念模型，运用数理统计方法对模型进行了检验，探讨了研究的局限性；第二，将Berry服务便利模型引入虚拟消费体验情境，构建了B2C模式下EB平台服务便利模型；第三，建构了商品质量感知与顾客忠诚全新二维质量分析架构，从量化层面探索不同商品质量水平下顾客忠诚影响机制及非线性关系；第四，基于复杂混沌网络环境下，建议我国EB企业竞争战略范式演进路径应以系统提升顾客感知价值为初衷，并积极构建竞争对手难以效仿的差异化竞争优势；第五，创新将6Sigma理念植入EB平台服务质量管理体系，构建了以服务过程为基础，以顾客为核心，以提高服务质量为初衷的6Sigma管理模型，探讨了DMAIC具体实施策略；第六，构建了中国电商产业商品质量监管体系四力模型，提出相应可行性建议；第七，建议EB企业应用大数据技术对平台内、外部相关数据进行深度数据挖掘，并以消费个体为单位借助虚拟社区等多种渠道将小众营销理念与EB平台营销管理实践深度融合，增强互联网消费者B2C结构性关系感知。该著作立意精准，逻辑清晰，采用数据图表详实可靠，方法运用科学合理，创新点很好，该研究成果对其相关部门及相关研究领域均具有重要的参考价值和借鉴意义。

春华而秋实，厚积而薄发。在此，我很高兴地看到仇立同志对工作和学习所一贯秉承的严肃、认真的理念，也有幸见证其正在不断积累和进步。希望其在今后的学习和工作中，志存高远、不慕浮华，以坚韧的意志践行母校实事求是的校训，在振兴中华的宏伟事业中实现人生的价值，在奉献与创新中感受人生的快乐，创造精彩四溢的人生！

是为序。

2017年7月于
天津大学

目　　录

第一章　绪　论 ·· 1
　第一节　研究背景 ·· 1
　第二节　国内外研究现状 ··· 2
　第三节　研究目的与意义 ··· 6
　第四节　研究思路及研究方法 ··· 7
　第五节　研究内容、框架及主要创新点 ···································· 10

第二章　相关理论综述 ··· 15
　第一节　消费者行为学理论 ··· 15
　第二节　关系营销理论 ··· 27
　第三节　互联网顾客忠诚相关研究 ··· 31

第三章　研究模型与假设 ··· 56
　第一节　理论模型构建 ··· 56
　第二节　B2C 模式下顾客关系质量、顾客忠诚形成机制相关研究假设推演 ······ 57

第四章　研究方法 ·· 124
　第一节　量表设计及开发流程 ··· 124
　第二节　变量的测量及计量指标 ·· 125
　第三节　调研过程与样本结构 ··· 128
　第四节　数据分析方法 ··· 130

第五章　数据分析与讨论 ··· 144
　第一节　描述性统计分析 ·· 144
　第二节　问卷的信度、效度分析 ·· 145
　第三节　互联网顾客忠诚前置限定因素实证研究 ······················· 154
　第四节　B2C 模式下互联网顾客忠诚形成机制实证研究 ············· 158
　第五节　实证分析结论汇总 ··· 162

第六章　研究结论 ·· 164
　第一节　研究内容总结 ··· 164

第二节　营销和管理启示 …………………………………………… 166
第三节　研究展望 …………………………………………………… 177

参考文献 …………………………………………………………… 179

附录 1　B2C 模式下互联网顾客忠诚形成机制调研问卷 ………… 207

附录 2　阶段性研究成果 …………………………………………… 212

B2C 模式下消费者感知物流配送服务质量与顾客忠诚相关性研究 …… 212
Reseach of the Relevance between the Product Quality and the Customer Loyalty under the B2C Mode ……………………………………………… 217
B2C 模式下消费者感知价格利益与顾客忠诚相关性研究 ……………… 223
互联网顾客忠诚形成机制研究——基于便利营销理念 ………………… 229
体验营销理念下互联网顾客忠诚的形成机理——满意度与信任度的双中介效应 …… 240
基于模糊层次分析法的 B2C 模式下物流配送服务质量评价体系构建 …… 254
Study of Construction and Implementation Strategies of EB Platform Service Convenience System under Six Sigma Concept ……………………… 260

后　记 ……………………………………………………………… 268

第一章 绪 论

本章在介绍现实研究背景和理论研究背景基础上,分别阐述了本书的研究目的和意义、研究思路、研究方法、研究内容、研究框架及主要创新点。

第一节 研究背景

伴随互联网及信息技术的迅猛发展,电子商务(Electron c Business,EB)的蓬勃兴起不仅开创了全新的商业行为与经济模式,也在一定程度上潜移默化地改变着企业经营理念与社会公众消费行为意向。在互联网经济时代,社会公众消费行为方式业已从传统意义上的实体店商延伸、迁徙至互联网虚拟消费情境下的EB平台。据CNNIC最新统计数据显示,截至2015年12月,我国网民总体规模已达6.88亿,全年累计新增网民3951万人;互联网普及率为50.3%,同比增长2.4个百分点,如图1-1所示。[1]我国互联网消费规模业已突破4.13亿,同比增加5183万,增长率为14.3%,增速依然保持稳健;尤其是我国手机网络购物用户规模增势强劲,已达3.40亿,增长率为43.9%。

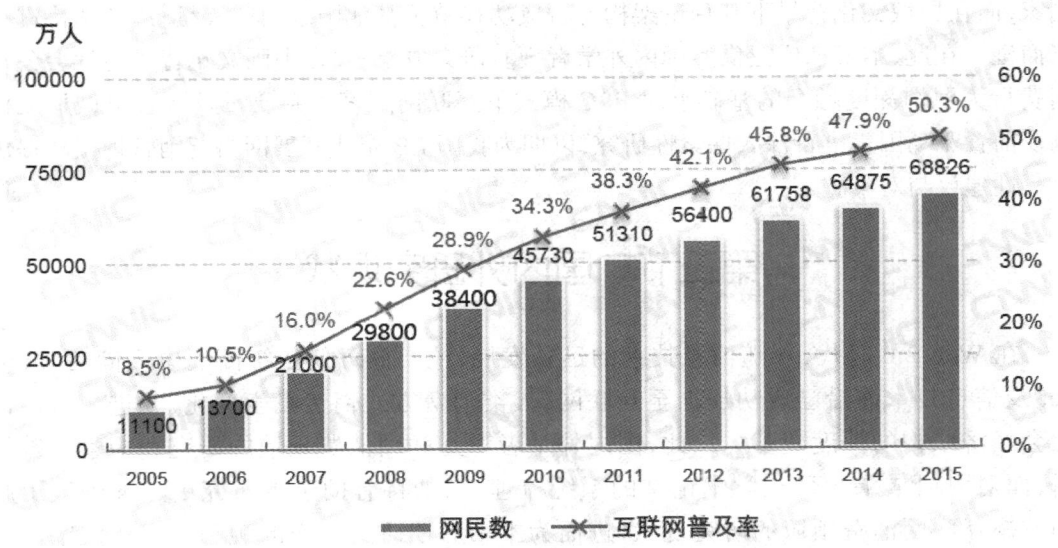

图1-1 中国网民规模和互联网普及率统计汇总

《中共中央关于制定国民经济和社会发展第十三个五年规划的建议》提出将"共享"作为发展理念之一,而网络零售的"平台型经济"顺应了这一发展理念,使广大商家和消费者在企业平台的共建共享中获益。[2]据iResearch最新统计数据显示,中国网络市场B2C交易规模已突破1.2万亿,同比增长68.7%,且B2C模式下电商五强格局业已锁定,其中天猫以61.4%的市场占比位居榜首;京东位居第二,市场占比为18.6%,地位稳定;苏宁易购、唯品会位居三、四位,占比分别为3.2%和2.9%,而国美在线则位居第五,市场份额仅为1.7%。此外,中国跨境电商发展规模亦不可小觑,在政府相关政策的大力扶持下,我国跨境电商业已成为互联网零售市场新的增长点,商务部最新发布数据显示中国主要跨境电商交易额平均增长率为40%,其中进口、出口网络零售增长率分别为60%与40%;EB平台引入美国、欧洲、日本、韩国等25个国家及地区的5000多个海外知名品牌的全进口品类,国内超过5000家商户的5000万种折扣商品业已销售至"一带一路"沿线的64个国家及地区。[3]上述数据说明电子商务模式所彰显的便利性、互动性及趣味性等特质将使互联网消费者在货币成本、时间成本、精力成本以及体力成本等层面获取更高的顾客让渡价值感知,由此,相对于新消费者阶层日益稀缺的时间资源及有限的努力付出,其必将倍受新消费者阶层的日益关注与青睐。然而,与网络消费盛行背道而驰的是众多国内EB企业的惨淡经营,甚至是难以为继。在B2C模式下,目前国内众多EB企业仍将吸引新顾客、强调顾客成长率作为企业经营管理的核心,而在一定程度上忽视了互联网顾客忠诚的建立与维系。毋庸置疑,无论是实体环境下的店商,抑或是互联网虚拟消费情境下的电商,顾客关系质量的改善以及顾客忠诚的建立与维系均是企业生存、发展乃至基业长青的关键所在。因此,如何引导依靠资本孵化推动的中国电商行业整体破解亏损悖论,增加顾客访问黏度及重复购买率就显得尤为关键。在学术界,涉及B2C模式下互联网顾客关系质量及顾客忠诚形成机制研究领域相关科研成果多源自于电子商务行业较为发达的西方国家,而在异域文化背景下其理论架构能否成功移植至其他国家,其广泛适用性亟待进一步商榷。在此,本书拟广泛借鉴国内外学者现有研究成果,并在中国文化背景与社会公众消费行为习惯深度融合的基础上对B2C模式下互联网顾客关系质量及顾客忠诚形成机制及前置驱动因素进行深入探索性研究,以期为我国EB企业开展网络营销管理实践提供可行性建议与对策。

第二节 国内外研究现状

在Web 2.0时代,伴随信息技术的迅猛发展,电子商务使传统商业模式借助Internet及信息技术前沿已成功迁徙至互联网,人类消费方式悄然发生变化,并进一步促使社会经济结构的深度变革。从此,国内外学者对互联网消费领域的研究和探索未曾间断,而对科研成果、著作、学术论文的系统梳理、归纳将有助于本研究更加准确地了解和掌握互联网消费领域的研究现状,进而为本书后期研究工作的顺利开展奠定坚实的理论支撑。

1. 国外相关研究现状

为系统考察国外B2C模式下互联网顾客忠诚形成机制前沿思想及发展趋势,本书从国际学术论文总库(包括德国SPRINGER期刊数据库、德国Springer图书数据库、英国Taylor & Francis期刊数据库、Wiley期刊数据库、剑桥大学出版社期刊数据库、IOS期刊数据库、Bentham 期刊数据库、Annual Reviews 期刊数据库、MultiScience 期刊数据库、施外茨巴特科技期刊题录数据库、Academy 期刊全文数据库、伯克利电子期刊数据库、Earthscan 期刊数据库、Frontiers 系列期刊数据库、Jaypee 图书数据库、Hart 图书数据库、Manson 图书数据库等)中对 B2C 模式下互联网顾客忠诚形成机制相关文献进行检索。在国际学术论文总库中分别以"Internet Customer Perceived Value""Internet Customer Satisfaction""Internet Customer Trust"和"Internet Customer Loyalty"为关键词进行检索,结果显示共计 255 篇相关文献,历年研究趋势分布如图 1-2 所示。

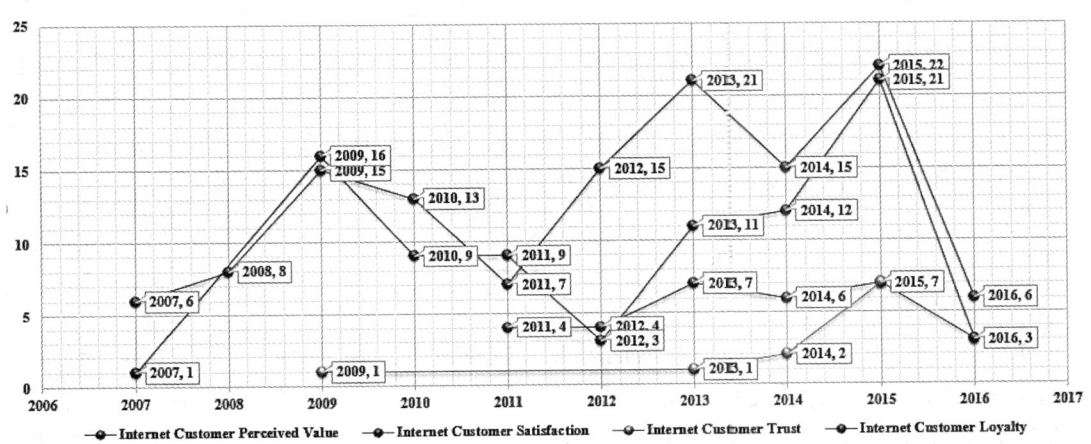

图 1-2 国际学术论文总库关于"Internet Customer Loyalty"等相关文献研究趋势图

从国外 B2C 模式下互联网顾客忠诚形成机制研究现状、趋势分析,国外学者通常以关系质量理论、顾客价值分类理论及交易成本理论为基础,建立理论模型,采用 Likertt 量表法、结构方程模型等方法对网络消费行为进行定量研究,如 Bloemer(1995)认为顾客满意与品牌忠诚正相关,且外显顾客满意比潜在顾客满意对品牌忠诚的正向影响效果更显著。[4]Reichheld 和 Schefter(2000)认为顾客对 EB 平台的信任感是互联网消费决策意向的关键驱动因素,并进一步指出要获取顾客忠诚首先要赢得顾客信任。[5]Cronin (2000)认为服务价值会影响顾客满意度指数及顾客行为意向,并进一步强调价值与顾客满意之间呈现直接或间接正向相关关系,即顾客在购买商品后对企业所提供的顾客价值会形成一定的主观感知,且唯有当其感知的顾客价值超过事先利益预期时,才能产生顾客满意。[6]Mcknight(2002)等学者的实证研究结论也进一步佐证在 B2C 模式下消费者对 EB 平台的信任度对其重复惠顾该 EB 平台将产生积极影响。[7]Gefen(2002)在涉及互联网顾客忠诚影响机制研究中,选取亚马逊网上书城的消费者为调研对象进行实证探索性研究,认为在互联网虚拟消费情境下,互联网顾客信任度是顾客忠诚度的重要驱动因素。[8]Luarn 和 Lin(2003)将网络顾客忠诚的重要驱动因素归因为互联网顾客满意度、互联网顾客信任度以及互联网顾客感知服务质量,研究表明上述维度对顾客忠诚均具有显著正向影响。[9]Shergill(2004)等学者的研究结果表明:顾客满意、品牌声誉、顾客信任、转移成本与互联网顾客忠诚之间均具有显著正向影响;其中,顾客满意回归系数最高,证明其是构成互联网顾客忠诚的重要前置限定因素。[10]Balabanis、Reynolds 和 Simintiras(2006)将影响顾客忠诚的重要前置影响因素界定为消费者满意度与转换障碍。[11]Carlos(2006)等学者的相关研究成果表明 EB 平台有用性及易用性是衡量 EB 企业形象的重要测量维度,其对网络消费行为趋向具有重要影响,且 EB 平台有用性及易用性与互联网顾客满意度、信任度及忠诚度亦具有显著正向影响。[12]Kim(2009)通过纵向数据研究证实信任能有效降低消费者在互联网虚拟交易情境中对信息不对称风险的主观感知,对有效增强在线消费意愿具有积极意义。[13]Swaid 和 Wigand(2009)在涉及互联网服务质量各维度与顾客态度忠诚及行为忠诚影响机制研究中指出,可靠性是影响互联网顾客态度忠诚的关键影响因子。[14]Zhou(2013)实证研究了系统质量、信息质量、沉浸体验对用户持续使用移动网站的影响,结果显示:系统质量、信息质量与沉浸体验均对顾客满意具有直接影响,顾客满意对持续使用具有直接影响,信息质量和沉浸体验中的感知娱乐性对持续使用也具有直接影响,顾客满意在其中起部分中介效应。[15]Cao(2013)实证研究结论显示:期望确认通过用户社会需求满足、自我实现需求满足影响用户满意,进而影响用户持续使用行为。[16]

2. 国内相关研究现状

为系统考察国内 B2C 模式下互联网顾客忠诚形成机制前沿动态及发展趋势,本书从 CNKI 数据库中对管理类重要核心期刊(包括公共管理学报、管理工程学报、管理科学学报、管理世界、系统工程理论与实践、系统工程学报、中国社会科学、工业工程与管理、管理科学、管理评论、管理学报、经济理论与经济管理、经济体制改革、科学学研究、科学学与科学技术管理、南开管理评论、情报学报、数理统计与管理、系统管理学报、营销科学学报、预测、中国管理科学、中国软科学、管理现代化等)近年来涉及互联网顾客关系质量、顾客忠诚及顾客锁定战略的相关文献进行检索。历年研究趋势分布及顾客忠诚相关研究学术关注度分别如图 1-3 和图 1-4 所示。

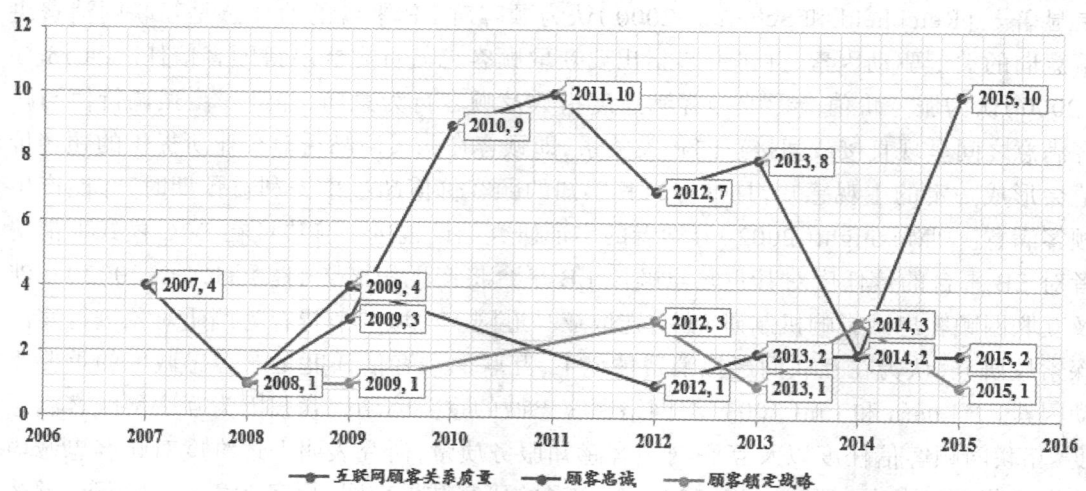

图 1-3　2007~2016 年互联网顾客关系质量、顾客忠诚及顾客锁定战略相关文献研究趋势图
(根据 CNKI 数据库资料整理)

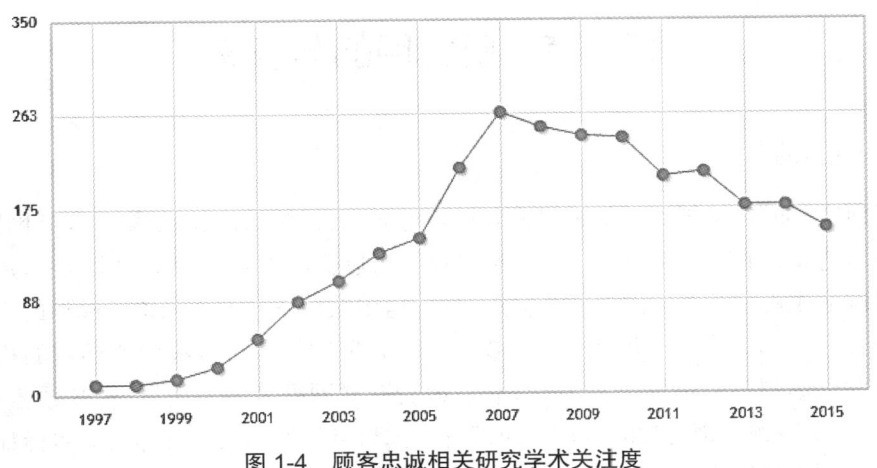

图 1-4　顾客忠诚相关研究学术关注度

从国内 B2C 模式下互联网顾客忠诚形成机制研究现状、趋势分析，国内学者通常以消费者行为理论、顾客感知价值理论、顾客满意、顾客忠诚及交易成本理论为依托，建立概念模型，并采用 Likertt 量表法、因子分析以及结构方程模型等方法对网络消费行为进行定性分析及定量研究，如邓之宏和邵兵家（2013）采用质性研究中的内容分析方法，对中国化妆品团购网站发布的 600 条买家评论进行了内容分析，深入研究了影响消费者满意度的关键因素分别为物流配送、商品质量、使用效果、商品价格和客户服务，并进一步揭示了消费者满意和不满意的主要驱动因素。[17] 雷宏振（2013）基于行业分析与文献研究，对网络团购消费者进行了问卷调研，构建了顾客满意、品牌信任与顾客忠诚的结构方程模型。[18] 邓爱民（2014）构建了以信任、在线网站特性、线下物流服务质量、顾客满意度、转换成本为外因潜在变量，以顾客忠诚度为内因潜在变量的假设模型，并以问卷调研的方式收集实证数据，采用因子分析和结构方程模型揭示网络环境下顾客忠诚度的影响因素和作用机制。[19] 刘力（2015）通过检验感知价值中介效应与转移成本调节效应，系统分析了关系利益影响顾客满意与顾客忠诚的作用机制。[20] 王琴英（2015）基于顾客满意与顾客信任理论，构建了互联网消费者"满意－信任－忠诚"转换模式，系统研究了顾客满意向顾客忠诚转化的路径关系，并利用问卷调研数据由结构方程模型进行量化测算，比较分析了淘宝、天猫、京东电商平台的顾客忠诚影响系数与忠诚度指数。[21] 朱艳春（2015）针对服务质量各因子与顾客满意、顾客满意与顾客忠诚各维度之间的相关性进行深入探索性研究，印证了算计性承诺对顾客情感性承诺与购买行为之间关系的调节作用。[22] 综上，国内研究在涉及改善互联网顾客关系质量、提升顾客态度忠诚及行为忠诚、实施顾客锁定战略等相关研究领域虽已取得诸多有益科研成果。然而，基于营销管理实践层面，现有研究对影响互联网虚拟消费情境下 EB 平台顾客忠诚形成机制及影响因素考虑得仍不够系统、全面，且研究结论仅局限于探索消费者部分个体特征及顾客感知价值与互联网顾客关系质量、顾客态度忠诚与行为忠诚之间的相关关系，并未将影响互联网顾客忠诚的诸多限定因素进行综合系统评价。

第三节　研究目的与意义

一、研究目的

本书研究目的在于拟通过文献研究与探索性研究，系统筛选、归纳影响互联网顾客关系质量及顾客忠诚的前置限定因素，并在此基础上构建适用于互联网虚拟消费情境下EB平台顾客忠诚形成机制及影响因素概念模型，然后运用数理统计方法来检验模型的有效性，并将数理统计分析结论应用于解决国内EB企业在开展网络营销进程中所遇到的相关问题，以期对互联网虚拟消费情境下我国EB企业改善互联网顾客关系质量、提升顾客态度忠诚及行为忠诚、实施顾客锁定战略提供相应理论支撑与可行性建议。具体研究目标如下：①系统梳理、归纳影响互联网顾客关系质量及顾客忠诚的前置限定因素，并尝试界定互联网顾客忠诚形成机制的关键路径；②在前期实证研究基础上拟构建B2C模式下EB平台服务便利概念模型，并分别从企业与消费者各自不同视角切入探索影响EB平台服务便利前置限定因素；③构建基于互联网虚拟消费环境下顾客对商品质量感知与顾客忠诚的全新二维质量分析架构；④深入探索基于复杂混沌网络环境下我国EB企业竞争战略范式演进路径；⑤尝试将6Sigma理念植入EB平台服务质量管理体系，据此构建B2C模式下EB平台服务质量体系架构；⑥基于电商企业、互联网消费者、政府、第三方电商产品质量信息服务平台不同视角，深入探讨其对构建中国电商产业商品质量监管体系所发挥的积极作用，拟构建中国电商产业商品质量监管体系四力模型；⑦尝试构建大数据背景下全新顾客需求分析模式，并对EB企业系统践行E-CRM实施顾客锁定战略提出可行性建议。

二、研究意义

本书拟通过实证研究方式，对B2C模式下我国互联网消费者网络消费行为相关数据进行分析，系统考察影响互联网顾客关系质量及顾客忠诚的前置限定因素，构建适用于互联网虚拟消费情境下EB平台顾客忠诚形成机制及影响因素概念模型，并对EB企业实施网络营销管理提出相应可行性建议，故本书具有一定的理论意义与实践意义。

在理论层面，本书综合国内外学者的相关研究，对影响互联网顾客关系质量及顾客忠诚的相关理论进行系统梳理，分别从消费者行为理论、关系营销理论及互联网顾客忠诚形成机制三个不同层面进行深入探讨。在消费者行为研究方面，界定了消费行为研究的基本假设，探讨了尼克西亚模式、霍华德-谢恩模式以及EBK模式等相关消费者购买行为理论，并进一步对B2C模式下新消费者阶层特征进行系统分析。在关系营销理论文献评析部分，界定了关系营销内涵及基本模式分析架构，并基于关系营销范式顾客忠诚形成机制进行深入探索性研究。在涉及互联网顾客忠诚形成机制研究层面，系统考察了顾客忠诚内涵，并全新界定了B2C模式下互联网顾客忠诚构念的深层内涵。

在实践层面，本书对B2C模式下我国互联网消费者网络消费行为相关数据进行系统分析，并将数理统计结果用于指导国内EB企业在实施网络营销管理进程中所遇到的相关问题,进而为我国 EB 企业进行市场细分及精确定位提供参考依据。具体而言:第一,本书归纳、总结出 14 个影响互联网顾客关系质量及顾客忠诚的前置限定因素,即便利导向(Convenience Orientation,CO)、价格利益(Price Benefits,PB)、商品质量(Commodity Quality,CQ)、商品信息质量(Commodity Information Quality,CIQ)、物流配送服务质量(Logistics Distribution Service Quality,LDSQ)、服务失误补救措施(Service Failure Remedial Measures,SFRM)、系统设计质量(System Design Quality,SDQ)、系统交易安全性(System Security,SS)、消费者感知互动(Consumer Perceived Interactivity,CPI)、消费趣味性感知(Consumer Perceived Playfulness,CPP)、客户化定制(Customerization)、企业形象(Corporate Image,CI)、B2C 结构性关系感知(B2C Structural Relationship Perception,B2CSRP)以及虚拟社区感(Sense of Virtual Community,SOVC),并将上述 14 个影响因子归纳为功能性利益体验、程序性利益体验以及关系性利益体验三个层面,以期更全面、系统地诠释基于 B2C 模式下互联网顾客忠诚形成机制。第二,将 Berry 服务便利模型引入 B2C 电子商务模式,沿袭并修正了模型相关变量,据此构建了 B2C 模式下 EB 平台服务便利模型。第三,构建了基于互联网虚拟环境下顾客对商品质量感知与顾客忠诚的全新二维质量分析架构,从量化层面探索不同商品质量水平下顾客忠诚影响机制及非线性关系,进而从理论层面对 KANO 模型及魅力质量理论进行有益拓展与完善。第四,构建了 B2C 模式下互联网顾客感知价值(Internet Customer Perceived Value,ICPV)概念函数,并进一步认为在 B2C 模式下,EB 企业在改善互联网顾客关系质量、提升顾客态度忠诚及行为忠诚的进程中应适时采取增强顾客感知利得(Perceived Benefits,PB)、减少顾客感知利失(Perceived Sacrifices,PS)以及综合实施 PB、PS 组合战略。第五,将 6Sigma 理念植入 EB 平台服务质量管理体系,构建了以服务过程为基础,以顾客为核心,以提高服务质量为初衷的 6Sigma 管理模型。第六,基于电商企业、互联网消费者、政府、第三方电商产品质量信息服务平台不同视角,深入探讨其对构建中国电商产业商品质量监管体系所发挥的积极作用,构建了中国电商产业商品质量监管体系四力模型。第七,在体验经济时代,EB 平台应以感知互动为基点,系统提升 EB 平台交互导向、任务导向互动品质,增强 EB 平台虚拟体验趣味性、提升消费者涉入度调节作用,改善互联网顾客关系质量。第八,基于社交网络时代,EB 企业应持续提升互联网消费者在虚拟社区中所感知的成员感及个体身份认同、影响力、需求的整合与满足以及情感分享效果。此外,基于前期实证研究基础,建议 EB 企业在售前 E-CRM 阶段应实施需求诱导策略、售中 E-CRM 阶段应实施客户化定制差异化营销策略、售后 E-CRM 阶段应实施情感沟通策略。

第四节　研究思路及研究方法

一、研究思路

一般而言,所谓研究思路泛指科研工作开展的程序与步骤,其是否具有科学性直接关系到科研成果的质量。因此,有必要在研究伊始首先明确。本研究属于规范实证研究范畴,其中涉及理论模型构建、量表设计与开发流程、变量测量与计量指标、调研过程与样本结构以及数据分析与讨论等诸多环节。通过对国内外学者涉及互联网顾客忠诚形成机制方面的相关研究,经过系统归纳、梳理可以发现,现有研究虽已取得诸多有益成果,但仍有相关问题值得进一步深入探讨。特别是在互联网消费行为研究领域,现有研究大多探索消费者部分个体特征及顾客感知价值与互联网顾客关系质量、顾客态度忠诚与行为忠诚之间的相关关系,并未对影响互联网顾客忠诚的诸多限定因素进行综合系统评价。故本书以此为切入点,重点研究基于 B2C 模式下,我国互联网消费者网络消费行为特点及规律,以期为国内 EB 企业开展网络营销管理提供理论依据与实证经验。

  本书的研究思路:第一,对国内外学者相关科研成果和文献进行检索、筛选、归纳,系统梳理消费行为、关系营销及顾客忠诚等理论,以期为后续实证研究工作的顺利展开提供理论支撑。第二,在上述研究基础上深入挖掘并归纳出影响互联网顾客关系质量及顾客忠诚的前置限定因素,并将其划分为 3 个层面 14 个维度,据此构建理论模型。第三,通过采取与 EB 企业、互联网消费者进行深入访谈的形式,考察 EB 平台发展现状、发展前景规划以及影响互联网顾客忠诚的限定因素。据此,调整并改进现有量表以期更加符合实际情况,并参照专家建议对量表中一些语义上存在二义性及重复测量指标进行删除,从而完成本研究所需的量表初稿。在预调研环节通过在管理学院研究生中进行小规模测试,借以评估问卷长度、语义表述清晰度等,并对量表进行相应信度、效度检验,剔除某些存有不可靠因素的指标。通过上述步骤及开发流程最终形成本研究所采纳的计量量表。在抽样调查及问卷回收环节,采取电子邮件等多种调研途径发放问卷,数据采集汇总历时 3 个月。随后剔除漏填及存在一致性问题的问卷,将数据编码、输机、录入数据库。第四,在数据分析与讨论环节采用 AMOS 作为统计分析工具。首先,对样本数据进行描述性统计分析,并参照中国互联网发展状况统计报告对样本数据质量进行初步评估;其次,对测量方程进行验证性因子分析,以检验观测数据信度及效度水平;再次,参照拟合优度数据统计分析检验结构方程模型与观测样本数据的整体拟合度及合理性是否理想;最后,通过结构方程建模对 B2C 模式下互联网顾客消费体验诸维度与互联网顾客满意度、信任度及忠诚度之间的相关关系进行系统检验,并将假设验证结果进行归纳、汇总。第五,基于理论与实证研究结论为 B2C 模式下我国 EB 企业改善互联网顾客关系质量、提升顾客态度忠诚及行为忠诚实施顾客锁定战略提供可行性建议与对策。依循上述研究思路,本书的研究技术路线如图 1-5 所示。

二、研究方法

  本书以消费者行为理论、消费心理学、体验营销、网络营销、关系营销、小众营销以及顾客忠诚等为理论依托,探讨了基于 B2C 模式下我国互联网消费者网络消费行为的基本特征,并试图探寻影响互联网顾客关系质量及顾客忠诚形成机制的关键性决定因子,以期为我国 EB 企业开展网络营销管理提供可行性建议与对策。本研究工作是按照现状分析-理论研究-实证研究-营销建议这一脉络来展开的,具体研究方法如下所述。

1. 文献研究

  本书在对国内外学者现有研究成果广泛涉猎的基础上,充分汲取各家之精华,在涉及消

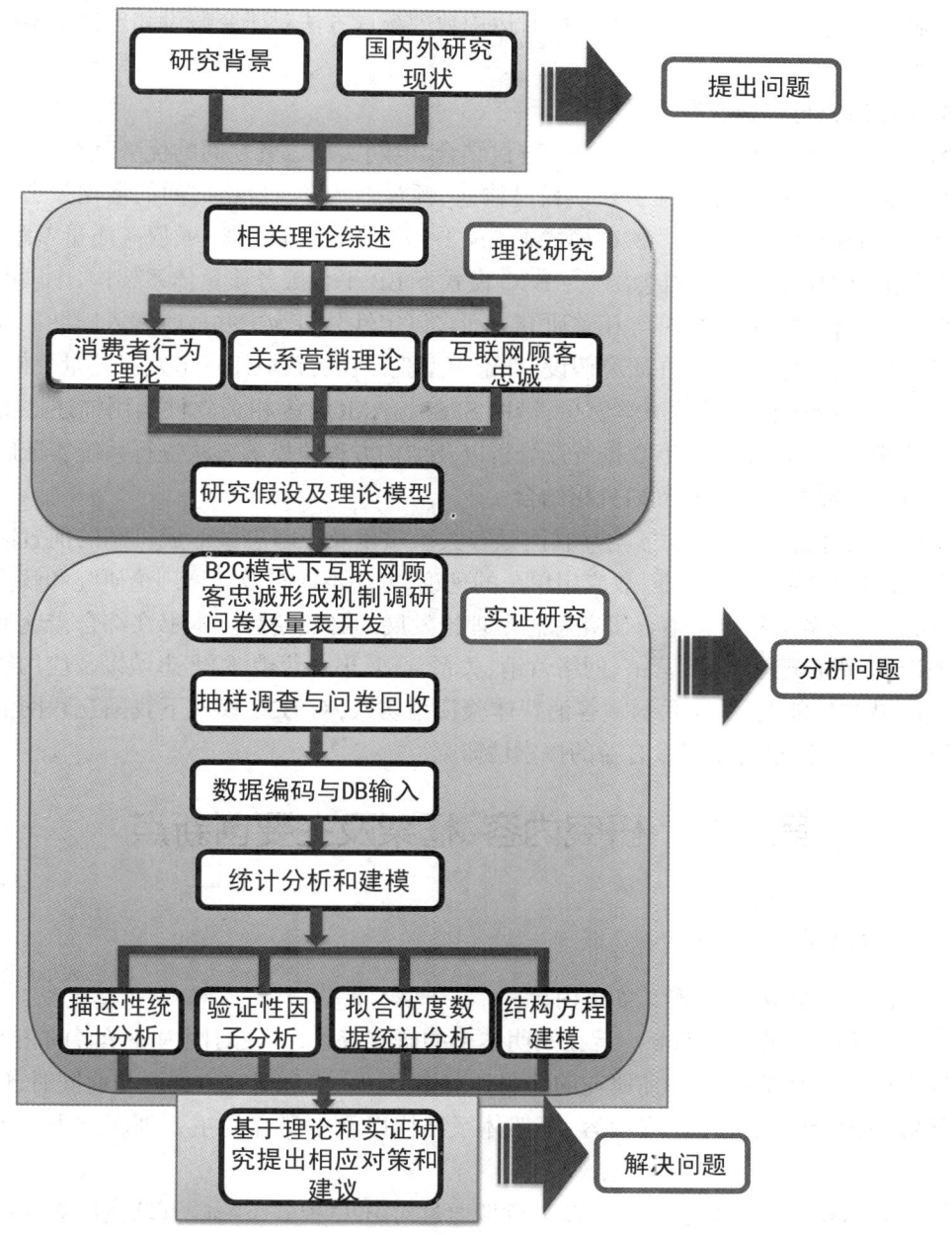

图 1-5 技术路线示意图

费者行为理论、关系营销、顾客忠诚以及影响互联网顾客关系质量、顾客忠诚形成机制的前置因素层面主要采用文献查阅、筛选、归纳的方法对理论进行系统梳理与总结。

2. 理论研究与实证研究相结合

本书以理论研究和规范研究为主线,在系统介绍消费者行为、关系营销及顾客忠诚理论基础上,界定了基于 B2C 模式下影响互联网顾客关系质量及顾客忠诚的前置限定因素,并将 14 个影响因子归纳为功能性利益体验、程序性利益体验以及关系性利益体验 3 个层面,在此基础上构建了本研究理论模型。同时运用数理统计方法对研究假设和理论模型进行了严格检验。

3. 定性研究与定量研究相结合

本研究将定性分析与定量分析进行有机结合,以期实现二者之间的优势互补。一方面,在涉及 B2C 模式下 EB 平台服务便利模型构建、顾客忠诚度与价格之间的量化关系推演以及顾客忠诚的价格弹性界定、B2C 模式下 EB 平台二维质量分析架构、服务质量差距模型、互联网顾客感知价值 ICPV 概念函数、B2C 模式下 EB 平台服务质量体系架构、中国电商产业商品质量监管体系四力模型等相关研究方面多以定性分析为主并适时融入归纳比较分析与演绎分析思想;另一方面,在研究假设、理论模型验证及实践应用环节则以定量分析为主,综合运用数理统计和计量经济学思想,借助 SPSS、AMOS 等相关软件运用描述性统计分析、验证性因子分子、拟合优度数据统计分析以及结构方程建模等方法进行系统实证研究。

4. 专业研究与跨学科交叉研究相结合

由于在后经济危机时代,影响互联网顾客关系质量及顾客忠诚形成机制的前置因素呈现复杂性及现实特殊性等特征,故应用单一的理论、方法不能有效开展理论研究和解决实际问题,而跨专业多学科交叉整合研究思想是理论发展的必然趋势。本书在综合借鉴消费者行为理论、消费心理学、体验营销、网络营销、关系营销、小众营销、顾客忠诚以及应用统计学等研究成果的基础上,从互联网顾客消费体验视角切入,对 B2C 模式下我国互联网消费者网络消费行为特征进行了诸多有益的探索性研究。

第五节 研究内容、框架及主要创新点

一、研究内容

本书由六章组成,主要涵盖如下内容:

第一章为全书的绪论部分。旨在阐明本书的研究背景,并在对国内外学者的相关研究现状进行述评的前提下,将当前研究的薄弱环节作为切入点和研究方向。与此同时,还将本书的研究思想、研究方法、研究内容、框架体系结构以及本研究的主要创新点进行了详细介绍。

第二章为相关理论综述部分。在本章拟通过对 B2C 模式下影响互联网顾客网络消费行为相关理论进行系统梳理,为后续研究工作奠定坚实的理论基础。首先,在消费者行为理论溯源部分,深入探讨了消费者行为的内涵,界定了消费者行为研究的基本假设,并对消费者的购买决策、购买动机、知觉、学习、记忆与购买行为,消费态度的形成与改变,个人因素、文化、社会影响与消费者购买行为等诸多方面进行系统分析。其次,在关系营销理论文献评析部分,界定了关系营销内涵及基本模式分析架构,并基于关系营销范式顾客忠诚形成机制进行深入探索性研究。最后,在涉及互联网顾客忠诚形成机制研究层面,系统考察了顾客忠诚内涵,全新界定了 B2C 模式下互联网顾客忠诚架构的内涵,认为相对于新消费者阶层日益稀缺的时间资源及有限的努力付出,EB 企业若想显著改善互联网顾客关系质量、提升顾

客态度忠诚及行为忠诚,就应积极致力于顾客满意战略与顾客锁定战略的系统实施。

第三章为研究设计部分。在本章拟通过对互联网虚拟消费环境下,影响顾客消费行为意向的诸多扰动因素进行系统梳理、归纳,并基于互联网顾客消费体验视角将其系统划分为功能性利益体验、程序性利益体验以及关系性利益体验三个层面,共涉及便利导向、价格利益、商品质量、商品信息质量、物流配送服务质量、服务失误补救措施、系统设计质量、系统交易安全性、消费者感知互动、消费趣味性感知、客户化定制、企业形象、B2C结构性关系感知以及虚拟社区感14个维度,并将其作为影响B2C模式下互联网顾客关系质量的前置驱动因素,深入探索其对改善互联网顾客关系质量、提升顾客态度忠诚及行为忠诚的影响机制;中介变量涉及互联网顾客满意度和互联网顾客信任度两个维度;结果变量涉及互联网顾客忠诚度一个维度。整体研究架构由前因变量、中介变量、结果变量及相应研究路径关系构成。据此,本书构建了适用于互联网虚拟消费环境下EB平台顾客忠诚形成机制及影响因素概念模型。

第四章为研究方法部分。本章首先介绍量表的设计及开发流程;其次,探讨本研究所涉及17个变量的操作化定义及度量指标描述;再次,在调研过程及样本结构分析环节,完成本研究相应的调查问卷设计工作,确立了研究对象、研究方法,对调研回收的问卷就样本数据人口统计学特征进行深入分析。

第五章为数据分析与讨论部分。首先,对样本数据进行描述性统计分析,并参照中国互联网络发展状况统计报告对样本数据质量进行初步评估;其次,应用结构方程统计软件(Analysis of Moment Structures,AMOS)对测量方程进行验证性因子分析,以检验观测数据信度及效度水平;再次,参照拟合优度数据统计分析检验结构方程模型与观测样本数据的整体拟合度及合理性是否理想;最后,通过结构方程建模对B2C模式下互联网顾客消费体验诸维度与互联网顾客满意度、信任度及忠诚度之间的相关关系进行系统检验,并将假设验证结果进行归纳、汇总。

第六章为总结与展望部分。本章主要在前文研究基础上,总结本书的研究结论与发现,对研究的局限性及未来研究方向进行说明。

本书的研究框架结构如图1-6所示。

二、主要创新点

总览全文,本书的主要创新点可以概括为:

(1)针对我国居民互联网消费行为意向进行问卷调查实证研究,构建EB平台顾客忠诚形成机制及影响因素概念模型

本书通过实证研究方式,对B2C模式下我国居民网络消费行为的相关数据进行深入分析,系统考察了影响互联网顾客关系质量、顾客态度忠诚及行为忠诚的关键路径,并对影响互联网顾客网络消费行为意向的诸多扰动因素进行系统梳理、归纳,构建了适用于互联网虚拟消费环境下EB平台顾客忠诚形成机制及影响因素概念模型,运用数理统计方法对模型进行了检验,探讨了研究的局限性。

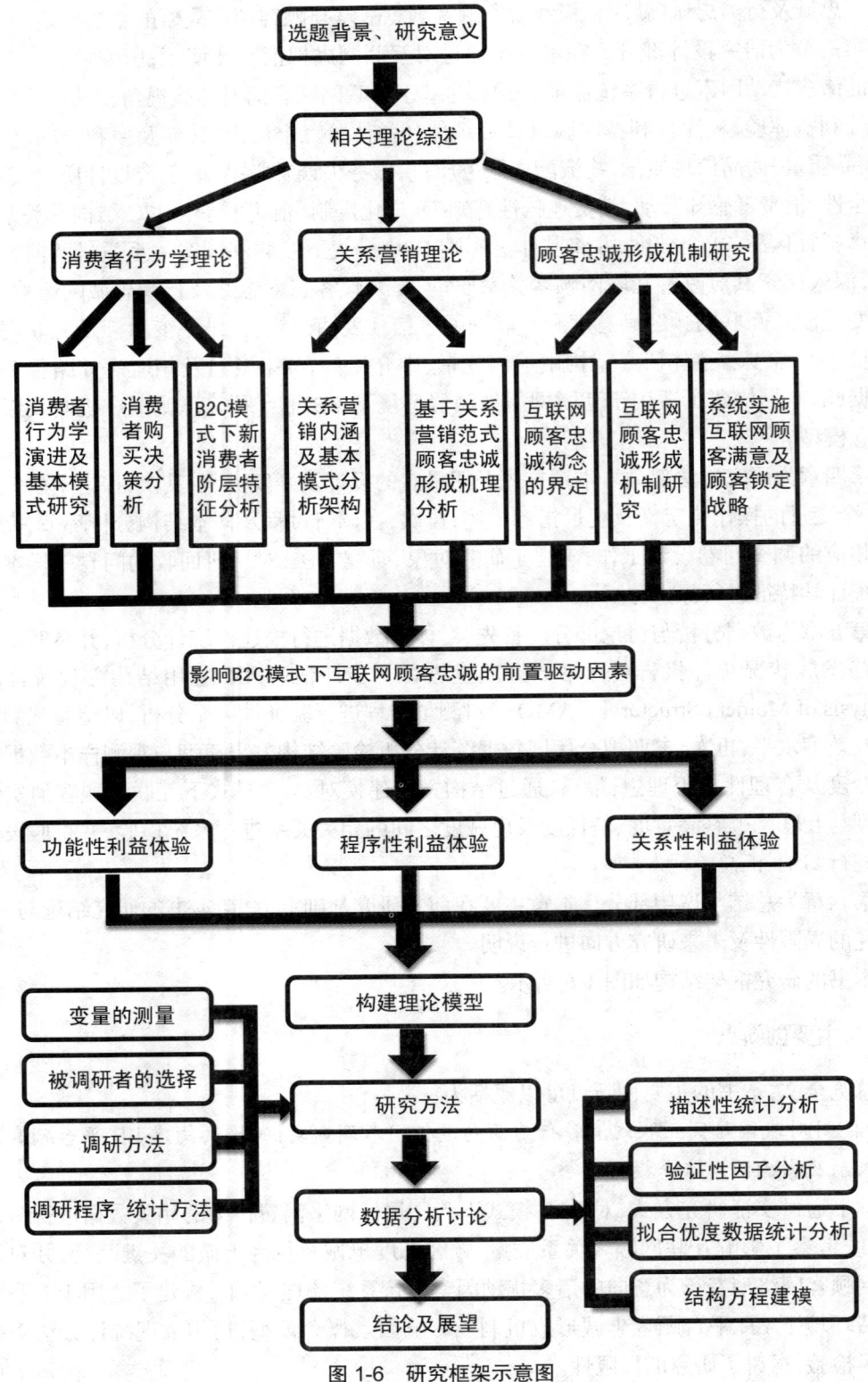

图 1-6　研究框架示意图

（2）构建了 B2C 模式下 EB 平台服务便利概念模型，并分别从企业与消费者不同视角切入探索影响 EB 平台服务便利前置限定因素

在 Web 2.0 时代，B2C 模式下涉及便利理论对互联网顾客体验、顾客关系质量及顾客忠诚形成机制的研究尚属罕见，故本书通过对便利理论进行系统梳理，探讨便利品内涵、便利导向以及便利维度的划分，将 Berry 服务便利模型引入 B2C 电子商务模式，沿袭并修正了模型相关变量，据此构建了 B2C 模式下 EB 平台服务便利模型。

（3）构建了基于互联网虚拟消费环境下顾客对商品质量感知与顾客忠诚的全新二维质量分析架构，并提出相应可行性建议

本书继承了 KANO 模型的二维质量分析架构，并基于 B2C 模式下顾客满意度与顾客忠诚的显著相关性，将该模型中顾客满意维度修正为顾客忠诚维度，据此构建了基于互联网虚拟环境下顾客对商品质量感知与顾客忠诚的全新二维质量分析架构，以期从量化层面探索不同商品质量水平下顾客忠诚影响机制及非线性关系，进而从理论层面对 KANO 模型及魅力质量理论进行有益拓展与完善。与此同时，本书还尝试引入经济学弹性理论进行定性分析，并界定了互联网顾客忠诚度的质量弹性系数 E_O^{CL}。

（4）在互联网经济时代，我国 EB 企业应适时将竞争战略向以全面提升顾客感知价值为初衷的竞争战略范式演进，并基于复杂混沌网络环境积极构建竞争对手难以效仿的差异化竞争优势

伴随信息技术前沿与 EB 平台的深度融合及 EB 平台在各级城市渗透率的快速提升，我国 EB 企业应适时将竞争战略向以全面提升顾客感知价值为初衷的竞争战略范式演进。据此，本书以互联网顾客感知价值（Internet Customer Perceived Value，ICPV）为因变量，以顾客感知利得（Perceived Benefits，PB）、顾客感知利失（Perceived Sacrifices，PS）为自变量，构建了 B2C 模式下 ICPV 概念函数，并进一步认为在 B2C 模式下，EB 企业在改善互联网顾客关系质量、提升顾客态度忠诚及行为忠诚的进程中应适时采取增强顾客感知利得、减少顾客感知利失以及综合实施 PB、PS 组合战略。

（5）尝试将 6Sigma 理念植入 EB 平台服务质量管理体系，构建了 B2C 模式下 EB 平台服务质量体系架构

本书尝试将 6Sigma 理念植入 EB 平台服务质量管理体系，构建了以服务过程为基础，以顾客为核心，以提高服务质量为初衷的 6Sigma 管理模型，并运用 6Sigma 管理理念中顾客导向、零缺陷卓越质量追求及成本控制方法深入探讨了 DMAIC 实施策略。

（6）构建了中国电商产业商品质量监管体系四力模型，并提出相应可行性建议

本书基于电商企业、互联网消费者、政府、第三方电商产品质量信息服务平台不同视角，深入探讨其对构建中国电商产业商品质量监管体系所发挥的积极作用，构建了中国电商产业商品质量监管体系四力模型，并进一步强调政府在中国电商产业商品质量监管体系中应承担重要的引领、推动作用；EB 企业在国内网络消费市场尚处于萌芽发展阶段，政府、第三方平台的引领、推动作用及互联网消费者的拉动力明显匮乏的情况下，我国各大电商企业应与政府携手，共同扶持第三方平台成长，并积极扩大其影响力及执行力；第三方电商产品质

量信息服务平台也应不断增强自身实力,与EB企业深度融合、完善质量监控系统,为政府职能部门构建质量监管体系建言献策。

(7)以感知互动为基点,系统提升EB平台交互导向、任务导向互动品质,增强EB平台虚拟体验趣味性、提升消费者涉入度调节作用,改善互联网顾客关系质量

在体验经济时代,EB平台应从消费者感知互动视角切入,为顾客在网络消费体验进程中积极提供卓越的功能性利益体验、程序性利益体验以及关系性利益体验,以期满足其情感诉求,获取尊重与自我价值实现,并最终实现实用性、享乐性及社会性价值的高度统一。

(8)基于社交网络时代,全新建构了大数据背景下顾客需求分析模式,并对EB企业系统践行E-CRM实施顾客锁定战略提出可行性建议

在社交网络时代,EB企业应持续提升互联网消费者在虚拟社区中所感知的成员感及个体身份认同、影响力、需求的整合与满足以及情感分享效果,并基于大数据技术对EB平台内、外部相关数据进行深度数据挖掘,系统分析现有顾客及潜在消费者需求偏好及行为意向,充分识别实时商机,并以消费个体为单位借助虚拟社区等多种渠道与顾客积极沟通、实时深层互动,最大限度满足客户个性化需求,将小众营销理念与EB平台营销管理实践深度融合,以期增强互联网消费者B2C结构性关系感知。此外,EB企业在社交网络时代实施全方位E-CRM应从售前、售中、售后3个层面系统展开,即在售前E-CRM阶段实施需求诱导策略、售中E-CRM阶段实施客户化定制差异化营销策略、售后E-CRM阶段实施情感沟通策略。

第二章 相关理论综述

本章拟通过对影响 B2C 模式下互联网顾客关系质量及顾客忠诚的相关理论进行系统梳理,为后续研究工作奠定坚实的理论基础。

第一节 消费者行为学理论

一、消费者行为学演进及基本模式研究

消费者行为学作为一门新兴独立学科体系,自产生至今倍受学术界和企业界高度关注,其相关研究经历了理论与实践的不断积累与演变过程,其间理论研究的日益深入,与社会经济的发展及相关学科体系建设的逐步完善密不可分。消费者行为学在现代市场营销理论体系中占据重要地位,是研究市场细节、目标市场定位、制订营销战略的基础,故对消费者行为学演进及基本研究模式进行系统分析是非常有必要的,其不仅有利于微观适应市场动态发展的需要,更有利于宏观经济调控的需要。

1. 消费者行为学的演进与发展

美国市场营销协会(AMA)将消费者行为定义为:感情、感知、行为以及环境因素的动态交互过程,是人类履行生活中交易职能的行为基础。自 20 世纪初至今,有关消费者行为学的研究经历了不断丰富、发展与完善的过程,而早在英国、法国古典经济学时期,以亚当·斯密、大卫·李嘉图、魁奈等为代表的经济学家就已经对消费者行为及相关研究进行过系统阐述。亚当·斯密的消费思想是主张把资本积累放在首位,节制消费,其消费经济思想包括:第一,勤劳和节俭是国民财富增长的必要条件,即资本增加源于节俭,资本减少源于奢侈与妄为;第二,严格区分了目前消费与未来消费、生产性消费与非生产性消费,以及其产生的不同经济效果,斯密认为,目前消费只满足眼前享受,不能积累资本进行再生产,而未来消费可以鼓励人民节俭,还能生产出价值与利润。他高度赞扬生产性消费,强调抑制非生产性消费;第三,首次提出了生产的唯一目的是为了消费,与重商主义为了生产者的利益而牺牲消费者的利益不同,斯密认为,生产不是一切工商业的终极目的,消费是一切生产的唯一目的,而生产者的利益,只在能促进消费者的利益时,才应当加以注意,该原则完全是自明的。[23]作为英国古典政治经济学的主要代表和完成者,大卫·李嘉图的消费经济思想包括:第一,从赋税的转嫁和归宿的角度阐述了与消费相关的一系列问题,首先,他认为资本可以由增加生产或减少非生产性消费而增加;其次,他认为税收归根到底来自资本和收入;再次,李嘉图研究了地租税、利润和工资税及其对消费者的影响,认为农业资本家和工商业资本家都是通过提高商品价格把利税转嫁给消费者的;第二,李嘉图分析了消费欲望、消费需求和消费水平的问题;第三,揭示了奢侈品与必需品的区别,李嘉图认为人们用来购买奢侈品的消费支出是一种非生产性的支出,而用来购买必需品的消费支出则是维持劳动力再生产的必要费用。[24]法国古典经济学的

主要代表、重农主义思想体系的创建者魁奈的消费经济思想表现为:第一,特别重视消费对财富增长的影响作用,认为消费是再生产不可缺少的条件,人是由于自己的消费而变得有益的;第二,抨击了法国重商主义的消费政策,认为其限制和降低了人民的消费,从重农主义出发,魁奈认为有必要让农民富裕起来,以便让他们消费更多的产品,从而促进经济的发展和社会的繁荣;第三,提出了"纯产品"学说,在"纯产品"学说中,区分了生产性消费和奢侈消费,从财富和收入的角度主张减少奢侈品的消费,为此魁奈强调发展农业,因为农业能生产人们生活的必需品,可以增加财富和收入。[25]萨伊在其著作《政治经济学概论》中指出:消费者一般根据消费对他所引起的损失和给他所提供的满足的损益估算来决定消费量是否适宜。[26]西斯蒙第在其代表性著作《政治经济学新原理》中强调:第一,明确提出了消费决定生产的基本观点,他认为消费是生产的动力,也是生产的目的,生产应服从于消费;第二,提出了消费不足的经济危机理论,西斯蒙第第一个论证了资本主义制度必然发生经济危机,他认为造成资本主义经济危机不可避免的根本原因在于消费不足,这种消费不足是由于生产和消费之间的尖锐矛盾造成的,一方面,生产无限的扩大,另一方面,消费却在不断缩小,因而它最终导致生产过剩的经济危机的爆发;第三,西斯蒙第还考察了生产和消费的比例平衡问题,认为在短期内,消费与生产比例平衡是一件十分偶然的事情,但从长期看要改变消费与生产比例的不平衡,特别是在生产过剩的情况下,是十分困难的;第四,西斯蒙第强调政府对人们的消费行为、消费习惯的指导,认为政府应当指导人们消费,并采取措施发展消费品生产和便利消费品的销售,制定合理、公平的消费税制度,切实关心消费者的利益。[27]艾尔弗雷德·马歇尔从长期增长的角度,明确认识到总收入和储蓄之间存在着一种关系,他考察了消费习惯的作用,认为短期内可以假定消费习惯和消费者偏好不变,但从长期来看,则必须注意社会风尚、爱好和习惯的变化,消费习惯的改变需要一个过程,在此马歇尔还提出了消费者剩余概念,他认为如果消费品的市场价格低于消费者为满足自己欲望所愿意支付的价格,那么消费者在购买中不仅可以得到需求的满足,而且还可以得到一种"满足的剩余",这就是"消费者剩余"。[28]作为宏观经济学和宏观经济政策研究的奠基者,凯恩斯是第一个以消费者行为假说和消费函数为基础来构造其经济体系理论框架的经济学家,其认为:需求作为经济运行机制中的主要变量之一,并不是始终处于被动地位的,总需求由消费需求和投资需求两部分组成,消费需求是其中最主要和最终的需求,正是基于上述意义,凯恩斯把消费作为总需求的一个主要部分乃至宏观经济研究的一个主要部分加以关注。[29]综上,纵观经济学的发展历程,马歇尔的需求理论和凯恩斯的消费函数理论成为了此后消费者行为学研究的出发点。

目前,涉及消费者行为学领域方面的研究已经进入了全面发展阶段,专家、学者的现有科研成果经过汇总、归纳已逐步趋于系统化,消费者行为学这门新兴的独立学科体系开始形成,国内外各高等院校、学术团体甚至大中型企业也纷纷设置相关研究机构,从事消费者心理与行为方面的研究工作,且近年来消费者行为的研究趋势呈现多元化、多样化及定量化的特征。具体而言:首先,研究视角趋于多元化。长期以来,学者们研究消费者行为学的焦点多集中于如何帮助企业拓展市场份额,满足广大消费者不断提高的消费需求,进而获取更大的利润空间。显然,上述这种单一的研究视角是无法有效地诠释在后经济危机时代,基于虚拟消费情境下网络消费行为日趋复杂化的问题。由此,国内外学者开始尝试将消费者行为与心理研究和更为广泛的社会问题相结合,以期从宏观经济、消费者生活方式、消费者剩余等不同视角切入,深入探讨新消费阶层的行为特征;其次,研究参数趋向多样化。在后经济危机时代,基于虚拟消费情境下影响消费者网络消费行为的前置限定因素日趋复杂。早期有部分学者引用社会学、经济学的相关概念作为测量变量,根据消费者的年龄、性别、职业、家庭、受教育程度、收入水平等来分析、挖掘影响消费者决策过程的关键性因子。随后,有的学者开始尝试引入社会心理因素的相关变量,如动机、个性、参照群体、社会态度等。此外,部分学者尝试将文化、历史、民族、宗教、道德传统、价值观念等一系列变量纳入系统建模中来,力求达到研究成果的科学化、系统化。最后,研究分析趋向定量化。由上述分析可知消费者行为学的前沿研究呈现多元化、多样化特征,且随着新变量的不断引入会导致各参数变量之间的联系日趋复杂。因此,唯有借鉴信息科学、运筹学以及统计学等相关学科分析方法,方能揭示系统内各变量间错综复杂的相关关系。

2. 消费者行为学的基本研究模式

自20世纪60年代,消费者行为学作为一门独立的学科体系产生至今,经过国内外学者、专家不断探索、发展和完善,现已进入全面发展和日臻成熟阶段。近期关于消费者心理与行为研究领域,其在内容上研究得更全面、系统;在理论分析上更深入、透彻;在学科体系建设上日趋完善,且科研成果在企业营销管理中也得到了越来越广泛的应用。在此,本书拟对国内外学者关于消费者行为学的基本研究模式进行系统归纳、梳理,以期为后续研究奠定坚实的基础。

(1)尼克西亚模式。尼克西亚在其著作《消费者决策过程》中指出:消费者的消费行为是一个信息处理过程,认为消费者的消费行为过程就是消费者在其特定心理特点的基础上对营销者所发出的刺激信息进行接收、加工、储存、使用和反馈的过程。如图2-1所示,该模式包括:第一,从信息源到消费者态度。即企业通过推销活动把自己的企业或产品的属性以信息的形式发射给消费者,消费者受其信息的影响,在自己的独特个性和心理活动的基础上,经过特有的信息处理过程,从而形成对商品和服务的态度并予以输出;第二,消费者对信息的调查和评价。消费者形成对商品和服务的调查与评价活动,在调查评价的基础上形成

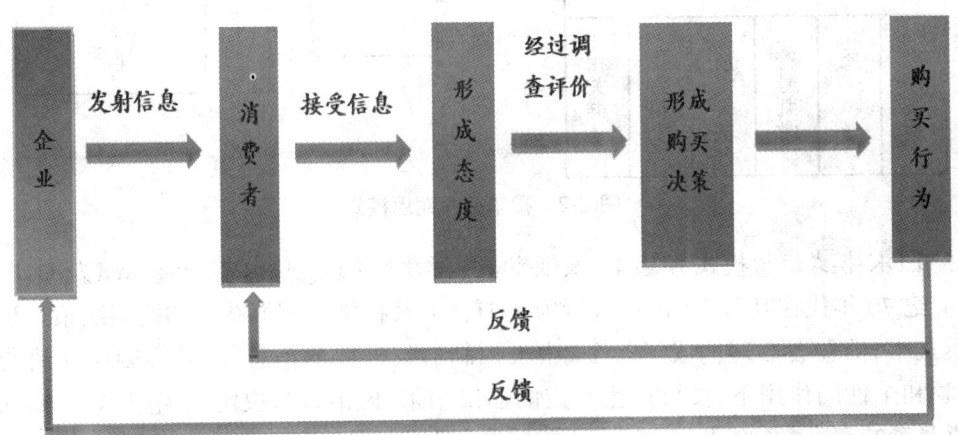

图 2-1 尼克西亚模式图

消费者购买动机;第三,购买活动。消费者在购买动机的驱使下会形成购买决策,进而采取购买行动;第四,消费后的信息反馈。消费者购买后,就会将其购买的经验或教训反馈到大脑储存起来,以指导今后的购买行为,或者把消费后的感受反馈给企业或其他消费者。[30]

（2）霍华德-谢恩模式。该模式主要通过以下四个层面来描述消费者购买行为。第一,刺激或投入因素。主要是由营销部门所控制的因素,包括产品的实质刺激,产品的符号刺激以及社会性刺激等。第二,外在因素。主要是指购买决策过程中的外部影响因素。第三,内在因素。是指介于刺激和反应物之间起作用的因素,是该模式的核心,其说明投入因素和外在因素是如何在心理活动过程中发生作用并最终引出结果的。第四,反应或产出因素。是指购买决策过程所导致的购买行为,主要包括认识反应、情感反应及行为反应三个阶段。认识反应是消费者对产品的认识和了解;情感反应是消费者对产品情绪体验及其形成的态度;行为反应包括消费者是否购买或对购买何种品牌的认知程度的预测及公开的购买活动。霍华德-谢恩模式的作用过程如图2-2所示。该模式认为,投入因素和外在因素就是购买行为的刺激物,它们唤起消费者的需要并形成购买动机,通过为消费者提供关于各种选择方案的信息等影响消费者的心理活动状态。消费者受到刺激物和以前购买经验的影响,开始接受信息,产生自己的一系列购买动机,并做出可选择产品的一系列反应,最终形成一系列购买决策的中介因素或者制订出一系列使其动机与满足动机的备选方案相配合的规则。这些动机、选择方案和中介因素的相互作用,使消费者产生了一系列的购买倾向和态度。这种倾向和态度与其他因素,如购买行为的各种限制性因素结合后便产生了购买意向和实际的购买行为。[31]

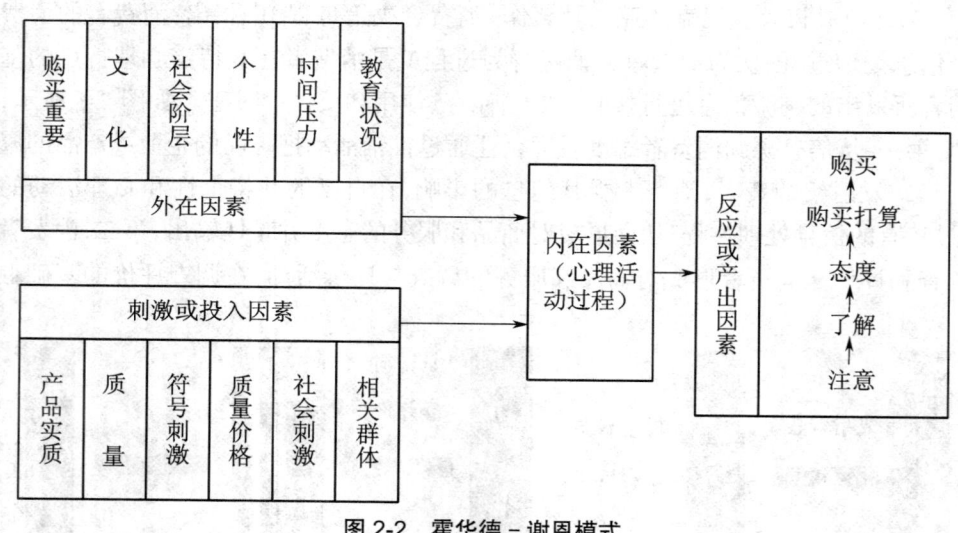

图2-2　霍华德-谢恩模式

（3）EDK模式。该模式由美国俄亥俄州立大学教授J. Engel、R. D. Blackwell及D. T. Kollat于20世纪70年代在其著作《消费者行为》中首创,其特别强调消费者的购买决策过程。在这一模式中,消费者心理构成了一个"中央控制器",外界的信息,即外界因素在消费者态度、经验和个性的作用下,便可产生一定的输出结果,做出购买决定。当然,如果输入的信息与消费者的态度、经验及个性特点不相符合,就不会产生购买决策和购买行为。[32]

(4)Hawkins、Best 和 Coney 的消费者行为总体模型。美国俄勒冈大学教授 Del I. Hawkins 和 Roger J. Best,以及亚利桑那州立大学教授 Kenneth A. Coney 三位作者所著的《消费者行为学》,自 1980 年问世以来,影响了更多的研究者。被研究者广为认同的是书中所主张的"消费者行为的总体模型"(图 2-3)。这一模型反映了作者对消费者行为性质的信念和认识。Hawkins 等认为,消费者行为是一个在特定情景下的决策过程:"识别问题 - 信息搜集 - 评价与选择 - 经销商(店铺)选择与购买 - 购买过程"。在这个过程中,"消费者在内外因素的影响下,形成自我形象和生活方式。消费者形象和生活方式导致与其一致的需要与欲望的产生,这些需要与欲望大部分需要以消费来满足。一旦消费者面临相应的环境,消费决策过程将被启动。这一过程以及随之而来的产品获取与消费体验会对消费者的内部特性和外部环境产生影响,最终引起其自我形象与生活方式的调整或变化。"[33]

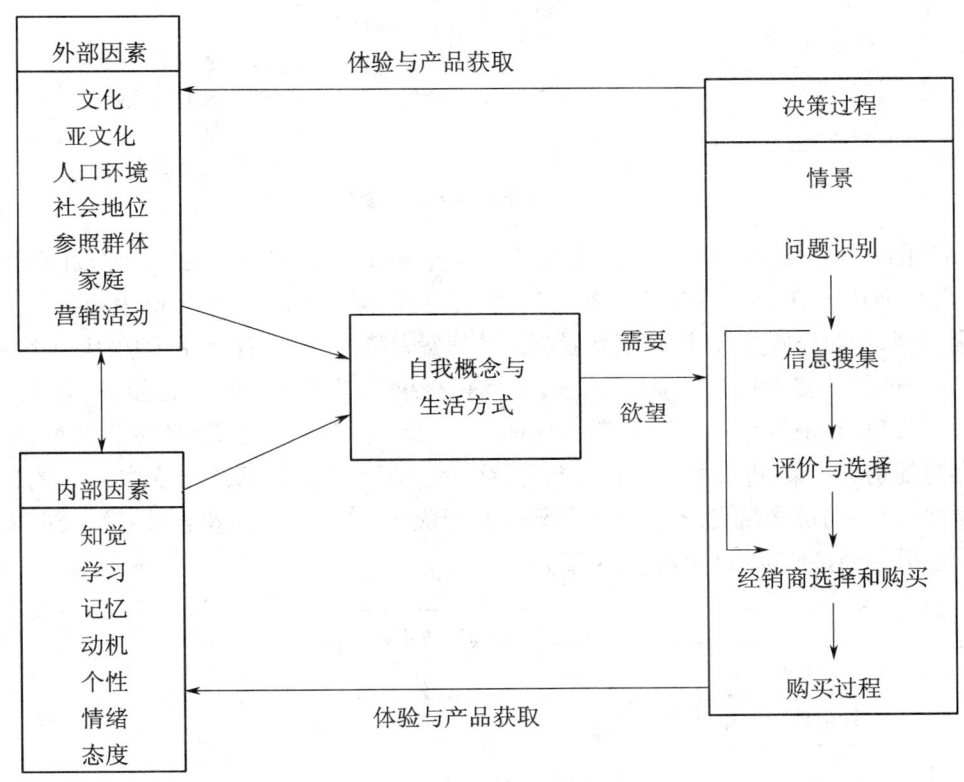

图 2-3 消费者行为总体模型

(5)Michael R. Solomon 的消费者行为轮盘。美国奥本大学教授 Michael R. Solomon 在其著作《消费者行为学》中提出"消费者行为轮盘"的模型(图 2-4)。他认为,消费者行为运行的基本逻辑是一个从微观到宏观的过程,"作为个体的消费者"在直接的环境中接收信息,并进行学习、记忆与储存,以形成个人对产品和自身的态度;"作为决策者的消费者",作为个人及群体成员时,要利用所获得的信息制订消费行为决策;"消费者与亚文化",考察消费者作为整体社会结构的组成部分如何发挥作用,以进一步开阔视野;"消费者与文化",考察营销对流行文化的影响,包括文化价值观、生活方式等对营销的影响。Michael R. Solomon 在对消费者的五个角色进行剖析时,重点强调了购买、拥有与存在。他认为,"消费者行为学在我看来远远超出对购买行为的研究——拥有与存在即使不比购买重要,其重要程度也至少与购买相同"。[34]

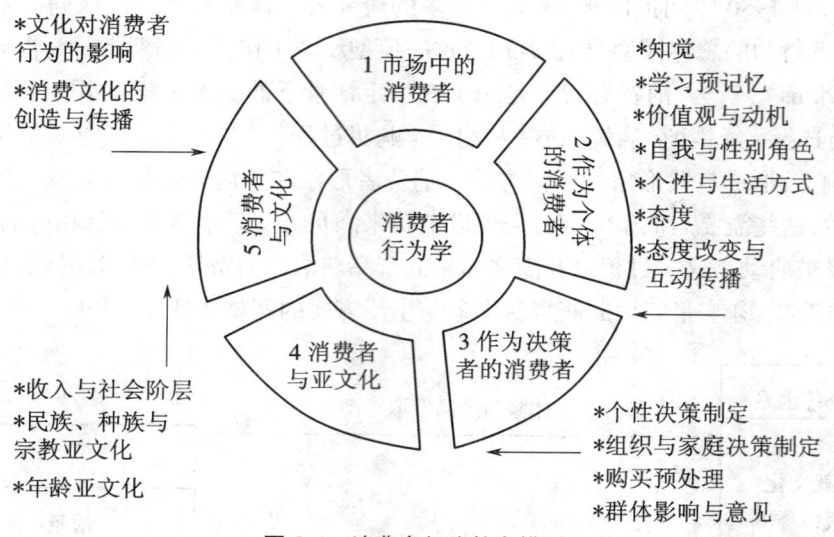

图 2-4 消费者行为轮盘模型

(6) Henry Assael 的消费者行为反馈模型。美国纽约大学教授 Henry Assael 在其著作《消费者行为和营销策略》中重点介绍了消费者做出购买决策的过程、影响消费者决策的认知因素、消费者的经验过程、影响消费者决策的消费者特征、影响消费者行为的环境因素等。Henry Assael 的消费者行为反馈模型,强调了消费者购买后的两条反馈路径,一是对营销策略的反馈,二是对消费者自身的反馈。Henry Assael 将消费者的购买决策分为两种:一种是高度参与的购买决策,即那些对消费者非常重要的购买活动,其购买活动的特点是购买行为非常重要;产品的价格昂贵;购买该产品要承担重大的风险;该产品符合某一社会群体的价格标准。另一种是低度参与的购买决策。[35]

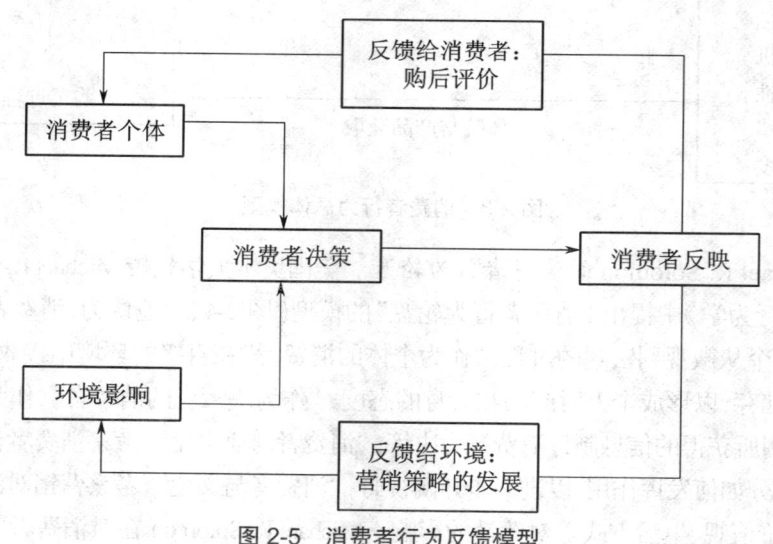

图 2-5 消费者行为反馈模型

（7）J. Paul Peter 消费者行为轮状模型。威斯康星大学麦迪逊分校教授 J. Paul Peter 和宾夕法尼亚州立大学教授 Jerry C. Olson 在其著作《消费者行为与营销战略》中提出了"消费者行为轮状模型"（图 2-6）。Peter 和 Olson 认为，消费者行为应该从四个方面进行分析：消费者的感知与认知、消费者的行为、消费者所处的环境和公司的营销战略。在此，Peter 和 Olson 揭示了一个重要的原理：消费者在选择某类特定商品时，他们购买和使用商品的目的情境不同，产生的关键需求也就不同。这些对购买决策产生重要影响的利益需求，就是消费者的关键需求。而要想准确地把握目标顾客的关键需求，就必须准确识别他们购买和使用产品的目的情境。[36]

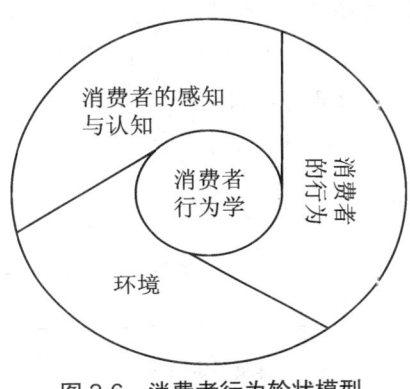

图 2-6　消费者行为轮状模型

二、消费者购买决策分析

1. 消费者购买决策类型

美国学者 J. F. Engel 根据决策过程所经历的不同阶段，将消费者购买决策分为：广泛解决问题决策、解决特定问题决策和习惯型购买决策三种类型。现对上述三种决策类型分别予以分析：①广泛解决问题决策。所谓广泛解决问题决策是指消费者对某类产品的具体品牌不熟悉，尚未建立起相应的产品与品牌评价标准且未将选购范围划定在几个少数的品牌范围之内。该决策类型的特点是消费者在购买决策过程中需要搜集大量的相关信息，并对多种拟选购的品牌进行深入的比较、分析，形成对不同品牌的主观态度及购买意向，进而做出购买决策，故消费者的卷入程度较高，加之品牌间的差异程度较大。由此，其应归属于复杂型的购买决策范畴。②解决特定问题决策，是指消费者针对某一领域的产品在一定程度上有所了解或对该领域内的产品与产品品牌的选择建立起了一些基本的评价标准，但尚未形成对某些特定品牌的消费偏好。因此，消费者仍需进一步搜索相关信息以便最终在诸多备选品牌中做出抉择。解决限定问题决策的特点可以概括为：备选品牌之间的差异较小，消费者的决策过程虽然也经历了认识问题、搜集信息、评价选择、采取购买行动以及购后评价这五个阶段，但消费者所投入的时间和精力却十分有限，即消费者的卷入程度不高。③习惯型购买决策，是指消费者对某一领域的产品比较熟悉，并对该领域内的产品与产品品牌的选择形成了相应的评价标准，其购买决策主要参照以往的经验、习惯。该类购买决策可以进一步细分为忠诚型购买决策和无所谓状态下的重复型购买决策。一方面对于忠诚型购买决策而言,由于消费者习惯性的购买行为及其相应良好的效用感知评价导致企业很难转变消费者业已形成的消费偏好;另一方面对于所谓状态下的重复型购买决策而言,尽管消费者表现出对某些品牌的高度认同,但深入分析其重复购买行为的真正原因在于产品的同质化。因此,企业可以利用降价促销等营销方式来转变消费者对某一品牌的消费偏好。相对于广泛解决问题决策和解决特定问题决策而言,习惯型购买决策几乎不涉及信息搜集和评价选择这两个阶段,品牌差异小,消费者卷入程度低。综上,三种消费者购买决策类型的主要差别在于:①购买决策过程所经历的阶段以及消费者在各阶段的卷入程度有所不同(图2-7所示);②消费者重复选择相同品牌的概率不同。消费者购买行为类型的差别会直接导致其再次选购同一品牌的概率。一般而言,习惯型购买决策的概率最高;解决特定问题决策次之;广泛解决问题决策最低(如图2-8);③消费者信息搜索的时间不同(图2-9)。[37]

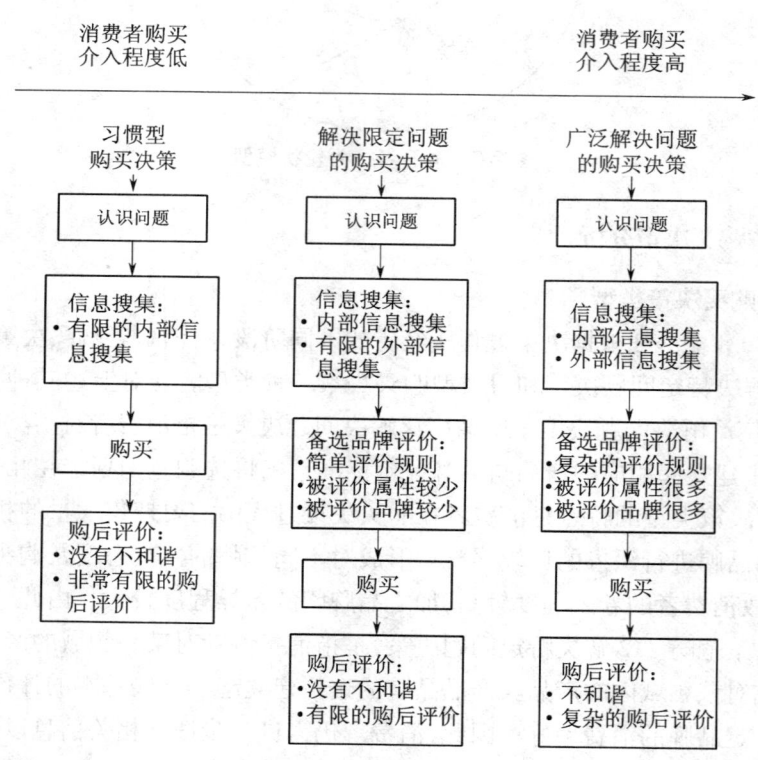

图2-7 决策类型与消费者购买卷入程度

2. 消费者决策过程模型

消费者购买决策过程涉及一系列的相关活动,从心理学视角进行分析,购买决策过程应

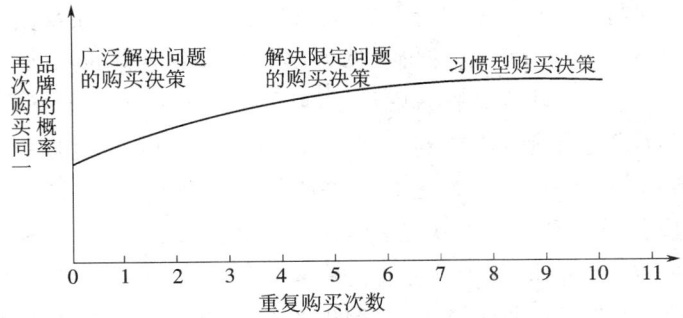

图 2-8 三种购买决策情形下消费者再度选购同一品牌的概率

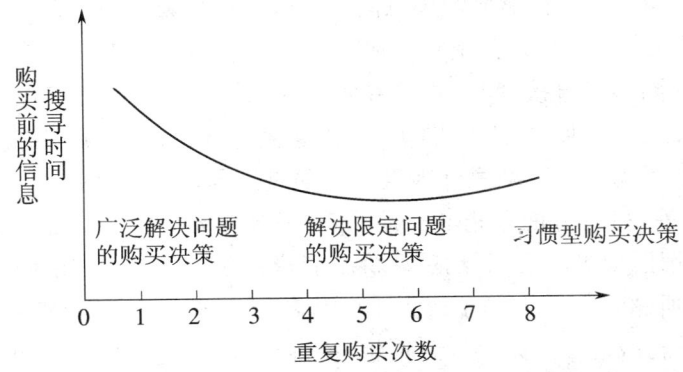

图 2-9 三种购买决策情形下消费者购买前的信息搜寻时间量

被视为一个认知过程。由此,研究消费者的购买决策行为不能仅仅局限于购买决定或实际购买阶段,而应系统研究从消费者确认需要至购买后反应的全过程。本书通过对国内外学者关于消费者决策过程(Consumer Decision Processing,CDP)方面的研究进行系统梳理、总结后将其主要归纳为下述三点:

(1)五阶段模型。该模型是由 John C. Mowen 和 M. S. Minor 在其著作《消费者行为学》一书中提出的,Mowen 和 Minor 将消费者看成是理性的问题解决者,由此将消费者购买决策的一般过程分为五个阶段,即,认知问题-搜寻信息-评价被选方案-选择与决策-购后评价(图 2-10)。第一,认识问题。消费者在制订购买决策之前,对其自身的需要与其相应的产品类别等方面均有一定程度上的了解,而这种信息状态被称为心理域(Psychological Set)。心理域会伴随消费者接收新的信息和对该信息的加工处理而更新。需要和态度是消费者心理域的核心,其还是内部因素输入变量(消费者过去的经验、消费者特征、消费者动机)和外部因素输入变量(环境的影响、市场营销刺激)的函数,图 2-11 描述了认识问题至需求激发的全过程。第二,搜索信息。信息的搜集与处理包括内部信息搜集和外部信息搜集两类。所谓内部信息搜集是指消费者储存在记忆中的相关产品、服务的信息,以期为解决当前问题提供决策依据。所谓外部信息搜集是指消费者从外部来源获取与某一特定购买决策相关的数据。一般而言,针对习惯性购买决策,消费者主要采取内部信息搜集;而针对复杂型的购买决策则需要兼顾内部信息搜集与外部信息搜集,且内部信息搜集一般先于外部信息搜集,并结合购买决策的重要性及复杂程度来动态调整内部信息搜集范围的大小。第三,评价被选方案。在搜集信息的基础上,消费者逐渐在头脑中形成了一个品牌考虑域或品牌考虑组。随后,采用相应的评价标准,综合考虑在各种约束条件下能有效满足消费者需求的品牌。其评估活动的心理过程包括:首先,消费者考虑每种商品具有哪些属性;其次,确定自己关心的每种属性在心目中的重要程度,如果用定量化的语言,就是给每种自己所关心的属性一个权数;然后,对每种品牌在每一属性上的形象给予评价,这一评价既基于该品牌的真实情况,也取决于评价者有选择性的主观感受;最后,对每种商品进行综合评价。[38] 第四,选择与决策。购买决策包括品牌、购买时间、地点、数量、支付方式等方面的决策。消费者在对备选品牌进行综合评价后,会形成对某一品牌的购买意向。然而在形成购买意向与采取购买行为之间存在一定的时滞性。一般而言,消费者的最终购买决策会受到下述3方面因素的影响:其一,他人的态度。即消费者的家人、朋友、同事等直接、间接相关群体对购买行为能否最终实现会产生非常重要的影响;其二,购买风险。通常,消费者购买风险越大,其所持有的购买态度就会变得越审慎;其三,意外因素扰动项。所谓意外因素一方面是指与消费者密切相关因素的变化,如职业、薪酬的变化等;另一方面是指与产品、市场营销活动有关因素的变动,如新产品上市、商家的降价促销活动等。第五,购后评价。消费者在经过购买和使用商品这一亲身体验环节之后,当其所感知的功效等于或大于消费者的心理预期,就会感到满意,进而形成对该品牌的偏好与忠诚;反之,则会导致抱怨、投诉等负面信息的传播。由此可见,消费者的购后评价对现代企业能否高绩效地开展营销工作、满足社会公众日益提高的消费诉求是至关重要的,其无疑是生产企业的命运之所系。[39,40]

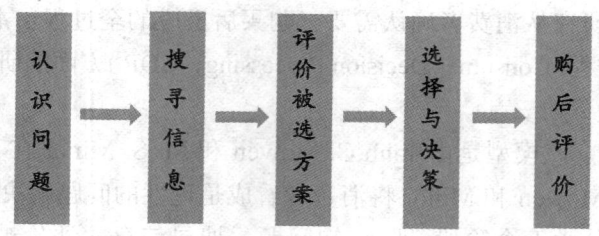

图 2-10 消费者决策过程的五阶段模型

(2)七阶段模型。罗格·D. 布莱克韦尔在其所著的《消费者行为学》中,将 Mowen 和 Minor 的五阶段模型扩展为七阶段,增加了"使用"和"处置"两个阶段(图 2-12)。[41]

(3)CDM 模型。消费者决策的一般模型(Customer's Decision Model, CDM)是由 John A. Howard 在其著作《营销战略中的消费者行为》中阐述的,Howard 设计出了简单的六个相互联系的变量:F,信息;B,品牌识别;A,态度;C,自信;I,动机;P,购买。在模型中,信息引起购买者去识别品牌,依据消费者的需要评价品牌,形成态度,依据品牌态度和消费者自信水平,引发购买动机,做出购买判断决策,在以上六个要素中,中心变量是品牌识别(B)、对品牌的态度(A)和判断品牌的信息(C),根据这一思想,可以把该模型定义为"消费者行为 ABC 理论",具体如图 2-13 所示。[42]

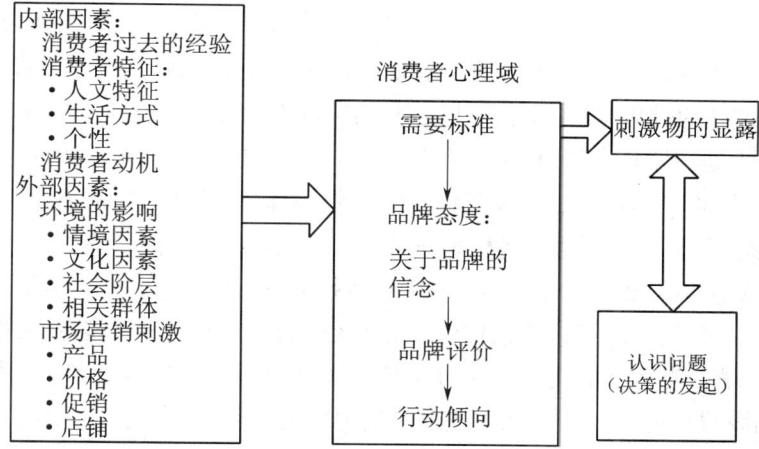

图 2-11 问题认识至需求激发流程分析

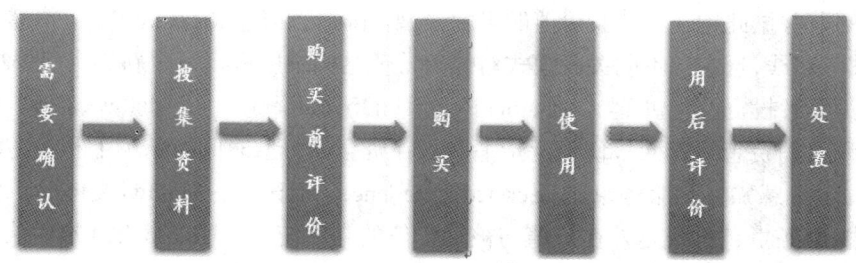

图 2-12 消费者决策过程的七阶段模型

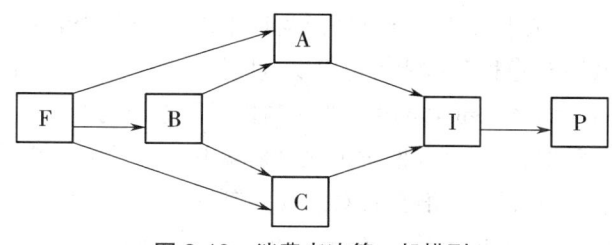

图 2-13 消费者决策一般模型

三、B2C 模式下新消费者阶层特征分析

随着经济全球化进程日益深入,现代消费者所具有的时代特征越发彰显,其受世界经济影响、与互联网紧密相连,重视体验、感受,受个性消费目标追求的牵引。西方经济学家将现代发达国家的消费者称为新消费者阶层,其具有以下特征:①受过较高程度的教育,信息丰富,阅历较广,知识比较丰富;②家庭和个人可支配收入较多,生活水平有了显著的提高,由此,消费者可以比较自由地选择消费项目;③年轻消费者选购商品,注重节省时间,追求个性,重视形式、包装、色彩、风格,因此,以品牌消费为追求目标;④注意服务质量,寻求购买过

程中的感觉,因此,对购物环境和购买过程有自己衡量的尺度。[43]

新消费者阶层对全球市场经济国家的消费行为影响颇为深远,主要体现为理性消费、情感消费、行为至上以及亲身参与、体验的愿望四个层面。Mowen 认为:现代消费者的行为过程是一种追求"体验"的过程,这种体验过程是在感性行为的经历中逐步探索出的理性形成过程;消费者的行为是在体验中消费、在体验中处置、在体验中享受、在体验中成熟;影响消费者行为及再行为的因素就是体验过程及其体验的效果;消费者对"体验"的追求,实际上揭示了消费者需要的多元性并体现了消费者行为在满足需要方面的功能性,"体验"说明了消费者行为的目的性,是从满足消费者需要的角度对消费者行为进行的分析,且参与的程度越高,体验所涉及的感官越多,消费者得到的感触越多,品牌运行的效果就越成功、越令人难忘。[44]特殊而美好的感受是消费者延伸消费行为的助推器,不好的感受则是使消费者终止某项消费的拦截锁,某一个品牌只要能让消费者认识或感受到他的消费目的或感受追求可以或已经实现,消费者就愿意为此而支付,甚至愿意支付更多。[45]在体验价值维度划分层面,Holbrook（1994）[46]依据顾客参与主动性强弱将体验价值细化为主动价值/被动价值、内在价值/外在价值四个象限,并据此构建了体验价值四维度模型。随后,Mathwick(2001)[47]沿袭并拓展了 Holbrook 技术路线,且参照不同关联模式对体验价值结构维度进行了全新界定（图 2-14）。具体而言:①消费者投资回报价值（Consumer Return on Investment）。在 Mathwick 体验价值四维度概念模型中,消费者投资回报价值泛指消费者在资金、心理、时间及精力上积极主动投资所获得回报的主观感知。②服务卓越（Service Excellence）价值。在 Mathwick 体验价值四维度概念模型中,服务卓越价值是外在价值与被动价值的高度统一。Holbrook(1994)认为外在价值源自于一项任务的完成或目标的实现,消费则是实现目标和完成任务的手段,即外在价值是关于目的手段关系的,消费者将消费视为一种功能性和实用性手段。[48]在互联网消费体验进程中,EB 平台对消费者请求服务的响应是否及时,回应信息是否清晰、准确,交互过程对于客户是否自主可控以及客户隐私信息能否得以安全保护等一系列相关问题均是考量 EB 平台服务品质的重要测量指标。Ajzen(1985)特别强调相对于意愿与行为而言,消费者感知控制比真实控制更为关键,特别是基于互联网虚拟交易情境下,EB 平台若能提供强劲的系统搜索引擎及完善的导航功能将显著提升消费者对互动控制性的感知评价,进而正向影响其对 EB 平台服务品质满意度评价。[49]Mulvenna、Anand 和 Buchner(2000)的研究结论进一步表明,当消费者感知到交互对象及时回应信息与顾客行为密切相关时,消费者感知互动性将被显著提升。[50]③审美（Aesthetics）价值。在互联网虚拟消费情境中,审美价值主要体现在 EB 平台系统设计质量层面。Mathwick(2001)指出,EB 平台的视觉、听觉等方面设计均对消费者审美价值感知产生影响。[51]此外,PhilipKotler 将顾客消费行为归纳为量的满足、质的满足和感性的满足 3 个阶段,且在感性满足阶段,消费者不仅局限于对产品、服务数量及质量的关注,更强调其情感诉求是否得到有效满足,即消费者在进行消费决策时受理性因素与感性因素的综合影响。④趣味（Playfulness）价值。参照 Mathwick 体验价值四维度模型,趣味价值可视为主动价值与内在价值的有机统一。Holbrook(1994)认为内在价值源于消费体验自身,换言之,消费体验自身即为目的,且只有体验自身而并非某一客体可以作为目的实现价值增值。[52]内在价值就其实质而言可被释义为一种享乐价值,表现为消费者在网络消费体验进程中所主观感知的趣味性价值与审美价值,是互联网消费体验心理收益的重要测量维度。在互联网消费体验进程中,消费者往往更偏好于双向沟通模式,因为其不仅可大幅提升顾客及时获取特定相关信息效率,而且还可进一步增强互联网消费体验的趣味性价值(Yoo,2010)。[53]Hoffman(1996)强调交互性为消费者提供了良好的心理体验和趣味性,对提升价值感知具有重要意义。[54]Fiore(2005)的研究成果同样佐证了消费者在进行图像放大、合成及拼凑时所体验的娱乐性、创造性过程会增强其趣味性感知。[55]

	主动价值	被动价值
内在价值	趣味性价值	审美价值
外在价值	消费者投资回报价值	服务卓越价值

图 2-14　Mathwick 体验价值四维度概念模型

此外,由美国次贷危机所触发的全球性金融危机严重冲击了世界经济体系,导致全球各国经济运行指标大幅下降,与此同时危机也加剧了消费者心理、行为及消费理念的变革,主要体现为:危机意识加剧,消费理性日益增强,消费需求紧缩,消费购买决策周期延长等特点。由此,在后经济危机时代基于互联网虚拟消费情境下,相对于新消费者阶层日益稀缺的时间资源及有限的努力付出,EB 企业若能基于消费者感知视角为顾客在网络消费体验进程中积极提供卓越的功能性利益体验、程序性利益体验以及关系性利益体验,有效满足其情感诉求、获取尊重与自我价值实现,并进一步提升其实用性、享乐性及社会性价值感知,此举无疑将对改善互联网顾客关系质量、提升顾客态度忠诚及行为忠诚具有积极建设性意义。

第二节　关系营销理论

一、关系营销内涵

自 20 世纪 80 年代末至今,国内外学者从不同研究视角切入,对关系营销内涵及基本模式分析架构进行了诸多有益的探索性研究,然而由于关系营销内涵的复杂性,学术界尚未形成统一定义。在此,本研究拟通过文献研究法对国内外学者重要研究成果进行系统梳理,并将其对关系营销内涵的界定进行归纳、汇总,如表 2-1 所示。

表 2-1　关系营销定义汇总

时间	学者名称	关系营销定义
1983	Berry	关系营销就是吸引、保持以及扩展客户关系。Berry 强调吸引顾客只是第一步,此外还必须加强顾客关系,使他们成为忠诚的顾客,认为争取一个顾客比保持一个顾客要困难得多,所需要的费用也大得多,因此以保持顾客为导向的营销比以争取新的顾客为导向的营销更为有效,其还进一步提出关系营销策略,涉及核心服务策略、服务提升、定制、关系定价与内部营销等

续表

时间	学者名称	关系营销定义
1985	Jackson	关系营销是把营销活动看作一个企业和消费者、供应商、分销商、竞争者、政府机构及其他公众互动作用的过程,其核心是建立和发展与这些公众的持久关系
1989	Gronroos	建立维持和加强与顾客及其他伙伴的关系,经由相互交换和实践承诺来达成满足双方的目标
1990	Copulsky & Wolf	关系营销就是利用数据库去"瞄准"并保持消费者,与消费者建立连续关系
1991	Berry & Parasuraman	关系营销是吸引、发展和保持顾客关系
1992	Doyle & Roth	关系营销的目标是经由与主要客户发展信任关系,以获得优先供应商的地位
1993	Gummesson	关系营销是一种讨论互动、关系和通路管理的策略
1994	Gummesson	认为全球竞争日益在企业网络之间进行,而不再是单个企业之间的竞争。关系营销就是把营销看作关系、网络与互动
1994	Morgan & Hunt	关系营销是指所有目的在于建立、发展和维持同顾客成功的交换关系
1994	Evans & Laskin	关系营销是一种过程,企业借此过程与顾客建立长期联盟,买卖双方共同为特定目标努力
1996	Berman	以信任和承诺为基础,在买卖双方之间建立与维持长期的关系
1997	Gronroos	关系营销是为满足企业和相关利益者的目标而进行的识别、建立、维持、促进同费者的关系,并在必要时终止关系的过程,这只有通过交换和承诺才能实现

资料来源:作者整理而得。

二、基于关系营销范式的顾客忠诚形成机制分析

目前,学术界涉及关系营销范式下顾客忠诚形成机制尚处于探索性阶段,特别是针对B2C模式下从互联网消费者体验视角系统诠释、预测互联网顾客关系质量(互联网顾客满意度、互联网顾客信任度)、互联网顾客态度忠诚及行为忠诚形成机制概念模型尚不完善。在此,本研究拟通过文献研究法对学术前沿涉及关系营销范式下顾客忠诚形成机制的相关研究成果进行系统梳理、分析,以期为后续理论模型构建及实证研究工作奠定夯实的理论基础。具体阐述如下:

罗海成(2005)在关系营销研究框架基础上,引入心理契约变量,就心理契约与顾客信任、顾客承诺、顾客忠诚之间的关系建立结构方程模型。实证分析表明,心理契约与顾客信任、顾客承诺、顾客忠诚之间都存在显著的直接影响或间接影响路径关系。这表明企业与顾客之间建立的心理契约确实对顾客忠诚的形成过程构成显著性影响。为此,企业要充分发挥心理契约机制的作用,通过与顾客之间建立起多种心理契约纽带关系,建立更广泛的关系营销基础,进而形成坚实的顾客忠诚基础。与此同时,研究成果还表明在作用于人体与作用于物体的不同服务行业中,关系营销机制还存在局部的差异,亦应引起企业关注。[56]

马宝龙(2009)在涉及关系营销范式下营销努力对客户行为的影响研究中重点界定了客户关系感知与关系营销手段——回报计划对客户重复购买行为与客户份额增加所产生的不同影响,其研究架构如图2-15所示。

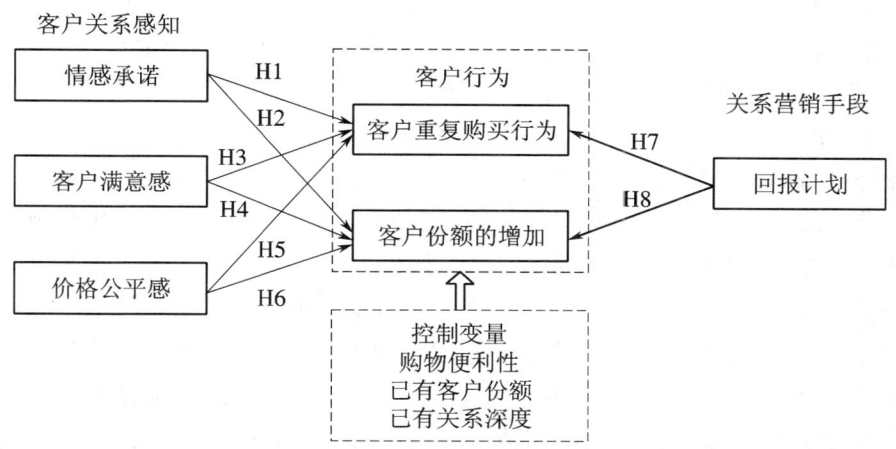

图2-15 客户关系感知与关系营销手段(回报计划)研究框架

研究成果表明:不同的关系营销努力对客户重复购买行为与客户份额增加所产生的影响是不一致的,情感承诺与回报计划有助于促进客户的重复购买,而客户满意感与价格公平感更容易影响客户份额的增加。具体而言:第一,研究界定了关系感知对客户重复购买行为与客户份额增加的影响。结果说明情感承诺对客户重复购买有积极显著影响,而对客户份额的增加没有影响;客户满意感和价格公平感却与情感承诺恰好相反,它们对客户重复购买行为没有影响,而对客户份额的增加有积极显著影响。结论表明影响客户重复购买行为和客户份额增加的前因变量并不完全一致,这说明并不像大多数研究中所假设的:能够影响客户重复购买的营销策略同样适用于提升客户份额,这一结论对企业的营销实践是十分有意义的。第二,研究界定了回报计划对客户重复购买行为与客户份额增加的影响。回报计划主要影响的是客户的重复购买行为,而对未来客户份额的增加并没有显著影响,说明回报计划正如其最初实施的目标一样,是通过提供基于长期的、累计购买量的回报刺激促进客户的重复购买,而在关系的发展方面,客户回报计划并不能发挥作用。第三,就零售业而言,证实了客户的以往消费行为(已有关系深度、已有关系份额等)和客户购物的便利性是影响客户行为的重要因素,并且这些因素对比关系营销努力变量对客户行为变差的解释能力更强(关系感知和回报计划等关系营销努力变量对客户重复购买行为变差的解释仅占总变差解释的7.2%,而对客户份额增加变差的解释也没有超出总变差解释的一半,仅占32%。这一结论似乎支持了少数对CRM策略持怀疑态度的学者观点,即没有很多公司可以在一个客户市场中有效且显著地影响客户忠诚。然而在具有高重复购买特征的行业中,就企业的整体层面而言,短期内其所处市场结构是相对稳定的,多数关系营销努力短期内对客户行为的影响不会显著改变稳定的市场结构;而长期情况便不同了,伴随关系感知与回报计划等关系营销努力对短期内客户购买行为的影响累积,会导致已有关系深度、已有关系份额等消费行为的加强和提升,随着客户以往消费行为的改变,其会对未来客户的行为产生较大的影响。因此,可以认为关系营销是一种基于长期的营销范式,其对企业具有重要的积极战略意义。[57]

占小军(2012)以三维顾客感知服务公平为自变量,以顾客信任、顾客承诺为中介变量,建立基于关系营销范式的顾客忠诚形成机制模型(图 2-16)。实证研究结果表明:第一,服务公平是顾客信任、顾客承诺、顾客行为忠诚及态度忠诚的重要前因变量。由于公平的服务能够增强企业与顾客之间的关系,提高企业在顾客心目中的形象,向顾客传递企业的"善意"和"共同获利"的愿望,因此,服务公平能够改善顾客对企业的信任及依附度,并使得顾客愿意与企业维持长期关系。这一研究结论拓展了传统服务营销研究范式的"服务质量-顾客满意-顾客忠诚"的研究线路,更好地解释了顾客忠诚的影响因素及其形成机制。第二,顾客信任对顾客承诺、顾客行为忠诚及态度忠诚具有显著的预测作用。顾客信任反映了顾客对企业的依赖程度,随着顾客信任度的提高,其对企业的依附程度也会随之增加。此外,顾客信任显著影响顾客的态度忠诚及行为忠诚,这说明高顾客信任度会提高顾客的重购意向,降低顾客的搜寻动机。第三,顾客承诺对顾客态度忠诚、行为忠诚具有正向的预测效果。这说明顾客情感承诺作为顾客对企业的情感依附,有效影响了顾客价格容忍、抱怨反应、重购意向及推介意愿等。第四,顾客的态度忠诚显著影响行为忠诚。研究结果表明,顾客的态度忠诚对行为忠诚具有显著的影响,这一结果进一步验证了态度-行为一致性理论。第五,服务公平通过顾客信任及承诺的中介作用影响顾客忠诚。研究结果表明,顾客在与企业之间的交往中,一方面公平的服务会降低顾客对购买风险感知,从而促使顾客专注于某一品牌;另一方面公平的服务转化成忠诚,还取决于顾客对企业的依赖及情感依附。[58]

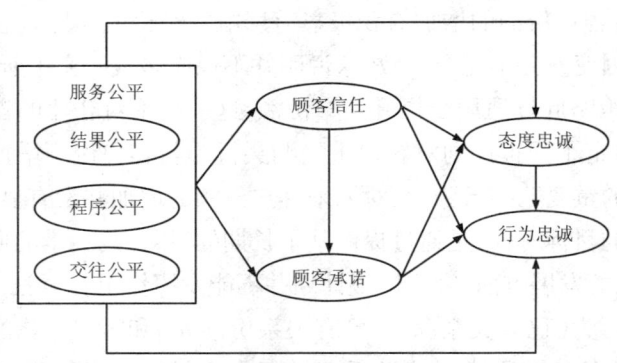

图 2-16 基于关系营销范式的顾客忠诚形成机制研究模型

赵宏霞(2012)在涉及关系营销网店声誉对 B2C 电子商务交易信任影响的相关研究中,以网店声誉为中间变量,讨论了关系营销对 B2C 电子商务中消费者信任的作用路径,其研究模型如图 2-17 所示。通过实证分析发现关系营销中的沟通策略和关系投资策略均显著影响网店声誉,网店声誉显著影响消费者信任,并且沟通策略和关系投资两个变量对消费者信任的直接影响小于其通过网店声誉对消费者信任的间接影响。从管理视角分析,关系营销策略可以作为提高网络商店品牌和声誉的有效选择,提高网络商店的声誉是提高消费者信任的重要途径。无论其在传统商务还是在电子商务中,培养和维系消费者信任、进而赢得消费者忠诚都是企业盈利的关键。而培养和维系消费者的信任是一个动态的过程,在该过程中提高消费者对网络商店声誉的感知十分必要。在实践中网络企业可以通过实施关系营销,提高服务品质,加强沟通,提高客户响应速度和质量,特别是针对重点客户应加强关系投资,尊重消费者,满足消费者,感知重要的社会需求。

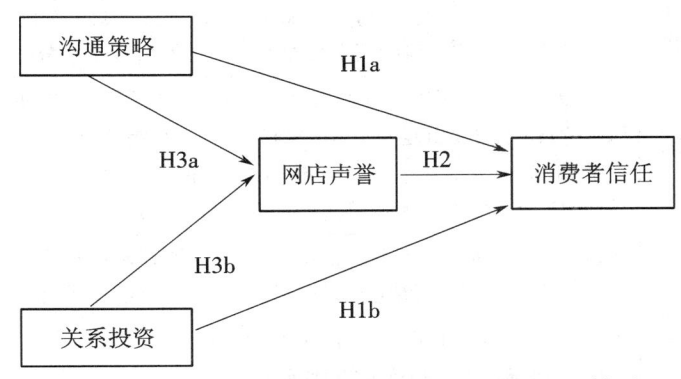

图 2-17 关系营销策略对网络消费信任的影响机制模型

董大海等(2012)在涉及关系营销导向对顾客忠诚影响机制的相关研究中,将关系质量分为顾服关系质量、顾服私人关系质量以及顾企关系质量 3 个层面。实证研究成果显示:关系营销导向通过三种关系质量对顾客忠诚产生积极影响。具体影响机制为,关系影响导向对顾服关系质量和顾服私人关系均具有积极影响,进而通过顾企关系质量对顾客忠诚产生积极影响。当企业具有关系营销导向这种理念时,会通过服务人员贯彻到企业的营销实践中。服务人员为了保持与顾客的长期关系,通过提高服务水平、进行更多的互动、加强情感交流等方式提高顾客与服务人员关系质量及私人关系,进而通过顾企关系质量提高顾客忠诚。顾服关系质量、顾服私人关系对顾企关系质量具有积极影响。在服务企业中,顾服关系质量是顾客的理性认识,基于服务人员提供服务的水平;而顾服私人关系质量主要是顾客的感性认识,基于服务人员人际交往。统计结果表明,顾服关系质量越高,顾服私人关系越好。这一结论为理解顾服关系质量同顾服私人关系质量之间关系提供了理论依据。顾服关系质量和顾服私人关系均对顾企关系质量具有积极影响。[59]

第三节 互联网顾客忠诚相关研究

一、互联网顾客忠诚文献综述

1. 顾客忠诚内涵

自 19 世纪 50 年代初至今,国内外学者从不同研究视角切入,对顾客忠诚构念进行了诸多有益的探索性研究,然而由于顾客忠诚构念的复杂性,学术界尚未形成统一定义。在此,本研究拟通过文献研究法对国内外学者重要研究成果进行系统梳理,并将其对顾客忠诚构念的界定进行归纳、汇总,如表 2-2 所示。

表 2-2 顾客忠诚定义汇总

时间	学者名称	顾客忠诚定义
1952	Brown	顾客购买某品牌产品具有一致性行为
1955	Guest	顾客在某段时间内对某一品牌的偏好不变,就可认为对该品牌具有忠诚度
1956	Cunningham	将消费者在某一时段中,对某品牌的购买次数占总购买次数的比例作为衡量忠诚度的方法,并提出以购买次数 50% 比例为分界点来区分忠诚与非忠诚
1969	Day	率先提出应综合考察行为和态度两个方面,从而认识顾客忠诚。要做到真正的顾客忠诚,不仅要重复购买,还必须对产品品牌持赞许态度。也就是说忠诚是基于认知、带有情感、经过认真评价、具有某种行为倾向的重复购买,因此认知、情感、评价、行为倾向都是顾客忠诚的基本组成部分
1971	Jacoby	忠诚度是一种基于心理程序的结果,进而导致顾客购买行为。顾客对各品牌偏好可分为接受、中立和拒绝区域,以三区域的差距或数量来衡量消费者忠诚度
1973	Jacoby & Kyner	顾客忠诚度是一种偏好态度,影响顾客在某一时间内产生持续重复购买行为。该定义涵盖了态度和行为的所有方面,认为忠诚度必须包含 6 种充分且必要的情况方可称为忠诚,这 6 种情况包括:偏执的、非随机的;行为回应;时间表现;由决策制订者所决定;着眼于一个或多个品牌;是一种心理过程(决策制定、评价)的函数
1973	Newman & Werbel	顾客会毫不考虑地直接重复购买某品牌,不会寻找其他替代品牌的信息谓之忠诚
1978	Jacoby & Chestnut	认为定义顾客忠诚,仅侧重顾客行为表现,忽略顾客心理动机,无法揭示顾客忠诚丰富的内涵
1985	Parasuraman 等	认为忠诚度是指除了本身的再购意愿外,尚包含愿意向他人推荐并给予正面口碑的行为,包括:①向他人称赞此公司;②向询问的人推荐此公司;③鼓励亲友到此家公司消费;④消费时会优先选择此公司;⑤常去此家公司消费
1986	Lutz	认为顾客忠诚度便是顾客对某公司产品持续性正面购买的行为
1988	Tellis	顾客忠诚度为消费者会持续或经常地购买同一品牌产品的相对份量
1991	Blackman & Crompton	认为忠诚度的衡量包括行为与态度两个层面,行为忠诚偏向顾客实际购买行为层面,态度忠诚则属于顾客心理层面
1991	Stum & Thiry	顾客忠诚应较注重行为层面的指针,并提出四种形态来衡量顾客忠诚,分别为:重复购买、购买该公司其他产品、向他人推荐、对竞争者免疫的程度
1992	Fornell	由重复购买的意愿和满意的顾客对价格的容忍度,去衡量顾客的忠诚度
1992	Richard Oliver	不受能引至转换行为的外部环境变化和营销活动影响的,在未来持续购买所偏爱的产品或服务的内在倾向和义务
1993	Tucker & Blattberg	将顾客忠诚定义为一个消费者连续 3 次及以上的重复购买消费同一个企业所提供的产品或服务,认为重复购买比例的高低是判定顾客行为忠诚的重要测量维度,并进一步将顾客忠诚细化为对产品生产者品牌忠诚和对产品销售者品牌忠诚两部分

续表

时间	学者名称	顾客忠诚定义
1993	Selnes	（1）顾客对产品或服务的行为倾向，主要反映了包括未来购买的可能性、服务契约的持续，或者反过来说顾客将转换至另一品牌或服务提供者的可能性。顾客可能因为技术、经济或心理因素的高度转换障碍，造成转换时困难或需花费许多的成本，导致顾客忠诚。而顾客也可能因为对公司满意而愿意持续双方的关系（2）顾客愿为其建立正面口碑宣传的支持倾向。认为当顾客愿意将该公司的产品或服务推荐给其他人时，则反映了其有高度的忠诚
1994	Dick & Basu	顾客忠诚度是由顾客的相对态度和重复惠顾之间关系的强度来决定，认为顾客忠诚度同时受到态度与行为因素的影响。另外，社会规范与环境也会干扰其中关系的强度
1995	Prus & Brandt	认为顾客满意驱动顾客忠诚，且顾客忠诚包含顾客对某一品牌或公司的长久关系维持的承诺，而最终由态度及行为的组合表现出来。其态度包括再次购买或购买该公司其他产品的意图、向他人推荐的意愿以及面对竞争者免疫力。其行为则包括重复购买、购买该公司其他产品及向他人推荐的行为
1995	James & Sasser	指出顾客忠诚是顾客对某特定产品或服务的未来再购买意愿，并认为顾客忠诚度有长期忠诚和短期忠诚两种。长期忠诚是顾客长期的购买，不易改变选择，而短期忠诚是指当顾客有更好的厂商或产品选择时，就会立即拂袖而去。衡量顾客忠诚度的方法有以下三类：①再购买意愿。②基本行为：购买频率、购买数量、最近一次购买时间等。③衍生行为：口碑、公开推荐、顾客的介绍等
1995	Griffin	忠诚度的定义如下：①经常性重复购买。②惠顾公司提供的各项产品或服务系列。③建立口碑。④对其他业者的促销活动有免疫性
1996	Bhote	认为顾客忠诚是指顾客非常满意公司的产品或服务，导致自愿为公司做宣传，在他人面前制造正面的口碑
1996	Griffin	认为忠诚顾客行为或态度包括经常性重复购买、愿意惠顾公司提供的各种商品或服务系列、愿意为公司宣传口碑与对于其他业者的促销活动具有免疫力
1996	Gremler & Brown	消费者对某一特定企业所生产的产品或提供的服务发生重复购买行为的频率、对该企业评价和态度倾向以及在当消费者再次对该类产品或服务有消费需求的时候，是不是在心理上会继续选择购买该企业所提供的产品或服务
1997	Oliver	认为顾客忠诚是指尽管消费者受到环境影响或竞争者的营销手法而可能引发潜在的转换行为，但顾客对其喜好的商品或服务未来再购买的承诺仍不变，即忠诚顾客不会因市场和竞争对手营销策略变化而产生转移，顾客忠诚是对品牌产品的承诺，并会产生对同一品牌产品的重复购买行为
1998	Sirohi 等	忠诚度的衡量包含顾客再购意愿、购买更多商品意愿及向他人推荐的意愿
1998	Shapiro & Varian	利用转换成本来讨论顾客忠诚，转换成本是用来衡量顾客被供货商套牢的程度，转换成本愈高，顾客愈离不开厂商
1998	Smith	顾客忠诚度是当顾客从业者得到他们真正确实需要的服务，然而这些服务是其竞争对手没想到的

续表

时间	学者名称	顾客忠诚定义
1998	Kathleen	顾客忠诚度可以从顾客的态度和行为两个方面进行衡量与分析，但它非常重要的一个方面是顾客与企业之间的情感联系。情感联系是维持顾客的真实忠诚，鼓励顾客继续购买并积极推荐企业产品或者服务的真正原因。具有真实忠诚的顾客能够感受到企业与他们之间的情感联系
1999	Gillespie 等	品牌忠诚度为即使在不同的情境下或者是各品牌竞争激烈，对手用尽努力吸引消费者，顾客仍承诺未来会再次购买相同品牌的产品或服务
1999	Oliver	顾客忠诚是消费者对某一偏好的产品和服务在未来时期继续消费的深度承诺，并由此引起对同一品牌的重复消费行为，而不受市场环境变化的影响
2000	Peltier & Westfall	认为顾客忠诚度可以视为来自态度、意向、可能性或行为的认知，因此需要多重指针来衡量忠诚度。其研究中发现续约及推荐的可能性是衡量认知关系忠诚度最好的两项指针
2000	Reichheld & Schefter	争取值得投资的顾客，并赢得顾客的承诺关系
2000	Singh & Sirdeshmukh	认为忠诚是顾客愿意继续与服务提供者维持关系的一种行为倾向
2000	Gronhold 等	认为忠诚顾客有四个特征：①再购意愿；②愿意交叉购买意愿；③向他人推荐公司产品或服务；④价格容忍度高
2001	韩经纶	认为顾客忠诚是由于价格、产品或服务特性或其他要素引力的影响，顾客长久地购买某一品牌产品或服务的行为
2003	陈明亮	认为顾客忠诚是一个多维结构，可以从行为和认知两个维度定义。从行为维度看，表现为以重复购买为主要特征的行为忠诚；从认知维度看，表现为满意、信任、精神忠诚（Mental loyalty）等形式。行为忠诚是认知忠诚的结果，但认知忠诚不是行为忠诚的唯一原因，如高的转移成本也可产生行为忠诚。基于高水平双赢伙伴关系的可持续忠诚是客户忠诚的最强形式，是行为忠诚与精神忠诚的和谐统一。精神忠诚、可持续忠诚是忠诚的高级形式，满意、信任是忠诚的低级形式，满意、信任、行为忠诚、精神忠诚和可持续忠诚代表了不同的客户忠诚水平，它们通常按一定的时序出现在客户关系生命周期的不同阶段，与客户关系水平有一定的对应关系
2004	刘洪程	将顾客忠诚定义为顾客对某品牌的内在积极态度、情感、偏爱和外在重复惠顾行为的统一
2005	严浩仁	界定顾客忠诚需要从顾客忠诚的行为特征以及态度特征两个方面出发，既要分析顾客忠诚的行为特征，同时还要分析顾客忠诚的态度特征，并进一步定位顾客忠诚是顾客满意、顾客关系信任和转换成本等因素共同作用直接影响的结果
2005	江林	顾客忠诚是指顾客对企业产品和服务的认可和信赖，坚持长期购买和使用该企业的产品和服务，并在此过程中表现出在心理和情感上的一种高度信任和忠诚程度，是顾客对企业产品和服务在长期竞争中所表现出优势的综合评价和肯定

续表

时间	学者名称	顾客忠诚定义
2012	李惠璠	指出测量顾客忠诚应从顾客行为与态度两个方面进行。其中,态度忠诚是指顾客对企业的一种长期承诺,主要体现为第一选择、价格容忍度等方面;行为忠诚则强调顾客克服一些障碍,做出实际购买行为,并形成重复购买的惯性,主要体现为重复购买意向、交叉购买意向和推荐意向
2015	张长森	顾客忠诚度是顾客对产品或服务的承诺,并会产生对同一品牌产品或服务的重复购买行为

资料来源:作者整理而得。

2. 互联网顾客忠诚构念的界定

Frederick(1996)指出衡量互联网顾客忠诚与传统意义上的顾客忠诚在判定因素上并无显著性差异,且均体现为购买频度增强、购买金额与数量增加以及价格敏感性降低。[60] Gillespie(1999)认为判定互联网顾客忠诚的相关指标还应涉及消费者在某一时间内访问EB平台的频度、每次驻留的时间长短以及对该EB平台所呈现信息的浏览深度。[61]Smith(2001)的相关研究成果同样印证了:互联网顾客忠诚(Internet Customer Loyalty,ICL)与传统意义上的顾客忠诚究其实质而言无论是线上状态抑或是线下状态均是科学与艺术的完美结合,而顾客忠诚向互联网顾客忠诚转化的关键路径在于EB企业使用数字工具与消费者建构持续性关系的恰当性。[62]

2000年,Fredrick在《哈佛商业评论》中率先构建了互联网顾客忠诚架构,随后国内外学者对其进行了诸多有益的探索性研究。钟辉新(2006)将互联网顾客忠诚界定为顾客重复惠顾某一EB平台并购买其特定产品或服务的行为。[63]Srinivasan(2002)将互联网顾客忠诚定义为消费者对特定EB平台的关注及偏好程度,并由此所引致的重复消费行为。[64]毋庸置疑,重复消费行为是顾客忠诚的最终表现形式,然而经常惠顾的顾客却并非是忠诚的顾客,实际上可能出现顾客为了避免更换新供应商所引致的转换成本、无可替代供应商等因素限制而继续与现有供应商交易,因此只有综合考虑顾客重复消费行为(实际行为)与对重复消费行为的承诺(行为意向)两方面因素,才能准确度量和预测互联网顾客忠诚,分析各种主客观因素对互联网顾客忠诚的影响方式与途径(苏秦,2006)。[65]冯强(2011)认为互联网顾客忠诚应涉及态度忠诚与行为忠诚两个维度,并进一步将其界定为:在B2C模式下,互联网顾客出于对某网店的喜爱与偏好,密切关注网店商品信息,并反复购买该网店的产品或服务,且该态度与行为不会因环境或竞争网店营销策略的变化而轻易改变,甚至无意识地在生活中、BBS中对该网店进行正面口碑宣传,具体而言:在态度上表现为顾客对该网店具有偏爱和感情依赖,且顾客对该网站安全性、信誉度高度信任;在行为上表现为积极主动为网店做口碑宣传,对该网店反复访问与重复消费。[66]田凌云(2009)则强调所谓互联网顾客忠诚是指电子商务环境下的顾客忠诚,它表现为顾客对电子商务网站的重复访问、对企业产品或服务的重复购买、对企业的高度信任和依赖,并主动维护和提高企业利益或形象的倾向与行为[67],即互联网顾客忠诚是在电子商务环境下,顾客基于自身需要与偏好,重复浏览、购买、推荐某种商品或服务的一种活动过程,其实质体现在态度与行为两个层面(刘坤,2015)。[68]在此,本研究在综合国内外学者现有研究成果基础上,并广泛借鉴学术界对传统意义上顾客忠诚内涵的界定,将B2C模式下互联网顾客忠诚定义为:顾客在互联网虚拟消费体验进程中,对某EB平台所销售的商品及提供的服务在功能性利益体验、程序性利益体验以及关系性利益体验层面均获取了较高的感知价值,进而对其产生某种特定的感觉、偏好及承诺,据此对同类EB企业竞争者所积极开展的营销策划活动自动屏蔽、形成一定的免疫力,即互联网消费者与该EB平台业已形成了某种稳定的B2C结构性关系。此外,互联网消费行为拓展表现为:主动为该EB平台宣传口碑;向他人推荐该EB平台销售的产品或服务;价格敏感性降低、价格容忍度提高。

二、互联网顾客忠诚形成机制研究

1. 互联网顾客忠诚形成机制文献述评

目前,学术界关于互联网顾客忠诚影响机制研究尚处于探索性阶段,特别是针对B2C模式下从互联网消费者体验视角系统诠释、预测互联网顾客关系质量(互联网顾客满意度、互联网顾客信任度)、互联网顾客态度忠诚及行为忠诚形成机制概念模型尚不完善。在此,本研究拟通过文献研究法对国内外学者涉及互联网顾客忠诚形成机制的相关研究成果进行系统梳理、分析,为后续理论模型构建及实证研究工作奠定夯实的理论基础。具体阐述如下:

Youjae(1989)认为顾客满意不仅有益于提升企业美誉度、减少顾客抱怨等负面情绪,还有益于提升顾客态度忠诚及行为忠诚。[69]

Bloemer(1995)的研究成果表明顾客满意与品牌忠诚呈正相关,且外显顾客满意比潜在顾客满意对品牌忠诚的正向影响效果更显著。[70]

Hallowell(1996)通过对银行业顾客调查发现顾客满意与顾客忠诚之间呈正相关。[71]

Reichheld和Schefter(2000)认为顾客对EB平台的信任感是互联网消费决策意向的关键驱动因素,并进一步指出要获取顾客忠诚首先要赢得顾客信任。[72]

Lee(2000)认为互联网顾客信任度与互联网顾客忠诚度之间呈显著正相关,其LISREL分析模型如图2-18所示。[73]

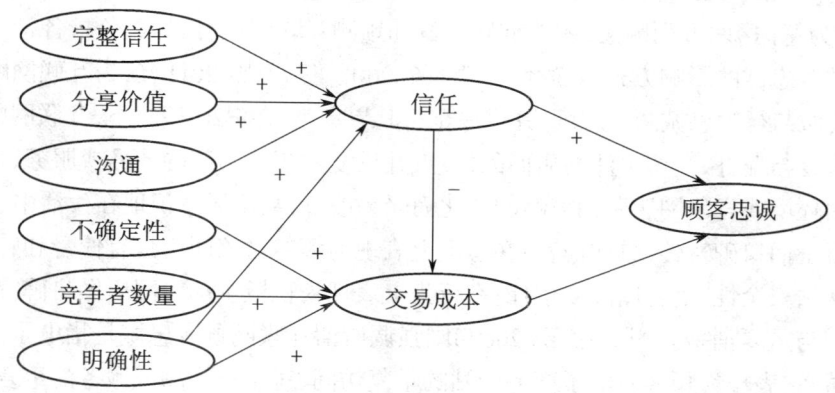

图2-18 网络顾客忠诚度关键因素

Cronin(2000)认为服务价值会影响顾客满意度指数及顾客行为意向,并进一步强调在四种价值模式中,价值与顾客满意之间均呈现直接或间接正向相关关系,即顾客在购买商品后对企业所提供的顾客价值会形成一定的主观感知,且唯有当其感知的顾客价值超过事先利益预期时,才能产生顾客满意。[74]

Mcknight(2002)等学者的实证研究结论也进一步佐证在 B2C 模式下消费者对 EB 平台的信任度对其重复惠顾该 EB 平台将产生积极影响。[75]

Gefen(2002)在涉及互联网顾客忠诚影响机制研究中,选取亚马逊网上书城消费者为调研对象进行实证探索性研究,认为在互联网虚拟消费情境下,互联网顾客信任度是顾客忠诚度的重要驱动因素。[76]

汪纯孝(2003)等学者系统探讨了顾客满意感与各类忠诚感之间的相关性;数据分析结果表明:顾客的认知性忠诚感、情感性忠诚感、意向性忠诚感与行为性忠诚感是顾客忠诚感二阶因子的子因子,顾客满意感是忠诚感的重要前提因素,服务公平性、服务质量、顾客与企业之间的友谊、顾客的信任感、归属感也对顾客的忠诚感有直接或间接的影响。[77]

Luarn 和 Lin(2003)将网络顾客忠诚的重要驱动因素归因为互联网顾客满意度、互联网顾客信任度以及互联网顾客感知服务质量,研究表明上述维度对顾客忠诚均具有显著正向影响。[78]

Shergill(2004)等学者的研究结果表明:顾客满意、品牌声誉、顾客信任、转移成本与互联网顾客忠诚之间均具有显著正向影响;其中,顾客满意回归系数最高,证明其是构成互联网顾客忠诚的重要前置限定因素。[79]

罗海成(2005)基于关系营销研究框架基础,适时引入心理契约变量,深入探索其与顾客信任、顾客承诺、顾客忠诚之间的相关性,并据此构建结构方程模型,认为顾客信任的建立实际意味着顾客对未来交易感知风险的降低,且可信性信任使顾客相信自己的付出能够得到企业相应的服务,从而降低顾客外部信息的搜寻动机,减少对其他可替代选择的考虑;而善意性信任则使顾客相信企业不会利用服务购买和消费中信息不对称障碍欺骗消费者,从而对企业形成某种情感依赖意愿,进而产生对企业有利的态度倾向,即可信性信任与行为忠诚之间呈正相关、善意性信任与态度忠诚之间呈正相关。[80] 研究所涉及的概念模型如图 2-19 所示。

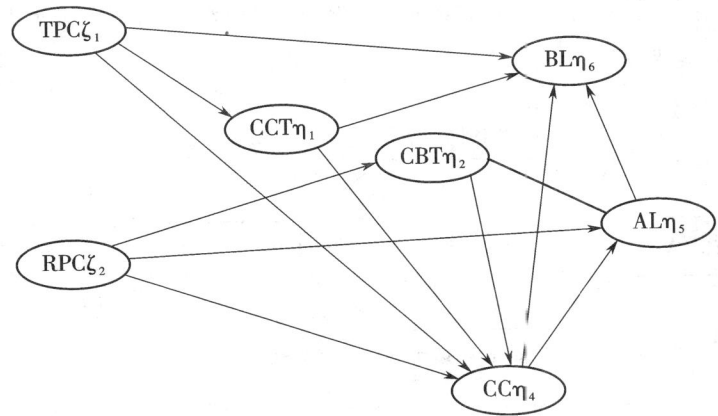

图 2-19 顾客信任、顾客承诺、顾客忠诚间相关关系概念模型

Balabanis、Reynolds 和 Simintiras(2006)将影响顾客忠诚的重要前置影响因素界定为消费者满意度与转换障碍。[81]

Carlos(2006)等学者的相关研究成果表明 EB 平台有用性及易用性是衡量 EB 企业形象的重要测量维度,其对网络消费行为趋向具有重要影响,且 EB 平台有用性及易用性与互联网顾客满意度、信任度及忠诚度亦具有显著正向影响。[82]

刘建新(2006)在涉及顾客信任形成机制及营销管理研究中强调唯有企业践诺率达到足够高的水平时,顾客才会对该企业产生信任感,由此满意并忠诚于该企业,反之,一旦企业践诺率降低,顾客信任度则随之急剧下降,直至信任度为零,就总体而言,顾客信任度与企业践诺率二者之间呈正相关,但其过程表现并非简单的直线性正相关关系,从数理分析上讲:当企业践诺率低于 80%,二者呈直线性正相关关系;当企业践诺率为 80%~90%,企业践诺率的提高并非显著正向影响顾客信任度的提升;当企业践诺率为 90% 乃至 95%~100% 时,顾客信任度会出现延时性恢复增长,直至提升至 100%。[83] 研究所涉及的顾客信任形成机制模型如图 2-20 所示。

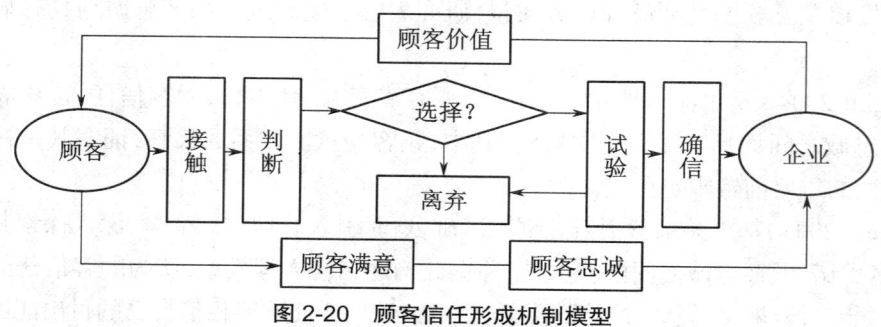

图 2-20 顾客信任形成机制模型

丛庆(2007)以 Morgan 和 Hunt 的承诺 - 信任理论为基础,引入顾客信任、顾客情感承诺和关系承诺等变量,构建并验证了基于关系营销视角的顾客服务补救后满意与顾客关系持续之间的关系模型;实证结果显示:顾客服务补救后满意必须通过信任和关系承诺变量的中介作用维系顾客关系,对顾客的关系持续意愿没有直接解释力,在服务补救背景下顾客信任通过顾客情感承诺变量间接影响关系承诺。[84] 研究所涉及的概念模型及实证结果分别如图 2-21 和图 2-22 所示。

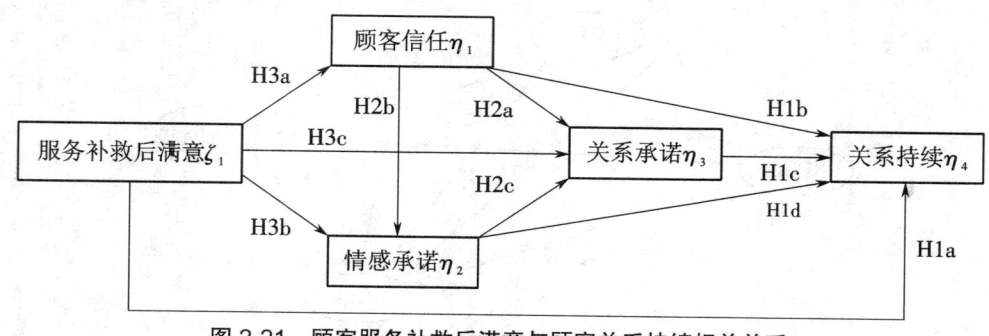

图 2-21 顾客服务补救后满意与顾客关系持续相关关系

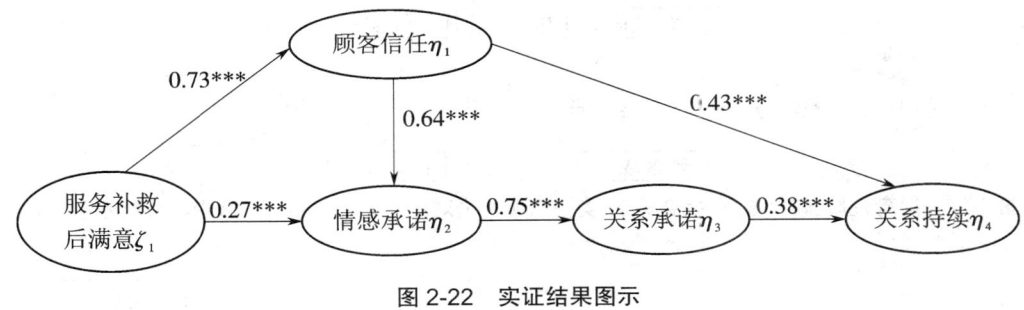

图 2-22　实证结果图示

*** 为 $P<0.001$。

张新安(2007)在涉及顾客满意与顾客忠诚之间相关性的实证研究中,从理论上鉴别了顾客满意与顾客忠诚的本质、区分了不同满意程度与忠诚类型;系统研究了顾客满意与顾客忠诚之间的对应关系;研究成果表明:顾客满意是顾客忠诚的必要条件而非充分条件,且伴随满意程度的提升,顾客会更趋向于忠诚,但并非线性关系;研究所涉及的顾客满意影响顾客忠诚作用机制如图 2-23 所示。[85]

马钦海(2007)采用结构方程多组分析法系统分析了服务性质、转换成本、社会关系以及竞争者吸引力因素对顾客满意与顾客忠诚关系的调节作用,研究成果表明:上述因素对顾客满意虽然存在调节作用,但顾客满意与顾客忠诚总体上仍呈现显著正相关,即服务性质对其他因素的调节作用具有显著影响,且呈现不同特质;转换成本对顾客满意与顾客忠诚的相关关系具有负向调节作用,但这种调节作用因服务性质而异,可能取决于顾客服务价值取向;社会关系具有弱化顾客满意对顾客忠诚的影响作用,因服务性质不同,社会关系调节作用亦不同,虽然不同服务性质下顾客满意与顾客忠诚关系强度不同,但均呈现强相关性,且服务性质、社会关系、转换成本对顾客满意与顾客忠诚关系的交互调节作用亦呈现显著相关性;竞争者吸引力对顾客满意与顾客忠诚关系具有正向调节作用。[86]研究所涉及的概念模型与结构方程模型分别如图 2-24 和图 2-25 所示。

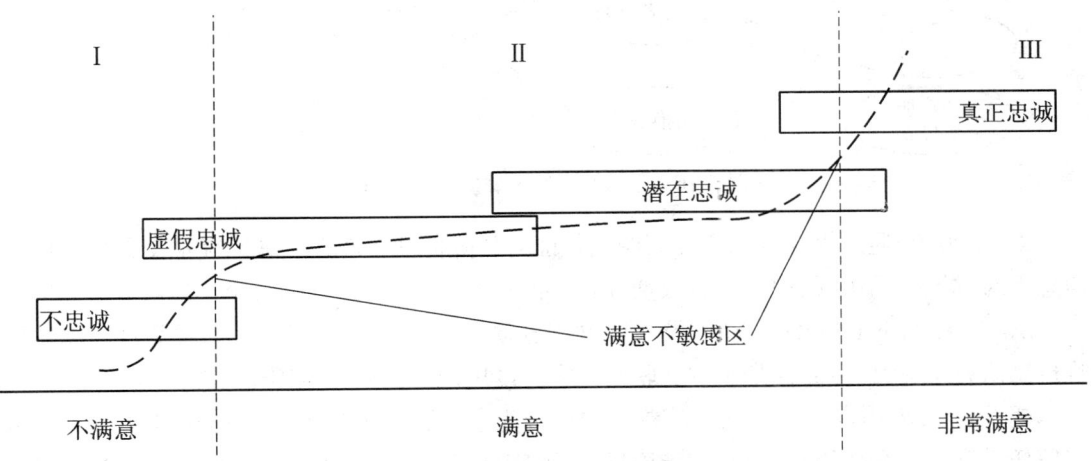

图 2-23　顾客满意影响顾客忠诚作用机制

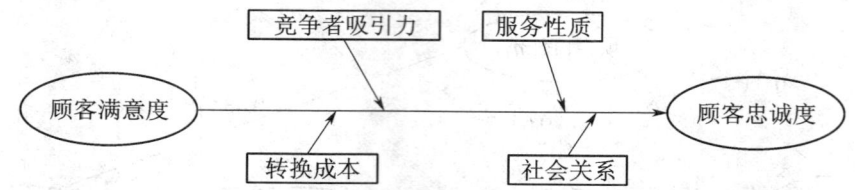

图 2-24 服务性质、转换成本、社会关系、竞争者吸引力对顾客满意与顾客忠诚影响机制概念模型

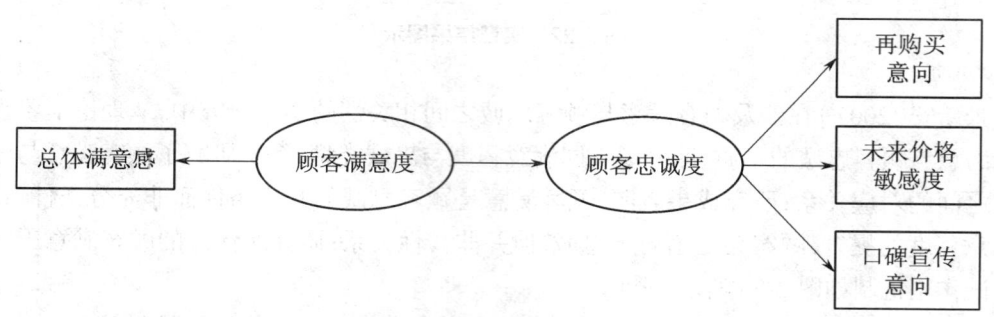

图 2-25 顾客满意-顾客忠诚关系基本结构方程模型

苏秦(2007)基于计划行为理论系统分析了电子商务环境下消费者行为意向和实际消费行为的诸多扰动因素,构建了整合电子商务服务质量、顾客满意、情感关系与切换障碍的互联网顾客忠诚影响因素模型;实证研究表明:顾客忠诚行为意向是实际消费行为最直接的影响因素,而顾客满意、情感关系以顾客行为意向为中介间接影响顾客实际消费行为,网站使用经历、服务可靠性、安全与隐私、客户服务经历等因素通过顾客满意间接影响顾客忠诚行为意向。[87]研究所涉及的概念模型如图 2-26 所示。

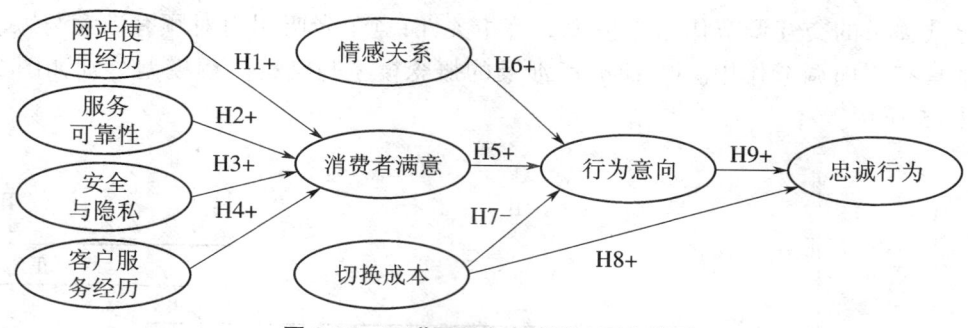

图 2-26 互联网顾客忠诚影响因素模型

Kim(2009)通过纵向数据研究表明信任能有效降低消费者在互联网虚拟交易情境中对信息不对称风险的主观感知,对有效增强在线消费意愿具有积极意义。[88]

Swaid 和 Wigand(2009)在涉及互联网服务质量各维度与顾客态度忠诚及行为忠诚影响机制研究中,指出可靠性是影响互联网顾客态度忠诚的关键影响因子。[89]

胡保玲(2009)在涉及互联网消费者购买行为意向影响机制相关研究中,重点探索了顾客信任维度的中介作用;实证研究结论显示:顾客满意、声誉、转换成本对顾客信任具有显著正向影响,顾客信任与顾客购买意愿之间亦呈现显著正相关,且顾客信任在顾客满意、声誉、转换成本与顾客购买意愿之间具有部分中介效应。[90] 研究所涉及的概念模型如图2-27所示。

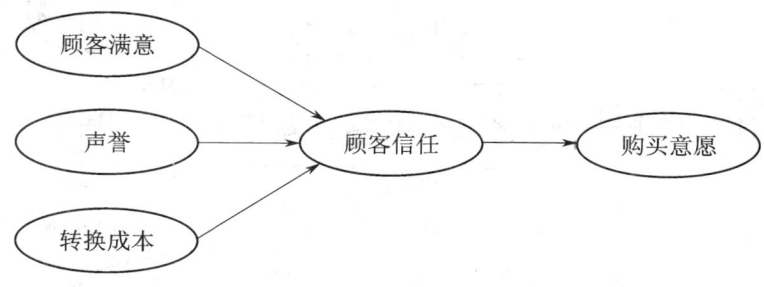

图2-27 顾客满意、声誉、转换成本对顾客信任及购买意愿影响机制

李思曼(2009)基于技术接受模型、交易成本理论与顾客满意度理论构建了顾客满意度消费者网上购物决策模型,实证研究结论显示:基于顾客满意度消费者网上购物决策模型对消费者网上购物行为具有较好的解释度,即顾客满意度、感知风险、感知信任、感知利得和感知易用性共同影响消费者网上购买意愿,感知利得和感知易用性同时还通过影响顾客满意度来影响消费者购买行为,感知信任和感知风险之间也存在着影响关系,其结构方程修正模型如图2-28所示。[91]

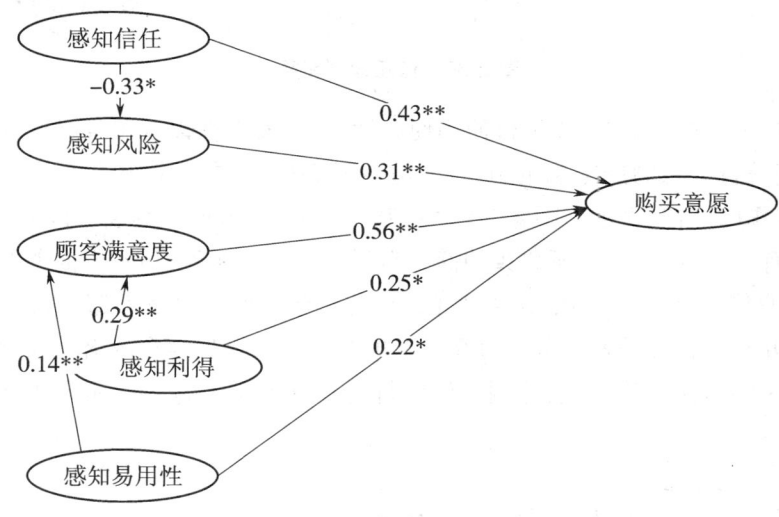

图2-28 结构方程修正模型

* 表示 $P<0.05$,** 表示 $P<0.01$。

张初兵(2010)以"承诺-信任"理论为依托,对顾客满意→顾客忠诚路径进行了系统研究,并实证检验了变量之间的路径关系;认为满意、信任与承诺是普通顾客向忠诚顾客转化时心理变化的三个阶段;研究成果显示:顾客信任对态度忠诚有直接影响,但对行为忠诚没有直接影响,即顾客在一次或多次满意消费后,在心理上会形成对产品或服务的认可和信赖,但这只会带来顾客的态度忠诚,不能直接促使顾客的重复购买,顾客只有形成了对企业的承诺后才会愿意与其保持长期的交换关系,才会促使顾客忠实于企业并重复购买该企业的产品或服务;研究所涉及的概念模型及修正模型路径分别如图 2-29 和图 2-30 所示。[92]

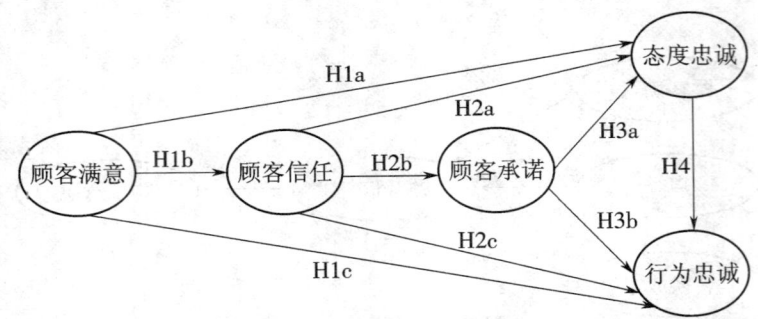

图 2-29 基于"承诺-信任"理论下顾客满意与顾客忠诚相关关系概念模型

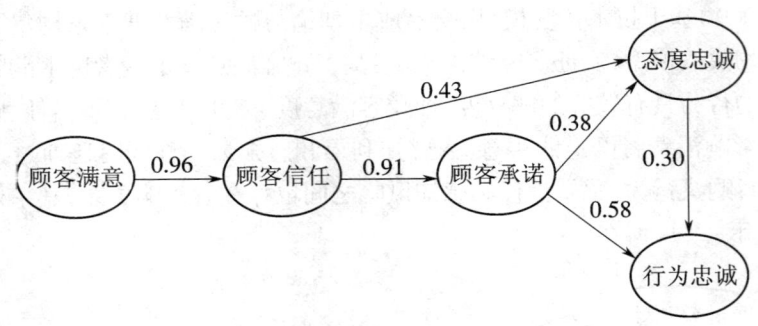

图 2-30 修正模型路径

杨倩(2011)系统分析了 EB 平台使用便利性、交易安全性以及服务真诚性对顾客信任继而对顾客消费行为意向的影响机制,实证检验了 EB 平台的承诺违背行为对顾客信任影响机制的调节作用,研究显示当顾客信任某 EB 平台时,一方面顾客会对该 EB 平台履约能力、商品品质有信心,认为自己所购买的商品有保障且物有所值;另一方面顾客也会认可该 EB 平台的商业信誉及交易诚意,认为该 EB 平台不会采取投机及不道德行为损害自身利益,且上述两方面对有效缓解消费者对互联网虚拟消费情境中存在的潜在风险具有积极意义,对增强顾客网络消费信心、实施网络消费行为具有重要影响。[93]研究所涉及的概念模型如图 2-31 所示。

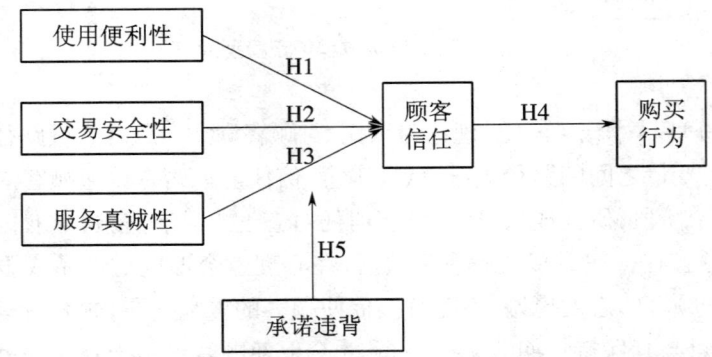

图 2-31 电商平台使用便利性、交易安全性、服务真诚性对顾客信任、顾客消费行为意向影响机制

郭鑫（2012）在涉及顾客价值、顾客满意与转换成本对顾客忠诚影响机制的相关研究中，通过建立线性结构关系模式，构建出顾客价值、顾客满意、转换成本与顾客忠诚的整合研究框架，系统剖析其因果关系，并以顾客满意为中介变量探讨其对顾客价值与顾客忠诚之间的中介作用，以及将转换成本作为调节变量探讨其对顾客价值、顾客满意与顾客忠诚三者之间的调节作用；实证研究成果表明：顾客满意度与顾客忠诚度之间呈非线性相关关系，且当顾客满意度高于满意水平的临界点时，满意度的增加会导致顾客再购买意愿显著提升；反之，当顾客满意度低于满意水平的临界点时，满意度的降低会导致顾客再次购买意愿显著下降。[94]

张圣亮（2012）通过文献收集、深度访谈和问卷调查，提炼出了影响网上购物顾客满意度的27个因素；采用探索性因子和验证性因子分析将27个因素归纳为6类；通过回归分析发现，对网上购物顾客满意度的影响程度从高到低依次为：产品质量、交货速度、网站质量、卖家信誉、产品价格与互动质量；通过独立样本T检验发现消费者性别和所处地域对于网上购物及其满意度影响因素有一定影响；通过均值分析发现目前我国网上购物顾客满意度接近比较满意水平；研究认为顾客满意是顾客所接触、购买或消费的某种产品、服务或组织本身的积极评价以及由此产生的愉悦心理，而这种评价及心理是基于顾客本身的某种标准，且顾客对商品问题认知、商品满意与顾客忠诚密切相关，即互联网顾客满意度正向影响其态度忠诚及行为忠诚，并最终影响EB企业盈利水平。[95]

Zhou（2013）实证研究了系统质量、信息质量、沉浸体验对用户持续使用移动网站的影响，结果显示：系统质量、信息质量与沉浸体验均对顾客满意具有直接影响，顾客满意对持续使用具有直接影响，信息质量和沉浸体验中的感知娱乐性对持续使用也具有直接影响，顾客满意在其中起部分中介效应。[96]

黄丽丽（2013）构建了网络零售业服务质量评价模型，通过运用调查问卷对淘宝网服务质量的过程质量、结果质量、服务保障三维度进行测量，系统分析了网络零售业服务质量三维度、顾客满意度与顾客忠诚度之间相互影响的关联关系，研究结论显示：过程质量对结果质量、顾客满意度、顾客忠诚度的影响较为显著；结果质量对顾客满意度、顾客忠诚度的影响不显著，特别是结果质量与顾客忠诚度之间不存在直接相关效应，表明某次高水平的结果质量仅能使顾客对本次购物经历感到满意，而顾客忠诚则是顾客长期满意的结果；服务保障对结果质量、满意度、忠诚度均具有较强的影响；顾客满意是顾客忠诚的基础，只有多次累积的满意才能导致顾客对商家的信任，进而忠诚。[97]

邓之宏和邵兵家（2013）采用质性研究中的内容分析方法，对中国化妆品团购网站发布的600条买家评论进行了内容分析，深入研究了影响消费者满意度的关键因素分别为物流配送、商品质量、使用效果、商品价格和客户服务，并进一步揭示了消费者满意和不满意的主要驱动因素，其中消费者满意的主要驱动因素为商品是正品、质量好，发货和到货速度快，运输包装仔细、严实，商品价格便宜、划算、实惠，服务态度和质量很好以及商品用起来好用、舒服；消费者不满意的主要驱动因素为发货和到货速度慢，包装和商品有破损，运输包装马虎、不结实，商品分量不足，存在缺货、错发、漏发情况以及商品价格不够便宜，研究结论表明互联网顾客满意与顾客行为意向密切相关。[98]

Cao(2013)等学者基于期望确认理论系统研究了社交网络服务用户持续使用行为,实证研究结论显示:期望确认通过用户社会需求满足、自我实现需求满足影响用户满意,进而影响用户持续使用行为。[99]

雷宏振(2013)基于行业分析与文献研究,对网络团购消费者进行了问卷调研,构建了顾客满意、品牌信任与顾客忠诚的结构方程模型;研究发现在现阶段网络团购行业中,顾客满意不能有效形成顾客忠诚,需要借助品牌信任作为中介变量,即团购网站在提升顾客满意度的同时,还需进行大量的品牌营销投入,通过传递品牌形象以建立品牌信任,最终促使顾客满意转化为顾客忠诚。[100]研究所涉及的概念模型及修正的结构方程模型分别如图2-32和图2-33所示。

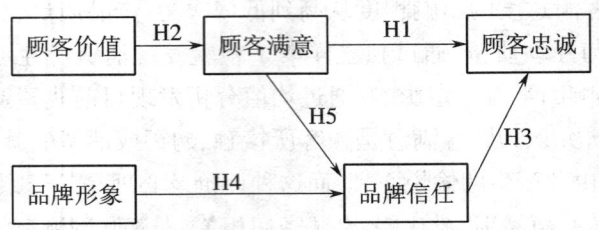

图2-32 顾客满意、品牌信任与顾客忠诚的结构方程模型

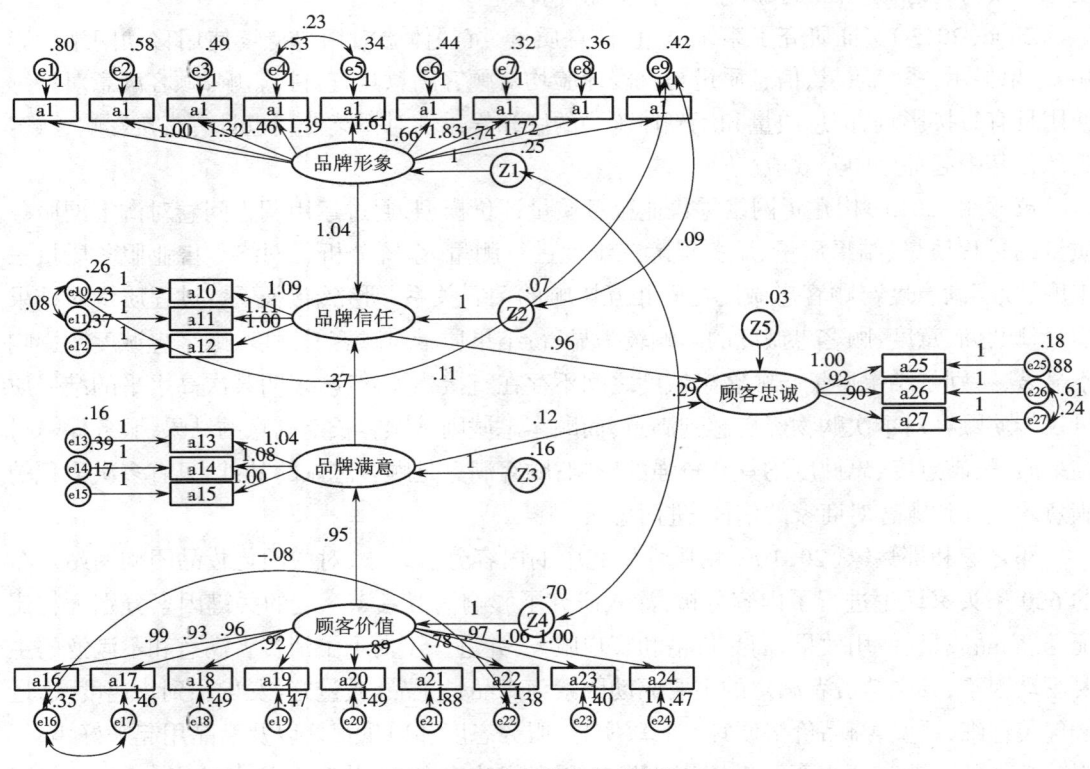

图2-33 修正的结构方程模型

仲伟仁(2014)基于顾客满意度指数ACSI模型,将互联网消费者满意度影响因素研究

框架界定为五种影响路径行为关系;研究结果表明:相对于传统实体店购物行为而言,顾客网络购物期望→网络购物感知质量→网络购物满意度→网络顾客忠诚度路径存在显著性正向影响关系;顾客网络购物感知质量对网络购物感知价值正向影响关系一般;顾客网络购物感知价值对网络购物满意度的影响不明显。[101] 研究所涉及的概念模型及网络购物满意度影响路径分析分别如图 2-34 和图 2-35 所示。

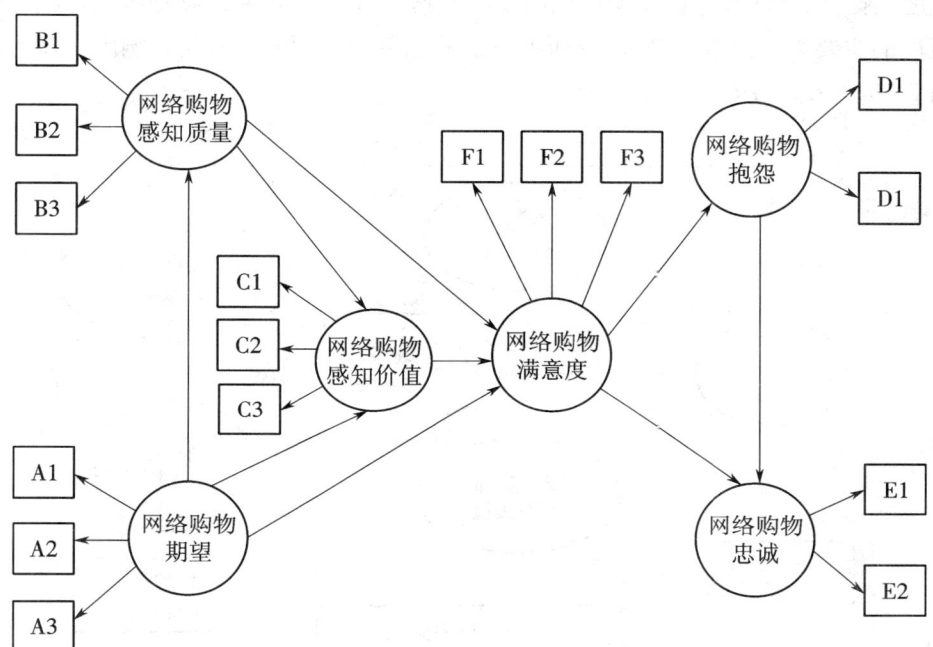

图 2-34 网络购物满意度研究概念模型

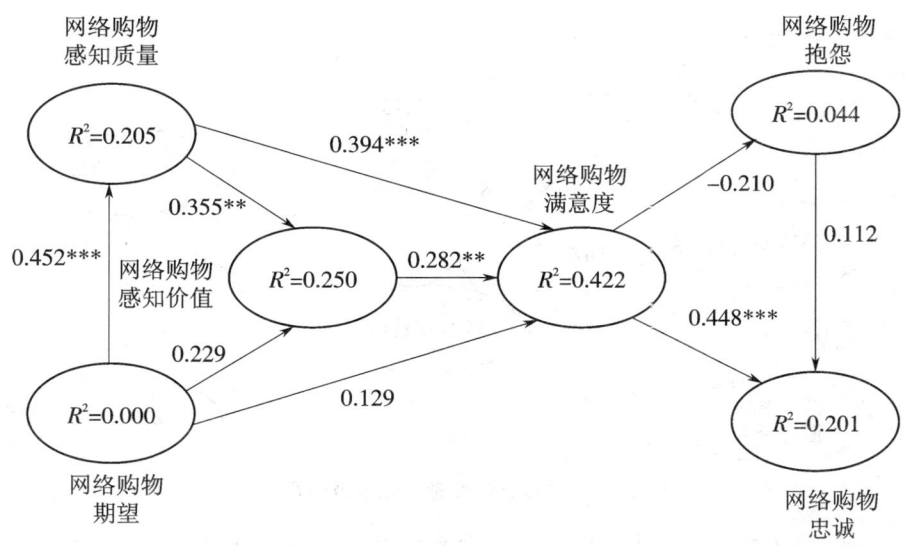

***$P<0.001$,**$P<0.05$

图 2-35 网络购物满意度影响路径分析

邓爱民(2014)构建了以信任、在线网站特性、线下物流服务质量、顾客满意度、转换成本为外因潜在变量,以顾客忠诚度为内因潜在变量的假设模型,并以问卷调研的方式收集实证数据,采用因子分析和结构方程模型揭示网络环境下顾客忠诚度的影响因素和作用机制;研究发现:在网络环境下,信任不仅可以通过影响顾客满意度来间接地影响顾客忠诚度,而且可以成为顾客忠诚度的直接前因变量;在线网站特性和线下物流服务质量共同作用于顾客满意度的提升,并间接地影响顾客忠诚度的积累;顾客满意度和转换成本是网络环境下顾客忠诚度的主要影响因素。[102] 研究所涉及的概念模型及顾客忠诚度影响因素作用路径分别如图 2-36 和图 2-37 所示。

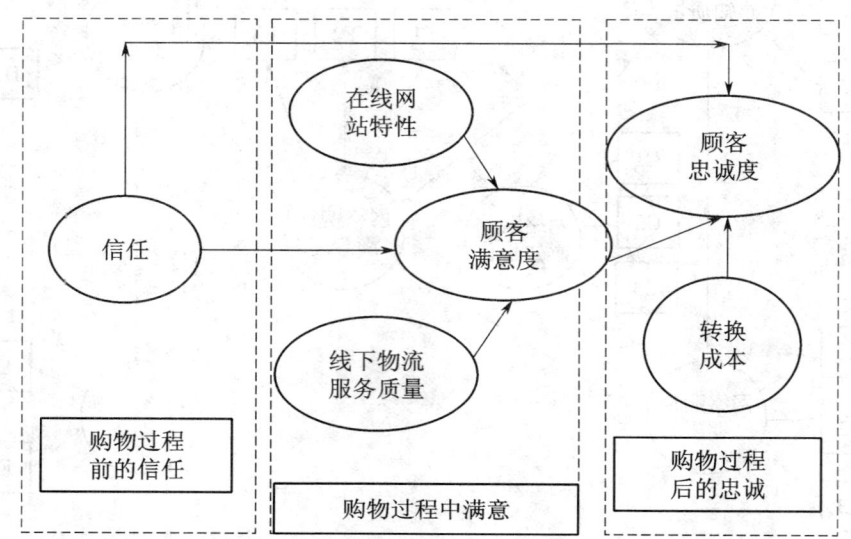

图 2-36 信任、在线网站特性、线下物流服务质量、顾客满意度、转换成本与顾客忠诚度相关关系

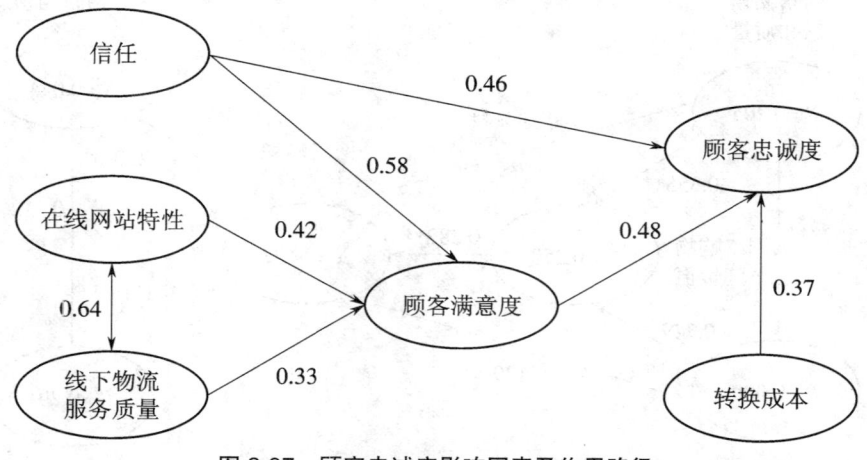

图 2-37 顾客忠诚度影响因素及作用路径

秦进(2014)的研究成果表明网络零售服务可靠性五维度对顾客信任具有显著影响,影响程度由强至弱依次为:客户服务可靠性、产品相符性、网站技术可靠性、信息可靠性以及物

流配送可靠性;其中,网络零售服务可靠性各维度通过顾客满意、顾客信任的中介作用对顾客忠诚产生影响;而顾客满意、顾客信任对顾客忠诚亦具有显著正向影响,并且其在网络零售服务可靠性对顾客忠诚的影响机制中具有重要意义;研究所涉及的概念模型及检验结果分别如图 2-38 和图 2-39 所示。[103]

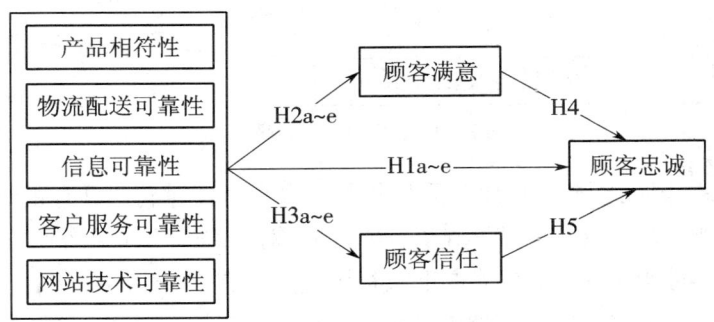

图 2-38　网络零售服务可靠性与顾客忠诚度相关关系

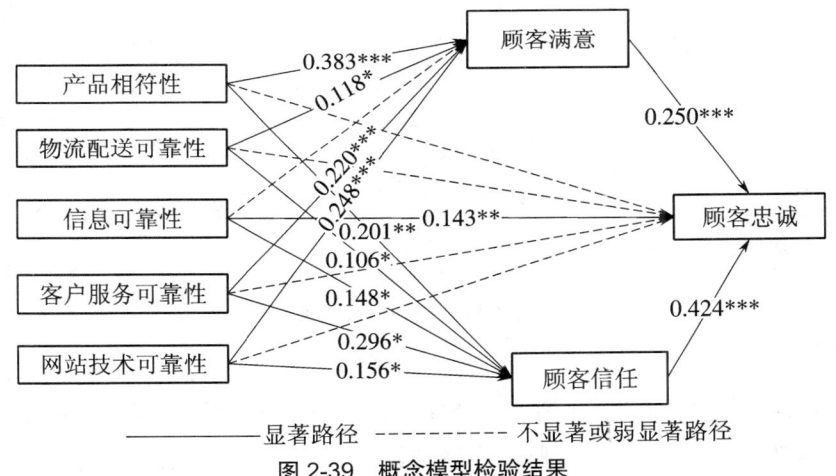

图 2-39　概念模型检验结果

* 表示 $P<0.05$,** 表示 $P<0.01$,*** 表示 $P<0.001$。

刘坤(2015)在涉及电子商务顾客忠诚驱动因素研究中将互联网顾客满意界定为消费者感知价值与预期价值之间形成的心理差异,互联网顾客满意与顾客忠诚之间的相关性可以使用顾客满意指数 ASCI 模型来进行系统诠释,具体而言:一方面,顾客满意水平是可感知质量与顾客期望值之间差异的感知价值函数,而顾客是否满意主要取决于顾客期望、顾客感知质量与感知价值的相互作用;另一方面,较高的顾客满意水平是导致顾客忠诚的重要限定条件,且顾客忠诚伴随顾客满意水平同步提升,然而 EB 企业应特别关注当进入质量不敏感区域时,无论如何提升顾客满意水平,顾客忠诚度均无显著变化。[104]研究所涉及的 E 忠诚驱动因素模型如图 2-40 所示。

朱艳春(2015)针对服务质量各因子与顾客满意、顾客满意与顾客忠诚各维度之间的相关性进行深入探索性研究,印证了算计性承诺对顾客情感性承诺与购买行为之间关系的调

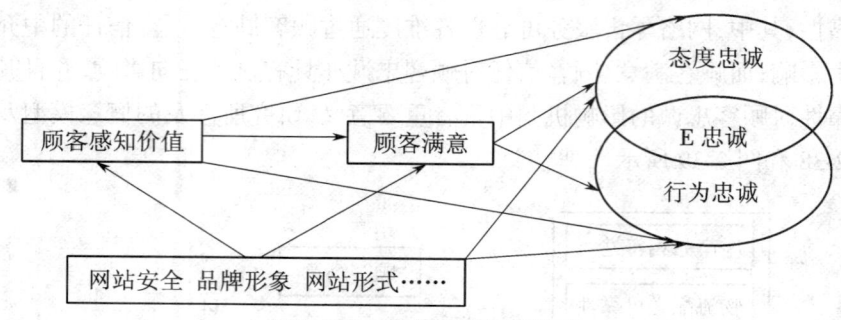

图 2-40　E 忠诚驱动因素模型

节作用,实证结果表明:网络商店服务质量的服务水平对顾客满意具有正向显著影响,但有形性、移情性对顾客满意的影响并不显著;顾客满意对顾客情感性承诺和购买行为均具有正向影响;顾客情感性承诺在顾客满意与购买行为之间具有部分中介作用;由于网络商店的转换成本低,算计性承诺对顾客情感性承诺和购买行为之间的调节作用并不明显。[105] 研究所涉及的概念模型拟合结果如图 2-41 所示。

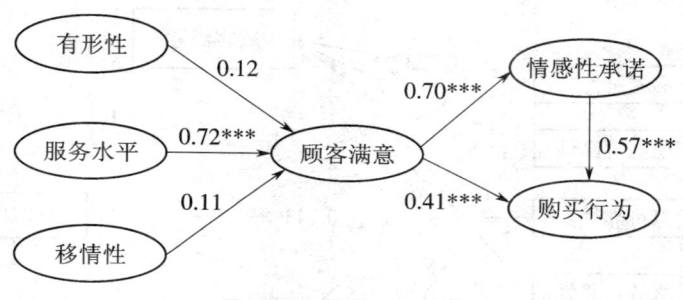

图 2-41　模型拟合结果

*** 表示 $P<0.001$。

刘力(2015)通过检验感知价值中介效应与转移成本调节效应,系统分析了关系利益影响顾客满意与顾客忠诚的作用机制;研究结论显示:信任利益、社会利益显著正向影响顾客满意与顾客忠诚,但特殊待遇利益对顾客满意与顾客忠诚的影响不显著;感知价值在信任利益对顾客满意的影响以及社会利益对顾客满意和忠诚的影响中起到部分中介作用,在信任利益对顾客忠诚的影响中起到完全中介作用;转移成本正向调节信任利益对顾客满意和忠诚的影响以及社会利益对顾客忠诚的影响,即当顾客感知到较高的转移成本时,他们更倾向于对现有的关系状况感到满意,也更倾向于继续与企业维系现有关系,对企业更加忠诚。[106] 研究所涉及的概念模型如图 2-42 所示。

王琴英(2015)基于顾客满意与顾客信任理论,构建了互联网消费者"满意-信任-忠诚"转换模式,系统研究了顾客满意向顾客忠诚转化的路径关系,并利用问卷调研数据由结构方程模型进行量化测算,比较分析了淘宝、天猫、京东电商平台的顾客忠诚影响系数与忠诚度指数;研究成果显示:顾客期望、感知质量与感知价值对顾客忠诚具有间接影响作用,而顾客满意与信任则对顾客忠诚产生直接影响作用。[107]

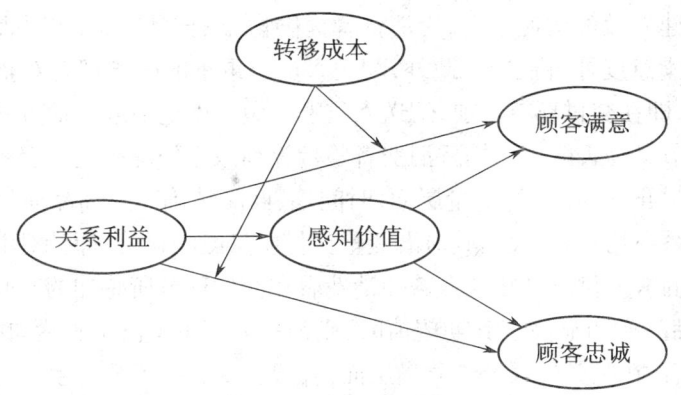

图 2-42　关系利益与顾客满意、顾客忠诚间作用机制

仇立(2015)在对服务经济时代服务质量形成机制、物流服务质量内涵进行系统分析和深入研究的基础上,将 B2C 模式下影响消费者感知物流配送服务质量细分为客户化定制服务质量、回应质量、支付质量以及服务失误补救质量 4 个维度,并针对每一个维度进行严谨的理论推导和数理统计分析,以期更加系统全面地探索其对改善互联网顾客关系质量、提升顾客忠诚的影响机制。具体而言:①客户化定制服务质量。在互联网消费体验进程中,EB 企业若能精确定位消费者诉求,并参照消费者特质积极践行差异化营销战略,将对提升互联网顾客满意度、信任度指数具有重要意义,进而正向影响其态度忠诚及行为忠诚。②回应质量。在服务经济时代,沟通是商家与顾客之间进行信息交换获取信息的重要途径,而在物流配送体系中高水平的回应质量能有效消除商家与顾客之间的沟通障碍,增强彼此双方之间的信任度、满意度,进而提升顾客对 EB 企业的态度忠诚及行为忠诚。③交付质量。在 B2C 模式下交付质量泛指消费者提交订单后,EB 企业物流配送体系能否按承诺的时间节点如期配送、配送商品的精确度、商品品质的完好度以及包装措施的有效性。④服务失误补救质量。由于互联网消费相对于传统商业模式具有交易完成滞后性特征,导致消费者在收货环节若发现商品配送有误、商品质量存有瑕疵等相关问题,会产生不满、抱怨等负面情绪并会直接影响互联网顾客关系质量。此外,由服务补救悖论可进一步推知经服务失误补救的顾客满意度指数明显高于未经过服务失误的满意度指数。在互联网虚拟消费环境下,顾客满意度、信任度是驱动顾客态度忠诚及行为忠诚的重要前因,即消费者会将 EB 平台的消费体验感知与内心期望值进行比较,若其所感知的顾客让渡价值较高,则会产生愉悦的心理反应进而对该 EB 平台产生重复惠顾倾向。与此同时,EB 平台若能为消费者提供高品质的互联网消费体验、使其获取较高的让渡价值,将正向影响其对该 EB 平台的信任度,进而对改善互联网顾客关系质量实施顾客锁定战略奠定基础。实证研究成果表明:首先,在客户化定制服务质量层面,本研究统计数据显示支付方式、收货方式的载荷系数均较高,说明其对客户化定制服务质量影响显著。据此,在 B2C 模式下 EB 企业应针对互联网顾客明显的多样化需求特征,实施客户化定制服务战略,即物流配送方案应尽量满足每一位顾客配送的时效性、配送方式、支付方式以及其他特殊要求的差异化,充分体现管理柔性。其次,在回应质量层面,由于订购配送进度实时查询的因子载荷系数明显高于其他指标,由此 EB 企业应为商

家与顾客之间搭建有效的沟通平台,为消费者提供物流配送状态的实时查询功能以及建立对物流配送环节满意度评价机制。此外,配送人员所秉承的服务理念对整体物流配送质量影响仍不容忽视,即在交付环节之前,配送人员能否做到以电话或短信方式通知客户准备接货以及在收货环节又是否能主动提醒消费者验货等细微之处均影响消费者对物流配送服务质量的主观感受。再次,在交付质量层面,时间性、商品精确率及商品质量完好度3个观测变量的因子载荷系数均较高,表明其对潜变量交付质量影响显著,即针对消费者日益稀缺的时间资源和有限的努力付出,EB 企业若使消费者在交付环节所感知的时间和努力程度小于心理预期,而商品品质明显高于其期望值时,则消费者对 EB 企业所感知的满意度、信任度就会越显著。最后,在服务失误补救质量层面,各观测变量因子载荷系数均较高,EB 企业能否在第一时间对顾客投诉给予积极回应,并制订相应补救措施并及时响应以及补救措施的便利性、补救结果的满意性对有效弥补服务失误均具有正向影响。研究所涉及的概念模型及 LDSQCL 结构方程标准化解模型分别如图 2-43 和图 2-44 所示。[108]

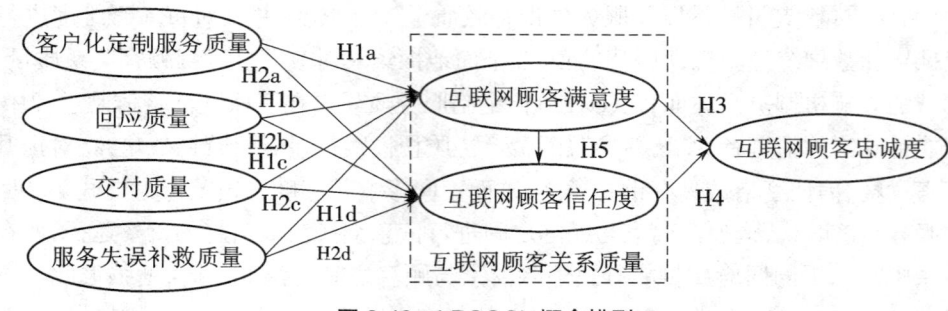

图 2-43 LDSQCL 概念模型

2. 实施顾客满意与顾客锁定战略,系统提升互联网顾客忠诚

在 B2C 模式下,相对于新消费者阶层日益稀缺的时间资源及有限的努力付出,EB 企业若想显著改善互联网顾客关系质量、提升顾客态度忠诚及行为忠诚,就应积极致力于顾客满意战略与顾客锁定战略的系统实施。具体而言:

(1)互联网顾客满意战略

伴随互联网经济的迅猛发展,互联网顾客满意度业已成为业界及学术界关注的焦点,其在微观层面与 EB 企业营销战略密切相关、在宏观层面对社会福利变化亦具有显著影响。所谓互联网顾客满意度泛指 B2C 模式下,消费者将 EB 平台提供商品或服务的主观感知与其期望值相比较后所形成的某种愉悦抑或失望的感觉状态。一般而言,互联网消费者将从那些他们认为提供最高顾客让渡价值的 EB 企业选购商品或服务。其中,顾客让渡价值是总顾客价值与总顾客成本两者之间的差值;总顾客价值是互联网消费者期望从某一特定商品或服务中所获取的一组相关利益,涉及商品价值、服务价值、人员价值与形象价值 4 个维度;总顾客成本是互联网消费者在评估、获得及使用该商品或服务时所引起的预计费用,涉及货币成本、时间成本、精神成本与体力成本 4 个维度。在 B2C 模式下,顾客满意战略的实质是借助 EB 企业提供能有效满足消费者诉求的商品或服务,使其产生不同层次的满意

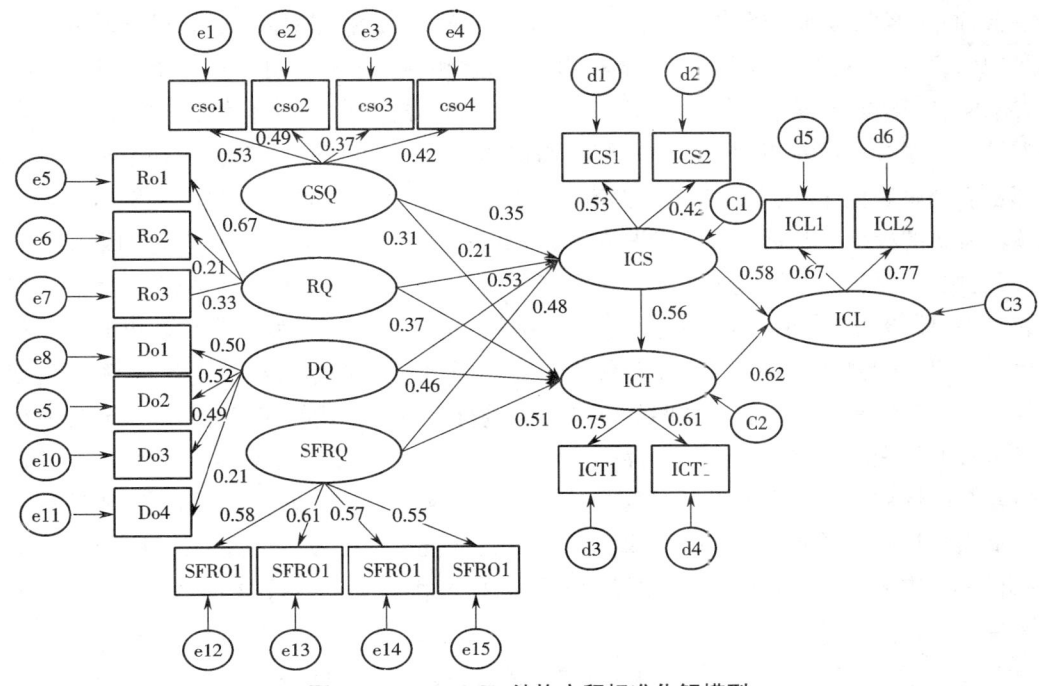

图 2-44 LDSQCL 结构方程标准化解模型

状态(满足、愉悦、解脱、新奇、惊喜),进而提升互联网顾客态度忠诚及行为忠诚、最终实施顾客锁定战略,而顾客从互联网消费体验进程中所感知的满意程度与其获取利益的多少密切相关,具体而言:位于满足层次的互联网顾客认为 EB 平台所提供的商品或服务基本上是可以接受和容忍的,其满意程度最低;位于愉悦层次的互联网顾客认为 EB 平台所提供的商品或服务能够使其在互联网虚拟消费情境中主观感知积极的消费体验;位于解脱层次的互联网顾客认为 EB 平台所提供的商品或服务能够在一定程度上辅助其解决日常工作、生活中的相关问题及困扰;位于新奇层次的互联网顾客认为 EB 平台所提供的商品或服务能够使其在互联网虚拟消费情境中主观感知新鲜或兴奋;位于惊喜层次的互联网顾客认为 EB 平台所提供的商品或服务能够使其获取超越心理预期的最高限度顾客让渡价值,因此,其满意程度也是最高的。Schneider(1999)进一步强调,处于惊喜层次的顾客,由于受强烈感情驱使极有可能成为企业忠诚的顾客;而处于其他满意层次的顾客,由于受更高满意层次的影响,往往更容易频繁变换供应商;之所以出现上述现象主要是由于顾客的一般满意来源于顾客期望,而顾客惊喜则来源于顾客需求。[109] 陈树公(2004)在涉及顾客惊喜、顾客满意与顾客忠诚的相关性研究中指出:第一,顾客满意与顾客惊喜均是构成满足顾客某一需要的不同组成部分,因为顾客满意的实质是将自己的需要外化为顾客期望与需求,然后通过对期望和需求的满足来实现对需要的满足,然而由于顾客经验的局限性,以及需要的复杂、多变性,不可避免地使期望在反映需要时存在不全面的地方,并且顾客自己尚未意识到,而顾客惊喜正好通过选择恰当的提供物,唤起期望和需求未能反映的需要并加以满足;第二,顾客满意是顾客惊喜的基础,是满足顾客需要的主体、核心,缺少它,顾客惊喜就缺少了发挥其应有效用的平台,而顾客惊喜则是顾客满意的延伸与升华;第三,顾客惊喜的内容有可能转变为顾客满意的内容,从而提高顾客的预期;第四,顾客满意和顾客惊喜都可以通过提高利得或减少利失来实现;第五,顾客惊喜与顾客满意之间最大的不同点在于顾客惊喜的意外性,即企业所提供的是顾客所没有想到,但又是顾客所需要的。综上,无论是顾客惊喜还是顾客满意最终都是满足顾客的某一需要,但在顾客惊喜的意外性作用下所产生的强大激发力使其在满足顾客需要的程度上却远远高于顾客满意,即由满意达到非常满意,可想而知如果没有意外性,而是顾客预料之中的,就不可能使顾客产生惊喜,且顾客惊喜的前提是顾客满意,顾客惊喜的结果是顾客非常满意与顾客忠诚,因此顾客惊喜是顾客满意发展为顾客忠诚的一条重要途径。[110]刘德智(2006)通过界定顾客满意、顾客忠诚及约束等相关概念,对不同强度约束条件下顾客满意与顾客忠诚之间的互动关系进行了诸多有益的探索性研究。研究成果表明:第一,由于受约束因素影响,顾客满意与顾客忠诚之间呈相关关系,但并非强相关;第二,为顾客提供优质服务并不意味着一定要为顾客提供额外或附加服务,我们所需要的只是在每一个服务过程中给顾客小小的"惊喜",而不是对服务流程做多大的改动,而这小小的"惊喜"对于提高顾客感知服务质量及提升顾客忠诚将具有极其重要的意义;第三,对于服务提供者而言,一次优质的服务并不能说明什么,重要的是在每次服务过程中都要令顾客感到愉悦,必须与顾客建立起长期的互动关系,这是培育并维系顾客忠诚的根本所在。此外,在实践环节应从有无约束两方面来系统提升顾客忠诚:一方面,在无约束条件下应为满意而竞争,即在充分竞争市场环境下培育并维系顾客忠诚的关键是比竞争者提供更高的顾客让渡价值。因此,满意度的竞争是各个企业竞争的核心,谁让顾客更加满意,谁就能赢得顾客的忠诚。但是,为了节约成本,企业在提高顾客满意度的竞争中要把握适度原则,既要超越迟钝区和竞争者,又不可过分追求完美,否则只能加大成本、降低利润,不利于企业的长远发展。另一方面,增加约束因素,降低顾客忠诚对满意的敏感性。尽管在市场经济体制下,顾客的虚假忠诚并不能保持企业长久发展,但在一定时期企业仍然可以通过技术专利、资源垄断和法律支持等来获得一定的垄断地位驱动顾客忠诚,进而可以获取超额利润和垄断利润。当然,企业也要努力改善服务和提高产品质量,以免垄断消失后遭遇顾客大量流失的困境。此外,即使在竞争充分的市场上,企业也可以通过会员制、累计消费奖励计划和俱乐部等多种形式来增加转换成本、提高转换壁垒,从而尽量降低顾客忠诚对满意度的敏感性。[111] Zhou(2013)的实证研究成果同样印证顾客满意对持续使用具有显著影响,信息质量和沉浸体验中的感知娱乐性对持续使用亦具有正向影响,且顾客满意在其中起部分中介作用。[112]在现代企业营销实践中,奉行顾客满意的企业,坚持一切从市场出发、以顾客为中心、实时把握顾客需求、关注顾客终身价值,并通过实现顾客满意来建立顾客忠诚与顾客保留,最终使企业拥有稳定的顾客群体,而顾客满意度则是企业与顾客之间实现共赢的均衡点,即企业通过形成良好的顾客关系,保证顾客得到满意周到的服务,从而实现企业与顾客的双赢。[113]

综上,本研究认为在互联网虚拟消费环境下,顾客满意度是驱动顾客态度忠诚与行为忠诚的重要前置限定因素,即消费者会将EB平台的消费体验感知与其脑海中业已储存的网购经验以及实体店商消费体验感知进行权衡,若所感知的顾客让渡价值较高,则会产生认同感及积极的正向评价,进而对该 EB 平台产生重复惠顾倾向。

（2）互联网顾客锁定战略

一般而言,互联网顾客在转换 EB 平台零售商时,将不得不面临诸如品牌关系损失、人际关系损失、经济风险、评估、学习、关系新建等一系列相关成本的损失。由此,理性互联网消费者在考虑行为意向变迁时会权衡利弊,除非该 EB 平台使其所感知的顾客让渡价值极低。

在互联网虚拟消费情境中,EB 企业为有效降低现有顾客流失率,应在技术层面、心理因素层面及经济层面适度增加消费者转换至其他 EB 平台的转换成本,且相关研究成果显示转换成本与互联网顾客忠诚之间呈显著正相关,即增加互联网顾客转换成本、实施顾客锁定战略业已演变为 B2C 模式下 EB 企业提升顾客忠诚度的关键所在。转换成本（Switching Costs）作为经济学、管理学研究领域中的重要议题,特指当消费者从某一产品或服务提供者转向其他提供者时所面临的一次性成本,其不仅包括顾客在寻找新供应商时需投入的人力成本、财力成本以及放弃当前供应商时可能要付出的金钱、物质和人际关系中断的损失,还包含顾客在转换供应商时所感知的心理风险、消费习惯以及情感方面的成本。[114]Burnham 和 Frels（2003）将顾客转换成本细分为:程序性转换成本（Procedural Switching Cost）、财务性转换成本（Financial Switching Cost）以及关系性转换成本（Relational Switching Cost）3 种类型,其中程序性转换成本泛指顾客因发生转换行为而在时间及精力层面上的付出,涉及经济风险成本、评估成本、建立成本以及学习成本;财务性转换成本泛指顾客因发生转换行为而在经济层面上造成的损失,包括利益损失成本及金钱损失成本;关系性转换成本泛指顾客因发生转换行为而在情感或心理层面上造成的损失;关系型转换成本、程序型转换成本与顾客转换行为呈显著负相关,即关系型转换成本与程序型转换成本能有效阻止顾客转换供应商,而财务型转换成本对顾客忠诚的影响作用则相对较弱;此外,转换成本、顾客满意等因素共同作用于顾客忠诚,且转换成本与顾客满意是影响顾客态度忠诚与行为忠诚的关键驱动因素。[115, 116]查金祥（2006）以交易成本理论为依托,通过引入资产专属性概念来系统诠释专属资产与顾客锁定之间的作用机制,其认为与 EB 平台信息内容相关的资产专属性应涉及知识专属性与时间专属性两个层面,具体而言:其一,在知识专属性层面,由于个人在获取、使用信息以及对问题的概念化处理均是建立在事先所积累的经验及知识基础上,因此知识专属性是一种信息专属性,是个人从大量资料中萃取出的相关信息,消费者可能会投入一定的时间和精力来熟练使用某一网站,对该网站操作流程的理解与熟悉、信息内容的获取与分享上积累一定的知识,这些知识无法复制到其他网站,从而形成专属资产,且这些专属知识资产移转难度越大,其锁定顾客效果越显著,顾客转换成本就越高,顾客忠诚度亦随之提升;其二,在时间专属性层面,不可否认有些信息的获取与使用是具有时效性的,若超出时效范围,其信息价值就随之降低,因此信息的时间专属性应被视为另一重要专属性资产。[117]汪旭晖（2008）构建了以转换成本为调节作用的互联网顾客忠诚形成机制概念模型,实证研究成果显示:转换成本正向影响互联网顾客满意到态度忠诚、互联网顾客满意到行为忠诚、互联网感知价值到行为忠诚的相关关系。具体而言:转换成本从消费者角度看是一种投入,消费者网上购物时需要首先注册成为会员,熟悉零售网站的风格,熟悉寻找商品的路径,这都需要时间与精力的投入;转换成本越高,往往意味着消费者前期的时间、精力和金钱投入越多,消费者与特定网上零售商的依赖关系也就越强,消费者自然更加关注自己在该网上店铺购物的价值感受和满意度感受,即使在该零售网站的价值感受和满意度感受可能略逊于某新兴的网上零售商,但高转换成本会降低消费者的净效用,阻止消费者转向其他竞争者,使其依然在原先零售网站上购物,此时如果消费者原先使用的网上零售商顾客满意度或感知价值提高,更能大幅度提高顾客忠诚,尤其是网上行为忠诚,这也恰恰是网上零售企业追求的终极目标。[118]金立印(2008)在涉及服务转换成本对顾客忠诚影响机制的相关研究中将顾客满意、替代者吸引力视为调节转换成本与顾客忠诚之间的中介变量,系统考察了当满意度、替代者吸引力均不同时,转换成本对顾客忠诚的直接影响效果。研究结论表明:只有在满意度与替代者吸引力同时较高抑或同时较低的情况下,转换成本才能直接明显地起到提升顾客忠诚、防止顾客流失的作用;在满意度较低而替代者吸引力较高的情况下,转换成本对于顾客忠诚的作用会失效;当满意度较高而替代者吸引力较低时,由于一定数量的唯利是图者的存在,其对于促销利益和转换损失同样敏感,只要替代者的促销利益还不足以弥补其转换损失,顾客就仍会忠诚于当前供应商。[119]冯强(2010)的实证研究成果显示网络程序转换成本(包括:经济风险成本、评估成本、学习成本、建立成本)、网络财务转换成本(包括:利益损失成本、金钱损失成本)与网络关系转换成本(包括:个人关系损失成本、品牌关系损失成本)均正向影响互联网顾客行为忠诚;网络财务转换成本、网络关系转换成本正向影响互联网顾客态度忠诚;此外,网络程序转换成本、网络财务转换成本与网络关系转换成本的构成因子对顾客态度忠诚与行为忠诚的影响机制存在显著性差异,即利益损失成本、个人关系损失成本和品牌关系损失成本正向影响顾客态度忠诚;评估成本、学习成本、利益损失成本和品牌关系损失成本正向影响顾客行为忠诚。[120]陈秋英(2011)通过对移动服务用户的实证调查研究发现顾客忠诚度可细分为重复购买及推荐与价格容忍2个维度,并进一步指出感知价值正向影响顾客忠诚度,但其对顾客忠诚的作用机制会受到转换成本的影响,即财务型转换成本既加强了感知价值与重复购买及推荐行为间的正向关系,也加强了感知价值与价格容忍间的正向关系,且财务型转换成本越高,感知价值对重复购买及推荐与价格容忍的影响就越显著;财务型转换成本越低,感知价值对重复购买及推荐与价格容忍的影响就越小。此外,非财务型转换成本将减弱感知价值与价格容忍度间的正向关系,但并不会加强或减弱感知价值与重复购买及推荐行为间的正向关系。亦即说明,伴随非财务型转换成本的增加,感知价值与价格容忍度间的关系强度将会减弱,说明非财务型转换成本调节了感知价值与价格容忍度间的关系。例如,顾客转换新产品或服务时,与产品或服务提供商建立关系必须耗费较多的时间和精力,此时感知价值对价格容忍的影响反而越小;在与原供应商的互动过程中形成的认同关系中断以后,消费者所感知的人际关系上的损失越多,消费者的感知价值对价格容忍的影响就越小;顾客转换到其他企业的产品或服务时,进行信息搜寻和评估所花费的时间和精力越多,消费者的感知价值对价格容忍的影响就越小。[121]李先国(2011)的研究结论表明,转换成本同比顾客满意对顾客忠诚的影响效果更显著,且高满意组顾客中转换成本的作用明显大于顾客满意;在涉及转换成本的3个维度中,财务型转换成本作用效果最弱,且在样本市场的显著性也较差。[122] 陈文沛(2014)基于717位网络消费者样本数据,从物流服务质量、网络顾客满意及顾客忠诚相结合的独特视角系统考察了物流服务质量、网络顾客满意、顾客忠诚三者之间的相关性,其在检验转换成本在其中所扮演的角色后发现,物流服务质量显著增强了顾客忠诚,而网络顾客满意在其中发挥了完全中介作用;转换成本是中介的调节变量,即转换成本在物流服务质量与网络顾客满意的关系中发挥了调节作用,这种调节作用还会进一步通过网络顾客满意来影响顾客忠诚。但是,转换成本对中介效应的调节作用并不显著,说明转换成本不会明显影响网络顾客满意对顾客忠诚的正向作用。转换成本在物流服务质量与网络顾客满意关系中的调节效应形象地说明了转换成本的调节效应。无论转换成本是高还是低,物流服务质量对网络顾客满意都有显著正向影响,但高转换成本样本组的直线斜率远远大于低转换成本对照组,说明在转换成本较高的情况下物流服务质量对网络顾客满意的积极作用更为明显。[123] 李玉萍(2014)基于以贡献和约束为基础的关系发展机制构建概念模型,深入研究网络环境中供应商的相对吸引力和顾客满意对转换成本进而对顾客重复购买意愿的影响机制;研究结论表明:网络转换成本对顾客重复购买意愿具有显著正向影响;供应商的相对吸引力对网络转换成本和网络顾客满意均具有显著正向影响;网络顾客满意对网络转换成本亦具有显著正向影响。[124]

综上,本研究认为在互联网虚拟消费情境中,EB企业为消费者提供商品及服务的同时,若能有效针对不同消费个体间的差异性,为其提供个性化且同类竞争者难以效仿的高附加值、形成消费个体的专属资产,增强顾客让渡价值感知、增加顾客对EB企业的信赖度,由此显著提升顾客转换成本,并最终在EB企业与顾客之间形成某种相对稳定的结构化关联,则消费者从中感知的功能性利益体验、程序性利益体验及关系性利益体验价值将被显著提升,进而正向影响其态度忠诚及行为忠诚。

第三章　研究模型与假设

本章通过对互联网虚拟消费环境下影响顾客消费行为意向的诸多扰动因素进行系统梳理、归纳，并基于互联网顾客消费体验视角将其系统划分为功能性利益体验、程序性利益体验以及关系性利益体验三个层面，共计 14 个维度；并将其作为影响 B2C 模式下互联网顾客关系质量的前因驱动因素，深入探索其对改善互联网顾客关系质量提升顾客态度忠诚及行为忠诚的影响机制。据此，构建了本研究所需的互联网顾客忠诚形成机制及影响因素概念模型。

第一节　理论模型构建

本研究在对国内外学者现有研究成果进行系统分析及前期调研基础上，参照前文理论推导及研究假设推演，构建了适用于虚拟网络环境下 EB 平台顾客忠诚形成机制及影响因素概念模型，整体研究架构由前因变量、中介变量、结果变量及相应研究路径关系构成，如图 3-1 所示。

在互联网顾客忠诚形成机制及影响因素概念模型中，共涉及 17 个变量，其中前因变量涉及功能性利益体验、程序性利益体验以及关系性利益体验三个层面，共计 14 个维度，具体包括：便利导向（Convenience Orientation，CO）、价格利益（Price Benefits，PB）、商品质量（Commodity Quality，CQ）、商品信息质量（Commodity Information Quality，CIQ）、物流配送服务质量（Logistics Distribution Service Quality，LDSQ）、服务失误补救措施（Service Failure Remedial Measures，SFRM）、系统设计质量（System Design Quality，SDQ）、系统交易安全性（System Security，SS）、消费者感知互动（Consumer Perceived Interactivity，CPI）、消费趣味性感知（Consumer Perceived Playfulness，CPP）、客户化定制（Customerization）、企业形象（Corporate Image，CI）、B2C 结构性关系感知（B2C Structural Relationship Perception，B2CSRP）以及虚拟社区感（Sense of Virtual Community，SOVC）；中介变量涉及互联网顾客满意度（Internet Customer Satisfaction，ICS）和互联网顾客信任度（Internet Customer Trust，ICT）2 个维度；结果变量涉及互联网顾客忠诚度（Internet Customer Loyalty，ICL）1 个维度，且各种因素不断动态演化调整，最终对改善顾客关系质量、提升顾客忠诚起到积极促进作用。

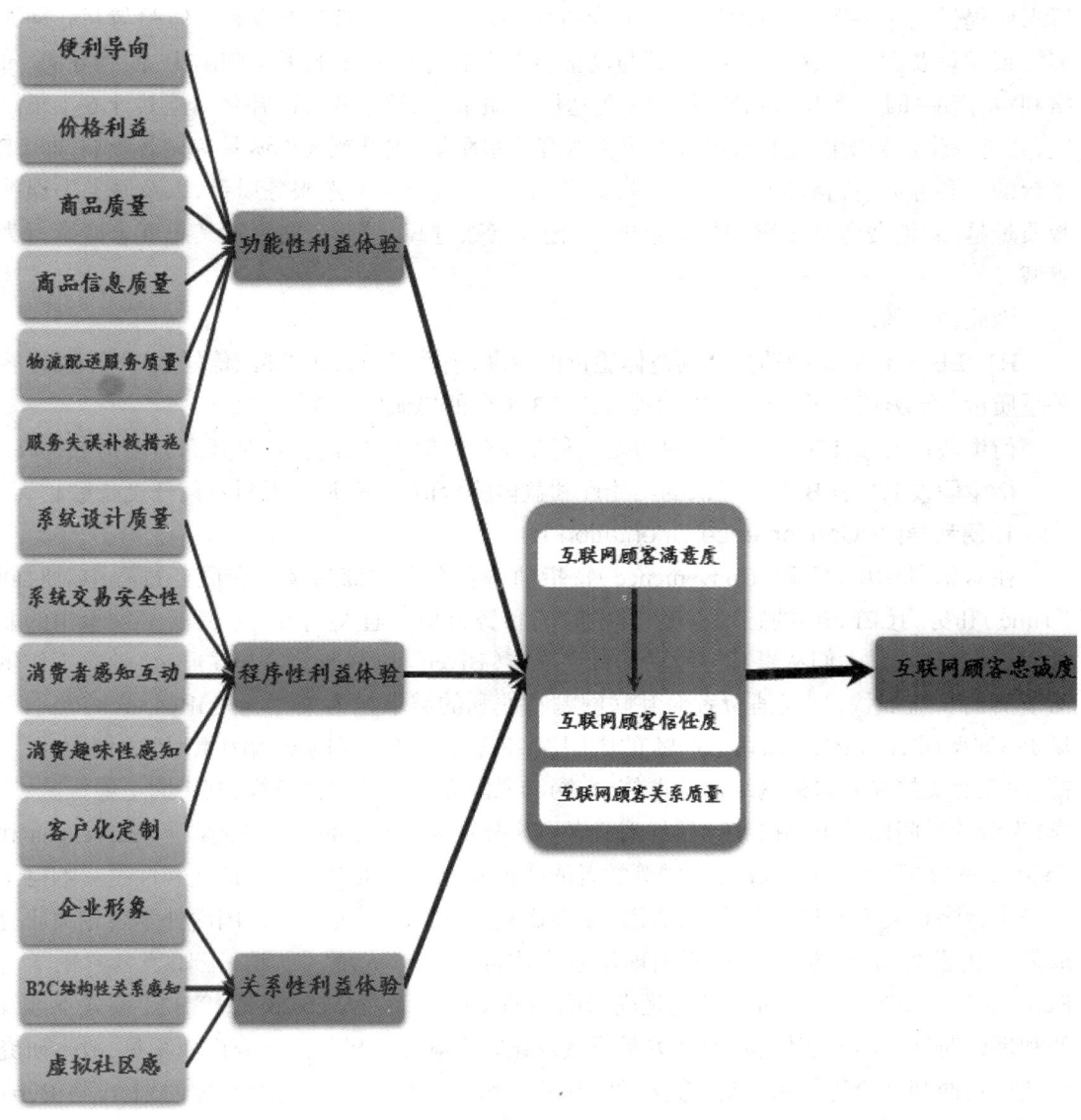

图 3-1　互联网顾客忠诚形成机制及影响因素概念模型

第二节　B2C 模式下顾客关系质量、顾客忠诚形成机制相关研究假设推演

一、功能性利益体验与互联网顾客忠诚

本研究将功能性利益体验界定为：在 B2C 模式下，顾客在 EB 平台选购商品及享受服务的互联网消费体验进程中，主观感知的 EB 企业为满足其在功能层面或效用层面上基本

诉求所提供的相关服务。此外,本研究为更加深入系统地诠释功能性利益体验与互联网顾客关系质量及顾客忠诚的相关性,拟将功能性利益体验前置影响因素归因为:便利导向、价格利益、商品质量、商品信息质量、物流配送服务质量,以及服务失误补救措施共计6个子维度,并进一步认为功能性利益体验对改善顾客关系质量、提升顾客忠诚具有显著影响,即EB平台的便利导向、价格利益、商品质量、商品信息质量、物流配送服务质量,以及服务失误补救质量越高,消费者从中感知的满意度、信任度指数越高,进而正向影响其态度忠诚及行为忠诚。

因此,本书假设:

H1:EB平台提供的功能性利益体验价值越高,消费者对其满意度、信任度(互联网顾客关系质量)指数越高,进而正向影响其对该EB平台的忠诚度。

衍生假设H1a:EB平台提供的功能性利益体验价值越高,消费者对其满意度指数越高。

衍生假设H1b:EB平台提供的功能性利益体验价值越高,消费者对其信任度指数越高。

1. 便利导向(Convenience Orientation)

在营销科学中,便利(Convenience)特指消费者在选购商品及享受服务过程中对时间(Time)和努力(Effort)的感知程度,其中时间和努力是普通人成为消费者所必须承担的非货币成本,是阻碍人们从事其他活动的机会成本(Bivens和Volker,1986)[125]。随着工作生活节奏的日益加快,现代消费者对互联网购物便利的需求尤为关注。据iResearch(艾瑞市场)咨询调研数据显示:高达66.4%的中国网络消费者将选择网络购物原因归因为方便快捷,而在北美接受调研的网络消费群体中,网购原因亦凸显便利性特征,其中因不愿排队、堵车,为节约时间以及不愿搬运商品的消费者占比分别为46%、46%和39%。[126]Jarvenpaa和Todd(1997)[127]、Kare-Silver(2001)等学者的实证研究结论也进一步佐证便利性是影响电子商务平台顾客关系质量及顾客忠诚度的重要影响因子。本研究通过对国内外学者相关研究成果分析发现,目前学术界对便利理论基本内涵尚未形成统一共识,正如著名营销学者Berry所言"迄今为止,服务便利仍是尚未明确的领域",而在Web 2.0时代B2C模式下涉及便利理论对互联网顾客体验、顾客关系质量及顾客忠诚形成机制的研究尚属罕见,故本研究拟通过对便利理论进行系统梳理,探讨便利品内涵、便利导向以及便利维度的划分,将Berry服务便利模型引入B2C电子商务模式,沿袭并修正了模型相关变量,据此构建了B2C模式下EB平台服务便利模型。

1)便利理论研究评述

Melvin T. Copeland(1923)认为所谓便利品是指需要少量体力、脑力就可以买到的密集分销产品。[128]1948年,美国营销学会(American Marketing Association,AMA)将便利品定义为消费者经常可以立即购买且购买方便的消费品。随后,Richard Holton(1958)修正了AMA的观点,将便利品重新界定为:消费者在选购该类商品时对价格、质量等因素进行比较后所感知的收益同比进行类似比较所感知成本低的商品。[129]同年,Kelly率先提出了便利成本这一概念,认为便利成本是指消费者为克服时间和空间的摩擦、获取产品和服务的占有而发生的时间、体力和精力的支出,并指出消费者在权衡商品成本与便利成本之间达到平衡后才做出消费决策,其中后者是影响消费者购买决策的关键因子。[130]Anderson(1971)率先提出了便利导向观点,并阐述了所谓便利导向消费是指为了满足某些即时需要或要求,减少时间或精力或两者以便用于他处。[131]Morganosky(1986)则将便利导向的消费者定义为寻求"以最小的精力支出在最短的时间内完成任务"的人。[132]Brown,Lew G.(1990)和Voli,Patricia Kramer(1998)等学者在其相关研究成果中指出便利导向是商家积极寻求的能够在各种商业活动中为消费者带来个人便利或节约时间的产品或服务所体现的价值,是人类时间节约导向和舒适导向的有机统一。[133,134]在涉及便利维度(Convenience Dimension)量化、测量层面 Yale 和 Venkatesh(1986)将便利细分为:时间使用(Time Use)、易获得性(Accessibility)、便携性(Portability)、合适性(Appropriateness)、轻便性(Handiness)和不愉快的避免(Avoidance of Unpleasantness)6个维度。Brown(1989,1990)则将便利划分为5个维度,其中时间维度(Time Dimension)、地点维度(Place Dimension)、获得维度(Acquisition Dimension)、使用维度(Use Dimension)是基于经济效应理论提出的,而第5个维度即执行维度(Execution Dimension)则强调允许消费者对获得产品和服务时付出的心理和身体努力的多少加以选择。[133,135]综上,国内外相关研究现状表明便利概念的核心观点为非货币成本,即便利品具有降低产品非货币成本属性特点。在便利导向定义方面,本研究采用 Brown 和 Voli 观点,认为便利导向是现代企业在消费者选购商品及享受服务过程中,为消费者积极尝试提供便利服务体验,满足其相对稀缺的时间资源及有限的努力付出。此外,在对便利量化测量方面,现有研究结论显示其呈现多维度特质。

2)B2C 模式下 EB 平台服务便利模型

Berry 基于时间维度和努力维度(Effort Dimension)[其中努力维度包涵:认知努力(Cognitive Effort)、身体努力(Physical Effort)、情感努力(Emotional Effort)]两个层面率先提出了服务便利(Service Convenience)观点,并从服务的特征、企业相关因素、消费者个体差异以及企业的控制力属性等因素构建了服务便利模型(Model of Service Convenience)(图3-2),认为消费者对服务便利的评价最终会导致其对整体服务质量的感知。在该模型中,Berry 将服务便利细分为决策便利、渠道便利、交易便利、受益便利和售后受益便利5种类型,并将消费者对服务便利的感知界定为对上述5种便利的综合评价。[136]

国外学者 Souce P、Derotti 和 Widrick S(2005)认为信息技术的日新月异为网络消费带来了便利性,顾客在客户端完成信息搜索、商品选购、订单支付、物流追踪等环节,足不出户即可轻松享受便捷服务。[137]在互联网环境下网络消费便利性应涉及商品展示方式,订货、付款便利以及物流配送便利等诸方面(Lohse, G. L, Spiller P, 1998)。[138]在此,本研究尝试将 Berry 服务便利模型引入 B2C 电子商务模式,以实体环境服务模式为依托,综合考量 EB 平台服务特性及影响 EB 平台服务便利的企业因素、消费者因素,构建适合虚拟环境的 B2C 模式下 EB 平台服务便利模型(图3-3)。在该理论模型中,本研究继承并沿袭了 Berry 的观点,仍基于消费者的时间维度和努力维度两个层面,将 EB 平台服务便利细分为:浏览便利、订购便利、支付便利、物流配送便利以及服务失误补救措施便利五类,并认为消费者对 EB 平台服务便利的评价源自于对上述五种便利的体验感知。

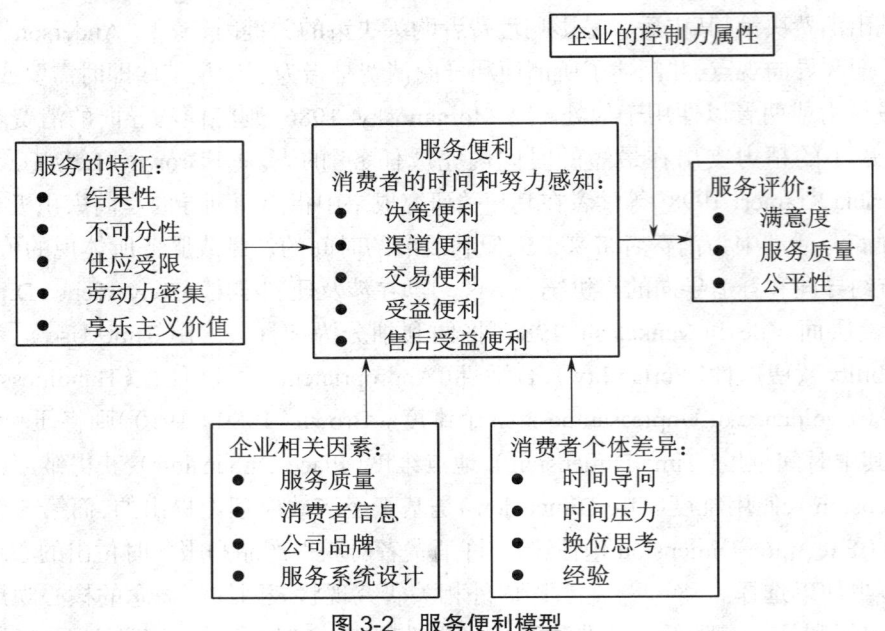

图 3-2 服务便利模型

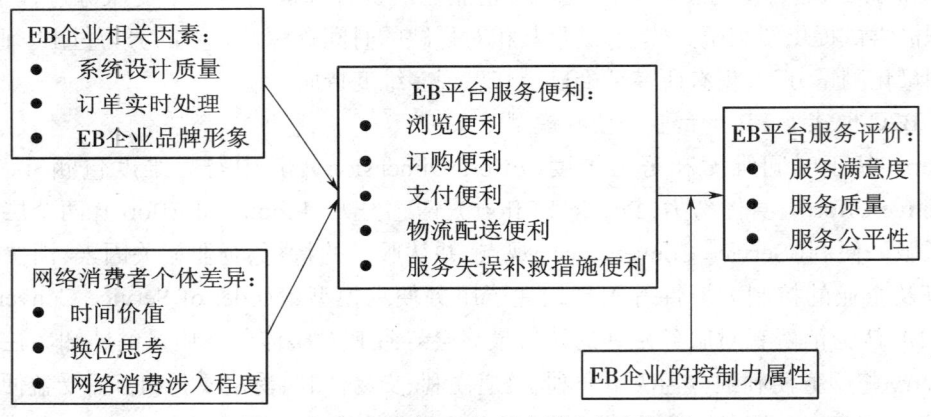

图 3-3 B2C 模式下 EB 平台服务便利模型

(1) EB 平台服务便利影响因素分析

第一,浏览便利。浏览便利是指消费者在访问 EB 平台主页、进行注册登录及信息搜索操作环节中所感知的时间努力成本。当消费者在浏览器地址栏内键入 EB 平台主页回车后,就向 EB 平台服务器提出浏览页面请求,服务器端接到请求后,首先会定位至客户请求的动态网页文件并执行网页文件中的程序代码,将含有程序代码的动态网页转化为静态页面,然后将静态页面文件发送至客户端浏览器,其执行过程如图 3-4 所示,显然在上述过程中快速的系统响应时间将增强顾客服务质量感知。在注册登录环节,EB 平台应简化注册流程并提供多样化的登录方式;在信息搜索环节,EB 平台应具备功能强劲的搜索引擎,支持模糊查询、搜索纠错及搜索结果的快速准确定位功能。此外,从移动互联网发展趋势分析,多屏互动时代已初见端倪,消费者的关注度也逐渐向移动端迁徙。据此,EB 平台在跨屏服务能力层面应注重在PC端、手机端及Pad端深度融合,以期实现PC业务全面平移、广泛覆盖。

第二,订购便利。所谓订购便利是指消费者在EB平台完成网络消费决策所感知的时间成本和努力成本。相关研究成果表明,EB平台所提供的订购服务操作流程是否清晰便捷以及是否具备实时帮助功能对降低顾客时间和努力成本具有正向影响。孙军华(2014)在影响EB平台购物效率因素的界定及分析中也进一步验证.在添加购买流程及购物车确认页面设计环节,添加购买键的位置及醒目性、增减产品数量或删除产品的简易性、确认结算功能键的位置及色彩的醒目性等诸方面对降低顾客寻找时间,简化顾客操作流程,提升订购便利感知具有显著影响。[139]

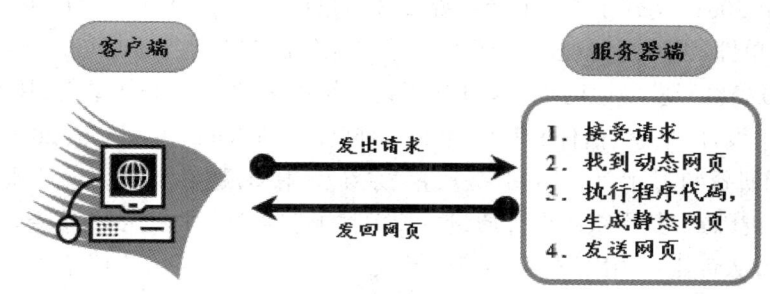

图3-4 动态网页的工作原理

第三,支付便利。支付便利涉及消费者在EB平台完成支付结算环节所感知的时间成本和努力成本。一方面,在支付方式层面,EB平台应满足不同消费者的支付偏好,提供货到付款、在线支付、分期付款、邮局付款以及公司转账等灵活多样的支付方式;另一方面,在支付安全层面,EB平台若能创新研发支付工具,在支付结算过程中使消费者感知信任、消除疑虑,降低时间和努力成本将对其提升便利满意度具有重要意义。

第四,物流配送便利。物流配送便利强调消费者为获取服务的核心价值而支付的时间成本和努力成本。在此,本研究将评价物流配送便利指标细化为:配送高效性、渠道完善性及配送方案个性化,即EB平台应不断完善其社会化物流配送支持系统,积极构建自营物流配送体系,拓展配送覆盖区域,提供高效的限时送达服务。与此同时,EB平台若能高效利用神经网络匹配技术及共同筛选技术兼顾差异化顾客需求,按照顾客约定的日期及时间段提供一对一的个性化配送方案,将显著提升其所感知的服务便利满意指数。

第五,服务失误补救措施便利。参照顾客期望失验理论,本研究将服务失误补救措施便利界定为:当消费者在EB平台完成交易后所感知的产品实际绩效低于产品期望绩效产生负向失验情形后,在与EB企业再次沟通协商时所支付的时间和努力成本。通常EB企业因服务失误对顾客补偿涉及经济补偿和精神补偿两个层面,具体补救措施包括:及时与顾客沟通、道歉、退换货、折扣退款、额外补偿以及管理层介入等。Smith A. K,Bolton R. N 和 Wagner J(1999)等人的相关研究成果表明,企业针对服务失误所采取的主动性即时性补救行为对顾客综合满意度及忠诚度具有重要影响,即有效的服务补救措施能够使不满意顾客转变为忠诚顾客,通过向顾客传达补救诚意来重新获取顾客满意和信任。[140]

（2）从企业视角切入，探寻影响EB平台服务便利前置因素

第一，系统设计质量。在Web 2.0时代B2C模式下，EB平台系统设计质量将显著影响顾客网络消费体验，即从顾客登录到EB平台伊始，网页设计是否美观、页面架构是否清晰、布局是否合理，搜索引擎与导航功能是否完善，订单实时处理、网上支付及物流配送系统是否便捷、高效等涉及系统设计的每一细微之处均影响顾客对EB平台服务便利的感知。孙军华（2014）通过实验设计利用时间研究秒表测时法测量了在中国3家在线零售网站上购买相同系列产品所需的购物时间，实验数据显示在线购物效率与网站设计质量显著相关对密切顾客关系质量提升顾客忠诚度具有重要意义。[139] Schaffer（2000）同样指出方便快捷的EB平台应具备快速系统响应时间，并有助于交易的顺利完成及减轻消费者的费力程度。[141] Yoo和Donthu（2001）构建了EB平台系统设计质量评价体系SITEQUAL，并将评价标准细分为使用的简单性、设计的美观性、处理的速度及系统的安全性四个层面。[142] 随后，Barnes和Vidgen（2002）也开发了适用于测量EB平台系统质量的WebQual量表，其中主要测量指标涉及使用性、设计、信息、信任和移情性5个维度。[143] Chang和Arnett（2000）对762名网站管理员的调研资料显示，信息和服务质量、系统使用、有趣性和系统设计质量是影响EB平台成功的关键因素，其中系统设计质量主要关注顾客网站操作的便利感受。据此，本研究基于便利理论，从企业视角出发，将影响系统设计质量界定为：系统操作流程的便捷性、EB平台登录支付的多样性、系统搜索引擎分类筛选及导航功能性以及物流配送服务的个性化4个维度。综上，EB平台系统设计质量越好，消费者在购物体验中感知的时间和努力成本就越低。

第二，订单实时处理。EB平台的订单处理绩效与网络交易环节及社会化物流配送环节密切相关。在Web 2.0时代B2C模式下，网络消费呈现交易金额小、交易频度高且随机性较强等特征。基于上述特征，改善EB平台对订单处理的自动化、智能化水平，研发基于规则和推理机制的电子商务订单实时处理软件机器人将显著提升EB平台运行效率，压缩运营成本，并利于缩短系统对顾客订单的响应时间，提升并完善物流配送环节质量。李玉敏（2009）根据ALICE（Artificial Linguistic Internet Computer Entity）工作机制，采用JAVA、PROGRAM D、A1ML技术，运用数据库技术、知识库原理、推理规则、推理策略，设计了软件机器人的结构、工作流程、知识处理流程及支撑人机自动协商的推理机，为EB平台订单处理的实时在线协商与谈判提供了全新的研究视角。[144] 于卫红（2013）则将Agent技术引入EB平台，构建了基于多Agent的电子商务系统结构及基于有限状态机模型（finite-state machine，FSM）的电子商务订单处理模型，并给出基于JADE Agent的订单处理有限状态机模型实现过程，从而印证了订单处理合理化与效率是提升EB企业顾客关系质量的重要影响因子。[145] 综上，在EB平台引入ALICE技术、Agent技术及FSM订单处理模型等智能化处理方式将明显改善订单处理流程、缩短订单处理周期，增强订单处理的准确性、实时性及动态交互性，进而减少消费者对稀缺时间资源及努力成本的付出，提升EB平台服务便利感知。

第三，EB企业品牌形象。品牌形象是品牌文化外在的综合反映，是通过企业和社会公

众之间信息传播以及其他一些接触过程而形成的,包括公众印象、公众态度和公众舆论3个层面。[146]在Web 2.0时代B2C模式下,EB企业知名度、信誉度、美誉度是其无形资产的重要组成部分,是影响消费者网络消费决策的重要影响因子。据iResearch艾瑞市场咨询调研数据显示,消费者选择EB平台消费的关键因素是知名度和良好的信誉,分别占调研样本的61.4%和55.1%。另据CNNIC统计数据,从人口统计学年龄代际横向比较分析60后网络消费者在购买不熟悉消费领域产品时,消费决策受购物网站品牌影响尤为显著,分别高出70后、80后及90后3.4、4.7和5.8个百分点,而80后较其他3个年龄代际消费者受网络知名度和口碑影响突出,达30.2%。综上,消费者会优先考虑具有良好品牌形象的EB企业以规避选择服务风险、简化网络消费决策过程,进而提升消费者订购便利感知。

(3)从消费者视角切入,探寻影响EB平台服务便利前置因素

第一,时间价值。Becker(1965)将时间因素引入古典经济选择模型,认为时间既可被用于生产工作,也可被用于消费休闲,即消费者在劳动力市场上出售时间,而在消费市场购买或享受节约时间的商品或服务。[147]伴随消费渠道的多元化消费者对网络消费过程所支付的时间成本愈发引起关注。Kolsaker、Lee和Choy(2000)的实证研究发现互联网消费魅力集中体现在消费者只需付出较少的时间成本即可完成多项消费决策,而EB平台若在该时间内能满足消费者诸多潜在需求,将明显有助于提升其对服务便利的感知。特别是对时间经济价值比较敏感的消费群体,据相关调研数据显示EB平台服务便利性的影响力远远大于其网络消费体验中所感知的娱乐互动价值,是影响顾客满意度的关键因子。Szymanski和Hise(2000)的研究成果同样印证了网络消费者对时间价值的重视,而EB平台服务便利性将有助于买卖双方关系的建立与增进。[148]此外,在特定条件下,当时间紧迫促使消费者产生时间压力感后,其会主动调整时间分配策略,以期在有限时间内快速完成消费决策及购物体验,但受时间压力的客观影响不容忽视,消费者在购物体验全程中对EB平台提供的服务便利感知程度将明显下降。

第二,换位思考。换位思考是建立在诚信基础上,以有效沟通为媒介的先进管理理念,是一种理解至上的处理人际关系的思维模式。在服务过程中,网络消费者往往习惯从自身思维方式及情感体验来评估服务满意指数。此时,消费者若能适时进行换位思考、转换角色,设身处地从服务提供者立场上体验服务过程的艰辛,多一份理解与包容,则其感知的服务便利程度会明显上升。郭国庆(2012)的研究成果也进一步佐证换位思考是一种受个人规范和内部价值观驱动、能够推动某人去帮助他人的情感响应,并通过培养亲密感情来满足人们对和谐与协调的需要且消费者在服务过程中如能从服务提供者的角度看待服务,换位思考,往往更能理解服务提供者的苦衷,将心态放平,即在服务过程中消费者越善于换位思考,其所感知的时间和努力成本也就越低。[149]

第三,网络消费涉入程度。当消费者在EB平台购买商品或享受服务后会对本次消费体验进行评价,并在心理层面形成相关经验且伴随消费经验的累积将对其未来消费决策及服务评价产生深远影响。Bhattacherjee(2001)、Devaraj(2002)和Kim(2002)认为当消费者已储备丰富的互联网知识,熟练使用搜索引擎检索信息时,其对新兴的B2C电子商务消费

模式的排斥度就越小。[150-152]Reinartz、Werner 和 Kumar(2000)的研究成果也进一步佐证伴随消费者网络技能的加强,其对 EB 平台服务便利感知及友好度亦呈现上升趋势。[153] 此外,随着消费者网络消费涉入度逐渐深入,其对 EB 平台服务提供商在一定程度上有所了解或对特定 EB 平台内产品与产品品牌的选择建立起一些基本评价标准,抑或是已形成对某些特定品牌的消费偏好,因此其涉及信息搜索与评价选择的成本将呈现递减趋势,即随着消费者在网络消费各阶段卷入程度的降低,其所感知的服务便利会显著提升。综上,消费者网络涉入度将直接影响其对 EB 平台服务便利感知,进而影响互联网顾客关系质量及顾客忠诚度。

综上所述,相对于消费者日益稀缺的时间资源和有限的努力付出,EB 平台若使消费者在互联网消费体验进程中所感知的时间和努力付出程度小于其心理预期,那么该消费者所感知的便利性就会越显著,其对 EB 平台的满意度、信任度及忠诚度指数评价亦呈现显著上升趋势。

因此,本书假设:

H1.1:EB 平台的便利导向对互联网顾客忠诚度具有显著影响。

2. 价格利益(Price Benefits)

在市场体系中,供求平衡是通过价格机制来实现的,价格机制是进行资源有效配置的基础。对生产者和消费者而言,价格作为一种信号协调二者的决策,反映了市场供求现状及资源的稀缺程度,进而引导市场对资源进行有效配置。在此,本研究将价格利益界定为电商企业在降低消费者货币成本支出方面的主观感知,其在商品信息中体现为商品价格与折扣率两个维度。消费者在网络购物过程中需要支付时间、努力及货币等相关成本,其中货币成本是影响消费决策行为的重要因素。现有研究成果表明价格利益对互联网顾客忠诚具有一定影响,然而很多研究结论并不一致。据此,探讨价格利益与互联网顾客忠诚度之间关系的必要性就更加凸显,故本研究尝试通过量化分析来界定二者之间的相关性。

一方面,有的学者认为价格利益对改善顾客关系质量提升顾客忠诚具有重要影响。Reichbeld(2000)认为价格利益是影响顾客忠诚的重要影响因子,特别是其在培育并维系顾客忠诚进程中的积极作用尤为突出。[154]Barners(2000)的研究成果也表明,较低的商品价格对增强顾客满意度感知,建立并维系企业与消费者之间的结构性关系具有正向作用。[155]Reibstein D.J(2002)将消费者选择网络消费行为的主要原因归于价格优势,[156]且在互联网环境下消费者对价格敏感度更高,即一定程度的价格折扣对网络消费者购买意向呈正向作用(Deibstein A. M, Rangaswamy, Wu J, 2000)。[157] 由参考价格过程模型可知,消费者在获取 EB 平台标识的外部参考价格信息后,会与其内部参考价格相比较,若消费者所感知的价格利益越显著,则其购买意向越积极。此外,Biswasa 和 Blair E. A(1991)也指出消费者根据获取的外部参考价格会动态调整价格预期,即消费者通过 EB 平台标识的外部参考价动态调整内部参考价,随后再与现价进行对比,权衡其所感知的价格利益,最终影响其购买意向。[158] 一般而言,价格折扣率是指 EB 企业所标识的商品外部价格参考信息与实际价格的相对价格反映,参照消费者心理学可进一步推知消费者对较高外部参考价格条件下形成的低折扣率所感知的节约收益、消费收益较强,即折扣率引起的价格落差会增强网络消费者价格利益感知,并在一定程度上提升顾客关系质量及顾客忠诚度。据此,本研究认为若商品价格属于顾客内部参考价格变动范畴,则其对顾客关系质量、顾客忠诚影响较小,反之影响较大。正如詹姆斯·恩格尔所言,对于许多产品,顾客往往并不关注其精确价格,因此通常情况下可能存在一个可以接受的价格范围,若商品价格从属于该区域,则价格可能不作为一个尺度,然而若价格超出可接受的价格上限或下限,则价格因素的重要性便越发凸显。Kamen 和 Toman(1970)在其研究成果公平价格理论(Fair Price Theory)中也进一步佐证产品价格存在一个可接受区间,如果价格超过了顾客认为的合理区间,价格将对产品的选择起到决定性作用。[159] 为了进一步从量化视角深入分析价格与顾客忠诚度的非线性关系,本研究在参考王元华(2006)[160]等国内学者关于质量、价格对顾客满意度影响的相关研究基础上,将顾客忠诚度(Customer Loyalty,CL)与价格的函数关系及关于顾客忠诚的价格弹性 E_{LP}^{C} 分别定义为:

$$CL = \begin{cases} \lambda - \lambda_0 P^{\alpha}, P > P_H \\ \lambda - \lambda_0 P, P_L \leqslant P \leqslant P_H \\ \lambda - \lambda_0 P^{\beta}, P < P_L \end{cases}$$

$$E_P^{CL} = \left| \frac{\Delta CL}{\Delta P} \cdot \frac{P}{CL} \right| = \left| \frac{\mathrm{d}CL}{\mathrm{d}P} \cdot \frac{P}{CL} \right|$$

其中:P_H 为参考价格上限,P_L 为参考价格下限,$\lambda > 0, \lambda_0 > 0, 0 < \alpha < 1, \beta > 1$。

具体分析如下:①当 $P > P_H$ 时,因为 $\frac{\mathrm{d}CL}{\mathrm{d}P} = -\alpha\lambda_0 P^{\alpha-1} < 0$ 且 $\frac{\mathrm{d}^2 CL}{\mathrm{d}P^2} = -\alpha(\alpha-1)\lambda_0 P^{\alpha-2} > 0$,所以顾客忠诚度关于价格的函数为凸函数(Convex),即伴随价格上升,顾客忠诚度呈显著下降趋势。此外,从顾客忠诚价格弹性角度分析,当价格 P 稍大于顾客内部参考价格上限 P_H 时,顾客忠诚度 CL 对价格并不敏感,是缺乏弹性的,而伴随价格继续上升,顾客忠诚价格弹性增强,顾客对价格容忍度(Price Tolerance)下降,对顾客忠诚影响显著;②当 $P < P_L$ 时,因为 $\frac{\mathrm{d}CL}{\mathrm{d}P} = -\beta\lambda_0 P^{\beta-1} < 0$ 且 $\frac{\mathrm{d}^2 CL}{\mathrm{d}P^2} = -\beta(\beta-1)\lambda_0 P^{\beta-2} < 0$,所以顾客忠诚度关于价格的函数为凹函数(Concave),即伴随价格下降,顾客忠诚度呈缓慢上升趋势。同理,若从顾客忠诚价格弹性角度分析,当 $P < P_L$ 时,顾客忠诚度 CL 对价格下行十分敏感,是富有弹性的,即价格对顾客忠诚具有一定影响作用,而伴随价格继续下行,顾客忠诚度 CL 对价格弹性逐渐减少,即价格下行对顾客忠诚度影响力逐渐减弱。此外,本研究还尝试通过对 B2C 模式下中国电子商务市场价格离散度收敛进行系统分析,以期检验价格因子对改善顾客关系质量,提升顾客忠诚度的影响。Stigler(1961)率先构建了价格离散理论,认为价格离散是同一市场同一时间不同卖家同种商品的价格分布,并将价格离散现象归因为不完全信息。[161] 随后,Carlson 和 McAfee(1983)、Burdett 和 Judd(1983)等学者的相关研究成果也进一步表明价格离散现象是由于市场搜索成本较高促使一些消费者放弃搜索最低价格商品而产生的市场均衡现象。[162, 163] 与此同时,价格离散度也是检验网络经济环境下新兴电子商务市场效

率的重要指标,即电子商务市场的价格离散度越低则表明该市场信息处理效率越高。据此推论,随着信息技术与EB平台的深度融合,EB平台将具备功能更加强劲的搜索引擎,支持模糊搜索、搜索纠错以及搜索结果精确定位等功能,届时消费者的搜索成本同比传统市场将显著下降,即市场信息效率显著提升,电子商务市场价格离散度数值下行。由此进一步推知,目前尚处于"红海"搏杀的中国EB企业在实施低价战略时,由于市场透明度的逐步增强其对同种商品的定价信息将日益趋同,那么从理论层面分析价格利益感知对EB企业改善顾客关系质量,提升顾客忠诚的影响机制将显著下降。然而,Clay和Tay(2001)[164]、Baye(2002)[165]、赵冬梅(2008)[166]等国内外学者的相关实证研究结论并不支持上述推论,其中赵冬梅(2008)在对北京地区93家电子商务零售网络9大类533款商品、6313个价格样本数据价格离散成因实证分析表明电子商务市场价格离散程度并未收敛,并进一步指出在电子商务市场上,价格离散将普遍存在,只要消费者存在品牌敏感性,关注程度不同的零售商之间的价格就会存在差异。综上,本研究认为虽然网络零售商市场与传统市场在信息处理效率层面差异显著,但价格离散现象仍是长期普遍存在的客观事实,即电子商务市场价格离散现象将刺激消费者搜索性价比俱佳的商品,进而出于价格利益感知与某些EB企业形成相对稳定的结构性关系。

另一方面,有的学者则认为在B2C模式下,影响消费者购买决策意向的价格因子的影响力已日趋弱化。在Lee、Kwok和Huynh(2003)的电子商务顾客满意度影响因素实证研究中,将顾客承诺价值细分为社会心理价值、产品价值和经济价值三部分,其中经济价值特指顾客在货币、时间成本上的节约感知,然而在显著性统计检验环节,经济价值与顾客满意度之间的正向关系没有得到有效支撑。[167]Kolsaker、Lee-Kelley和Choy(2004)的研究成果也进一步验证价格敏感性对消费者购买决策意向解释力薄弱,而诸如信任、满意等相关因素将对购买决策产生重要影响。凯度消费者指数(Kantar Worldpanel)表明随着人民生活水平的日益提高,中国城市居民消费高端化已经不再是小众现象,且EB平台渗透率的快速提升与物流体系布建日趋完善也在一定程度上促使高端化在各品类蔓延,并不断渗透到各级别城市,以高价进口乳制品为例,1号店以突破30个集装箱总计60万盒进口牛奶的销售量刷新在24小时内单一平台销售最多牛奶的吉尼斯世界纪录。由健康信念理论(Health Belief Model,HBM)可知,消费者对食品安全问题的忧虑及对自身健康的关切将导致其在进行消费决策时价格敏感性感知日趋弱化。此外,在网络消费中,顾客由于无法亲自看到或触摸到产品,通常会使用价格信息去评价商品质量,即价格是判断商品预期质量的外在线索,较高的价格会使顾客确信商品的性能进而降低感知风险(Cases A. S,2002)[168]。Shiv(2005)的相关研究成果也进一步印证商品价格能够在商品质量评估中发挥"安慰剂"作用,即较高的商品价格会使消费者得到高质量产品的期望,特别是在消费者处于信息不对称环境下,消费者将高价位商品等同于高质量的商品(Wolinsky,1983)。[169]

综上所述,参照国内外学者现有研究成果,价格利益可能对改善互联网顾客关系质量、提升顾客忠诚度很重要,但稍有利于解释顾客忠诚形成机制,即只有在控制其他潜在变量的前提下,才有可能做出相应的解释。

因此,本书假设:

H1.2:EB 平台的价格利益与互联网顾客忠诚度呈正向关系。

3. 商品质量(Commodity Quality)

据国家商务部统计数据表明,仅 2014 年上半年我国电子商务交易额已达 5.66 万亿元,同比增长 30.1%,网络零售市场交易规模约 1.1 万亿元,同比增长 33.4%,半年度环比增长 7.9%,相当于上半年社会消费品零售总额的 8.4%。然而,伴随我国电子商务市场的蓬勃发展,涉及商品质量问题投诉的比例也逐年攀升,仅 2014 年"双 11"经第三方检测机构对天猫、京东、1 号店、亚马逊等 EB 平台样品抽检结果显示:其中 15 批次样品属假冒或高仿商品,7 批次样本质量不合格。由此,"假货""水货""山寨货"等相关商品质量问题业已成为严重束缚中国电商产业长远发展的短板。此外,据 CNNIC 调研报告显示,49.1% 的网民对网购商品质量缺乏信心。

在质量管理领域,Joseph M.Juran 从客户导向视角切入,将质量界定为能够满足顾客需求进而实现顾客满意的某些商品特性。商品质量是互联网顾客消费决策意向的重要影响因子,且其对改善顾客关系质量、提升顾客忠诚具有显著影响。Lee(2003)在探索影响顾客满意度决定因素的实证研究中将顾客感知价值细分为:社会心理价值、经济价值和产品价值,研究结论表明产品价值(产品质量)对互联网顾客满意度具有显著影响,[170] 即相对于购买前预期,顾客所感知的产品质量越高,其在购买过程及购后消费体验中所感知的满意度指数越高(Cronin,2000)[171]。Zhan、DeVaney 和 Liu(2003)的相关研究成果也进一步佐证商品质量是影响互联网顾客忠诚的关键因子。[172] 此外,由商品质量－销售量曲线(图 3-5)可进一步佐证,在既定价格条件下,销售量 S 与质量 Q 呈现非线性增长态势,即当商品质量水平由 Q_a 上升至时 Q_b,其销售空间亦将随之上升 $\Delta S(S_a - S_b)$。

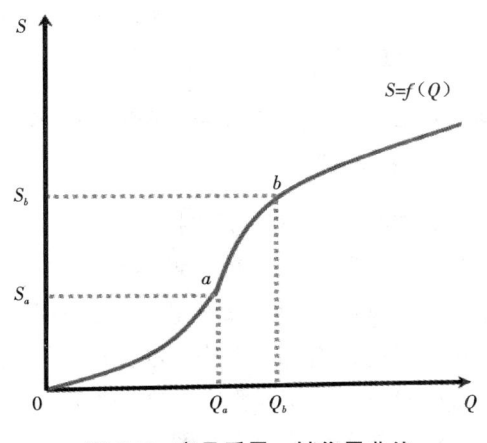

图 3-5 商品质量－销售量曲线

Noriaki Kano 在行为科学赫兹伯格双因素理论启发下,将满足标准导入质量管理领域,构建了质量特性满足状况与满意程度的二维质量分析模型,并将质量要素细分为魅力质量要素(Attractive quality element)、一维质量要素(One-dimensional quality element)、必备质量要素(Must-bequality element)、无差别质量要素(Indifferent quality element)以及逆向质量要素(Reverse quality element)五种类型。在此,本研究继承了KANO模型的二维质量分析架构,并基于Web 2.0时代B2C模式下顾客满意度与顾客忠诚的显著相关性,将该模型中顾客满意维度修正为顾客忠诚维度,据此构建了基于互联网虚拟环境下顾客对商品质量感知与顾客忠诚的全新二维质量分析架构(图3-6),以期从量化层面探索不同商品质量水平下顾客忠诚影响机制及非线性关系,进而从理论层面对KANO模型及魅力质量理论进行有益拓展与完善。与此同时,本研究还尝试引入经济学弹性理论进行定性分析,并界定了互联网顾客忠诚度的质量弹性系数 E_Q^{CL}。

$$E_Q^{CL} = \frac{\Delta CL}{\Delta Q} \cdot \frac{Q}{CL} = \frac{dCL}{dQ} \cdot \frac{Q}{CL}$$

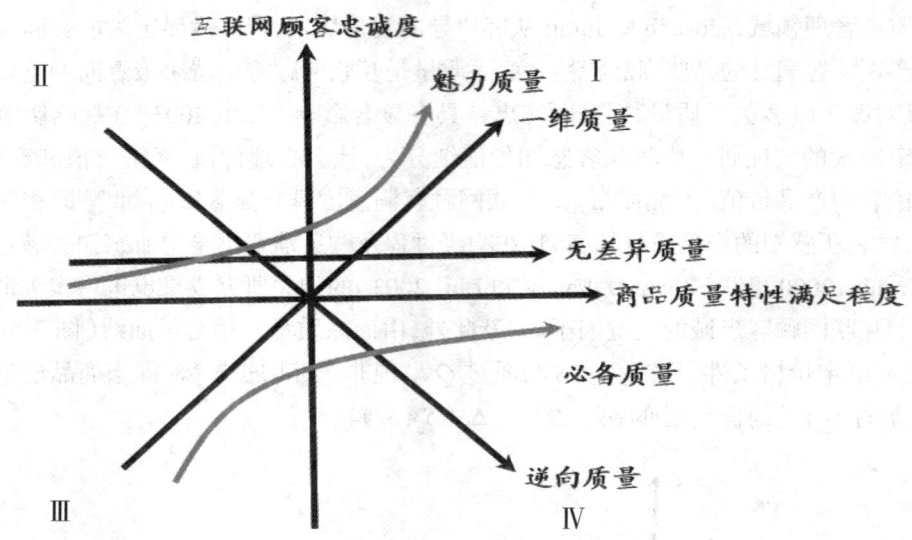

图3-6　B2C模式下EB平台二维质量分析模型

具体而言:

互联网顾客忠诚度的魅力质量弹性分析。在图3-5区域Ⅰ中,魅力质量曲线越陡峭,说明互联网顾客忠诚度对质量弹性系数越大,此时互联网顾客忠诚度对魅力质量是富有弹性的,即EB平台的商品质量与互联网顾客忠诚度显著相关;而在区域Ⅱ中,魅力质量曲线越平坦,说明互联网顾客忠诚对质量的弹性系数越小,此时互联网顾客忠诚度对魅力质量是缺乏弹性的,即互联网顾客忠诚度对EB平台商品品质敏感性欠佳。

互联网顾客忠诚度的一维质量弹性分析。在图3-5区域Ⅰ和区域Ⅲ中,由于一维质量曲线呈线性分布,即互联网顾客忠诚度和一维质量变动比率恰巧相等($E_Q^{CL}=1$),此时互联网顾客忠诚度的质量弹性为单位弹性。

互联网顾客忠诚度的必备质量弹性分析。在图3-5区域Ⅲ中,必备质量曲线越陡峭,说明互联网顾客忠诚度对质量的弹性系数越大,此时互联网顾客忠诚度对必备质量的细微变化非常敏感且是富有弹性的,即 EB 平台的必备商品质量与互联网顾客忠诚度显著相关;而在区域Ⅳ中,必备质量曲线越趋于平坦,表明互联网顾客忠诚度对质量的弹性系数越小,此时互联网顾客忠诚度对必备质量是缺乏弹性的,即尽管 EB 平台的商品质量特性满足程度较高,但其对提升互联网顾客关系质量却十分有限。

互联网顾客忠诚度的无差异质量弹性分析。在图 3-5 区域Ⅰ和区域Ⅱ中,由于无差异质量曲线在几何图形上表现为一条水平线,即无论商品质量特性是否满足,其对互联网顾客忠诚均无任何影响,此时互联网顾客的质量弹性为完全弹性。

互联网顾客忠诚度的逆向质量弹性分析。在图 3-5 区域Ⅱ和区域Ⅳ中,逆向质量曲线虽呈线性分布,但 EB 企业应特别关注此时互联网顾客忠诚度与商品质量特性满足程度呈显著负相关,即满足度越高,互网顾客忠诚度越低。

本研究认为 EB 企业在改善顾客关系质量、提升顾客忠诚度的进程中应密切关注区域Ⅰ中的魅力质量曲线部分和区域Ⅲ中的必备质量曲线部分,其对 EB 企业能否有效实施顾客锁定战略具有重要影响。

综上所述,由于互联网环境的虚拟性,网络消费者通常无法直接甄别商品质量。因此,EB 企业若能保证其销售商品品质,则顾客网络消费新动力将得到深度激发。与此同时,消费者对该 EB 平台的信任度、满意度及忠诚度亦将显著提升。

因此,本书假设:

H1.3:EB 平台的商品质量与互联网顾客忠诚度呈正向关系。

4. 商品信息质量(Commodity Information Quality)

互联网不仅为消费者提供了全新的购物平台,而且凭借其便捷、实时、丰富的信息资源业已成为顾客进行消费决策的重要参考依据。然而,由于互联网交易环境的虚拟性以及 EB 平台在描述商品品质方面线上线下会有所差异,消费者难免会在一定程度上增加消费感知风险。因此,为了能有效降低产生正向抑或负向互联网消费体验的不确定性,在 Web 2.0 时代 B2C 模式下消费者往往更倾向于在做出消费决策前,搜集、筛选大量的商品信息。Blackwell R. D(2001)将消费者获取信息来源划分为内部与外部两大类,其中内部信息来源于消费者记忆中储存的知识,如以往的品牌经验(或品牌熟识度)、曾经的消费经验等;外部信息则可能来源于参考团队(如同龄人、家庭成员)或市场(如网站描述)。[173] 国内外学者现有研究成果表明商品信息质量对互联网顾客忠诚具有一定影响,然而逐项研究结论却并非一致。据此,探究商品信息质量与互联网顾客忠诚之间关系的必要性就愈发凸显,故本研究拟通过实证分析来重新界定二者之间的关系。

一方面,有的学者认为商品信息质量对改善顾客关系质量、提升顾客忠诚具有重要影响。在互联网消费体验进程中,消费者若能搜索到佐证某种商品质量的相关信息时将有效缓解消费感知风险,进而对购买行为产生正向积极影响。据 Dieringer Research Group 市场调研公司相关统计数据显示,约 1 千万消费者在互联网搜索商品评价信息后再制订购买计划,且其中 98.9% 的潜在顾客会产生消费行为。[174] 由此,为消费者提供不同视角高清晰商品图片信息可以提高其对商品的可认知性,进而有效缓解买卖双方之间的信息不对称程度。

Danny Weathers、Subhash Sharma 和 Stacy L. Wood(2007)认为 EB 平台对在线商品信息的详细描述能辅助消费者迅速获取有关评价商品质量的佐证信息,而产品的视觉描述如性能、价格及形象等则可以从一定程度上弥补消费者缺乏的触觉信息,并增加其对产品评价的信心。[175]Szymanski 和 Hise(2000)的相关研究成果表明商品信息质量对互联网消费顾客满意度具有正向显著性影响。[176]综合 Chang 和 Amett(2000)、Ranganathan 和 Ganapathy(2002)、Ahn 和 Han(2004)、Rohm 和 Swaminathan(2004)等学者相关研究成果,商品信息质量与互联网销售均呈现显著正相关,且消费者容易检索并及时获取商品信息是维系 EB 平台网络销售成败的关键所在(Sinioukov,1999)[177,178]。黄永哲(2005)认为互联网顾客忠诚度的基本决定因素应包括 EB 平台提供的详细商品介绍和推荐,且令人信服的商品信息质量是改善互联网顾客关系质量、提升顾客忠诚度的重要影响因素。[179]目前,EB 平台为每一单品提供的商品信息资源中能够佐证商品品质的因素主要涉及品牌与在线评论两个层面。Dodds W. B、Monroe K. B 和 Grewal D(1991)强调品牌往往意味着质量的一致性、确定性与承诺性,可以有效降低消费者对服务不确定所引起的风险感知,信誉、口碑良好的品牌或店铺名会正向影响消费者对质量与价值的感知,进而促进其购买意愿。[180]一般而言,EB 平台在每单商品信息最后会附加曾经购买或享受过该种商品或服务的顾客消费体验评价。Urban(2000)认为建立提供顾客评论反馈信息的网络社区,使消费者在其中进行充分的信息交流,可有效降低消费者感知风险。[181]另据 CNNIC 统计数据表明,互联网消费者在搜索到目标商品后除关注商品自身属性外,还会浏览顾客在线评论等商品相关信息,其中 41.1% 的消费者在每次网络购物前均会查阅顾客在线评论。特别是在广告与软文泛滥的今天,不以商业营销为初衷,对品牌、产品、服务、厂商的信息或看法进行口头交流所形成的口碑被认为更加真实可靠,在影响消费者态度和行为上扮演着至关重要的角色,即消费者可以通过其他顾客的消费体验评价来权衡服务提供者是否值得信赖(郑淞月,2013)[182]。而这种独立于卖方的评价机制,一方面为互联网消费者提供了商品质量的外部线索,商家可以通过评价机制中自身的信誉情况和商品评价情况向不了解商品质量的潜在顾客展示其商品的优劣程度;另一方面通过客观合理的评价机制,可进一步督促消费者评价不高的商家尽快提高商品质量水平,由此逐渐形成一个激励高品质的优质互联网消费环境。[183]此外,Jason Q. Zhang、Georgiana Craciun 和 Dongwoo Shin(2010)认为消费者个体自我调节对商品相关信息的感知具有一定影响,即拥有激进消费目标的消费者感知商品的正面评价较负面评价更具说服力。[184]

另一方面,有的学者则认为在 Web 2.0 时代 B2C 模式下,影响消费者购买决策意向的商品信息对改善顾客关系质量、提升顾客忠诚的影响并非显著。Zhan、DeVaney,和 Liu(2003)认为产品质量、网络零售商信誉、顾客服务和安全性对顾客态度忠诚及行为忠诚具有显著正向影响,但商品信息质量对信任的影响作用却不显著。[185]Heiner、Iyer 和 Ahlert(2004)将影响互联网顾客满意度的前置因子细分为:网络购物的便利性、产品提供、网站设计、财务安全性以及产品信息 5 个维度,其中唯有产品信息对互联网顾客满意度的显著性检验未得到有效支撑。[186]此外,Dong-Mo Koo(2005)基于手段-目的理论,通过对 353 名韩国消费者样本统计数据分析发现,在影响互联网顾客忠诚的驱动因素中,商品信息质量对互联网忠诚的影响解释力匮乏。

综上所述,本研究认为商品信息质量对改善顾客关系质量、提升顾客忠诚具有重要影响,即 EB 平台所提供的商品信息质量越高,消费者从中获取某种商品品质的佐证信息就越便捷,进而正向影响其互联网消费体验。

因此,本书假设:

H1.4:EB 平台的商品信息质量与互联网顾客忠诚度呈正向关系。

5. 物流配送服务质量(Logistics Distribution Service Quality)

据 CNNIC 2015 年 1 月的统计数据显示,截至 2014 年 12 月,中国互联网消费者规模已达 3.61 亿,同比 2013 年增加 5953 万人,增长率为 19.7%,互联网消费者比例从 48.9% 提升至 55.7%,并呈现普及化、全球化、移动化的全新发展态势;此外,伴随我国经济持续高速增长,人民生活水平日益提高,预计 2015 年社会消费品零售总额将达 30 万亿,而同期网络交易额也将破 4 万亿,渗透率超过 12%。[187] 在互联网时代,科技革命创新了新的商业行为和经济模式,也正在潜移默化地改变着人们的生活消费习惯,且相对于现代消费者稀缺的时间资源和有限的努力付出,网络购物以其优越的便利性倍受消费者青睐。互联网消费市场的高速增长为中国电商企业带来了前所未有的发展机遇,然而,其对现代物流配送服务质量也提出了严峻的挑战。在 B2C 模式下,互联网消费者选购商品的分散性和随机性通常会导致物流配送呈现小规模、高频度等特征。据此,如何在降低经营成本、优化配送方案并确保配送商品质量的前提下,有效缩短配送时间、提升服务理念,便成为电商企业改善顾客关系质量、提升互联网顾客忠诚的关键所在。在此,本研究拟通过对服务质量形成机制进行系统梳理,深入探讨在服务经济时代,物流服务质量内涵以及 B2C 模式下消费者感知物流配送服务质量影响因素,为互联网顾客忠诚形成机制研究奠定基础。

(1)服务质量形成机制相关研究述评

服务经济时代的来临使现代企业服务质量品质与顾客关系质量、顾客忠诚度以及企业运营成本、利润空间等方面密切相关,且其业已成为现代企业经营绩效的重要影响因子,服务质量形成的核心机制是建立在顾客感知服务质量与顾客期望质量二者之间差距的前提下,而顾客间的差异化特质及服务进程中的心理交互、调试等影响机制则构成其关键影响因素。Crönroos(1984,1988)从顾客感知服务质量(Perceived Service Quality)视角切入,将总体服务质量(Total Service Quality)界定为功能质量(Function Quality)和技术质量(Technical Quality)两个维度,其中功能质量(How,服务过程)涉及消费者在服务交互进程中所感知的服务水平,而技术质量(What,服务结果)则强调顾客在服务结束后所感知的服务结果,并在此基础上构建了顾客感知服务质量模型(图 3-7)。[188, 189] 在服务质量二维度结构模型中,顾客总体感知服务质量是由顾客期望质量与实际感知质量二者之间的差值决定的,其中顾客期望质量的前置影响因子包括:营销沟通、形象、口碑及消费者需求 4 个层面,而技术质量和功能质量则是通过企业形象来间接影响顾客实际感知质量效果的。随后,诸多国内外学者继承并沿袭了 Crönroos 的研究技术路线,从各自不同视角对顾客感知服务质量模型进

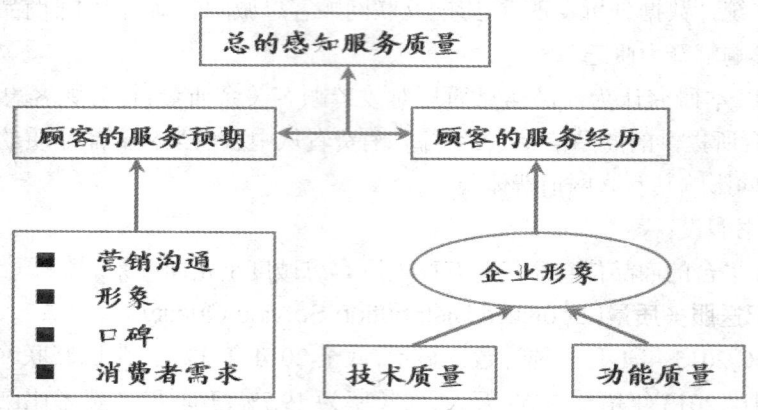

图 3-7 总的感知服务质量模型

行了有益的补充。Bolton(1991)在系统考量组织特性、工程特性等要素对服务期望与服务质量感知后,强调顾客满意的特殊性不仅是期望与感知差距的影响结果,也是顾客感知总体服务质量的重要决定因素。[190]Gummesson(1993)则尝试将顾客感知服务质量模型引入工业品质量范畴,并以顾客期望质量与顾客感知质量差距为基础,构建4Q产品/服务质量模型,并强调形象和品牌要素的影响作用。[191]Rust 和 Oliver(1994)认为应将服务接触所在的有形环境纳入顾客感知服务质量体系,由此构建了由服务产品(Service Product)、服务传递(Service Delivery)和服务环境(Service Environment)组成的服务质量三维度结构模型,在该模型中,服务产品是指顾客在服务进程中最终收获了什么,即技术质量;服务传递描述的是顾客在服务进程中对服务质量水平的主观评价,即功能质量;而环境质量则强调服务生产与消费的有形环境,即服务质量的有形性。[192]Brogowicz(2009)将顾客感知服务质量差距细分为技术质量差距和功能质量差距,并认为人力资源、有形要素、企业形象以及企业使命也应纳入服务质量体系,并在Crönroos模型基础上,构建了顾客感知服务质量综合模型。[193]此外,Parasurman、Zeithaml 和 Berry(1985,1988,1993)[194-196]依据Crönroos的顾客感知服务质量观点,分别选取银行、信用卡公司、证券以及维修厂进行探索性实证研究,据此将影响服务质量感知细分以下10个维度,即可靠性、响应性、胜任性、接近性、礼貌性、沟通性、信用性、安全性、了解顾客及有形性。1988年,PZB在后期实证研究中,又将其归纳合并为有形性、可靠性、保证性、回应性及移情性5个维度,并构建了经典的服务质量差距模型(Service Quality Cap Analysis Model),如图3-8所示。1993年,PZB将五差距模型中顾客期望维度进一步细化为顾客理想期望与顾客适当期望2个维度,并将其差异界定为顾客感知服务质量容忍区域。

(2)物流服务质量内涵

Reicheld FF(1990)[197]的研究证明服务质量是影响顾客满意度的重要影响因子,还是维系顾客忠诚、保持企业竞争优势的重要前提。在服务经济时代,物流服务作为联系生产、流通和消费的重要纽带,其质量的优劣对企业经营绩效亦将产生显著影响(Mentzer J. T, 2001)。[198]Perrault 和 Russ(1974)率先以时间、地点、效应为基础构建了7R理论,以期系统

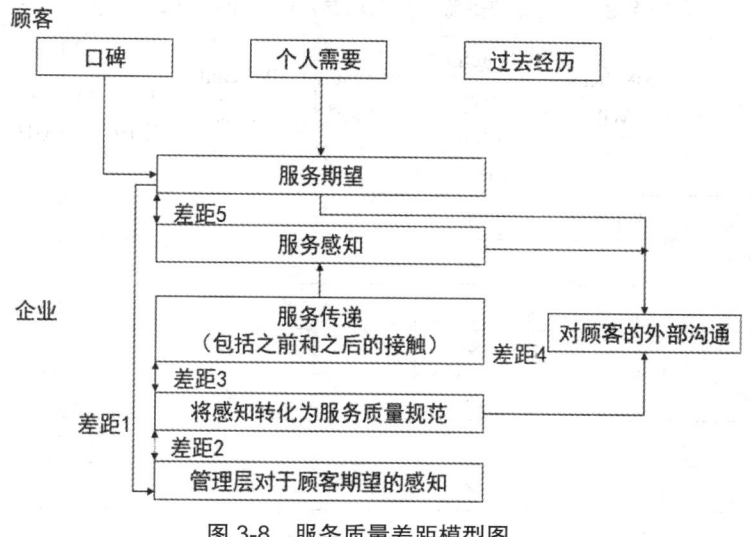

图 3-8 服务质量差距模型图

阐述物流服务质量（Logistics Service Quality，LSQ），该理论认为：LSQ 是指企业能在恰当的时间（Right Time）和正确的场合（Right Place），以适合的价格（Right Price）和方式（Right Channel or Way）为顾客（Right Customer）提供适合的产品（Right Produce）和服务，使客户的个性化需求（Right Want or Wish）得以满足，价值得以彰显的活动过程。[199]La londe 和 Zinszer（1976）则认为 LSQ 应以满足顾客满意为前提，并将 LSQ 重新界定为：一，满足客户需求的活动；二，确保客户满意度绩效测量；三，公司承诺的哲学（文化）。[200]随后，Jackson、Keith 和 Burdick（1986）尝试将包装的保护性及物流企业与客户之间的合作性也纳入 LSQ 范畴，从而对以产品运营为基础的 LSQ 概念进行有益的拓展和完善。[201]Mentzer、Gomes 和 Krapfel（1989）认为 LSQ 应涉及提升顾客满意度的两个重要因子，即实体配送服务质量和客户营销服务质量（表 3-1），其中在度量实体配送服务质量层面，时间性（Timeness）、可得性（Avaliablity）以及质量性（Quality）是构成顾客感知 LSQ 的关键量化指标。[202]Bienstoch、Mentzer 和 Bird（1997）对实体配送服务质量量表进行了有益的探索性实证研究，并参照 PZB（1988）开发 SERVQUAL 量表流程，研发了度量实体配送服务质量 PDSQ 量表。[203] Mentzer、Myers 和 Cheung（2004）认为在度量 LSQ 时应根据物流提供商服务的市场进行差异化划分，并指出在探索物流服务质量与顾客满意度相关性研究中，应将异域文化背景及组织特征作为调节变量纳入 LSQ 指标体系。[204]此外，在基于顾客感知的 LSQ 评价体系中，除量表评价法外，还涉及模糊推理及 DEMATEL 的综合评价法。Lin H.T.（2010）的相关研究成果表明，通过使用改善的 P-I 分析，可以把有效改善服务质量的资源和方法聚焦于高重要性低质量属性上，并且可以定期跟踪调查服务质量改进绩效，[205]而决策实验和评估实验法（DEMATEL）则更适用于在不确定环境下进行多标准决策，可以根据专家判断，分析各项指标间的相互关系，通过矩阵转换计算得出指标的影响力和属性（原因性指标抑或效果性指标）并确定核心指标，以期为服务质量提高和改善提供相应的可行性建议（Tseng M.L.，2009）。[206]

表 3-1 实体配送服务质量和客户服务质量的构成要素

要素	StePhenson Willett (1968)	Hutchinson Stolle (1968)	Perreault Russ (1974)	Perreault Russ (1976)	Gilmour (1977)	Levy (1981)	Jackson Keith Burdick (1986)
1. 订货过程时间	×	×	×	×			
2. 货物装配时间	×	×	×	×			
3. 递送时间	×	×	×	×			
4. 存货可靠性	×	×	×	×			
5. 货物尺寸限制	×	×	×	×			
6. 稳定性	×	×	×	×			
7. 一致性	×	×	×	×			
8. 推销员访问单	×	×	×	×			
9. 订货方便性	×	×	×	×	×		
10. 订单进展情况信息	×	×	×	×			×
11. 促销中存货备份	×	×	×	×			×
12. 发货单形式	×	×	×	×			
13. 获评物质形态	×		×	×			×
14. 对要求的回应	×		×	×			
15. 付款流程	×						
16. 平均订货周期			×	×	×		
17. 订货周期变化程度			×	×	×		
18. 应急服务			×				
19. 可得性			×	×	×		
20. 有能力的技术代表				×			
21. 设备示范				×			
22. 宣传品的可得性				×			
23. 重置订单的精确性							
24. 销售条款					×		
25. 包装保护							×
26. 合作性							×

资料来源：Mentzer J T, G R, Krapfel R E. Physical D=istribution Service: A Fundamental Marketing Concept? [J]. Journal of the Academy of Marketing Science, 1989, 17(4): 53-62.

(3) B2C 模式下消费者感知物流配送服务质量影响因素分析

在此，本研究将 B2C 模式下影响消费者感知物流配送服务质量细分为：客户化定制服务质量、回应质量、支付质量以及服务失误补救质量4个维度,并针对每一个维度进行严谨的理论推导,以期更加系统全面地探索其对改善互联网顾客关系质量、提升顾客忠诚的影响机制。具体而言:

客户化定制服务质量。B2C模式下,EB企业应针对互联网顾客明显的多样化需求特征,实施客户化定制服务战略,即物流配送方案应尽量满足每一位顾客配送的时效性、配送方式、支付方式以及其他特殊要求的差异化,充分体现管理柔性。Wind和Rangaswamy(2001)认为,客户化定制是一种以客户为中心的企业战略,综合了大量定制和定制营销,且定制营销需要与发达的加工制造技术、信息技术以及日益全球化的竞争趋势紧密联系。[207]Srinivasan、Anderson和Ponnavolu(2002)研究发现,符合顾客需求的个性化服务是吸引消费者持续惠顾该EB平台的重要因素之一。[208]黄永哲(2005)将影响互联网顾客忠诚的基本决定因素界定为符合顾客个性化需求的客户化情境,其所提供的一对一服务能够使顾客产生被重视的感觉,而这种感觉将在一定程度上唤起顾客对商家的信任,而通过客户化定制塑造顾客个性化需求及消费体验将有助于提升互联网顾客态度忠诚及行为忠诚。[209]

回应质量。在服务经济时代,沟通是商家与顾客之间进行信息交换获取信息的重要途径,而在物流配送体系中,高水平的回应质量能有效消除商家与顾客之间的沟通障碍,增强双方的信任度、满意度,进而提升顾客对EB企业的态度忠诚及行为忠诚。然而,Gremler(2000)指出在互联网消费体验进程中,由于商家与顾客之间缺乏沟通导致顾客难以借助与人员持续接触而逐渐养成对服务人员的情感依赖,进而影响服务质量。[210]由此,在B2C模式下,EB企业应为商家与顾客搭建有效的沟通平台,为消费者提供物流配送状态的实时查询功能以及建立对物流配送环节满意度评价机制。与此同时,配送人员所秉承的服务理念对整体物流配送质量影响仍不容忽视,即在交付环节之前,配送人员能否做到以电话或短信方式通知客户准备接货以及在收货环节又能否主动提醒消费者验货等细微之处均影响消费者对物流配送服务质量的主观感受。此外,Crönroos、Heinonen F和Isoniemi K(2000)强调任何服务均可视为一个交互环节,既包括顾客与服务人员的交互,也包括顾客与设备、顾客与环境之间的交互,而交互质量对顾客总体感知服务水平具有重要影响。[211]

支付质量。一般而言,在B2C模式下交付质量泛指消费者提交订单后,EB企业物流配送体系能否按承诺的时间节点如期配送、配送商品的精确度、商品品质的完好度以及包装措施的有效性。在中国网络消费群体中,66.4%消费者将选择网络购物归因为方便快捷,而伴随都市生活节奏的日益加快,针对消费者日益稀缺的时间资源和有限的努力付出,EB企业若使消费者在交付环节所感知的时间和努力程度小于心理预期,而商品品质明显高于其期望值时,则消费者对EB企业所感知的满意度、信任度就会越显著。Mentzer、Flint和Kent(2001)将影响顾客满意度的前置因素细分为人员沟通质量、订单释放质量、信息质量、订货过程、货品精确率、货品完好度、货品质量、时间性以及误差处理,共计9个维度,并基于不同细分市场分别探索各维度在物流配送服务质量层面对顾客满意度的影响,研究结论显示:不同产品市场客户对物流服务质量的期望呈现差异性,且各维度在不同行业对顾客满意度影响权重亦呈现差异化。[212]Stank(2003)的实证研究结论进一步佐证运营资质(可靠性、有形性)、相关质量(响应性、保证性、移情性)和成本质量(相对价格、绝对价格)对顾客满意具有正向影响,且作为中介变量的顾客满意会最终影响顾客忠诚及市场份额。[213]

服务失误补救质量。1988年,芬兰学者Crönroos率先提出服务补救概念,并将其界定为顾客抱怨处理抑或服务失误补救,是服务提供者对其产生缺陷或失误所应采取的反应与行动。[214]相对于传统商业模式而言,由于互联网消费具有交易完成滞后性特征,导致消费者在收货环节若发现商品配送有误、商品质量存在瑕疵等相关问题,会产生不满、抱怨等负面情绪并会直接影响互联网顾客关系质量。据此EB企业能否在第一时间内对顾客投诉给予回应,并制订相应补救措施及时响应以及补救措施的便利性、补救结果的满意性对有效弥补服务失误均具有正向影响。国内外学者的相关研究成果也进一步验证了上述观点。Mc-Collough(2000)以期望不一致理论为依托,构建了服务失误补救满意理论模型,并指出顾客感知的服务补救效果越好,服务补救期望越小,对顾客所感知的满意度指数就越高。[215]随后Maxham和Netemeyer(2002)的研究结论也进一步指出,适度的高质量服务补救措施对弥补服务失误情境下顾客满意度具有显著影响。[216]此外,由服务补救悖论可进一步推知,经服务失误补救的顾客满意度指数明显高于未经过服务失误的满意度指数。据此,本研究认为成功的服务失误补救措施对改善企业与顾客之间的关系质量具有显著影响,即EB企业服务补救措施越完善,互联网消费者所感知的满意度和信任度越高。

综上所述,本研究认为物流配送服务质量对改善顾客关系质量,提升顾客忠诚具有正向影响,即EB企业提供的客户化定制服务质量、回应质量、交付质量以及服务失误补救质量品质越高,消费者从中感知的满意度、信任度指数越高,进而正向影响其态度忠诚和行为忠诚。

因此,本书假设:

H1.5:EB平台的物流服务质量正向影响互联网顾客忠诚度。

6. 服务失误补救措施(Service Failure Remedial Measures)

中国互联网络发展状况统计报告2015年1月统计数据显示,截至2014年12月底,我国互联网消费群体规模已突破3.6亿,同比增长19.7%,其中手机网购用户规模已达2.36亿,同比2013年增加9169万人,移动互联网消费者比例由28.9%上升至42.4%,并进一步呈现普及化、全球化发展趋势。在服务经济时代,由于服务本身具有无形性、异质性及不可分离性等特质,加之互联网消费环境的虚拟性以及信息不对称等相关问题均在一定程度上导致服务失误情境不可避免。然而,相对于新消费者阶层日益稀缺的时间资源及有限的努力付出,EB企业能否基于顾客感知视角,在恰当的补救时机实施高绩效的补救策略,便成为企业客户关系管理实践的关键所在。在此,本研究拟通过分析服务失误内涵、类型及归因系统,进一步运用"方法-目的"链分析逻辑深入探索互联网顾客期望服务补救的目标-实现路径,以期为互联网顾客忠诚形成机制研究奠定基础。

(1)服务失误内涵、类型及归因分析

本研究通过对国内外学者关于服务失误论题的相关文献研究,将最具代表性的定义归纳汇于表3-2。

表 3-2 服务失误定义

时间	学者	定义
1987	Bell Zemke	每一次低于我们预期的服务经历,都意味着服务失败的发生
1988	Gronroons	不按照顾客期望进行的服务
1990	Bitner Booms Tetreault	服务提供过程中,在服务接触的任一点上,如果顾客认为其需求未被满足或是低于其预期水平,那么顾客就有可能认为出现了服务失误
1991	Parasuraman	企业所提供的服务没有达到顾客可接受的最低标准,不能满足顾客的要求和期望而导致顾客不满意的情况
1993	Fish Brown Bitner	如果企业服务未达到顾客对服务的评价标准,就是服务失误
1994	Binter Booms Mohr	当商家的服务低于顾客预期或顾客要求的服务未能实现时,就发生了服务失误
1995	Keaveney	当顾客对服务不满意时,服务失误就产生了
1999	Smith Bolton	当服务提供者不能按照顾客的期望提供服务,并且导致其不满的时候,服务失误就产生了
2000	Palme 等	不管是谁的责任,当顾客觉察服务出了差错的时候,服务失败就发生了
2000	Fish 等	服务表现未达到顾客对服务的评价标准
2001	Havs Hill	服务失误是导致顾客不满意的服务遭遇,当顾客期望和顾客服务感知之间存在差距时,服务失误就产生了
2002	Maxham Natemeyer	当顾客和公司发生联系时,任何与服务相关的灾难和问题(显示或感知)
2003	Hess Ganesa Klein	当服务效果低于顾客的期望时即产生了服务失误
2003	Mccoll Kennedy	服务质量低于顾客期望或出现了服务故障
2006	Hays	服务失败是造成顾客不满意的任何服务情境

资料来源:作者整理而得。

纵观上述学者涉及服务失误内涵的相关研究成果表明,目前学术界对服务失误概念的界定尚无统一表述,但对服务失误的判据却基本一致且均以顾客感知为基准。在此,本研究在综合上述学者观点的基础上,以顾客期望失验理论为依托,将服务失误界定为在 B2C 模式下,互联网顾客对选购商品及享受服务的满意状态是基于其对产品期望绩效与感知实际绩效间的主观评价结果,即当产品的实际绩效低于期望绩效时便会产生负向失验情形,顾客随即产生抱怨、不满等负面情绪,最终导致 EB 企业服务失误。

Kelly 和 Davis(1994)基于时间、严重性及频度三个层面对服务失误进行了分类,认为服务失误会发生在顾客与服务人员接触的任何时间节点上,且失败的严重程度介于微不足道与非常严重之间。[217]Hoffman(1995)、Mohr 和 Biter(1995),Keaveney(1995)等学者将服务失误细分为过程失误和结果失误两个层面,其中过程失误特指服务传递方式的缺陷与不足,即在服务交互环节发生的失误;而结果失误则强调核心服务环节失误,涉及与顾客本身有关的失误或其他相关技术问题错误。[218-220]Smith、Boltom 和 Wagner(1999)通过文献研究及关键事件分析将判定服务失误的关键变量界定为服务失误类型和服务失误严重性,其中前者涉及过程失误和结果失误 2 个维度,并据此将服务失误划分为下述 4 种模式:①不严重的结果性失误;②严重的结果性失误;③不严重的过程性失误;④严重的过程性失误。认为顾客对不同服务失误类型所感知的不满意程度会呈现差异化,且相对于结果失误而言,顾客对过程失误所感知的不满意程度更多。[221]

服务失误归因为顾客对服务失误原因的主观推断,且不同消费者针对同一服务失误事件归因结论也呈现差异性。目前,国内外学者从各自不同视角对服务失误归因进行了诸多有益的探索性研究。Bitner、Booms 和 Tereault(1990)采用关键事件法(CIT)将服务失误归因为:①服务提供系统失误,包括无法提供应有的服务、不合理的服务延迟及核心服务无法提供等;②处理特殊顾客需求时的失误,包括对顾客特殊需求的处理不当、顾客发生错误或干扰他人时员工处理不当;③员工行为导致的服务失误,包括员工对顾客的冷漠态度、员工不规范的行为以及员工受到顾客责难后的不当反应等。[222] 随后,Bitner、Booms 和 Mohr(1994)在上述研究的基础上,对服务失误归因进行了有益拓展,将服务失误的第 4 个来源归因为顾客自身的问题。[223] Price(1995)等学者从持续度、喜好度及接近度 3 个层面切入,认为:①服务不仅是交易,更具有延续性行为,由此,在关系发展上容易使服务提供者与顾客间产生不和;②服务提供者与顾客间会产生喜好度,进而会带来角色压力与冲突;③顾客与服务提供者双方非常亲密,会影响顾客的参与度与互动时的情绪,进而影响整体服务接触的好坏。[224] 宋亦平(2005)等强调服务失误的原因不仅涉及服务提供者和顾客的原因,还应包括第三方原因,其中第三方泛指与企业密切相关的上下游供应商、物流配送服务商以及自然不可抗力等相关因素。[225] 此外,Oliver(1988)等学者则强调由于不同的服务失误原因会导致顾客满意度呈现差异化,即企业所实施的服务补救措施绩效与顾客对服务失误归因密切相关。[226]

(2)服务补救相关研究述评

Grönroos(1988)率先界定了服务补救概念,认为服务补救指服务提供者执行一些动作来回应服务失误并对顾客抱怨进行处理;服务补救策略即服务提供者对服务发生缺陷或失误,所采取的一些补救反应与措施。[227] 此后,国内外学者分别从服务补救对重获顾客满意、信任与忠诚的目的和意义、服务补救本质以及服务补救的微观过程管理及宏观战略调控 3 个层面进行系统诠释,具体内容如表 3-3 所示。

表 3-3 服务补救定义

时间	学者	定义
		目的意义
1990	Zemke, Bell	服务补救是当顾客因企业所提供的产品或服务发生缺失而感到困扰时,为使顾客达到其期望的满意程度而做的努力的过程
1990	Hart, Sasser, Heskett	服务补救是服务提供者为了减轻或修复因服务失败对客户所造成的损害的行为,是企业用来解决客户抱怨,并从抱怨处理的角度云建立客户对企业信赖的策略

续表

时间	学者	定义
1993	Zemke	服务补救是指一切可以将顾客从不满意到满意的行为
1994	Kelly, Davis	服务补救是企业在服务失误后采取的补救行动,是服务组织避免顾客流失和拥有顾客的关键
1995	Kenny	服务补救是当顾客不满意时,组织用以抚平顾客不满的行动,目的是再度创造顾客满意
2002	韦福祥	服务补救是企业在出现服务失败时所做出的一系列反应,其目的是通过这种反应将服务失败对顾客感知服务质量、顾客满意和员工满意所带来的负面影响减少到最低限度
本质		
1988	Grönroos	服务补救是指当服务失败发生后,服务提供者针对顾客的抱怨行为所采取的反应和行动,亦可称为对顾客抱怨的处理
1992	Berry, Parasuraman	解决引起顾客不满意问题的对策方案
1993	Kelley	服务企业在服务失误后所采取的一连串补救措施
1995	Johnston	及时发现并处理服务失误的主动性或预防性行为
1998	Parasuraman, Zeithaml, Bitner	服务性企业在可能或者已经出现失误或错误服务的情况下,对顾客的不满或抱怨当即所做出的预警性或补救性反应,其目的是通过这种反应,重新建立顾客满意和忠诚
1999	Smith, Bolton, Wagner	服务补救比顾客抱怨处理包含了更广泛的活动内容,即其所处理的状况包括了服务失误已经发生但顾客并未提出抱怨的情境
2000	Grönroos	服务提供者为应对服务失败所采取的所有行动
2007	秦世	服务性企业在对顾客提出服务出现失败和错误的情况下,对顾客的不满和抱怨当即做出的补救性反应
微观过程管理		
1988	Grönroos	服务补救主要是一线服务人员的职能
1997	Johnston, Hewa	服务补救是服务提供者为缓解和修复服务提供者在服务提供过程中对顾客所造成的伤害而采取的行动
宏观占略调控		
1990	Hart, Sasser, Heskett	服务补救的真正价值在于通过服务补救消灭服务失误,即通过一次又一次的服务补救行为发现服务过程中存在的问题,针对发现的问题提出进一步改进措施,以此来不停地优化服务系统,从而防止类似的服务失误再次发生
1994	Heskett	将服务补救的终极目的和价值界定为整合改进服务,与解决单个顾客问题相比,整合并改进服务不是赢得单个顾客的满意,而是赢得所有顾客的满意与忠诚

续表

时间	学者	定义
1998	Tax, Brown	服务补救是一种管理过程,它首先要发现服务失误,分析服务失误的原因,然后在定量分析的基础上,对服务失误进行评估并采取恰当的管理措施予以解决,并强调整合改进服务应包括组织结构、服务流程、运作规范、人员素质、文化氛围等各方面的因素,应该坚持全面改革、整体提高的原则和策略
2002	Maxham, Netemever	基于归因理论视角,认为服务补救是在内部原因前提下对服务过失负责,并采取行动将类似的失误再次发生的可能性降到最小的行为
2002	韦福祥	服务补救不同于抱怨管理,它是一项全过程、全员性质的管理工作
2005	陈忠工 董晓波	服务补救不仅仅是一线服务员工的职责,更是组织全体成员共同参与的对服务系统中可能出现的失败进行矫正的行动

资料来源:作者整理而得。

一般而言,"方法－目的"链理论被认为是用来探索个体消费者选购商品或享受服务以满足其需求的最终状态的个体逻辑思维范式。[228] 在此,本研究遵循"方法－目的"链分析逻辑,并基于互联网消费环境虚拟性等相关特质,构建了 B2C 模式下基于服务失误情境的顾客服务补救期望层次结构关系,具体而言:

服务补救目的。服务补救是 EB 企业在服务失误情境下所积极采取的即时性、主动性弥补措施,其目的在于最大限度地降低因服务失误而造成的对消费者在经济及精神层面上的负面影响。其中,经济损失泛指顾客因 EB 企业服务失误而导致的经济利益方面的损失;而精神损失则强调 EB 企业服务失误对顾客在非货币层面上的影响,如时间、体力及精力等。

服务补救措施及测量维度。在服务经济时代,服务补救是现代企业针对服务失误情境下所积极采取的即时性、主动性行为,即通过在恰当的时机及完善的补救措施向顾客传递服务补救诚意,以期修复客户关系质量、重获顾客忠诚。关于服务补救措施及测量维度,国内外学者针对行业背景差异开发了不同的测量指标,如 Kelley(1993)等学者将零售行业的服务失误补救措施细分为:折扣、纠正、管理层介入、附加纠正、替换、道歉、退款、顾客主动的纠正、商店积分、令人不满的纠正、扩大失误以及不作为,共计 12 个指标,其中使用频度最高的补救策略为商品替换,而补救绩效最佳的策略分别为折扣、纠正及管理层介入。[229]Hoffman(1995)将餐饮行业的补救策略归纳为补偿、退款、管理层出面解决、纠正错误、替换失败的服务或产品、道歉以及不作为 7 项指标,研究结论显示免费用餐、礼品卡及折扣补救效果显著。[230]Boshoff(1997,1999)将旅游行业的高绩效补救策略依次界定为:最高层快速回应、尽快全额退款并给予一定赔偿以及来自高层管理者的大量赔偿。此外,研究还进一步呈现在旅游业,道歉对顾客服务失误补救绩效最差,除非附加一定额度的赔偿。随后,Boshoff 将服务失误补救进一步界定为沟通、解释、补偿、授权、回馈及有形性 6 项指标,具体而言:沟通泛指服务人员对于提出抱怨顾客的一种处理方式,服务补救中的沟通应包括沟通数量、沟通时机、沟通频率和沟通形式。其中,沟通形式涉及聚焦型沟通及维持型沟通;授权泛指赋予员工获得资源以及做决策的权利,准许一线员工使用自发的意见与判断来改善传递给顾客的服务品质;回馈泛指在问题解决之后,公司向该顾客提供此问题会发生的可能状况以及公司如何来解决此问题的相关资讯,当问题得到解决时服务企业向顾客提供问题和如何解决问题相关信息;补偿泛指恢复顾客的投入产出比而进行的价值增值补偿,以补偿服务失误给顾客带来的不便;解释泛指服务提供者是否以一个清晰且明确的方式,对顾客解释何以会有问题发生,而不包括责任的归咎或道歉;有形性泛指员工穿着外观、使用设备以及处理抱怨时所在的实体环境。据此,Boshoff研发了用于测量服务补救后顾客满意度的RECOVSAT测量工具,并在数理统计分析环节检验了该量表的信度和效度。[231, 232]Forbes、Kelley和Hoffman(2005)将互联网零售行业补救策略归纳为折扣(Discount)、纠正(Correction)、附加的纠正(Correction Plus)、替换(Replacement)、道歉(Apology)、退款(Refund)、商店积分(Store Credit)、令人不满的纠正(Unsatisfactory Correction)、失误扩大(Failure Escalation)、不作为(Nothing)、线下替换(Replace at Brick and Mortar),共计11项指标,研究结论显示:唯有线下替换对重塑顾客关系质量具有正向积极作用,而其余诸项补救策略反而会在一定程度上促使消费者转向其他竞争者,且无论补救措施是否被采纳,一旦消费者遭遇网络消费服务失败,其再次惠顾意向将呈显著下降趋势。[233]综上,本研究在上述研究成果基础上、结合互联网消费环境虚拟性等相关特质,拟将服务失误情境下EB企业服务补救措施测量维度细分为:道歉、解释原因、倾听意见、理解关心、适时处理、员工处理、管理层处理、退换货、免单、价格折扣、优惠券以及额外补偿,共计12项指标。

服务补救绩效评价。McColl Kennedy(2003)认为企业以具体补救形式来弥补顾客损失,顾客会对服务是否受到了公平的对待进行评价。[234]在服务失误补救研究领域,Oliver(1993)[235]、Tax(1998)[236]、Smith(1999)[237]等学者通常采用公平理论来阐述上述关系。参照公平理论可知,所谓感知公平是指消费者在对事物心理上进行比较的一种主观判断,其包括结果公平感知、程序公平感知和互动公平感知3个维度,其中,结果公平感知是指顾客在补救结果上感觉自己被公平对待的程度;程序公平感知是指顾客对于补救过程的公平感知,涉及流程设置的合理性等相关环节;互动公平感知则强调在解决冲突的过程中,一方对另一方回应态度的公平感知,涉及服务人员与顾客互动过程中的态度和行为。[238]综上,本研究认为在服务失误情境下,EB企业应以公平理论为依托,并基于顾客感知视角,对所实施的服务失误补救措施进行重新审视,以检验其是否满足顾客的服务补偿结果期望、服务补偿程序期望以及服务补偿互动期望。

(3)服务失误补救与顾客关系质量、顾客忠诚的相关性研究评析

在B2C模式下,由于互联网消费环境的虚拟性以及信息不对称等相关问题的客观存在,加之相对于有形商品而言,服务自身具有的无形性、异质性及不可分离性等特质均导致服务失误情境不可避免,但EB企业若能从顾客感知视角出发,选取恰当的补救时机及完善的补救措施则可以最大限度降低顾客流失率,并重获顾客满意、信任,进而巩固顾客态度忠诚及行为忠诚。Hart(1990)等学者指出,恰当、及时而准确的服务失误补救措施不仅能有

效消减顾客的负面情绪、恢复顾客对企业的信任,还可以重新巩固顾客态度忠诚及行为忠诚。[239]Kelly、Hoffman 和 Davis(1993)的研究成果显示,服务失误发生后,服务提供商应积极采取迅速的行动以确保补救的有效性,并进一步强调有效补救是服务补救的关键程序之一。[240]Smith、Bolton 和 Wagner(1999)的混合实验设计研究结论也进一步印证了 Kelly 等学者的观点,并指出补救速度正向影响程序公平,而程序公平又正向影响顾客满意,因此,在营销管理实践环节必须对顾客采取即时补救。[241]Phlip Kolter 的研究成果显示,若顾客投诉得以妥善处理,将有54%~70%的顾客选择再次惠顾;此外,倘若顾客投诉得以及时并完善处理,这一比例将显著提升至95%。[242]唐小飞(2013)等学者模拟情境实验法研究成果表明,服务失误补救时机与补救策略的不同组合导致了抱怨顾客在公平感知评价和补救绩效评价层面存在显著差异,其认为即时补救并非是唯一的补救时机选择,且相对性延迟补救(相对于即时补救的一种时间延迟,即离开事发现场后在一定有效时间段内所进行的补救)在特定的情境下亦能增加顾客满意度,提高顾客抱怨处理的有效性、减少顾客流失。[243]参照情绪反应时间动力性理论、情感体验多层面理论以及情绪调节理论可进一步推知,当互联网顾客在 EB 平台选购商品或享受服务时所感知的实际产品绩效低于期望绩效时会产生负向失验情形,并进而引发不满,而该情绪反应亦具有时间过程特征,主要涉及抱怨、不满情绪反应峰值的出现时间,持续时间,恢复时间以及情绪变化速度4个层面。美国技术支持研究计划协会 TARP 认为在服务失误情境下,企业所实施的成功补救策略能够显著提升顾客态度忠诚及行为忠诚,且由服务失误补救重获的顾客忠诚度高达82%~95%。[244]McCollough(2000)等学者认为完善的服务失误补救措施能有效激活消费者重新购买意向,且企业在服务失误情境中的主观努力程度对消费者的满意度具有显著影响。[245]Karande、Magnini 和 Tam(2007)界定了"补救之声"(Recovery Voice)的概念,认为在服务失误和服务补救之间应当存在这样一个环节使得企业能够主动向消费者征求抱怨和意见,使得消费者能够获得更高的程序性公平感知,进而产生更高的满意度。Andreassen(2000)将影响顾客总满意度指数归因为首次满意与服务失误补救后的再次满意,并认为服务失误补救后的满意度明显高于服务失误所造成的负面影响,且较服务失误之前满意度指数更高,即产生了所谓的服务失误补救悖论现象。[246]

综上所述,本研究认为服务失误补救措施对改善互联网顾客关系质量,提升顾客忠诚具有正向影响,即 EB 企业在恰当时间内对顾客投诉给予响应,并制订相应的补救措施迅速回应,对有效弥补服务失误情境下的顾客满意度及信任度均具有重要影响,并最终影响其态度忠诚和行为忠诚。

因此,本书假设:

H1.6:EB 平台的服务失误补救措施正向影响互联网顾客忠诚度。

二、程序性利益体验与互联网顾客忠诚

本研究将互联网虚拟消费情境中程序性利益体验界定为:消费者在网络消费进程中所主观感知的感官情绪及体验价值。此外,为更加深入系统地诠释程序性利益体验与互联网

顾客关系质量及顾客忠诚的相关性,本研究拟将程序性利益体验前置影响因素归因为:系统设计质量(System Design Quality)、系统交易安全性(System Security)、消费者感知互动(Consumer Perception Interactive)消费趣味性感知(Consumer Perceived Playfulness)以及客户化定制(Customerization)5个子维度,并进一步认为程序性利益体验对改善顾客关系质量、提升顾客忠诚具有显著影响,即 EB 平台的系统设计质量、系统交易安全性、消费者感知互动、消费趣味性感知,以及客户化定制品质越高,消费者从中感知的满意度、信任度指数越高,进而正向影响其态度忠诚及行为忠诚。

因此,本书假设:

H2:EB 平台提供的程序性利益体验价值越高,消费者对其满意度、信任度(互联网顾客关系质量)指数越高,进而正向影响其对该 EB 平台的忠诚度。

衍生假设 H2a:EB 平台提供的程序性利益体验价值越高,消费者对其满意度指数越高。

衍生假设 H2b:EB 平台提供的程序性利益体验价值越高,消费者对其信任度指数越高。

1. 系统设计质量(System Design Quality)

CNNIC 2015 年 1 月的统计数据显示,截至 2014 年 12 月底,我国互联网站点规模已突破 335 万,同比 2013 年增长 4.6%;网页数量总计 1899 亿,其中静态页面、动态页面分别占比 59.36% 和 40.64%(图 3-9);全国各行业网络销售企业已达 24.7%,且伴随 O2O (Online To Offline)商业模式发展趋势,可以预见这一比例将呈现持续攀升态势。国内外学者现有研究成果表明,系统设计质量对改善互联网顾客关系质量,提升顾客态度忠诚及行为忠诚具有重要意义。斯坦福大学调研报告显示,46.1% 的网友将系统设计质量作为衡量网站可靠性的重要测量指标,且卓越的系统设计质量是网络信任和忠诚度的关键所在(Cheskin,2000)。[247,248]Genex 调研数据同样佐证:65% 的消费者对系统设计质量较差的 EB 平台缺乏兴趣,且 30% 的消费者会将对该企业网站设计形象延伸至对该企业实体商店的印象。[249]Hoffman 和 Novak(1996)[250]、Xue 和 Harker(2002)[251]、Wolfinbarger 和 Gilly(2003)[252] 等学者的相关研究成果亦表明,卓越的系统设计质量对改善互联网顾客关系质量,提升顾客态度忠诚及行为忠诚均具有显著性正向影响。此外,据 iResearch 调研机构针对我国主流 B2C 商务网站访问黏度及顾客忠诚度的相关性统计数据显示,EB 平台访问黏度及重复购买率指标与网站美誉度、经营定位、商品丰裕度、价位、系统设计质量及用户网络消费体验感知等因素密切相关,且 EB 平台黏性越高,订单转化率越高。由此可见,在互联网 + 时代,伴随体验经济的到来,EB 平台系统设计质量业已演变为影响互联网消费决策的重要限定因素,甚至攸关企业整体形象。鉴于系统设计质量在营销理论研究及实践探索中的重要作用,本研究在对国内外现有文献系统进行梳理的基础上,结合互联网虚拟消费情境及体验经济特质,将 B2C 模式下系统设计质量全新界定为 EB 平台 CI 形象定位、虚拟触觉感知以及操作便利性 3 个维度,以期为 EB 企业营销实践创新提供一定的理论支撑。

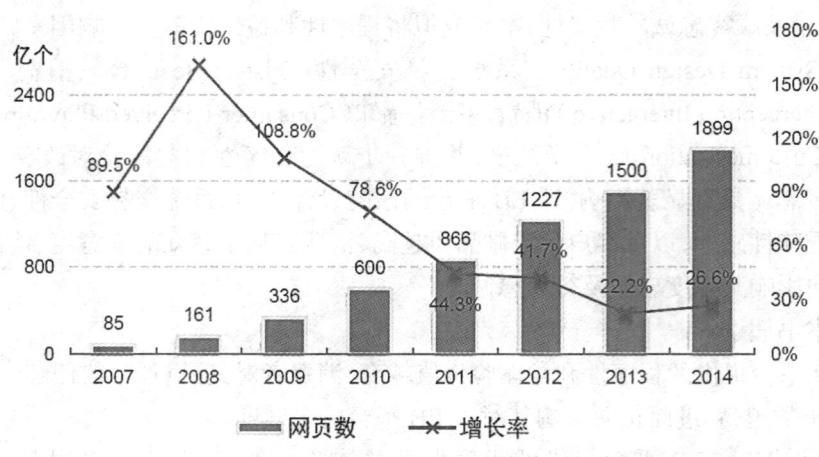

图 3-9 中国互联网网页数量及增长率

第一，CI 形象定位。一般而言，所谓 CI（Corporate Identity）泛指企业识别或企业形象战略，即企业为塑造其整体形象与风格，通过统一的视觉识别设计，MI 运用整体传达沟通系统，将企业经营理念、企业文化以及企业经营活动的信息传递出去以凸显企业个性与精神，并与社会公众建立双向沟通关系，从而使社会公众产生认同感和共同价值观的一种战略性活动和职能。企业形象定位由企业理念（Mind Identity，MI）、行为识别（Behavior Identity，BI）和视觉识别（Visual Identity，VI）三要素构成，且三要素间不仅呈现密切的关联性，还凸显出很强的层次性结构（图 3-10）[253]。在此，本研究系统设计质量环节所界定的 EB 平台形象定位主要侧重 EB 平台视觉识别层面，即通过标志、色彩、字体、标语、图片等视觉符号信息来初步诠释 EB 平台 CI 形象。Srinivasan、Anderson 和 Pannavolu（2002）的研究发现：文字、图片、标语等元素对提升顾客忠诚具有正向影响，即 EB 平台 CI 形象定位不仅彰显网站整体形象风格，而且也在一定程度上向目标受众传递某种审美情趣及价值取向。[254]Fogg（2002）等学者的调研数据显示，46% 的消费者是基于对 EB 平台整体视觉设计效果感知来评价网站的可信度，且该印象正向影响其态度忠诚及行为忠诚。[255] 具体而言：其中标志（Logo）是品牌商标中图形化、概念化的视觉符号，由图形、图案、色彩以及字体 4 要素构成。品牌标志是企业形象、信誉、文化及特征的高度浓缩，因此，在设计环节应符合企业战略及企业理念的行为属性、功能属性和价值属性，既要为标志赋予鲜明的文化内涵，力求标志风格与企业核心属性相吻合，还应彰显其独特的艺术性以满足时代和不同目标消费群体的审美价值取向。色彩对 EB 平台的品牌营销价值不可小觑。英国心理学家格里高认为色彩感觉对人类具有极其重要的意义，它是视觉审美元素的核心，深刻影响着我们的情绪状态，著名的"七秒钟色彩理论"也进一步印证一个人对一种商品或事物的认知可以在 7 秒钟内以色彩的形状储存在脑海里，在短暂而关键的 7 秒钟内色彩的贡献竟高达 67%。[256] 此外，据相关调研数据显示 EB 平台的色彩风格对影响互联网消费决策具有显著影响，且样本数据中高达 93% 的消费者在进行消费决策前会优先考虑色彩因素。国际流行色协会的调研数据表明在既定成本下，合适的、受欢迎的色彩设计可以为产品增加 10%~25% 的附加值。在商业价值层面，色彩对吸引目标消费者及改变消费决策意向具有重要影响,即通过对色彩的恰当运用能及时向受众传递特定信息、唤起潜在消费者对产品的心理联想,进而创造商业价值。大自然为不同色彩赋予不同灵性,且不同色彩在诠释心理联想及商业价值层面又呈现显著差异性,具体分析如表3-4所示[257]。此外,标准字体也是VI设计环节的基本要素之一。一般而言,页面的主体文字应以黑色为主色调,而按钮、边框等元素应尽量使用彩色,这样整体页面布局既不单调又能呈现和谐、悦目的最佳视觉效果。

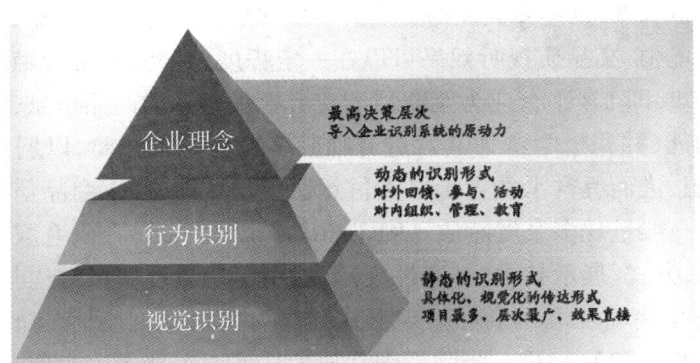

图 3-10　企业识别系统结构图

表 3-4　色彩的心理联想与商业运用价值

颜色名称	心理联想	商业价值
红色	激进,活力,挑衅,引人注目,力量,激情,勇气,权威	能量,吸引注意力。促使心跳加速,营造催促感,可用来吸引冲动型消费者
绿色	财富,健康,威望,宁静,平静,清新,博爱,青春	轻松、随和。与健康联系紧密,能唤起人们对产品关于健康、鲜美、天然、环保的想法,还可给人一种富足的印象。深绿色也可用来吸引对预算敏感的消费者
蓝色	安全,可靠,负责,值得信赖,放松,冷静,逻辑,正直	创造信任与安全感,常见于银行;深蓝色和暗蓝还可用来吸引对预算敏感的消费者
黄色	积极,温暖,动机,创造,希望,乐观,能量,友善,甜美,光明	乐观、青春,可用来吸引注意力。通常用于吸引那些只逛不消费的顾客,但不能作为商务网站的背影色或主色调
橙色	活力,乐趣,玩闹,生机,娱乐,温暖	好斗、兴奋、积极进取,可用来吸引冲动型消费者
粉色	爱,养育,关怀,甜美,娇嫩,恋爱	浪漫、阴柔,通常用于营销以女性或年轻女孩为目标群体的商品
黑色	威望,价值,永恒,成熟,魅惑,独特	强大、华丽、有影响力、时髦,可用来营销炫耀性商品及吸引冲动型消费者
紫色	高贵,奢华,精致,怀旧,神秘,神圣,思念,女性	舒心、平静、神秘,可用来减轻痛苦和平静心态的产品,常见化妆品或抗衰老保健品
棕色	大地,自然,简朴,耐用,温暖,可靠,怀旧,平和,安定	常用于营销家装、家饰等相关商品

资料来源:作者整理而得。

第二,虚拟触觉感知。人类最基本的5种感觉包括视觉、听觉、嗅觉、味觉、触觉,其中触觉(Sense of Touch)以多种形式存在,如广泛分布于全身皮肤上的神经细胞对外界环境、温度、湿度、压力、振动等的反应(Robles-De-La-Torre,2006)。[258]在感官营销(Sensory Marketing)研究领域,国内外诸多研究成果表明消费者触觉感知对消费决策行为及企业营销策略均具有显著影响。在线下实体店,消费者在做出购买决策前往往通过对商品的触觉感知来推测商品品质,而在互联网虚拟消费情境中如何营造上述感官体验,充分释放消费潜能便成为学术界、企业界关注的焦点。参照多感官交互整合理论,本研究认为在互联网虚拟交易情境中,高品质视听效果可以在一定程度上增强消费者触觉感官体验抑或形成虚拟触觉感知,即EB平台应为互联网消费者提供卓越的商品信息,展示质量及高绩效的在线交互功能,并积极尝试为其营造身临其境般的感官体验,以期激活历史触觉记忆、产生触觉臆想,进而提升消费者价格支付意愿。具体而言:①商品信息展示质量。在线商品信息展示一般呈现多维度特质。Khakimdjanova(2005)在研究服装展示时将商品展示细分为:展示方式、展示技术、补充性展示、展示美学以及展示结构与布局5个维度。[259]Park(2005)等学者将互联网商品呈现形式细化为大图片、小图片、动态展示及静态展示4个维度。[260]Kim(2010)进一步强调图片放大技术对消费者愉悦度具有积极影响,且愉悦度与感知信息量呈正相关。[261]The E-tailing Group调研报告同样佐证EB平台所展示的商品信息质量与消费决策呈正相关,统计数据显示86%的消费者希望EB平台提供图片放大功能,且80%的消费者希望提供从不同视角拍摄的高清产品图片。Peck和Childers(2003)的研究成果表明对于高触摸需求消费者而言,当不能在购买前触摸产品时,提供产品触觉信息的文字描述可以在一定程度上弥补触觉渴望得不到满足的缺憾,从而提升其产品质量信息和评价信息,最终缓解因不能触摸所导致的受挫情绪。[262,263]Mc-Cabe和Nowlis(2003)的实证研究结论也进一步印证了上述结论,即对于线上销售的触觉信息丰富的产品,当营销者提供关于产品触觉的文字说明时,消费者线上、线下购买意向将明显趋同。[264]综上,本研究在综合国内外学者现有研究成果基础上,认为EB平台应从下述2个环节提升在线商品展示信息质量:其一,利用虚拟现实等信息技术从多维度、多视角呈现商品各项参数,并提供商品详细触觉信息描述;其二,精心设计高品质视听效果,为消费者积极营造身临其境般的感官体验,以期唤醒消费者以往储存在脑海里的触觉记忆、形成触觉臆想,进而增强消费者购买意向和价格支付意愿。②在线互动水平。在B2C模式下,互动性泛指消费者在网络消费体验进程中与EB企业相关部门所进行的交流与沟通。赵宏霞(2014)将在线互动细化为以下3个层次:初级在线互动要求企业通过各种渠道将相同信息内容传递给所有受众;中级在线互动要求企业向不同目标客户有针对性地差异化发送信息;高级在线互动要求企业实现与用户之间的一对一交互,即实现真正意义上的差异化交互。[265]Koufaris(2002)认为EB平台与在线消费者互动性水平显著影响消费者购物趣味性和注意力集中度。[266]Skadberg(2004)的研究成果也进一步印证EB平台互动性水平越高,消费者所感知的虚拟体验度越高。[267]刘晟男(2011)指出在B2C模式下,当顾客可以像在实体环境中那样移动、操作并感知商品各项特性时,EB平台所呈现的高品质临场感便可激活消费者记忆中存储的具身认知,从而激发新的感官体验——虚拟触觉。[268] 综上,本研究认为提升 EB 平台互动性水平可以从以下两个环节加以改进:其一,相对于新消费者阶层日益稀缺的时间资源和有限的努力付出,EB 平台应为消费者呈现详实且具有实用价值的商品信息,并提供功能强劲的站内导航及搜索引擎功能,以方便顾客迅速、精确定位。此外,还应针对消费者偏好积极尝试提供差异化、个性化商品推荐服务;其二,EB 平台应积极为消费者搭建高绩效信息沟通平台,即通过实时在线客服、虚拟社区等渠道为消费者购买决策提供依据。

第三,操作便利性。Chang(2005)等学者将 EB 平台成功的关键因素界定为:信息和服务质量、系统使用、趣味性及系统设计质量 4 个维度,其中系统设计质量主要强调操作的便利性。[269] 另据 Online User Panel,Website Design April(2001)统计数据显示:网站设计诸要素在影响顾客访问及重复访问的重要性分布上呈显著性差异(图 3-11),其中 78% 和 74% 的消费者表示 EB 平台的易用性及系统导航是顾客惠顾及再次惠顾该 EB 平台的首要因素。Davis(1989)认为易用性是信息技术使用与否的重要前置限定因素,且参照 TAM 模型,使用者对科技实用性及易用性的主观感知会影响其对使用该系统的满意度、信任度,进而影响其行为意向。[270-271] 黄哲(2005)的研究结论表明在 B2C 模式下,EB 平台所提供的系统导航功能是影响互联网顾客忠诚的基本决定因素,即完善的站内导航功能可以快速引导顾客定位其所需信息,减少信息难以查询带来的挫折感,增强其使用网站时的愉快感知,从而进一步增加顾客对网站的信任。[272] 与此同时,在影响顾客访问及再次访问 EB 平台的诸多因素中,搜索引擎效率也同样成为消费者关注的焦点。CNNIC 2015 年 7 月的统计数据显示,截至 2015 年 6 月底,我国互联网搜索引擎用户规模已达 5.36 亿,使用率为 80.3%,用户规模较 2014 年底增长 1392 万人,增长率为 2.7%,上述数据在一定程度上说明借助搜索引擎筛

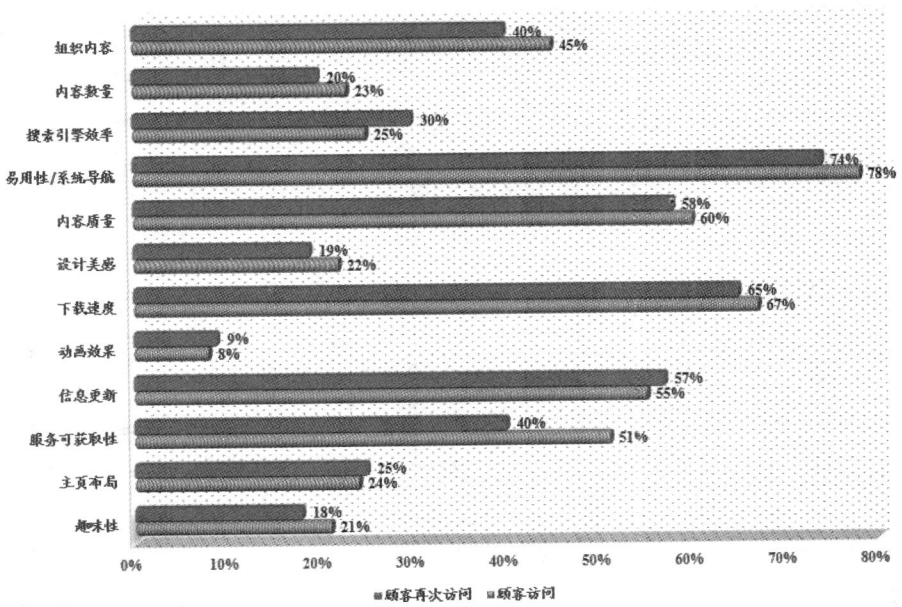

图 3-11 网站设计诸要素在顾客访问及再次访问中的重要性分布

选、定位用户所需信息业已演变为互联网消费群体在进行网络消费体验进程中的习惯性行为。此外,据中国网络购物调研报告显示,43.8%的消费者习惯借助EB平台提供的系统内部搜索引擎检索信息。相对于百度、谷歌等综合性门户搜索引擎而言,EB平台所提供的系统内部搜索引擎则更侧重于对商务网站内信息的精确检索及深度数据挖掘,其不仅是决定EB企业经营绩效的重要限定因素,而且还是深度分析网络用户行为意向的有效途径。Lynch(2000)等学者的研究成果进一步佐证高效的搜索工具以及精确的信息定位是改善顾客关系质量,提升顾客态度忠诚及行为忠诚的重要影响因素。[273]Sinioukov(1999)[274]、Schaffer(2000)[275]等学者均认为让消费者快速而精确地检索、获取其所需商品及服务信息是网络销售的核心,且成功的EB平台应具备良好的组织结构及功能强劲的搜索引擎。此外,Pastrick(1997)进一步指出,网站速度、界面整洁且易于浏览会使访问EB平台的顾客产生愉悦的互联网消费体验及较高的满意度。[276]Szymanski和Hise(2000)的研究结论同样印证了Pastrick的观点,即快速下载、易于浏览、个性化页面设计、高效搜索引擎、服务可靠性、在线商品信息质量以及系统交易安全性等相关因素对影响互联网顾客满意度均具有正向影响。[277]

综上所述,本研究认为系统设计质量对改善互联网顾客关系质量,提升顾客忠诚具有显著影响,即EB平台彰显的CI形象定位及其所提供的虚拟触觉感知、操作便利性品质越高,消费者从中感知的满意度、信任度指数越高,进而正向影响其态度忠诚及行为忠诚。

因此,本书假设:

H2.1:EB平台的系统设计质量正向影响互联网顾客忠诚度。

2. 系统交易安全性(System Security)

互联网信任不仅是构建社会信任体系的重要分支,还是互联网+时代电子商务、在线旅游、在线房产、互联网金融等深层网络应用发展的重要社会保障。伴随互联网创新成果与传统行业的深度融合,以互联网平台及信息技术为媒介的经济发展新形态正在逐渐形成,互联网信任无疑将成为新形态下企业创新和经营的源动力。在大数据与云计算环境下,电子商务系统交易安全性应涉及交易的确认、商品及商品信息质量、在线支付结算以及隐私权保护等相关安全问题,且相对于传统商业模式而言,电子商务所呈现的市场松散化、主体虚拟化、交易网络化、货币电子化、结算瞬时化等特征将进一步加剧系统交易安全风险。[278]

在学术界,国内外学者涉及系统安全交易与互联网消费行为的相关性研究中,多数学者均认为系统交易安全性是网络消费行为的重要前置影响因素,且其对改善互联网顾客关系质量及行为意向具有重要研究意义。Peter(1975)等学者认为消费者对产品的感知涉及正向属性和负向属性,且购买决策正是基于对感知产品风险与感知产品收益二者之间的均衡博弈。[279]互联网开放的技术框架体系和有效规管电子商务活动的制度缺乏使得用户感知网络缺乏安全且个人隐私得不到保护,这种感知极大地阻碍了消费者对电子商务的采纳,因此,在网络环境中用户对感知的风险较为敏感且感知风险是影响用户接受网上服务行为的关键因素。[280]CNNIC 2015年1月的统计数据显示,我国个人互联网使用安全状况不容乐观:其中26.7%的网民遭遇过电脑、手机中毒或木马的困扰,25.9%的网民账号或密码涉及被盗风险,12.6%的网民曾经遭遇过消费欺诈,上述现象均严重影响网民互联网安全感知。美国密歇根大学科研机构调研结果表明,在23000名互联网用户中,超过60%以上的受访者出于对电子商务系统交易安全性的顾虑而抵触网络消费行为。NetIQ调研机构统计数据表明,受访者将再次惠顾某EB平台的主要原因归于系统交易安全及价格两个层面,且31%的受访者对EB平台是否具有完善的安全机制高度关注。[281]Ipsos-Reid调研报告也进一步指出,目前多数网络零售商仅提供账号、密码认证等基本安全防护措施,用户信息安全明显存有隐患,由此导致30%潜在消费者因对感知风险较为敏感而最终流失。[282]European Opinion Research Group统计数据显示48%的受访者认为EB平台系统交易安全性是影响其网络消费行为的重要限制因素,且其中27%的受访者对个人隐私信息尤为关注。[283]Hamill Associates调研报告同样印证了系统交易安全性及隐私权保护仍是消费者网络消费行为的首要驱动因素。[284]Hoffman(1996)、Ferraro(1998)等学者亦将影响互联网消费行为的主要限制因素归为系统交易安全性。[285,286]纵观支付体系历史沿革,相对于实物支付、信用支付而言,电子支付(在线支付)以其独特的便捷、高效、经济等特质赢得了新兴消费者阶层的青睐,且应用的普及性使其业已成为系统交易安全的关键节点。据iResearch统计数据显示,截至2015年第一季度,中国第三方互联网支付规模已突破24 308.8亿元,同比增速29.8%(图3-12)[287],各支付企业竞争格局呈现微调态势、竞争程度愈演愈烈,预计至2016年末整体市场交易规模有望迫近50万亿。在B2C模式下,在线支付的快速发展为电子商务支付结算环节的高效性及便利性提供了有效支撑,然而由于病毒、木马、黑客攻击以及通信协议漏洞等相关安全隐患导致支付系统故障,进而影响系统交易安全性,故EB平台应加强对支付系统安全性的持续关注。Chain Store Age(1999)研究表明消费者在使用信用卡进行在线结算时,财物安全问题是影响其能否完成支付结算环节的关键所在。[288]Belanger、Hiller和Smith(2002),Rananathan和Ganapathy(2002)均表示系统交易安全性对B2C模式下消费者网络消费满意度指数具有积极的正向影响,是网络消费行为的重要预测指标。[289,290]Cockburn(1996)、Poon(2008)等学者认为在互联网虚拟交易环境下,安全和隐私问题被广泛认为是影响用户采纳电子商务的重要障碍因素。[291,292]Lee(2009)的相关研究成果表明与安全、隐私相关的感知风险和网络消费者使用网银进行在线支付呈显著负相关。[293]数据安全问题同样是困扰国外消费者做出消费决策的重要限制因素,据相关统计数据显示,在总计2000名美国受访者中,35%的消费者强调一旦数据被泄露将不再考虑惠顾该销售商,22%的消费者表示若个人隐私数据被泄露,对该销售商再次消费意愿将显著下降。自1890年至今,隐私权(the Right to Privacy)这一概念及相关研究已持续125年,然而不同国家对其描述性定义仍存有分歧。美国《布莱克法律辞典》认为隐私权是私生活不受干涉的权利,或个人私事未经允许不得公开的权利;日本《新版新法律学辞典》认为私生活权是保护免遭他人侵犯的私生活和私事的秘密权利。在我国,隐私权一般特指公民个人所享有的个人信息不被非法获悉和公开、个人生活不受外界非法侵扰、个人私事的决定不受非法干涉的一种独立的人格权。而网络隐私权则泛指任何人对自己的个人数据依法享有的不受他人侵犯、使用和支配的权利,其中个人数据是由一组与个人相关的信息构成,且通过该信息可对互联

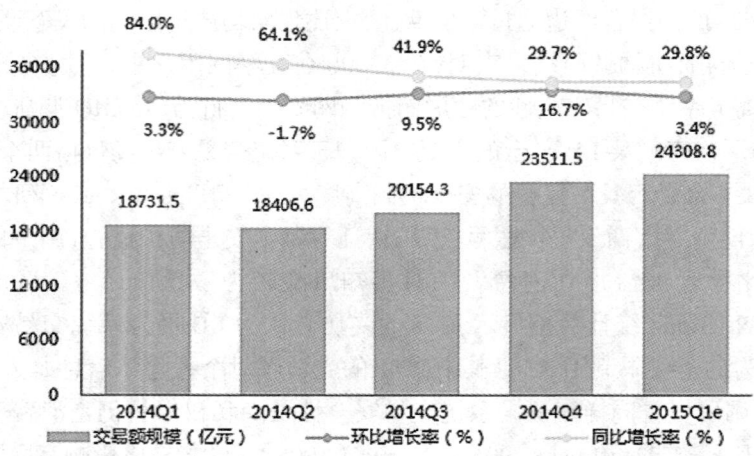

图3-12 2014Q1-2015Q1 中国第三方互联网支付业务交易规模

网用户身份进行有效识别。[294, 295]在互联网虚拟交易情境中,隐私权保护主要涉及保护顾客私人信息、资料,告知顾客提供信息的应用范畴以及遵守不向第三方泄露顾客私人信息的约定等(Allen,1998)。[296]依据《消费者权益保护法》第7条规定:"消费者在购买、使用商品和接受服务时享有人身财产安全不受损害的权利。消费者有权要求经营者提供的商品和服务,符合保障人身、财产安全的要求。商品经营者必须保证所提供的商品或者服务不存在危及人身及财产安全的缺陷,经营者需要标明正确使用产品或接受服务的方法及防止危害产生的方法。"然而在互联网+时代,伴随传统行业与互联网的日益深度融合,用户信息的商业价值越发凸显,由于经营管理者对其保护重视力度匮乏,加之网络技术层面的不稳定性,消费者在EB平台交易所提供的个人隐私信息均在一定程度上发生泄露。在B2C模式下,部分网络服务提供商(Internet Service Provider,ISP)采用所谓Cookie等相关技术,在未经用户授权的前提下主动搜集用户在互联网上的行为意向及偏好,据此向消费者有针对性地差异化推送商品及服务信息。此外,更有甚者,某些经销商为谋取个人经济利益最大化,不惜违背与消费者事先约定的信息使用承若,擅自将用户个人信息出售给第三方。上述问题在一定程度上反映了目前国内电子商务交易环境中相关立法滞后且消费者隐私权保护观念缺乏的客观事实。Awe(2001)认为在B2C模式下,EB平台若能有效保障顾客交易信息及个人隐私资料、降低网络投机性与环境复杂的不确定性,将对改善顾客关系质量具有重要影响。[297]Kiely(1997)、Hoffman(1999)等学者将网络消费行为的关键限制因素归为顾客个人隐私信息的泄露与非法窃取,并认为在互联网虚拟交易环境下系统交易安全性对维系顾客忠诚及实施顾客锁定战略具有重要意义。[298, 299]Sheehan和Hoy(1999)的研究成果表明当顾客感知EB平台能有效保障个人隐私信息时,其不仅产生主动提供信息意愿,且对EB平台访问黏度及重复购买率会显著提升。[300]李健(2001)将电子忠诚的决定因素细化为:质量保证、即时发货、令人信服的产品提示、便利的定价合理的配送以及值得信赖的隐私政策5个维度,其中隐私保障是网络消费行为的必要条件。[301]

本研究认为在互联网虚拟交易情境中,由于交易双方均无法及时、有效鉴别双方所宣称身份等相关问题而衍生的道德危机,会导致电子商务交易活动存在一定的感知风险。据此,EB 企业如能有效规避风险,为顾客积极营造安全的系统交易环境、提升顾客网络消费信心,将进一步有效激活网络消费潜能,即通过数据加密技术、防火墙技术、消息摘要、数字签名、数字时间戳、认证技术以及 SSL 安全协议等多种信息技术保证电子商务交易进程中的机密性、完整性、认证性和不可抵赖性。具体阐述如下:第一,数据加密技术。密码技术可以在一定程度上提高数据传输的安全性,保证传输数据的完整性。数据加密过程就是通过加密系统把原始的数字信息(明文),通过数据加密系统的加密方式变换成与明文完全不同的数字信息(密文)的过程。密文经过网络传输到达目的地后,再用数据加密系统的解密方法将密文还原成为明文。一个数据加密系统包括明文、加密算法、加密密钥以及解密算法、解密密钥和密文。密钥是一个具有特定长度的数字串,密钥的值是从大量的随机数中选取的。加密过程包括两个核心元素:加密算法和加密密钥。明文通过加密算法和加密密钥的共同作用,生成密文。相应的,解密过程也包括两个核心元素:解密算法和解密密钥。密文通过解密算法和解密密钥的共同作用,被还原成为明文。由于算法是公开的,因此一个数据加密系统的主要安全性是基于密钥的,而不是基于算法的,所以加密系统的密钥体制是一个非常重要的问题。第二,防火墙技术。所谓"防火墙"是指一种将内部网和公众访问网分开的方法,它实际上是一种隔离技术。防火墙是在两个网络通讯时执行的一种访问控制尺度,它能允许你"同意"的人和数据进入你的网络,同时将你"不同意"的人和数据拒之门外,最大限度地阻止网络中的黑客访问你的网络。防火墙的功能包括:①防火墙作为阻塞点、控制点能极大地提高内部网络的安全性,并通过过滤不安全的服务而降低风险。由于只有经过精心选择的应用协议才能通过防火墙,所以网络环境变得更安全。②通过以防火墙为中心的安全方案配置,能将所有安全软件(如密码、加密、身份认证、审计等)配置在防火墙上。与将网络安全问题分散到各个主机上相比,防火墙的集中安全管理更经济。③如果所有的访问都经过防火墙,那么防火墙就能记录下这些访问并做出日志记录,同时也能提供网络使用情况的统计数据。当发生可疑动作时,防火墙能适时地进行报警,并提供网络是否受到监测和攻击的详细信息。此外,收集网络的使用和误用情况也非常重要。最重要的理由是可以清楚防火墙是否能够抵挡攻击者的探测和攻击,并且清楚防火墙的控制是否充足。而网络使用统计对网络需求分析和威胁分析等也是非常重要的。④通过利用防火墙对内部网络的划分,可实现对内部网重点网段的隔离,从而限制了局部重点或敏感网络安全问题对全局网络造成的影响。再者,隐私是内部网络非常关心的问题,一个内部网络中不引人注意的细节可能包含了有关安全的线索,可能引起外部攻击者的兴趣,甚至因此暴露了内部网络的某些安全漏洞。使用防火墙就可以隐蔽那些透漏内部细节的服务,如 Finger 及 DNS 等。Finger 显示了主机的所有用户的注册名、真名、最后登录时间和使用 shell 类型等。如果 Finger 显示的信息被攻击者获悉,攻击者就可以知道一个系统使用的频繁程度、该系统是否有用户正在连线上网等信息,防火墙可以对外部网络屏蔽该服务。防火墙同样可以阻塞有关内部网络中的 DNS 信息,这样一台主机的域名和 IP 地址就不会被外界所了解。第三,虚拟专用网(Virtual Private Network,VPN)。VPN 是指采用"隧道"技术以及加密、身份认证等方法在公共网络上构建专用网络的技术,数据通过安全的"加密管道"在公众网络中传播。整个VPN网络的任意两个节点之间的连接并没有传统专网所需的端到端的物理链路,而是架构在公用网络服务商所提供的网络平台之上的逻辑网络,用户数据在逻辑链路中传输。当需要时,VPN从公用网中独占一部分带宽,作为私有网络使用;VPN通信结束后,这部分带宽就被释放出来还给公用网。"虚拟"的概念是相对传统私用网络搭建方式而言的,VPN不需要建设远程连接,而是通过服务提供商提供的公用网来实现广域连接。VPN至少能提供如下功能:①加密数据,保证通过公网传输的信息即使被他人截获也不会被泄露。②信息认证和身份认证,保证信息的完整性、合法性,并能鉴别用户的身份。③提供访问控制,保证不同的用户对企业内部网资源有不同的访问权限。隧道技术是VPN的核心。隧道是基于网络协议在两点或两端建立的通信,隧道由隧道开通器和隧道终端器建立。隧道开通器的任务是在公用网络中开出一条隧道。隧道包括点到点隧道和端到端隧道两种。在点到点隧道中,隧道由远程用户的PC延伸到企业服务器,两边的设备负责隧道的建立以及对两点之间数据的加密和解密。第二种隧道是端到端隧道,隧道终止于防火墙等网络边缘设备,主要是连接两端局域网。在数据包传输中,数据包可能通过一系列隧道才能到达目的地。隧道的设置很灵活,以一个远程用户通过ISP访问企业网为例,隧道开通器可以是用户的PC或者是被用户拨入的ISP路由器,隧道终端器一般是企业网络防火墙。那么隧道是由PC到企业防火墙,或者是由ISP路由器至企业防火墙。VPN技术中的隧道是由隧道协议形成的,正如网络是依靠相应的网络协议完成的一样。隧道建立后,数据包经过加密,按隧道协议进行封装、传送以保安全。隧道协议有多种,它们在网络中不同的层次实现数据封装。在数据链路层实现数据封装的协议称为第二层隧道协议,常用的有PPTP及L2TP等;在网络层实现数据封装的协议称为第三层隧道协议,如IPSec;此外,SOCKs v5协议在TCP层实现数据安全。VPN在隧道建立过程中,采取一系列的步骤以保证数据在公共网络中传输的安全性。①用户把姓名、密码通过增强用户握手认证协议(Challenge Handshake Authentication Protocol,CHAP)发送到ISP网络。ISP网络联系企业用户安全服务器RADIUS,根据RADIUS服务器上的用户中心数据库对访问用户进行权限判定。RADIUS服务器确认用户是否有存取权限,如果该用户没有存取权限,隧道就此终止。同时RADIUS服务器向被访问的设备发送用户的IP地址分配、用户最长接入时间及该用户被允许使用的拨入电话号码等。VPN和访问服务器参照这些内容,对用户进行验证,如果情况完全相符,就允许建立隧道通信,并将用户的确认信息发送给ISP网络。收到确认后,ISP网络又以CHAP将应答传给用户。同时ISP收到企业服务器发回的用户IP、子网掩码分配,以及隧道终端器的IP地址分配。②隧道开通器使用自己的私钥进行数字签名,并发送给隧道终端器,隧道终端器使用隧道开通器的公钥,对隧道开通器进行签名确认,反之,隧道开通器对终端器进行确认,然后双方协商对数据进行加密时使用的算法。③下一步确认对本次传输的特定用户采取的安全策略。用户身份级别越高,消息认证等过程就越严格。在VPN中,IPSec的安全性是最好的。在建立安全隧道和使用安全策略时,各个过程更加严格。IPSec使用了IPSec隧道模式。在这种隧道模式中,用户的数据包加密后,封装进新的IP。这样在新的数据包中,分别以开通器和终端器的地址掩蔽用户和宿主服务器的地址。第四,消息摘要(Message Digest)。消息摘要又称为数字摘要(Digital Digest),是一个唯一对应一个消息或文本的固定长度的值,它由一个单向 Hash 加密函数对消息进行作用而产生。如果消息在途中被改变了,则接收者通过比较新产生的摘要与原摘要,就可知道消息是否被改变了,因此消息摘要保证了消息的完整性。消息摘要采用单向 Hash 函数将需加密的明文"摘要"成一串 128 位的密文,这一串密文亦称为数字指纹(Finger Print),它有固定的长度,且不同的明文若摘要成密文,其结果总是不同的,而同样的明文则摘要必定一致。第五,数字签名(Digital Signature)。数字签名可用来防止电子信息因被修改而被伪造;或冒用他人名义发送信息;或发出(收到)信件后又加以否认等情况发生。数字签名一般采用非对称加密技术,通过对整个明文进行某种变换,得到一个值,以核实签名。接收者使用发送者的公开密钥对签名进行解密运算,如其结果为明文,则签名有效,证明对方的身份是真实的。数字签名工作步骤如图 3-13 所示。数字签名技术,不仅可以对用户身份进行验证与鉴别,也可对信息的真实性和可靠性进行验证和鉴别。这样就可以解决冒充、抵赖、伪造、篡改等问题。现在在电子银行中数字签名技术是应用最广泛的。第六,数字时间戳(Digital Time-stamp Service,DTS)。在电子交易中,同样需对交易文件的日期和时间信息采取安全措施,而 DTS 就能提供电子文件发表时间的安全保护。DTS 是互联网电子商务安全服务项目之一,由专门机构提供,该机构被称为 DTS 部门。DTS 是一个经加密后形成的证书文档,其包括 3 个部分:①需加时间戳的文件摘要(Digest)。② DTS 收到文件的日期和时间。③ DTS 的数字签名。一般来说,时间戳产生的过程为用户首先将需要加时间戳的文件用 Hash 编码加密形成摘要,然后将该摘要发送到 DTS,DTS 在加入了收到文件摘要的日期和时间信息后再对该文件加密(数字签名),然后送回用户。第七,数字证书(Digital Certificate,Digital ID)。数字证书又称为数字凭证,是在互联网上使用电子手段证实用户身份和用户访问网络资源权限的一种安全防范手段。它由权威机构发行。在网上的电子交易中,如双方出示了各自的数字证书,并用它来进行交易操作,那双方都可不必为对方身份的真伪担心。数字证书采用公钥体制,即利用一对互相匹配的密钥进行加密、解密。每个用户自己设定一把特定的仅为本人所知的私有密钥(私钥),用它进行解密和签名;同时设定一把公开密钥(公钥)并由本人公开,为一组用户所共享,用于加密和验证签名。当发送一份保密文件时,发送方使用接收方的公钥对数据加密,而接收方则使用自己的私钥解密,这样信息就可以安全无误地到达目的地了。

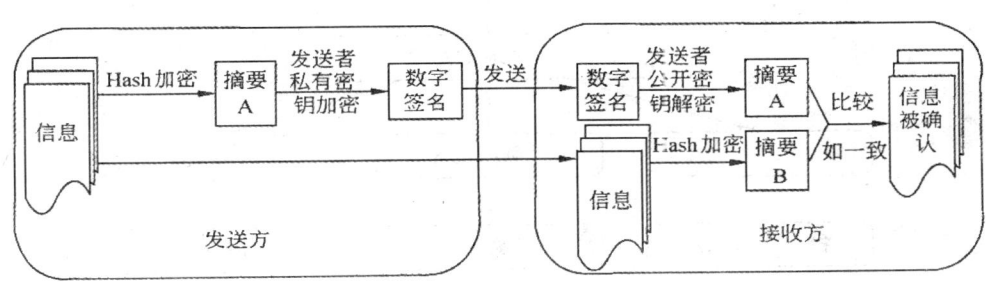

图 3-13 数字签名过程

通过数字的手段保证加密是一个不可逆的过程,即只有用私有密钥才能解密。在公开密钥密码体制中,常用的一种是 RSA 体制。其数学原理是将一个大数分解成两个质数的乘积,加密和解密用的是两个不同的密钥。即使已知明文、密文和加密密钥(公开密钥),想要推导出解密密钥(私密密钥),在计算上是不可能的。按现在的计算机技术水平,要破解目前采用的 1024 位 RSA 密钥,需要上千年的计算时间。公开密钥技术解决了密钥发布的管理问题,商户可以公开其公开密钥,而保留其私有密钥。购物者可以用人人皆知的公开密钥对发送的信息进行加密,安全地传送给商户,然后由商户用自己的私有密钥进行解密。如果用户需要发送加密数据,发送方需要使用接收方的数字证书中的公开密钥对数据进行加密,而接收方则使用自己的私有密钥进行解密,从而保证数据的安全保密性。第八,认证中心(Certification Authority,CA)。在电子交易中,无论是 DTS 还是数字证书的发放,都不是靠交易双方就能完成的,而需要有一个具有权威性和公正性的第三方来完成。CA 就是提供交易双方身份认证并保证交易安全进行的第三方服务机构,它承担网上安全电子交易认证服务,能签发数字证书,并能确认用户身份。认证中心通常是企业性的服务机构,主要任务是受理数字证书的申请、签发及对数字证书的管理。认证中心依据认证操作规定(Certification Practice Statement,CPS)来实施服务操作。CA 体系的层次结构如图 3-14 所示。第九,SSL 安全协议。网络信息在源计算机至目的计算机的传递过程中会经过其他计算机。一般情况下,中间的计算机不会监听路过的信息。但在使用网上银行或者进行信用卡交易的时候有可能被监视,从而导致个人隐私的泄露。由于 Internet 和 Intranet 体系结构的原因,总有某些人能够读取并替换用户发出的信息。随着网上支付系统的不断发展,人们对信息安全的要求越来越高。因此网景公司提出了 SSL 协议,旨在达到在开放网络上安全保密地传输信息的目的,这种协议在 Web 上获得了广泛的应用。安全协议又称为"安全套接层"协议(Secure Sockets Layer,SSL)。SSL 是在网络传输层之上提供的一种基于 RSA 和对称加密算法的,用于浏览器和 Web 服务器之间的安全连接技术,用来提供两个应用之间通信的保密、可信和身份认证。它被视为互联网上 Web 浏览器和服务器的标准安全性措施。SSL 提供了用于启动 TCP/IP 连接的安全性"信号交换"。这种信号交换导致客户和服务器同意该

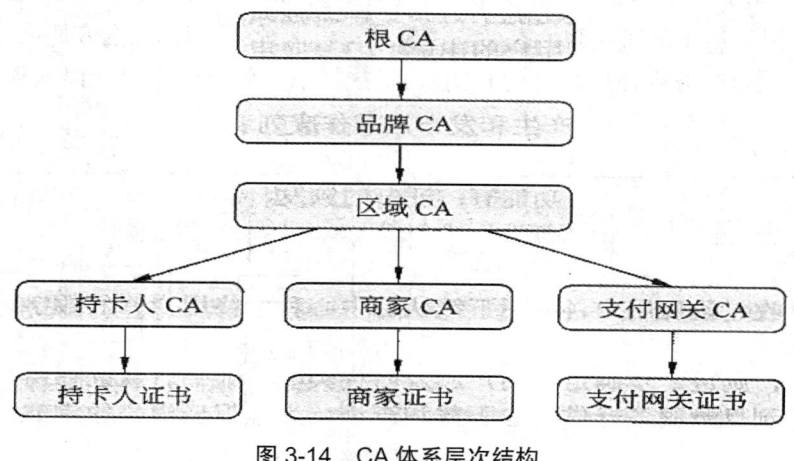

图 3-14　CA 体系层次结构

次连接中信息交换所使用的安全性级别，并履行连接的任何身份验证要求。它通过数字签名和数字证书实现浏览器和 Web 服务器双方的身份验证。在用数字证书对双方的身份验证后，双方就可以用保密的会话密钥进行安全的会话了。SSL 协议在应用层收发数据前，协商加密算法、通讯密钥并认证通信双方，从而为应用层提供安全的传输通道；在该通道上可透明加载任何高层应用协议以保证应用层数据传输的安全性。SSL 协议独立于应用层协议，因此，在电子交易中被用来安全传送信用卡号码。目前，我国多家银行均采用 SSL 协议，如在我国的电子商务系统中完成实时支付使用最多的招行一网通采用的就是 SSL 协议。所以，从目前实际使用的情况看，SSL 还是人们最信赖的协议。当一台客户机与一台主机要进行通信时，首先是要初始化握手协议，然后才建立一个 SSL 对话。直到对话结束，SSL 协议都会对整个通信过程加密，并检查其完整性（图 3-15）。SSL 技术提供了身份认证服务、信息加密服务和数据的完整性服务以达到高安全性。①认证用户和服务器的合法性，使得它们能够确信数据将被发送到正确的客户机和服务器上。客户机和服务器都有各自的识别号，这些识别号由公开密钥进行编号，为了验证用户是否合法，SSL 协议要求在握手交换数据时进行数字认证，以此来确保用户的合法性。②SSL 协议所采用的加密技术既有对称密钥加密技术，也有非对称密钥加密技术。在客户机与服务器进行数据交换之前，交换 SSL 初始握手信息，在 SSL 握手过程中采用各种加密技术对其加密，以保证其机密性和数

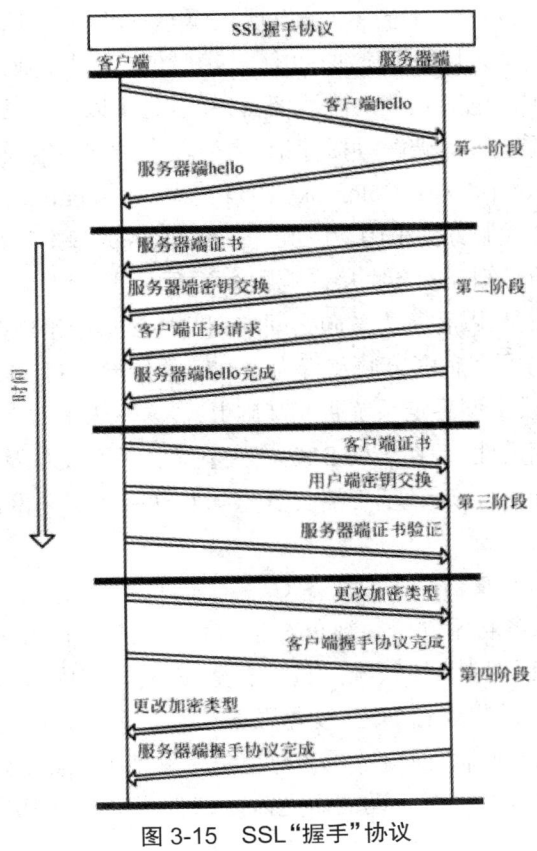

图 3-15　SSL "握手" 协议

据的完整性,并且用数字证书进行鉴别。这样就可以防止非法用户进行破译。③ SSL 协议采用 Hash 函数和机密共享的方法来提供信息的完整性服务,建立客户机与服务器之间的安全通道,使所有经过 SSL 协议处理的业务在传输过程中能全部完整准确无误地到达目的地。SSL 协议使用不对称加密技术实现会话双方之间信息的安全传递。可以实现信息传递的保密性、完整性,并且会话双方能鉴别对方身份。不同于常用的 http 协议,在与网站建立 SSL 安全连接时使用 HTTPS 协议,即采用 https://hostname 的方式来访问。[302,303]

综上所述,本研究认为系统交易安全性对改善互联网顾客关系质量,提升顾客忠诚具有正向影响,即 EB 企业对顾客在网络消费体验进程中所承诺的安全性品质越高,消费者从中感知风险越低,净效价越高,且满意度、信任度指数越高,进而正向影响其态度忠诚及行为忠诚。

因此,本书假设:

H2.2:EB 平台的系统交易安全性正向影响互联网顾客忠诚度。

3. 消费者感知互动(Consumer Perceived Interactivity)

2003 年伊始,我国电商产业发展迅猛,据 iResearch 最新统计数据显示,截至 2014 年 12 月,中国网络市场 B2C 交易规模已达 1.2 万亿,同比增长 68.7%。B2C 模式下电商五强格局业已确定,其中天猫以 61.4% 的市场占比位居榜首;京东位居第二,市场占比为 18.6%,地位稳定;苏宁易购、唯品会位居第三、四位,占比分别为 3.2% 和 2.9%,而国美在线则位居第五,市场份额仅为 1.7%。此外,中国跨境电商发展规模亦不可小觑,据中国海关总署统计数据显示我国跨境电商试点交易规模已突破 30 亿,其中 30% 为进口业务。然而,与网络消费盛行背道而驰的是众多国内电商企业的惨淡经营,甚至是难以为继,因此,如何引导依靠资本孵化推动的中国电商行业整体破解亏损悖论,增加顾客访问黏度及重复购买率就显得尤为关键。Williams 和 Spiro(1979)、Holbrook(1994)、Kandampully(2000)等学者认为在日益关注顾客体验价值的现代服务竞争中,互动已演变为服务的基本特征,且消费者与服务提供者在终端服务接触中的感知互动会直接影响顾客关系质量。[304-306]在学术界,消费者感知互动与互联网顾客关系质量、顾客行为意向之间的相关性多集中于规范性研究,鲜有实证研究涉猎消费者感知互动与顾客态度忠诚及行为忠诚间的传导机制。在此,本研究拟通过对感知互动内涵、维度划分及类型界定系统研究基础上,深入探索消费者感知互动与顾客关系质量及顾客忠诚之间的相关性,旨在拓展 B2C 模式下顾客关系质量及顾客忠诚形成机制研究框架,以期为 EB 企业营销管理者基于消费者感知互动视角提升网站交互性水平提供一定的理论依据。

(1)感知互动内涵、维度划分及类型界定

尽管国内外学者从各自不同研究视角对互动概念框架进行了诸多有益的探索性研究,然而至今在学术界尚无对其清晰、统一的描述性定义。其中,比较有代表性的是 Sheth (1976)对互动概念框架的界定:感知互动是顾客与服务企业直接交互过程的主观感知,并进一步强调互动虽为双向概念,但由于顾客与企业视角存在显著差异,对互动过程的理解与把握存在一定偏颇。[307]因此,对互动的研究需要基于消费者主观感知视角,探究消费者感

知互动对顾客关系质量的影响。营销学者 Blatterberg(1991)将互动界定为企业与消费者之间不受时间及空间约束的一个沟通过程。[308] 在信息化时代,以计算机为中心的信息传播沟通模式的主要特性包括互动性、定制化与异步性,其中互动性是指利用互联网平台进行信息传播与沟通,为互联网用户提供与网站经营者、管理者以及其他用户相互交流、相互回馈的有效沟通渠道,并借助连续的交互与修正增强彼此间的了解。Gefen(2003)等学者认为 EB 平台不仅是单一的信息技术系统,更应成为企业与消费者之间高效的信息交互渠道。[309] Deighton(1996)认为感知互动内涵应包括三层含义:①能够关注个体消费者需求;②汇集、存储个体消费者回应;③参照个体消费者响应重新考量其差异性需求。[310] 此外,Dutta(1999)等学者则将互动性归因于互联网的实时在线本质,并强调网络互动性特质不仅有益于提升互联网顾客关系质量,更有益于创新产品研发与客户服务模式。[311]Williamson(1985)、Lagace(1991)等学者的研究成果表明,参照互动频度这一指标可以了解企业营销人员为保持与顾客之间高绩效沟通渠道所付出的努力,与此同时,互动频度亦代表双方对彼此之间结构化关系的一种承诺,而消费者对 EB 企业信任的形成又是经由沟通与低度投机主义行为所累积的。[312, 313] 据此,消费者感知互动对改善互联网顾客关系质量应具有一定的积极促进作用。

在感知互动维度划分层面,Sheth(1976)将感知互动类型界定为顾客对企业在互动进程中所采取的模式、仪式和风格的主观认知,并将其进一步细分为交互导向互动、任务导向互动以及自我导向互动三种类型,其中交互导向互动是指当服务提供者重视消费者需求与反馈,并积极尝试与其建立友好个人关系及互动氛围时,消费者所主观感知的互动性水平;任务导向互动是高目标驱动型互动,且在该互动模式驱动下服务提供者在与消费者的接触中,任何偏离任务导向或缺乏效率的任务提案都会被排除在服务提供者考虑集之外;自我导向互动强调服务提供者在与消费者的服务接触中习惯以自我为中心,且其更关注自身福利,而忽视对方利益。[314] 随后,Spiro(1979)通过对服务提供商影响策略的实证研究进一步印证了 Sheth 所构建的感知互动类型概念框架。[315]Blake 和 Mouton(1980)则借助构建买卖双方关系网络深入探索了 Sheth 对感知互动类型界定的合理性。[316]Steuer(1992)认为感知互动应由速度(Speed)、范围(Range)和匹配性(Mapping)3 个维度构成。[317]Hoffman 和 Navak(1996)认为感知互动应包括信息交换与用户控制 2 个核心因素。[318]Ha 和 James(1998)将感知互动维度细化为乐趣性、选择性、连结性、信息收集及交互传播;而 Lombard 和 SnyderDuch(2001)则认为感知互动应包括以下 5 方面关键内容,即可接受的投入数量、可被修改特征的类型和数目、可能的反馈范围、反馈速度以及投入和反馈之间的符合程度。[319]Liu(2002)等学者将互动性归纳为客户控制、双向沟通及同步 3 个维度。[320]Ahn、Ryu 和 Han(2004)基于网站质量因素将感知互动维度描述为:系统质量、信息质量及服务质量。[321]Wu(2006)构建了感知互动前置影响因素概念模型,并将感知互动维度归纳为:感知控制、感知响应和感知个性化。[322] 毕达天(2014)将 B2C 模式下 EB 企业与顾客之间的互动划分为互动功能性、互动信息性、互动响应性以及互动自主性 4 个维度。[323] 综上,学术界在界定感知互动各维度命名上存有一定差异,然而却均涉及双向性与控制性 2 个维度。其中,双向性特指 EB 平台所提供的工具在促进消费者与营销者、消费者之间以及消费者与商品、系统、信息等实现双向沟通的程度;而控制性则强调消费者自发参与并根据自己的意图对沟通过程和沟通内容进行控制及施加影响的程度。[324]

(2)感知互动与程序性利益体验相关性探索

在此,本研究继承了 Sheth(1976)感知互动概念框架,并从消费者感知互动视角切入,以"手段-目的链"理论为依托对 EB 平台交互性水平与程序性利益体验之间的相关性进行深入探索性研究。Cutman(1982)率先构建了"手段-目的链"理论(Means-End Chain Theory),其核心观点认为:消费者通常将产品属性视为实现其特定利益或结果的手段,并通过手段最终提升价值或实现预期目标。[325] 参照该理论可进一步推知,消费者在互联网消费进程中尝试体验 EB 平台提供的交互性功能是为了实现其节约货币成本以及时间、体力、精神等非货币成本目标,即 EB 平台基于消费者感知互动视角下的交互性属性是消费者提升程序性利益体验价值的手段。体验价值是消费者对产品属性或服务绩效的认知和相对偏好,其产生于消费者与消费情境之间的关联过程,这种基于偏好的双向关系伴随消费者与消费情境的变化而改变,且体验价值的提升可以借助互动来实现(Holbrook,1994)。[326] 毕达天(2014)基于过程视角将 B2C 模式下电子商务全面客户体验界定为感知体验、情感体验和信任体验 3 个维度,其中感知体验泛指呈现给客户视觉、听觉方面的感官体验以及呈现给客户浏览、操作方面的操作体验,其强调感官舒适性及操作易用性;情感体验主要强调客户在浏览器和操作过程中呈现给客户心理及情感方面的体验,强调友好性和吸引性;信任体验则更侧重于企业遵守诺言、公平交易,自始至终为客户传递一种可靠、稳定的感觉。[327] 在互联网虚拟消费情境下,由互动所产生的对产品属性或服务表现的感知偏好和相对偏好,能够促进或阻碍顾客拟定目标的实现(Mathwick,2001)。[328] Fiore(2005)、Wu(2005)的研究成果表明若 EB 平台已具备高品质交互性水平,消费者便可轻松实现双向沟通、信息定制及图片操控功能,即在高交互性 EB 平台上,消费者可通过有效控制来定制自己需要的信息,从而更易于进行产品比较及制订购买决策,且高交互性 EB 平台还可以使消费者节约时间、精力,降低风险并提高找到更适合自己的产品的概率。[329,330] 此外,Ruyter(2000)等学者的研究成果均表明 EB 平台对顾客请求服务系统响应时间与消费感知互动性水平呈正相关,即响应及时性对消费者感知互动绩效评价具有积极影响。[331] Fogg(2001)同样指出,若 EB 企业对消费者的服务请求给予及时响应并通过 E-mail 形式对交易予以确认可以在一定程度上增强消费者对 EB 平台可靠性的主观感知。[332]

(3)感知互动与互联网顾客关系质量、顾客忠诚相关性研究述评

相对于传统消费环境而言,互联网消费者在获取网络购物所节约的货币成本以及时间、精力、体力等非货币成本实用性价值体验时,却无法享有通过人物触摸模式感知商品质量,抑或无法通过与营销人员和其他消费者进行现场时时互动等丰富感官刺激感知真实消费体验。然而,EB 平台若能将信息技术前沿与在线商品展示深度有机融合,借助多媒体、虚拟现实等方法,从多维度、多视角展示商品信息,并适时提供商品详细触觉信息描述,积极为消费者营造身临其境般的感官体验,与此同时为消费者搭建高绩效的信息沟通平台,通过在线客

服、虚拟社区等多种渠道与顾客进行实时互动,此举无疑将对消费者提升程序性利益体验具有重要意义。Payne和Pennie(1999)的研究结论表明,以商务网站为媒介的实时在线互动及信息交流可以使企业深度挖掘消费者差异化、个性化需求意向,而通过对该信息的进一步筛选、分析,将其与企业相关作业进行有机整合将有效提升企业经营绩效,与此同时将产品与服务客户化将有益于创造全新的交叉购物机会,此举对改善互联网顾客关系质量、提升顾客态度忠诚及行为忠诚具有积极意义。[333]McDougall和Levesque(2000)的研究成果表明感知价值是现代服务业满意度核心驱动因素,其对改善顾客关系质量,提升顾客态度忠诚及行为忠诚具有显著影响。[334]Brady和Cronin(2001)同样强调顾客与服务提供者之间的互动性水平属于顾客感知服务质量的重要测量指标,其决定顾客满意度评价走向。[335]Liu和Shrum(2002)的实证研究结论进一步佐证交互性及控制性对提升互联网消费者整体心理幸福感及满意度指数具有积极的正向影响。[336]Srinivasan、Ancerson和Ponnavolu(2002)将影响互联网顾客忠诚的主要因素归因为接触互动性(Contact Interactivity),研究成果表明消费者感知互动对改善互联网顾客关系质量、提升顾客态度忠诚及行为忠诚具有重要意义。[337]Kao(2007)等学者指出当顾客在消费体验进程中与产品或服务提供者互动频度增强,抑或是高度涉及某项消费活动时,其隐性高水平感官体验将被有效激活,且高水平情感体验亦会产生高水平体验态度及体验满意度。[338]Gedric(2009)等学者的研究结论表明消费者与服务人员之间的互动性水平会正向影响其体验价值,且该感知互动效果会最终体现于顾客对服务满意度的评价。[339]Caruana(2010)等学者指出客户感知质量对客户满意度评价、企业品牌形象定位以及顾客行为意向均具有显著影响。[340]郭国夫(2012)等学者的实证研究结论显示:设计质量卓越的EB平台的交互式用户界面可以营造享受性的消费感官体验,并进一步指出网站交互性的双向沟通维度是提升消费体验价值及满意度的关键所在。[341]

综上所述,本研究认为消费者感知互动对改善互联网顾客关系质量,提升顾客忠诚度具有正向影响,即EB平台使顾客在网络消费体验进程中所感知的交互导向互动水平及任务导向互动水平品质越高,且自我导向互动水平越低,消费者从中体验的程序性利益价值就越高,且满意度、信任度指数越高,进而正向影响其态度忠诚及行为忠诚。

因此,本书假设:

H2.3:EB平台的消费者感知互动水平正向影响互联网顾客忠诚。

4. 消费趣味性感知(Consumer Perceived Playfulness)

CNNIC 2015年最新统计数据显示我国网民年龄结构以10~39岁年龄段为主要群体,累计占比78.4%。其中20~29岁、30~39岁年龄代际分布分别占比31.4%和23.2%,是目前我国网络消费群体的中坚力量。另据国家统计局发布数据显示,2015年前两个月我国社会消费品零售总额为47 993亿元,扣除价格因素实际同比增长11%。其中,网上商品零售额达3991亿,增幅47.4%,占社会消费品零售总额的8.3%,对其拉动作用贡献近3个百分点。相对于新消费者阶层日益稀缺的时间资源及有限的努力付出,EB企业若能成功践行满足消费者购物消遣与情感宣泄的趣味性交互营销,借助互联网虚拟消费体验的趣味性感知充分释放其高强度的工作压力、缓解现实社会中的负面情绪,继而衍生出正面的情感评价,将对改善互联网顾客关系质量、提升顾客态度忠诚及行为忠诚具有重要实践意义。据此,本研究认为在服务经济时代,EB企业应密切关注新消费者阶层个性化诉求对互联网消费行为的影响机制。

在学术界,国内外学者对消费趣味性感知相关研究领域进行了诸多有益的探索性研究,其中:Davis(1989)认为感知有用性是用户采纳信息系统的重要决定因素,而趣味性、娱乐性又对感知有用性具有显著性影响。[342]Webster(1992)的实证研究结论显示在人机交互过程中,趣味性与娱乐性的总体特征与互动行为的创造性呈显著正相关,且趣味性、娱乐性又能促使人们放松心情,从而达到消遣及情感宣泄的目的。[343]Papacharissi和Rubin(2000)亦将顾客使用互联网的重要因素归因为趣味性、娱乐性价值体验。伴随信息技术的飞速发展,互联网将提供给用户越来越丰富的趣味性、娱乐性价值体验,且其对改善互联网顾客关系质量、提升顾客态度忠诚及行为忠诚具有积极促进作用。[344]Barnes(2000)的研究成果表明企业为消费者积极营造的情感价值体验是改善互联网顾客关系质量的重要途径。[345]Wolfinbarger和Gilly(2003)的研究成果表明消费趣味性感知对维系顾客与EB平台的访问黏度及再次惠顾率均具有重要意义。[346]Lee(2003)等学者在探索社会心理价值、经济价值以及产品价值与顾客满意度之间的相关性研究中,认为社会心理价值(趣味性、娱乐性)对顾客满意度评价具有显著正向影响。[347]Chung和Tan(2004)将EB平台消费趣味性感知影响因素界定为:网站内容、响应速度、易用性、多样性、系统导航、反馈及控制,并强调消费趣味性感知对提升互联网顾客关系质量具有积极意义。[348]Hsu和Lu(2005)的实证研究结论进一步印证消费趣味性感知对顾客态度忠诚及行为忠诚具有积极正向影响。[349]此外,Korgaokar和Wolin(1999)的研究结论显示互联网虚拟消费体验的趣味性感知能在一定程度上缓解顾客在现实社会中的负面情绪,进而产生社会逃避价值。[350]在B2C模式下,EB平台所提供的社会逃避价值对维系顾客与EB平台之间的黏度具有正向影响。

在营销实践环节,诸多国内外企业也积极尝试实施趣味性交互营销策略,效果颇丰。如1号店EB平台在上海东方明珠电视塔策划的"527我爱吃"嘉年华活动收获了超高人气,市民在嘉年华现场不仅可以现场品尝来自世界各地的风味小吃,还可以积极参与"1"起摇一摇、"1"起找滋味、"1"起夹夹乐、"1"起拉茶王等趣味性的互动游戏来赢得1号店提供的食品大奖。另据中国电子商务研究中心讯:一个由家居用品零售商在Pinterest网站策划的颇具趣味性的寻宝游戏使美百强电商Wayfair公司在Pinterest网站的转化率显著提升至107%,且在短暂的4周内订单平均量飙升348%。杭州家居生活卖场新时代网上商城采用360度全景展示技术,全方位、立体展示实体卖场分布及店内实景,消费者仅需进入360度实景展示厅便可获取身临其境般的感官体验。此外,消费者如需了解某一具体商品的尺寸参数、材质属性以及做工工艺等细节信息也只需点击实景图片即可轻松实现。新时代家居以多维交互模式开启了O2O模式下家居建材类全新网购模式,为消费者搭建了趣味性交互体验平台,此举将有效降低新消费者阶层的时间成本、精神成本等非货币成本,对提升顾客满意度指数具有重要意义。中国皮革城艾卟服饰有限公司通过引进首台商用版3D虚拟试衣间使消费者可以瞬间完成皮衣的更换,且还可实现360度转身等其他高级功能以辅助消费者观察皮衣是否符合其审美标准。在 B2C 模式下将 3D 虚拟体验技术与 EB 平台深度融合不仅能有效满足消费者多方位、多层次、立体化的体验诉求进而为网络消费决策提供依据,而且对改善互联网顾客关系质量亦能起到积极促进作用。茵曼借助"放鸽子"游戏使35% 参与该游戏的受众成功关注了该店铺,且仅 2013 年双一一当日,其官方旗舰店的总销售额就已迫近 1.207 亿,位居女装类日销售第一。米奇官网以庆祝其发起人之一小米结婚以及新版上线为契机启动了"7 天百万妆品免费大派送"的趣味性创新营销项目,这一亲民温馨的策划案恰好成功唤醒消费者内心潜藏已久的幸福感,在消费者为小米献上祝福的同时,米奇网也在潜移默化中拉近了企业与顾客的距离。毋庸置疑,任何顾客关系的建立与维系均是以真挚的情感为纽带的,顾客关系的改善是需要用心去经营的。唯有如此,方能建立顾客的信任与忠诚,并最终有效实施顾客锁定战略。

综上所述,本研究认为消费趣味性感知对改善互联网顾客关系质量,提升顾客忠诚具有正向影响,即在互联网环境下,EB 企业引领新消费者阶层逐渐融入虚拟体验情境,并积极辅助其实现购物消遣与情感宣泄的个性化诉求,体现了对消费者程序性利益体验的重要意义,且对消费者满意度、信任度评价具有重要影响,并最终影响其态度忠诚及行为忠诚。

因此,本书假设:

H2.4:EB 平台的消费趣味性感知正向影响互联网顾客忠诚。

5. 客户化定制(Customerization)

目前,在学术界对客户化定制这一概念尚无统一描述性定义,国内外学者从各自不同研究视角对其进行了有益的探索性研究。Shuler(1988)为突出"顾客第一"和传统概念的区别,率先提出了客户化定制一词,认为实施客户化定制就是企业生产的产品及其所具备的特性由顾客唯一决定,并以此满足顾客需求,这需要对企业流程进行一系列变革,并创造出一种"人人都是顾客"的氛围。[351]Tersine 和 Harvey(1998)对全球化竞争中的消费者导向进行了深入探讨,认为全球竞争日益激烈催生了客户化定制,这就需要企业能快速适应、不断创新和提供定制产品与服务。[352]Wind 和 Rangaswamy(2001)认为客户化定制是一种以顾客为中心的企业战略,综合了大量定制和定制营销,而后者需要和发达的加工制造技术、信息技术以及日益全球化的竞争趋势紧密联系。[353]张祥(2007)认为客户化定制是在以顾客为中心的管理模式下,采用顾客订单驱动的生产运作方式,紧密协调并整合各职能策略与顾客策略,使企业在与顾客共创价值的过程中更好地满足顾客对定制产品、服务和体验的需求,以创造更大的价值和竞争优势的一种新型运作方式。[354]朱俊(2010)将客户化定制界定为从客户视角对产品运作方式进行重组、设计,即企业利用互联网及相关技术,通过对组织结构业务流程进行重组,不仅能以低成本向客户提供定制产品实现生产定制,满足新的市场需求,而且采取以买方为中心的营销方式能够使定制化程度更高,能更有效地满足客户个性化需求。[355]在此,本研究将客户化定制界定为 EB 企业参照消费者特质及具体诉求为其提供个性化产品及服务的能力。

据德勤发布的《在中国提供卓越的客户体验——建立客户忠诚度的必要因素》白皮书显示:75% 的中国消费者对购物体验表示不满,其中客户化定制、线上线下产品定价统一等因素成为 B2C 模式下新消费者阶层购物体验诉求。在服务经济时代，伴随信息技术的日新月异，EB 平台可借助数据仓库（Data Warehouse）、数据挖掘（Data Miniing）等前沿科技通过对互联网消费者浏览、选购商品的历史信息进行系统分析，研究消费者行为偏好，精确定位个体消费诉求、将个性化商品信息适时推送给客户。具体而言：第一，数据仓库是以数据库基础为平台，为满足使用者在高度数据积累基础上进行相关数据分析而产生的。W.H.Innon（1992）率先界定了数据仓库概念，认为数据仓库是面向主题的、集成的、时间变异的、非违约的（Non-volatile）一系列用于管理与决策指定的数据集；数据仓库技术通常包括数据库、联机分析处理（On-Line Analytical Processing，OLAP）和数据挖掘技术，且三者之间具有极强的互补关系。伴随数据仓库、数据挖掘技术与互联网基础设施的日益深度融合，EB 企业营销策划已进入一对一营销时代，营销战略演变进程如图 3-16 所示。[356] 一对一营销的核心思想是以客户占有率为中心，即企业通过与每位客户进行有效沟通，以期建立一种持久的、长远的双赢关系，进而为客户提供定制化产品及服务。第二，用户偏好动态挖掘算法（Dynamic Mining Algorithm for Customer Preference，DMA），其基本思路是将用户需求行为按其发生的时间顺序存储为用户需求行为序列，再依据此序列中用户历史数据，预测目标用户当前或未来偏好，进而产生最终推荐列表。动态挖掘算法的处理流程为：针对数据库中历史数据进行前期处理，形成动态用户文件，进而确定用户行为轨迹，并进行关联规则挖掘，最终产生针对目标用户的 Top-N 推荐。[357]

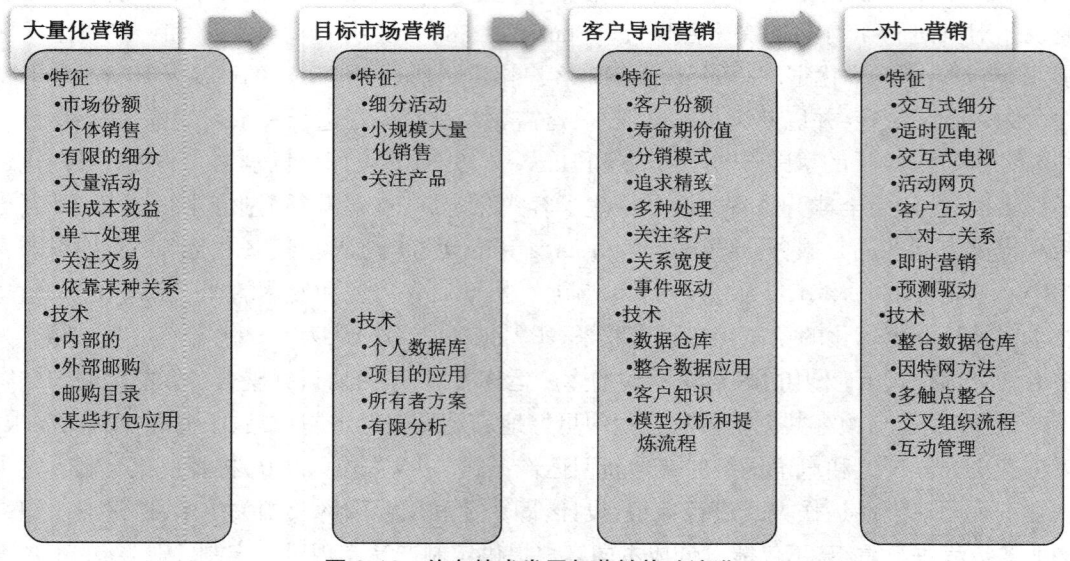

图 3-16　信息技术发展与营销战略演进

Choice Stream 的调研报告显示 80% 的消费者对接收客户化定制消费信息持积极肯定态度，且据社会人口统计特征分析不同年龄代际的消费者对个性化服务偏好亦呈现显著性差异。[358] 相对于新消费者阶层日益稀缺的时间资源及有限的努力付出，EB 平台所提供的客户化定制服务将有效降低消费者卷入度，减少其时间成本、精神成本等非货币成本的支付,进而对提升互联网顾客关系质量、增强顾客与 EB 平台的黏度具有重要实践意义。欧阳烽(2008)强调个性化服务是以客户为中心,并基于客户信息使用行为、习惯、偏好、特点及客户特定诉求,向客户提供满足其个性化需求的信息内容和系统功能的一种服务,具体而言:一方面,应针对不同客户所提出的不同信息需求提供有针对性的信息服务,包括信息咨询、信息结果推送等;另一方面,应通过对客户信息或者是对客户信息需求历史进行数据分析发现客户对信息的潜在需求,从而实现针对客户的主动的、符合其要求的、有用的信息服务。因此,客户的兴趣、习惯、偏好和特点是个性化服务的起点,先进的技术是个性化服务的重要手段,针对性、主动性是个性化服务的特点。[359]查金祥(2006)进一步指出客户化定制服务是互联网消费者与 EB 企业不断沟通交换信息的过程,且在上述过程中 EB 企业若能切实做到有效辨别消费者诉求、为顾客提供差异化的产品和服务,那么顾客也会积极主动提供个性化需求信息并享受客户化定制服务,这样双赢的互动会形成良性循环,对消费者在互联网虚拟消费情境中所获取的情绪价值及体验价值均具有重要影响,最终对提升互联网顾客关系质量起到积极的促进作用。[360]Srinjvasan(2002)等学者将影响互联网顾客忠诚且具有管理意义的可控因素系统归纳为网站特色、选择性、虚拟社区、便利性、定制化、互动性、顾客培育及关心,共计 8 个维度;实证研究结论显示客户化定制对提升顾客态度忠诚及行为忠诚具有积极意义。[361]温碧霞(2004)等学者的研究成果表明客户化定制服务对满足顾客个性化诉求及营造互联网虚拟消费情境下的消费体验感知具有积极意义,是影响顾客态度忠诚及行为忠诚的重要限定因素。[362]黄永哲(2005)的实证研究结论进一步印证在 B2C 模式下客户化定制服务品质与互联网顾客忠诚度之间具有较强的相关性。[363]朱俊(2006)的研究成果表明企业利用互联网及相关技术,通过对组织结构、业务流程进行重组,不仅能以低成本向顾客提供定制产品,实现生产上的定制,满足新的市场需求,而且采取以买方为中心的营销方式,使定制化程度更高,能更有效地满足顾客个性化需求,且在客户化定制模式下,数据库营销使企业的供给更加适当化,顾客可以从一个精选的小范围内做出选择,从而增加了顾客忠诚度、购买量及重复购买次数。[364]杨岳全(2003)指出,满意的顾客是所有成功企业的生命之源,而忠诚的顾客则是促使企业保持领先地位所不可缺的要素。然而,许多企业在营销实践层面将获取忠诚顾客的行之有效方法界定为不断完善产品和服务,并以更具竞争性的价格出售本公司的产品或是向经常光临的顾客提供各种优惠条件或给予最大的折扣。上述经营谋略也许在短期内具有非常明显的效果,但并不能极大地提高长期顾客的忠诚度。因为这些方法均没有把个性化的顾客以及他们个性化的价值取向作为企业服务的核心,而是将顾客视为一个巨大的、相对差别较小的群体。而事实上顾客是千差万别的,他们的需求也是多种多样的,并且这些差异可能来源于诸多方面。因此,培养顾客长期忠诚度的关键就在于:以顾客个性化价值观为导向为顾客创造增值。[365]

综上所述,本研究认为客户化定制对改善互联网顾客关系质量,提升顾客忠诚具有正向影响,即在网络消费体验进程中 EB 企业若能精确定位消费者诉求,并参照消费者特质积极践行差异化营销战略,将对提升互联网顾客满意度、信任度指数具有重要意义,进而正向影响其态度忠诚及行为忠诚。

因此,本书假设:
H2.5:EB 平台的客户化定制品质正向影响互联网顾客忠诚度。

三、关系性利益体验与互联网顾客忠诚

本研究将 B2C 模式下互联网消费体验关系性利益界定为:EB 企业形象及美誉度、虚拟社会特征以及 EB 企业借助社交束缚力在其与互联网消费者之间所努力构建的优质社交性结合与结构性结合关系使消费者在个体形象及自我区别层面实现隐形价值,且成员感、归属感及个体身份认同得以显著提升以及消费者之间、消费者与 EB 企业之间的密切互动、深度融合所形成的社会化关系所彰显的价值。此外,本研究为更加深入、系统地诠释关系性利益体验与互联网顾客关系质量及顾客忠诚的相关性,拟将关系性利益体验前置影响因素归因为:企业形象(Corporate Image)、B2C 结构性关系感知(B2C Structural Relationship Perception)以及虚拟社区感(Sense of Virtual Community,SOVC)3 个子维度,并进一步认为关系性利益体验对改善顾客关系质量,提升顾客忠诚具有显著影响,即消费者所感知的 EB 平台企业形象、B2C 结构性关系感知以及虚拟社区感效果越显著,其从中体验的满意度、信任度指数越高,进而正向影响其态度忠诚及行为忠诚。

因此,本书假设:
H3:EB 平台提供的关系性利益体验价值越高,消费者对其满意度、信任度(互联网顾客关系质量)指数越高,进而正向影响其对该 EB 平台的忠诚度。

衍生假设 H3a:EB 平台提供的关系性利益体验价值越高,消费者对其满意度指数越高。
衍生假设 H3b:EB 平台提供的关系性利益体验价值越高,消费者对其信任度指数越高。

1. 企业形象(Corporate Image)

在学术界及业界,企业形象虽已演变为重要议题且倍受关注,然而尚缺乏有关其与互联网顾客忠诚之间的影响机制方面的深入系统研究,故本研究拟通过实证分析来界定二者之间的相关性。

(1)EB 平台企业形象内涵及测量维度

企业形象是消费者对特定企业的认知、情感、评价以及联想方式的总称,特指企业在公司层次的品牌形象,从而与产品形象和使用者形象相区别。[366]Bayton(1959)率先以拟人化观点界定了企业形象这一概念,认为消费者往往通过个性化描述来描绘企业所具有的属性。[367] Barich(1991)基于形象是一种"格式塔"理念,将企业形象定义为企业在公众心目中所形成的总体印象。[368]高立胜(1994)认为企业形象是企业在其生产经营过程中通过与其内外部公众的交往活动而展现的企业整体面貌和基本特征,以及公众对此所产生的印象和评价,企业形象的形成条件包含三个基本方面:第一,企业自身所具有的整体面貌和基本特征是其形象的客观基础;第二,感知企业客观形象的公众(包括社会公众和企业内部职工)是认识和确立企业形象的主观条件;第三,企业和公众的相互交往则构成了一定的现实的企业形象形成中介。[369]王富祥(2006)认为企业形象从客观上讲是企业的本质属性显露在外的特征和表象,从主观上讲是社会公众(含企业内部员工)对企业的一切活动及其表现出的属性和特征的总体认识和评价,这种认识和评价形成了人们的印象、舆论和对企业的态度;从战略上

讲,企业形象也被称为企业形象识别系统(Corporate Identity System, CIS),由理念识别系统(Mind Identity System, MIS)、行为识别系统(Behavior Identity System, BIS)、视觉识别系统(Visual Identity System, VIS)三部分构成。其中,MIS是指企业在长期经营实践活动中所形成的和其他企业不同的价值观、经营思想、经营方式、企业精神、道德准则等。企业理念的实质在于区别他人,确立自我,是企业的灵魂。BIS是指企业区别于其他企业的各种具体的生产经营服务活动,是企业理念的具体行为表现,包括对内和对外的行为活动。VIS是指企业的可视事物通过视觉传递给社会公众的专有化或个性化形象,包括基本视觉因素和应用视觉因素。基本视觉因素涉及企业品牌名称、品牌标志、标准字、标准色、企业造型、象征图案、企业精神、标语、口号等方面内容。应用视觉元素包括办公厅品、办公用具、事务用品、建筑外观、橱窗、招牌、产品设计、外观包装设计、员工制服、广告媒体、传播活动、工作场所等,是企业的外部特征。理念识别、行为识别、视觉识别是企业形象塑造的三个不同层次,理念识别是灵魂、核心,行为识别是理念识别的动态表现,视觉识别是理念识别的静态表现,且理念识别、行为识别、视觉识别是有机的整体,三者必须保持高度和谐统一。从企业形象所表现的内容分析,其涉及产品形象、服务形象、环境形象及人员形象4个层面,具体阐述如下:产品形象是指产品的品牌、质量、性能、造型、包装等在公众和消费者心目中的形象,是塑造企业形象的前提。产品形象决定着企业形象的好坏和企业的前途命运;服务形象是指企业为消费者提供的服务(售前、售中和售后)品质(项目多少、态度好坏、是否及时快捷、效果等)给顾客留下的印象;环境形象是指企业的生产经营活动场所的好坏给员工和社会公众留下的印象;人员形象是指企业领导者的素质和能力、员工的素质和能力给社会公众和顾客留下的印象,人员形象决定着产品形象和企业形象。综上,企业关系者(顾客、中间商、供应商、媒体、政府等)对企业的整体感觉、印象的认知无疑将对企业的生存和发展起到非常重要的作用。[370]Nguyen(2006)认为企业形象是公众将企业的不同属性与其竞争对手加以比较的聚合过程所形成的结果,并进一步强调企业形象是对企业进行综合性评价的一项重要指标。[371]在此,本研究在综合国内外学者现有研究成果基础上将EB平台企业形象界定为:在互联网虚拟交易情境下,顾客对EB企业社会责任及其所提供的商品、服务品质,通过与顾客从事社会性活动所累积的相关经验,并参照同类EB平台进行比较、权衡的聚合过程所最终形成的一种主观评价。

消费者记忆中对于特定企业的形象通常会涉及多方面的联想,如企业社会责任、诚信、创新、商品品质、服务等,因此在企业形象测量层面,通常将其视为多维度变量。迄今为止,国内外学者对企业形象的测量维度主要秉承以下两种观点:一方面,Martineau(1958)认为企业形象并未反映目标对象的实质,而是感知者在与目标对象互动的基础上所形成的一种主观性表征,即企业形象是顾客对企业的主观性态度、视角以及情绪;[372]另一方面,Walton(1996)指出企业形象应包含功能性因素及情感性因素两个维度,且二者共同构建起顾客心目中的企业形象。其中功能性因素主要涉及对组织绩效进行逻辑性和结构性分析,并着眼于容易测量的有形特征;而情感性因素则是基于主观性态度对组织形成的感知,与心理维度密切相关。[373]Brown和Dacin(1997)指出测量企业形象应涉及公司能力与公司社会责任两个主要维度,研究结论表明公司能力、公司社会责任对消费者评价的影响显著,但两者影响力度及影响方式却存在显著性差异,公司能力形象无论是对产品的具体属性感知还是对整体公司评价的影响力均优于公司社会责任形象;公司能力形象能够通过产品属性感知和整体公司评价两方面来对消费者的产品评价施加影响,而公司社会责任形象只能通过整体公司评价施加影响。[374] 在 B2C 模式下,Pairin 和 Keng(2003)认为 EB 平台企业形象应包含网站和系统设施、产品和促销信息、交易服务和满足感、便利性、外观和同质性以及制度要素 6 个维度。[375]Jungmi 和 Susan(2008)强调 EB 平台企业形象的测量维度应涉及安全性、便利性以及娱乐性 3 个维度。[376] 在此,本书沿袭并拓展了 Walton 等学者的观点,认为在测量 EB 平台企业形象层面主要应涉及 EB 企业能力、EB 企业社会责任两个维度。其中,EB 企业能力泛指 EB 平台为消费者在互联网虚拟消费情境中所提供的功能性利益体验及程序性利益体验;而 EB 企业社会责任则强调面对一系列重大社会、道德和伦理问题时 EB 企业所应具备的品行。

(2)企业形象与互联网顾客关系质量、顾客忠诚的相关性研究述评

iResearch 市场调研统计数据表明,影响消费者选择 EB 平台购物的关键因素为该 EB 平台的知名度与美誉度,分别占比 61.4% 和 55.1%。Andreasen(1998)等学者认为企业形象对顾客满意度具有显著正向影响。[377]Brown 和 Dacin(1997)的相关研究成果表明企业社会责任能够有效增进消费者对企业的态度与评价,且企业社会责任对顾客满意亦具有显著性影响(Luo,2006)。[378,379]Chang(2005)等学者指出企业形象以顾客满意为中介变量对顾客态度忠诚及行为忠诚产生间接影响。[380]汪旭晖和徐健(2010)在涉及在华跨国零售企业店铺形象维度与顾客忠诚关系的实证研究中发现跨国零售企业店铺形象维度对顾客忠诚的影响主要通过顾客满意和顾客信任作为中介调节,且在不同业态的外资零售企业中,店铺形象维度对顾客满意和顾客信任的影响亦存在显著性差异。[381] 企业形象是现代企业获取竞争优势的一项关键性战略资产,其能够有效辅助消费者建立对企业和品牌的信任,并进一步影响消费者对产品的使用和评价。斯坦福大学及消费者网络观测研究单位的调研结果进一步印证互联网消费者对 EB 平台的信任度与该 EB 平台的企业形象密切相关。[382]Jarvenpaa 和 Tractinsky(2000)的实证研究成果表明消费者对 EB 企业的信任度感知越强将越益于缓解其在互联网虚拟交易情境中的风险感知,进而增强其与该 EB 平台的黏度。[383]Zhan,DeVancy 和 Liu(2003)实证研究结论显示 EB 平台企业形象、产品品质、顾客服务及安全性对提升互联网消费者信任度感知具有显著正向影响。[384] 田阳、王海忠和陈增祥(2009)将消费者对品牌的信任划分为可信性和善意,探讨了公司形象的能力和社会责任两个重要维度与通过信任对购买意向的影响机制,研究表明公司能力和企业社会责任都能通过可信性和善意影响消费者对产品的购买意向;除间接影响外,公司能力可以直接影响消费者购买意向,但企业社会责任对购买意向没有直接影响;公司能力偏重于影响信任的可信性,企业社会责任偏重于影响信任的善意。[385] 高博(2010)的实证研究结论显示,EB 平台企业形象对感知价值、顾客信任以及顾客购买意向均具有显著正向影响。[386] 参照 CNNIC 2013 年统计数据横向比较分析可进一步推知,互联网消费者在 EB 平台选购不熟悉商品时不同年龄代

际呈现显著性差异(图3-17)[387],其中60后在制订网络消费决策时会综合考虑EB平台的知名度及口碑;70后消费群体更侧重于EB平台的品牌形象与产品价格走向;80后消费群体更侧重于用户评价与EB平台的知名度、口碑;90后消费群体则更关注于用户评价。然而,上述消费群体在选购不熟悉商品时均将EB平台品牌、知名度、口碑以及用户评价作为重要决策依据,即互联网消费者在EB平台选购不熟悉商品时,通常会将对该EB平台的企业形象信任度感知迁移至陌生领域商品消费进而规避消费决策风险。此外,Gürhan-Canli和Batra(2004)通过检验感知风险对三种不同类型的公司形象(创新、可信度和公司社会责任)效应所发挥的调节作用进行评价,研究结论同样佐证:若顾客在消费进程中所感知的风险度较高,此时与创新、可信度相关的公司能力形象将有助于顾客缓解对陌生领域商品消费的风险性感知。[388]

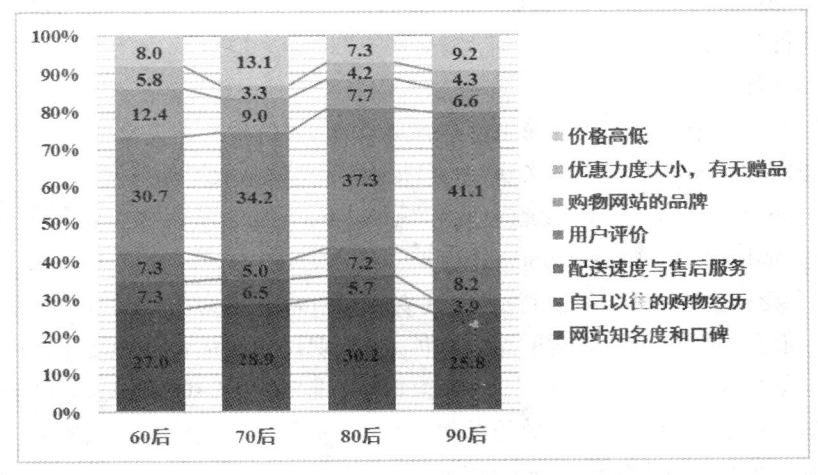

图3-17 消费不熟悉商品时不同年龄代际考虑因素

Fishbein(1975)指出企业形象作为顾客对企业的主观评价态度必然影响顾客忠诚,因为顾客态度是行为意向的一种具体表征。[389]Shapiro(1982)、Liang和Lai(2002)等学者认为塑造积极的企业形象不仅有益于拓展市场份额,且更有益于顾客与企业之间建立良好的忠诚关系。[390, 391]姜参和赵宏霞(2013)在涉及B2C网络商店形象与在线消费者购买行为实证研究中将网络商店形象细分为网站形象、商品形象、服务形象、便利形象以及安全形象5个维度,并基于"刺激-机体-反应(S-O-R)模型"和"冲动性购买影响因素整合模型"研究范式,以网络商店形象作为前因变量,将代表消费者心理因素的感知价值和虚拟体验作为中介变量,将目的性购买行为和冲动性购买行为作为结果变量探索网络商店形象对消费者购买行为的影响路径。研究结论表明:网站形象、商品形象和服务形象对虚拟体验具有显著影响;商品形象、服务形象、便利形象以及安全形象对感知价值具有正向影响;虚拟体验可以激发消费者冲动性购买行为;而感知价值既可以促使消费者的目的性购买行为,还可以导致消费者的冲动性购买行为。[392]Eskildsen、Kristensen和Juhl(2004)等学者在涉及顾客忠诚决定因素研究中强调企业形象是顾客忠诚的重要影响因素,且积极的企业形象对增加顾客再次惠顾的可能性具有正向积极作用。[393]李惠璠、罗海成和姚唐(2012)的实证研究结论表明:第一,企业形象不但直接正向影响顾客态度忠诚,而且通过顾客价值和顾客满意间接地正向影响顾客态度忠诚;第二,企业形象是最重要的顾客态度忠诚决定因素;第三,顾客态度忠诚是联结企业形象、顾客价值、顾客满意与顾客行为忠诚的唯一中介变量。[394]沈鹏熠(2012)在涉及零售企业社会责任行为对企业形象及顾客忠诚的影响机制研究中将企业形象、感知价值和顾客满意纳入零售企业社会责任驱动顾客忠诚的影响机制模型中,并以大型百货商店和综合超市消费者为调查对象,通过结构方程模型法进行实证检验;研究发现企业形象和感知价值不仅对顾客忠诚产生直接影响,而且通过顾客满意对顾客忠诚产生间接作用。[395]

综上所述,本研究认为企业形象对改善互联网顾客关系质量,提升顾客忠诚具有正向影响,即 EB 平台的企业形象美誉度越高,缓解消费者在互联网虚拟交易情境中的风险感知效果越显著,顾客从中体验的关系性利益价值越高,且满意度、信任度指数越高,进而正向影响其态度忠诚及行为忠诚。

因此,本书假设:

H3.1:EB 平台的企业形象正向影响互联网顾客忠诚度。

2.B2C 结构性关系感知(B2C Structural Relationship Perception)

Berry 和 Parasuraman(1991)参照企业与顾客之间关系的紧密程度将其细分为财务性结合(Finaial Bond)、社交性结合(Social Bond)、结构性结合(Structural Bond)3 种类型。其中,财务性结合泛指企业与顾客之间关系的建立是以价格优惠为前提的,倘若企业无法继续在价格层面为消费者提供令其满意的让渡价值感知,则财务性结合随即终止;社交性结合强调企业以个人化方式、借助社交束缚力与顾客建立并维系的某种联系;结构性结合特指企业通过为顾客提供竞争厂商无法轻易效仿的附加价值,使顾客转换成本大幅提升,进而形成较强的关系性利益价值。[396] 在此,本研究继承并拓展了 Berry 等学者的观点,将 B2C 模式下 EB 企业与顾客之间的结构性关系界定为:在互联网虚拟消费情境中 EB 企业在为消费者提供商品及服务的同时,能有效针对不同消费个体的差异性为其提供个性化且同类竞争者难以复制的高附加值,形成消费个体的专属资产,增强顾客让渡价值感知,增加顾客对 EB 企业的信赖度。由此,显著提升顾客转换成本,并最终在 EB 企业与顾客之间形成某种相对稳定的结构化关联。在 B2C 模式下,转换成本对巩固 B2C 结构性关系具有积极作用、对提升顾客态度忠诚及行为忠诚亦具有正向影响。转换成本(Switching Costs)作为经济学、管理学研究领域中的重要议题特指当消费者在从某一产品或服务提供者转向其他提供者时所面临的一次性成本,其不仅包括顾客在寻找新供应商时需投入的人力成本、财力成本以及放弃当前供应商时可能要付出的金钱、物质和人际关系中断的损失,还包含顾客在转换供应商时所感知的心理风险、消费习惯以及情感方面的成本。[397]Burnham 和 Frels(2003)将顾客转换成本细分为:程序性转换成本(Procedural Switching Cost)、财务性转换成本(Financial Switching Cost)以及关系性转换成本(Relational Switching Cost)3 种类型,其中程序性转换成本泛指顾客因发生转换行为而在时间及精力层面上的付出,涉及经济风险成本、评估成本、建立成本以及学习成本;财务性转换成本泛指顾客因发生转换行为而在经济层面上造成的损失,包括利益损失成本及金钱损失成本;关系性转换成本泛指顾客因发生转换行为而在情感或心理层面上造成的损失,并进一步指出转换成本、顾客满意等因素共同作用于顾客忠诚,且转换成本与顾客满意是影响顾客态度忠诚与行为忠诚的关键驱动因素。[398]Yang 和 Peterson(2004)则认为顾客忠诚主要取决于顾客满意度与感知价值,转换成本仅在顾客满意度与感知价值平均水平以上才显著影响顾客忠诚。[399]Hu(2006)认为关系型转换成本、程序型转换成本与顾客转换行为呈显著负相关,即关系型转换成本与程序型转换成本能有效阻止顾客转换供应商,而财务型转换成本对顾客忠诚的影响作用则相对较弱。[400]金立印(2008)在涉及服务转换成本对顾客忠诚影响机制的相关研究中将顾客满意、替代者吸引力视为调节转换成本与顾客忠诚之间的中介变量,系统考察了当满意度、替代者吸引力均不同时,转换成本对顾客忠诚的直接影响效果。研究结论表明:只有在满意度与替代者吸引力同时较高抑或同时较低的情况下,转换成本才能直接明显地起到提升顾客忠诚、防止顾客流失的作用;在满意度较低而替代者吸引力较高的情况下,转换成本对于顾客忠诚的作用会失效;当满意度较高而替代者吸引力较低时,由于一定数量的唯利是图者的存在,其对于促销利益和转换损失同样敏感,只要替代者的促销利益还不足以弥补其转换损失就仍会忠诚于当前供应商。[401]金晓彤(2010)认为转换成本对顾客满意与顾客忠诚之间的相关性具有调节作用,并进一步将其细化为程序转换成本、财务转换成本以及关系转换成本3种类型,实证研究显示不同类型转换成本所起的调节作用存在显著性差异。[402]冯强(2010)在涉及转换成本与互联网顾客忠诚度的相关性实证研究中,基于转换成本视角构建了影响互联网顾客忠诚的概念模型,实证研究表明:网络程序转换成本(包括经济风险成本、评估成本、学习成本、建立成本)、网络财务转换成本(包括利益损失成本、金钱损失成本)与网络关系转换成本(包括个人关系损失成本、品牌关系损失成本)均正向影响互联网顾客行为忠诚;网络财务转换成本、网络关系转换成本正向影响互联网顾客态度忠诚;此外,网络程序转换成本、网络财务转换成本与网络关系转换成本的构成因子对顾客态度忠诚与行为忠诚的影响机制存在显著性差异,即利益损失成本、个人关系损失成本和品牌关系损失成本正向影响顾客态度忠诚;评估成本、学习成本、利益损失成本和品牌关系损失成本正向影响顾客行为忠诚。[403]陈秋英(2011)通过对移动服务用户的实证调查研究发现顾客忠诚度可细分为重复购买及推荐与价格容忍两个维度,并进一步指出感知价值正向影响顾客忠诚度,但其对顾客忠诚的作用机制会受到转换成本的影响,即财务型转换成本既加强了感知价值与重复购买及推荐行为间的正向关系,也加强了感知价值与价格容忍间的正向关系,且财务型转换成本越高,感知价值对重复购买及推荐与价格容忍的影响就越显著;财务型转换成本越低,感知价值对重复购买及推荐与价格容忍的影响就越小。此外,非财务型转换成本将减弱感知价值与价格容忍度间的正向关系,但并不会加强或减弱感知价值与重复购买及推荐行为间的正向关系。亦即说明,伴随非财务型转换成本的增加,感知价值与价格容忍度间的关系强度将会减弱,说明非财务型转换成本调节了感知价值与价格容忍度间的关系。例如,顾客转换新产品或服务时,与产品或服务提供商建立关系必然会耗费较多的时间和精力,此时感知价值对价格容忍的影响反而越小;在与原供应商的互动过程中形成的认同关系中断以后,消费者所感知的人际关系上的损失越多,消费者的感知价值对价格容忍的影响就越小;顾客转换到其他企业的产品或服务时,进行信息搜寻和评估所花费的时间和精力越多,消费者的感知价值对价格容忍的影响就越小。[404]李先国(2011)通过对移动通信顾客的实证分析,研究了顾客满意与转换成本对于顾客忠诚的作用机制以及不同类型转换成本对于顾客忠诚的影响。研究结论表明,转换成本同比顾客满意对顾客忠诚的影响效果更显著,且高满意顾客组中转换成本的作用明显大于顾客满意;在涉及转换成本的3个维度中,财务型转换成本作用效果最弱,且在样本市场的显著性也较差,具体而言:在2G市场中关系型转换成本对顾客忠诚影响最显著,程序型转换成本次之,财务型转换成本最弱;在3G市场中,程序型转换成本对顾客忠诚影响最显著,关系型转换成本次之,财务型转换成本最弱。[405]郭鑫(2012)通过建立线性结构关系模式,构建出顾客价值、顾客满意、转换成本与顾客忠诚的整合框架,系统剖析其因果关系,并以顾客满意作为中介变量探讨其对顾客价值和顾客忠诚之间的中介作用,以及将转换成本作为调节变量探讨其对顾客价值、顾客满意和顾客忠诚三者之间的调节作用。研究结论表明:对顾客而言,当转换不需要付出过多的成本,相反还有较高的转换收益时,忠诚度再高的顾客也可能转换。因此,超市可从差异化营销入手,创造独特的核心竞争优势,可以通过宣传超市自身的特殊性和不可替代性,为消费者提供一整套适合他们的不同功能的产品和服务,来增加顾客的依赖性;此外,为消费者提供更加人性化、定制化的产品和服务,与顾客建立情感层面的关系,也将大大增加顾客的情感成本,使顾客对购物环境、服务人员产生认同感,将情感转换成本进一步提升,进而对提升顾客忠诚起到一定的积极作用。[406]陈文沛(2014)基于717位网络消费者样本数据,从物流服务质量、网络顾客满意及顾客忠诚相结合的独特视角系统考察了物流服务质量、网络顾客满意、顾客忠诚三者之间的相关性,检验转换成本在其中扮演的角色后发现,物流服务质量显著增强了顾客忠诚,而网络顾客满意在其中发挥了完全中介作用;转换成本是有中介的调节变量,即转换成本在物流服务质量与网络顾客满意的关系中发挥了调节作用,这种调节作用还会进一步通过网络顾客满意来影响顾客忠诚。但是,转换成本对中介效应的调节作用并不显著,说明转换成本不会明显影响网络顾客满意对顾客忠诚的正向作用。无论转换成本是高还是低,物流服务质量对网络顾客满意都有显著正向影响,但高转换成本样本组的直线斜率远远大于低转换成本对照组,说明在转换成本较高的情况下物流服务质量对网络顾客满意的积极作用更为明显。[407]李玉萍(2014)基于以贡献和约束为基础的关系发展机制构建概念模型,深入研究网络环境中供应商的相对吸引力和顾客满意对转换成本进而对顾客重复购买意愿的影响机制;研究结论表明:网上转换成本对顾客重复购买意愿具有显著正向影响;供应商的相对吸引力对网上转换成本和网上顾客满意均具有显著正向影响;网上顾客满意对网上转换成本亦具有显著正向影响。[408]姜红波(2015)在涉及微信电子商务顾客忠诚度影响因素研究中基于顾客忠诚度理论,构建了微信电子商务顾客忠诚度模型,实证检验了微信电子商务顾客忠诚度的相关影响因素;样本数据相关分析及回归分析结论表明:顾客满意度、转换成本、服务质量、顾客信任对微信电子商务的顾客忠诚度具有显著正向影响,而替代品吸引力则具有负向影响。[409]

综上所述,本研究认为在互联网虚拟消费情境中消费者所感知的 B2C 结构性关系价值对改善互联网顾客关系质量、提升顾客忠诚具有正向影响,即 EB 企业通过为顾客提供竞争者难以效仿的、差异化、个性化高附加值产品及服务,增强顾客让渡价值感知,提高顾客转换成本,并使二者关系趋于结构化,则消费者从中体验的关系性利益价值将显著提升,且满意度、信任度指数亦将同步提升,进而正向影响其态度忠诚及行为忠诚。

因此,本书假设:

H3.2:消费者所感知的 B2C 结构性关系价值正向影响其互联网顾客忠诚度。

3. 虚拟社区感(Sense of Virtual Community,SOVC)

在互联网经济时代,伴随 Web 2.0 技术的快速发展,虚拟社区(Virtual Community)为企业实践营销策划活动提供了全新的商业模式运营平台。所谓虚拟社区泛指基于计算机信息技术支持下的专注于参与者的沟通与互动,且内容由成员产生,从而形成一定人际关系的网络空间,其具有下述 4 个典型特征:第一,存在于网络空间;第二,利用信息技术;第三,成员基于共同兴趣进行沟通与互动,并产生大部分内容;第四,允许形成社会关系。[410] 相对于新消费者阶层日益稀缺的时间资源及有限的努力付出,虚拟社区较传统组织形式而言在时间同步性、物理接近性以及空间凝聚力层面具有显著优势,其以互联网为沟通媒介且不依赖于任何正式契约将具有相同或互补兴趣偏好的用户汇聚在一起,借助在线渠道向受众提供信息支持与情感分享。Tonteri(2011)指出成功的虚拟社区能使成员体验到虚拟社区感(Sense of Virtual Community,SOVC),其等价于人们面对面(Face-to-Face)接触时所体验到的社区感。[411] Tsai(2011)认为成员的虚拟社区感是虚拟社区必不可少的构成要素,也是虚拟社区区别于其他虚拟群体的重要标志。[412] Blanchard 和 Markus(2004)进一步强调只有那些成员产生了虚拟社区感的虚拟群组或群落才能称为虚拟社区,社区成员对社区的强烈依恋可以促使其更积极地参与社区活动、更多地与其他成员分享信息,甚至将非在线活动转化为在线活动。[413] 虚拟社区感作为诠释虚拟社区动态、提升虚拟社区品质的关键构念业已成为国内外学者关注的焦点。然而,在学术界,鲜有相关研究涉及虚拟社区感与互联网顾客关系质量及顾客行为意向之间的相关性。在此,本研究拟通过对虚拟社区感内涵、测量维度进行系统研究的基础上,深入探索虚拟社区感与互联网顾客关系质量及顾客忠诚的相关性,以期有效拓展 B2C 模式下互联网顾客关系质量与顾客忠诚形成机制研究框架。

(1)虚拟社区感构念的界定及测量维度

在学术界,虚拟社区感作为全新的研究方向逐渐引起国内外学者的广泛关注。然而,由于虚拟社区感构念的复杂性至今尚未形成统一定义。Koh 和 Kim(2003)指出所谓虚拟社区感指社区成员对社区成员感、影响力以及沉浸感(Immersion)的主观感知。[414] Blanchard(2007)认为虚拟社区感是社区成员关于成员感、身份、归属感以及借助网络空间与社区之间互动的主观个人感受。[415] 周涛和鲁耀斌(2009)认为虚拟社区感是个人就自己与社区关系的感觉,是影响社区成员行为的重要因素。[416] Tsai(2011)则将虚拟社区感界定为在以计算机为中介的沟通中成员对相互之间的归属、身份和依恋的感受。[417] Tonteri(2011)基于对虚拟社区的影响和被虚拟社区影响两个方面,将虚拟社区感定义为虚拟环境中关于社区感受的人类体验,并认为虚拟社区感反映了虚拟社区成员的个体身份以及共享的社会身份两个方面。[418] 宁连举(2014)将虚拟社区感界定为所有成员在一个虚拟网络环境下所拥有的一种归属感,以及坚定所有成员组成一个团体的信念。[419] 在此,本研究在综合国内外学者现有研究成果基础上将虚拟社区感界定为:B2C 模式下,互联网虚拟交易情境中消费者对 EB 企业为其搭建的虚拟社区平台在成员感及个体身份认同、影响力、需求的整合与满足以及情感分享层面的主观感受。

在理论与实证研究层面,McMillan 和 Chavis 构建的成员感、影响力、需求满足以及情感连接 4 维度社区感模型为后续虚拟社区感研究框架奠定了基础。国内外学者对虚拟社区感测量维度的划分、前因变量、中介/调节变量的界定以及理论溯源进行了相关有益探索性研究(表 3-5)。在此,本研究尝试基于虚拟社区成员个体水平以及虚拟社区整体水平两个层面对虚拟社区测量维度进行细化。

表 3-5 虚拟社区感测量维度划分、研究变量及理论基础

文献	维度	前因变量	中介调节变量	理论基础
Koh 和 Kim(2003)	成员感;影响力;沉浸感	领导者热情;线下行动;可享受性	虚拟社区起源	社会心理学理论
Blanchard 和 Markus(2002、2004)	认识(他人);鉴别(他人)身份;交换支持;关系;情感依恋;责任感	支持的变换(给予与接收);身份创造与对他人身份的鉴别;信任的产生	—	过程理论(社会交换理论、社会支持理论)
Ellonen 等(2007)	成员感;社区感受;身份显示;相互交换;个人关系	需求满足;与其他成员相似性感知;客观信任	—	
Blanchard(2008)	—	身份(学习身份、创建身份);支持(观察支持、发布支持、邮件支持)	规范	
Carlson 等(2008)	—	品牌认同;群体认同	群体成员感	社会认同理论
Lin(2008)	—	信任;成员满意度	—	技术和社会整合理论
赵玲等(2009)	成员感;沉浸感	用户参与虚拟社区的程度;对社区其他成员的熟悉感;感知到的与其他成员的相似性;对其他成员的信任	成员身份	社会资本理论

续表

文献	维度	前因变量	中介调节变量	理论基础
Wang（2010）	成员感和在社区中的权利和义务；在社区中的影响力和被影响情况；社区中的个体身份；共同的社会身份以及社区认同感；与社区成员之间较强的情感连接	环境变量（离线生活事件、在线媒介）和意向性变量（个性和气质、自我观念）	—	—
Keng等（2011）	成员感；影响力；沉浸感	各种虚拟产品体验（信息、教育、社会、娱乐、逃避现实、美感）的组合	虚拟产品体验的顺序（人际至机器或机器至人际）；类社会性交互	—
Tonteri等（2011）	根据Buckner(1988)调整	需求满足；利益期望（认知、人际综合利益、社会综合利益、可享受利益）	社区参与（况读信息、发布信息）	使用与满足理论
Tsai等（2011）	成员感；影响力；沉浸感	虚拟社区中的信任	—	技术接受模型和社会影响理论
Lyu(2012)	—	归属感需要；交换支持感知；个性特征；消费者—品牌关系	—	社会资本理论、社会认同理论
Tsai等（2012）	成员感；影响力；需求的整体实现；情感分享	社会交互；信任；共同语言；归属感需要	—	社会资本理论
Zhao等（2012）	成员感；影响力；沉浸感	相似性感知；信任；熟悉度	—	社会资本理论
Abfalter等（2012）	—	—	—	—
Chen等（2013）		成员对虚拟社区的态度	—	使用与满足理论
Welbourne等（2013）		在线支持行为（给予支持、接受支持）	—	动机理论

资料来源：朱振中，李晓丹，梁美丽. 虚拟社区感研究述评与展望 [J]. 外国经济与管理，2014，36(4)：36-46.

具体而言：在虚拟社区成员个体水平层面，主要涉及成员感及个体身份认同1个维度。Blanchard和Markus(2004)从社会交换及社会认同研究视角切入，选取了不同体育新闻社区中成员作为研究对象，分析了信息交换、成员之间相互支持以及彼此信任对虚拟社区感形成的影响，研究发现成员之间不断的信息交流与交换会使成员之间相互信任，为其他成员提供帮助也会使用户感知到自身价值，认为自己是该社区中一员，当这种信任感和对自身价值的感知较为强烈时,他们所产生的虚拟社区感也会比较强烈,即身份创建与个体身份认同是虚拟社区感形成的关键所在。[420]Ellonen(2007)指出个体水平层面上的成员感以及个体身份认同体现了个体作为一名社区成员对自己的内在感知。[421]赵玲、鲁耀斌和邓朝华(2009)从社会资本理论研究视角切入,系统分析了影响虚拟社区感的相关因素,研究结论表明虚拟社区感由成员感、影响力及沉浸感3个维度构成,其受到用户参与虚拟社区程度、对社区其他成员熟悉感、感知与其他成员相似性以及对其他成员信任度4个因素的正向影响,其中社区用户成员感调节熟悉对影响力和沉浸感2个维度的影响。[422]朱振中(2014)认为社区成员参与度正向影响成员之间的熟悉度、互动支持以及信任度,且成员对虚拟社区的成员感及归属感也随即增强,并最终促进虚拟社区感的形成。[423]

在虚拟社区整体水平层面,主要涉及影响力、需求的整合与满足以及情感分享3个维度。其中,影响力泛指社区成员对虚拟社区其他成员所施加的影响以及其被虚拟社区其他成员影响两个方面的主观感知。张宏亮(2015)在涉及基于海量交易数据的虚拟社区网购意见领袖研究中,选取了约200个淘宝旺旺群虚拟社区,并以社区内约五万名成员的逾百万条淘宝真实交易数据为基础,从社会网络视角构建表征社区网购人际影响关系的有向有权网,构建用户影响力模型,挖掘网购意见领袖,探索社区内网购人际交流、传播及影响规律,研究成果表明高影响力用户往往是对某一专业领域具有影响他人的能力,且是旺旺群中约5%的影响力覆盖到社区内90%的成员的网购意见领袖,这些意见领袖对虚拟社区口碑营销至关重要。[424]需求的整合与满足是互联网消费者参与虚拟社区的初衷,唯有其在功能利益、社会利益抑或是娱乐利益层面上的相关诉求得以满足,其虚拟社区成员感、归属感才会显著提升。Koh和Kim(2003)强调当一个虚拟社区能够在在线环境中为其成员提供娱乐体验并使其得到一定的满足时,其成员的迷恋和成员感期望将被有效增强。[425]情感分享泛指具有相似经历或经验的虚拟社区成员彼此间分享历史、时间、地点、经验的信念以及在情感层面上的相互支持。

(2)虚拟社区感与互联网顾客关系质量、顾客忠诚的相关性研究述评

Korgaokar和Wolin(1999)认为网络社群凝聚了拥有相同兴趣偏好的消费者,顾客能在此有效满足社会化需求,即顾客借助在线渠道实现相互交流、建立社会化人际关系,并经历相同经验及知识的分享,缩短彼此之间的距离,而社会化价值的获取不仅能显著提升顾客满意度指数,亦能影响其社会化关系的建立与维系。[426]付丽丽(2009)在涉及以人际关系为导向的虚拟社区成员忠诚度相关研究中认为系统质量、社区成员感知价值与顾客满意度之间呈正相关,并最终显著影响其态度忠诚及行为忠诚。[427]李国鑫(2011)在基于用户在线交易意愿的虚拟社区电子商务实证研究中构建了以虚拟社区网站质量为前因认知变量,用户满意度和信任度为中介态度变量,社区用户黏度和用户在线交易意愿为行为因变量的影响关系模型,在线调查某虚拟社区用户并获取204份有效问卷。实证研究表明虚拟社区网站质量显著影响社区用户参与的满意度和用户对社区及社区成员的信任度,具体而言:第一,服务质量对信任度和满意度的影响程度最大,这表明社区网站管理者和经营者应该高度重视提高社区服务质量水平,建设具有视觉吸引力的社区,提供快速敏捷的服务,提高版主

的管理水平,并保证管理员和后台服务人员具有解决问题的良好态度;第二,由于虚拟社区用户之间的信息交互特点,社区网站信息质量同样显著影响了用户信任度和满意度,侧重虚拟社区的信息质量管理,包括保证信息的及时、完整、准确和有效,将有效地提高用户的信任度和满意度;第三,社区网站系统质量显著影响用户满意度,这表明虚拟社区管理者应该高度重视网站的易用性、方便性、灵活性和可靠性等方面的技术要求,应对技术发展时间和金钱予以投入,以满足社区用户的使用需求。研究成果还显示:虚拟社区用户的社区黏度是满意用户进行在线交易的完全中介变量,即虚拟社区吸引大量具有高黏度的社区用户,是其开展电子商务的必要和充分条件,用户的满意度越高,在网站花费的时间越多,贴子阅读量就越大,网站用户的访问量和持续访问量就越大;用户满意度提高直接影响到用户的社区黏度,社区黏度的提高很大程度上又影响了在线交易意愿,即具有高社区黏度的网站促使用户更深入地参与,成员在线预订产品的可能性更大。[428]Tsai(2011)在涉及技术接受因素与社会因素对在线团购影响机制研究中指出虚拟社区感对提升互联网消费者满意度、信任度指数具有积极意义。[429]

庞川(2004)认为可以通过提供自身产品的详细介绍和第三方的客观评价,提供在线虚拟顾问以及建立网上虚拟社区、让消费者自己相互自由交换信息等方式提高消费者的网络信任。[430]周涛和鲁耀斌(2007)在涉及虚拟社区用户忠诚度影响机制研究中指出用户对互联网社区的忠诚度将有助于电子商务平台吸引并维系顾客,模型假设用户信任及虚拟社区感(成员感、影响力、需求满足)对忠诚度具有显著作用,并对收集的195份有效样本数据采用PLSGraph进行分析,结果发现用户信任显著影响虚拟社区感的三个维度与忠诚度,表明用户信任对于网上社区运作所发挥的基础性作用,且在虚拟社区感的三个维度中仅有需求满足显著影响用户忠诚度。[431]Blanchard(2011)指出成员间信任是虚拟社区感的一个重要影响结果,并参照认同理论和社会交换理论构建了信任模型,分析表明:虚拟社区感及社区规范的建立与维持在促进社区成员相互信任方面发挥着积极作用;虚拟社区感对信任具有更大的解释力,即成员的社区情感强化了其关于其他社区成员值得信赖的信念;同时,虚拟社区中规范的存在与遵守导致了更强烈的虚拟社区感,并最终导致对在线社区其他成员的强烈信任感。[432]虚拟社区的形成与扩大取决于社区信息共享的程度和意愿,研究发现信任度在很大程度上促进了虚拟社区的匿名互动,而虚拟社区电子商务的成功正是利用社区用户之间的信任关系,据此,虚拟社区用户的信任度是虚拟社区研究中不可忽视的变量,因为信任度主要是通过对虚拟社区的整体可靠性、可信性和正确性来衡量的,所以社区信息质量和服务质量都可能影响用户对社区的信任程度(李国鑫,2011)。[433]

Koh和Kim(2003)指出那些与社区保持密切关系的成员会产生更多的参与行为,而且更乐于与社区合作,从而通过不断的参与与互动提高知识共享水平和用户忠诚。[434]Woo,Chang和Stephen(2004)的实证研究结论显示在虚拟社区内成员之间的有效沟通及互助行为将有益于提升消费者对网站的态度忠诚及行为忠诚。[435]赵玲、鲁耀斌和邓朝华(2009)认为虚拟社区成员在参与社区活动过程中会产生归属感,并进而形成某种依赖性,即虚拟社区感对促进消费者重复惠顾及忠诚度的建立具有积极意义。[436]郑秋禅(2009)在探索虚拟社区感与社区成员行为意向之间的相关性研究中指出：社区成员对虚拟社区的认知及评价水平越高且归属感越强，越有益于社区成员采纳该社区成员的相关推荐，并对最终消费决策意向产生重要影响。[437]Huang(2012)的研究成果表明虚拟社区感在电子口碑影响消费者态度及行为意向层面具有显著调节作用，并进一步指出虚拟社区感强化了在线评论对消费者态度及购买意愿的影响。[438]宁连举(2014)在涉及虚拟社区感对用户忠诚度的相关实证研究中选取274名虚拟社区用户作为调研对象，利用结构方程模型从社会资本理论角度分析了用户虚拟社区感的影响因素，进而分析了虚拟社区感对用户社区忠诚度的影响；研究显示：结构资本、认知资本与关系资本对虚拟社区感具有正向影响，且虚拟社区感对用户社区忠诚度亦具有显著正向影响。[439]

综上所述，本研究认为虚拟社区感对改善互联网顾客关系质量，提升顾客忠诚具有正向影响，即互联网消费者在虚拟社区中所感知的成员感及个体身份认同、影响力、需求的整合与满足以及情感分享的效果越显著，其从中体验的关系性利益价值就越高，且满意度、信任度指数越高，进而正向影响其态度忠诚及行为忠诚。

因此，本书假设：

H3.3：EB平台虚拟社区感正向影响互联网顾客忠诚。

四、互联网顾客关系质量与顾客忠诚

1. 互联网顾客满意与顾客忠诚

据施乐公司在20世纪90年代的一项调查发现，完全满意顾客于购买8个月后再次购买的概率是比较满意顾客的6倍，[440]由此可进一步推知顾客满意度与其消费行为意向之间具有一定的相关性。在互联网虚拟消费环境下，顾客满意度是驱动顾客态度忠诚及行为忠诚的重要前因，即消费者会将EB平台的消费体验感知与内心期望值进行比较，若所感知的顾客让渡价值较高，则会产生愉悦的心理反应，进而对该EB平台产生重复惠顾倾向。在此，本研究将互联网顾客满意度(Internet Customer Satisfaction，ICS)界定为：在B2C模式下，EB平台为顾客在功能性利益体验、程序性利益体验以及关系性利益体验层面所提供的消费价值感知，且当与内心期望值进行权衡后所感知的顾客让渡价值较高，则会产生积极的正向评价及愉悦的心理反应，进而形成互联网顾客满意度。

此外，本研究拟通过文献研究法对国内外学者关于顾客满意与顾客忠诚之间的相关性进行系统梳理，为后续实证研究奠定坚实的理论基础，具体阐述如下：Youjae(1989)认为顾客满意不仅有益于提升企业美誉度、减少顾客抱怨等负面情绪，还有益于提升顾客态度忠诚及行为忠诚。[441]Bloemer(1995)的研究成果表明顾客满意与品牌忠诚呈正相关，且外显顾客满意比潜在顾客满意对品牌忠诚的正向影响效果更显著。[442]Hallowell(1996)通过对银行业顾客调查发现顾客满意与顾客忠诚呈正相关。[443]白长虹和刘炽(2002)认为服务满意是顾客忠诚的直接驱动因素。[444]汪纯孝(2003)等学者系统探讨了顾客满意感与各类忠诚感之间的相关性；数据分析结果表明：顾客的认知性忠诚感、情感性忠诚感、意向性忠诚感与行为性忠诚感是顾客忠诚感二阶因子的子因子，顾客满意感是忠诚感的重要前提因素，服务

公平性、服务质量、顾客与企业之间的友谊、顾客的信任感、归属感也对顾客的忠诚感有直接或间接的影响。[445]孙丽辉(2003)指出在一定程度上顾客满意是顾客本人再次惠顾的基础,同时也是影响其他顾客购买意向的重要因素。[446]Balabanis、Reynolds 和 Simintiras (2006)将影响顾客忠诚的重要前置影响因素界定为消费者满意度与转换障碍。[447]张新安(2007)在涉及顾客满意与顾客忠诚之间相关性的实证研究中,从理论上鉴定了顾客满意与顾客忠诚的本质、区分了不同满意程度与忠诚类型;系统研究了顾客满意与顾客忠诚之间的对应关系;研究成果表明:顾客满意是顾客忠诚的必要条件而非充分条件,且伴随满意程度的提升,顾客会更趋向于忠诚,但并非线性关系。[448]马钦海(2007)采用结构方程多组分析法系统分析了服务性质、转换成本、社会关系以及竞争者吸引力因素对顾客满意与顾客忠诚关系的调节作用,研究成果表明:上述因素对顾客满意虽然存在调节作用,但顾客满意与顾客忠诚总体上仍呈现显著正相关,即服务性质对其他因素的调节作用具有显著影响,且呈现不同特质;转换成本对顾客满意与顾客忠诚的相关关系具有负向调节作用,但这种调节作用因服务性质而异,可能取决于顾客服务价值取向;社会关系具有弱化顾客满意对顾客忠诚的影响作用,因服务性质不同,社会关系调节作用亦不同,虽然不同服务性质下顾客满意与顾客忠诚关系强度不同,但均呈现强相关性,且服务性质、社会关系、转换成本对顾客满意与顾客忠诚关系的交互调节作用亦呈现显著相关性;竞争者吸引力对顾客满意与顾客忠诚关系具有正向调节作用。[449]苏秦(2007)基于计划行为理论系统分析了电子商务环境下消费者行为意向和实际消费行为的诸多扰动因素,构建了整合电子商务服务质量、顾客满意、情感关系与切换障碍的互联网顾客忠诚影响因素模型;实证研究表明:顾客忠诚行为意向是实际消费行为最直接的影响因素,而顾客满意、情感关系以顾客行为意向为中介间接影响顾客实际消费行为,网站使用经历、服务可靠性、安全与隐私、客户服务经历等因素通过顾客满意间接影响顾客忠诚行为意向。[450]李思曼(2009)基于技术接受模型、交易成本理论与顾客满意度理论构建了顾客满意度消费者网上购物决策模型,实证研究结论显示:基于顾客满意度消费者网上购物决策模型对消费者网上购物行为具有较好的解释度,即顾客满意度、感知风险、感知信任、感知利得和感知易用性共同影响着消费者网上购买意愿,感知利得和感知易用性同时还通过影响顾客满意度来影响消费者购买行为,感知信任和感知风险之间也存在影响关系。[451]郭鑫(2012)在涉及顾客价值、顾客满意与转换成本对顾客忠诚影响机制的相关研究中,通过建立线性结构关系模式,构建出顾客价值、顾客满意、转换成本与顾客忠诚的整合研究框架,系统剖析其因果关系,并以顾客满意为中介变量探讨其对顾客价值与顾客忠诚之间的中介作用,以及将转换成本作为调节变量探讨其对顾客价值、顾客满意与顾客忠诚三者之间的调节作用;实证研究成果表明:顾客满意度与顾客忠诚度之间呈非线性相关关系,且当顾客满意度高于满意水平的临界点时,满意度的增加会导致顾客再购买意愿显著提升;反之,当顾客满意度低于满意水平的临界点时,满意度的降低会导致顾客再次购买意愿显著下降。[452]张圣亮(2012)通过文献收集、深度访谈和问卷调查,提炼出了影响网上购物顾客满意度的 27 个因素;采用探索性因子和验证性因子分析将 27 个因素归纳为 6 类;通过回归分析发现,对于网上购物顾客满意度影响程度从高到低依次为:产品质量、交货速度、网站质量、卖家信誉、产品价格与互动质量;通过独立样本 T 检验发现消费者性别和所处地域对于网上购物及其满意度影响因素有一定影响;通过均值分析发现目前我国网上购物顾客满意度接近比较满意水平;研究认为顾客满意是顾客所接触、购买或消费的某种产品、服务或组织本身的积极评价以及由此产生的愉悦心理,而这种评价及心理是基于顾客本身的某种标准,且顾客对商品问题认知、商品满意与顾客忠诚密切相关,即互联网顾客满意度正向影响其态度忠诚及行为忠诚,并最终影响 EB 企业盈利水平。[453]Zhou(2013)实证研究了系统质量、信息质量、沉浸体验对用户持续使用移动网站的影响,结果显示:系统质量、信息质量与沉浸体验均对顾客满意具有直接影响,顾客满意对持续使用具有直接影响,信息质量和沉浸体验中的感知娱乐性对持续使用也具有直接影响,顾客满意在其中起部分中介效应。[454]黄丽丽(2013)构建了网络零售业服务质量评价模型,运用调查问卷对淘宝网服务质量的过程质量、结果质量、服务保障三维度进行测量,系统分析了网络零售业服务质量三维度、顾客满意度与顾客忠诚度之间相互影响的关联关系,研究结论显示:过程质量对结果质量、顾客满意度、顾客忠诚度的影响较为显著;结果质量对顾客满意度、顾客忠诚度的影响不显著,特别是结果质量与顾客忠诚度之间不存在直接相关效应,表明某次高水平的结果质量仅能使顾客对本次购物经历感到满意,而顾客忠诚则是顾客长期满意的结果;服务保障对结果质量、满意度、忠诚度均具有较强的影响;顾客满意是顾客忠诚的基础,只有多次累积的满意才能赢得顾客对商家的信任,进而忠诚。[455]邓之宏和邵兵家(2013)采用质性研究中的内容分析方法,对中国化妆品团购网站发布的 600 条买家评论进行了内容分析,深入研究了影响消费者满意度的关键因素分别为物流配送、商品质量、使用效果、商品价格和客户服务,并进一步揭示了消费者满意和不满的主要驱动因素,其中消费者满意的主要驱动因素为商品是正品、质量好,发货和到货速度快,运输包装仔细、严实,商品价格便宜、划算、实惠,服务态度和质量很好以及商品用起来好用、舒服;消费者不满的主要驱动因素为发货和到货速度慢,包装和商品有破损,运输包装马虎、不结实,商品分量不足,存在缺货、错发、漏发情况以及商品价格不够便宜,研究结论表明互联网顾客满意与顾客行为意向密切相关。[456]Cao(2013)等学者基于期望确认理论系统研究了社交网络服务用户持续使用行为,实证研究结论显示:期望确认通过用户社会需求满足、自我实现需求满足影响用户满意,进而影响用户持续使用行为。[457]仲伟伫(2014)基于顾客满意度指数 ACSI 模型,将互联网消费者满意度影响因素研究框架界定为五种影响路径行为关系;研究结果表明:相对于传统实体店购物行为而言,顾客网络购物期望→网络购物感知质量→网络购物满意度→网络顾客忠诚度路径存在显著性正向影响关系;顾客网络购物感知质量对网络购物感知价值正向影响关系一般;顾客网络购物感知价值对网络购物满意度的影响不明显。[458]刘坤(2015)在涉及电子商务顾客忠诚驱动因素研究中将互联网顾客满意界定为消费者感知价值与预期价值之间形成的心理差异,互联网顾客满意与顾客忠诚之间的相关性可以使用顾客满意指数 ASCI 模型来系统诠释,具体而言:一方面,顾客满意水平是可感知质量与顾客期望值之间差异的感知价值函数,而顾客是否满意主要取决于顾客期望、顾客感知质量与感知价值的相互作用;另一方面,较高的顾客满意水平是导致顾客忠诚的重要限定条件,且顾客忠诚伴随顾客满意水平同步提升,然而 EB 企业应特别关注当进入质量不敏感区域时,无论如何提升顾客满意水平,顾客忠诚度均无显著变化。[459]朱艳春(2015)针对服务质量各因子与顾客满意、顾客满意与顾客忠诚各维度之间的相关性进行深入探索性研究,印证了算计性承诺对顾客情感性承诺与购买行为之间关系的调节作用,实证结果表明:网络商店服务质量的服务水平对顾客满意具有正向显著影响,但有形性、移情性对顾客满意的影响并不显著;顾客满意对顾客情感性承诺和购买行为均具有正向影响;顾客情感性承诺在顾客满意与购买行为之间具有部分中介作用;由于网络商店的转换成本低,算计性承诺对顾客情感性承诺和购买行为之间的调节作用并不显著。[460]刘力(2015)通过检验感知价值中介效应与转移成本调节效应,系统分析了关系利益影响顾客满意与顾客忠诚的作用机制;研究结论显示:信任利益、社会利益显著正向影响顾客满意与顾客忠诚,但特殊待遇利益对顾客满意与顾客忠诚的影响不显著;感知价值在信任利益对顾客满意的影响以及社会利益对顾客满意和忠诚的影响中起到部分中介作用,在信任利益对顾客忠诚的影响中起到完全中介作用;转移成本正向调节信任利益对顾客满意和忠诚的影响以及社会利益对顾客忠诚的影响,即当顾客感知到较高的转移成本时,他们更倾向于对现有的关系状况感到满意,也更倾向于继续与企业维系现有关系,对企业更加忠诚。[461]

综上所述,本研究认为,在 Web 2.0 时代 B2C 模式下,伴随 EB 企业之间竞争激烈程度的日益加剧,互联网消费者对特定 EB 平台的满意度将显著影响其对该 EB 平台的消费决策意向。

因此,本书假设:

H4:互联网顾客满意与顾客忠诚呈正相关。

2. 互联网顾客信任与顾客忠诚

关于对信任构念的界定,国内外学者历来秉承两种观点。其一,从认知视角切入,将信任视为一种信念,特别关注交易方值得信赖的某些特定属性,并据此建立信任基点。Pavlou(2007)等学者认为信任是一种信念,且该信念会影响信任意愿或行为,并进一步将其界定为在交易中买方基于卖方的能力、正直和友善而形成的一种信念,这种信念使买方有信心与卖方的交易达成买方的期望,并愿意承担相应的风险。[462]其二,从行为视角切入,将信任定义为在特定风险情境中信任方使自身处于劣势的被动行为。Lee(2001)指出在互联网虚拟消费情境中消费者相信 EB 企业对双方已达成的交易会自觉履行其应尽的责任与义务,并愿意承担 EB 企业可能带来的损失。[463]在互联网虚拟消费环境下,顾客信任度是驱动顾客态度忠诚及行为忠诚的重要前因,即消费者会将 EB 平台的消费体验感知与其脑海中业已储存的网购经验以及实体店商消费体验感知进行权衡,若所感知的顾客让渡价值较高,则会产生认同感及积极的正向评价,进而对该 EB 平台产生重复惠顾倾向。参照社会认知理论,本研究认为在互联网虚拟交易情境中互联网顾客信任度(Internet Customer Trust, ICT)实际上是建立在情境－认知－行为的动态交互作用进程中,即 EB 平台借助系统设计品质、商品信息丰裕度及价格优势等外部情境因素刺激消费个体感官认知,且上述特征信息还会与消费者脑海中业已储存的相关信息动态融合、重新构建其对该 EB 平台的整体印象,进而影响消费个体认知判断,消费者对EB平台印象的主观认知又会显著影响其互联网消费决策意向。

此外,本研究拟通过文献研究法对国内外学者关于顾客信任与顾客忠诚之间的相关性进行系统梳理,为后续实证研究奠定坚实的理论基础,具体阐述如下:Reichheld和Schefter(2000)认为顾客对EB平台的信任感是互联网消费决策意向的关键驱动因素,并进一步指出要获取顾客忠诚首先要赢得顾客信任。[464]Mcknight(2002)等学者的实证研究结论也进一步佐证在B2C模式下消费者对EB平台的信任度对其重复惠顾该EB平台将产生积极影响。[465]Gefen(2002)在涉及互联网顾客忠诚影响机制研究中,选取亚马逊网上书城消费者为调研对象进行实证探索性研究,认为在互联网虚拟消费情境下,互联网顾客信任度是顾客忠诚度的重要驱动因素。[466]Luarn和Lin(2003)将网络顾客忠诚的重要驱动因素归因为互联网顾客满意度、互联网顾客信任度以及互联网顾客感知服务质量,研究表明上述维度对顾客忠诚均具有显著正向影响。[467]罗海成(2005)基于关系营销研究框架基础,适时引入心理契约变量,深入探索其与顾客信任、顾客承诺、顾客忠诚之间的相关性,并据此构建结构方程模型,认为顾客信任的建立其实际意味着顾客对未来交易感知风险的降低,且可信性信任使顾客相信自己的付出能够得到企业相应的服务,从而降低顾客外部信息的搜寻动机,减少对其他可替代选择的考虑;而善意性信任则使顾客相信企业不会利用服务购买和消费中信息不对称障碍欺骗消费者,由此顾客对企业形成某种情感依赖意愿,进而产生对企业有利的态度倾向,即可信性信任与行为忠诚之间呈正相关、善意性信任与态度忠诚之间呈正相关。[468]刘建新(2006)在涉及顾客信任形成机制及营销管理研究中强调唯有企业践诺率达到足够高的水平时,顾客才会对该企业产生信任感,由此满意并忠诚于该企业,反之,一旦企业践诺率降低,顾客信任度则随之急剧下降,直至信任度为零,就总体而言,顾客信任度与企业践诺率二者之间呈正相关,但其过程表现并非简单的直线性正相关关系,从数理分析上讲:当企业践诺率低于80%,二者成直线性正相关关系;当企业践诺率为80%~90%,企业践诺率的提高并非显著正向影响顾客信任度的提升;当企业践诺率为90%,95%~100%时,顾客信任度会出现延时性恢复增长,直至提升至100%。[469]丛庆(2007)以Morgan和Hunt的承诺-信任理论为基础,引入顾客信任、顾客情感承诺和关系承诺等变量,构建并验证了基于关系营销视角的顾客服务补救后满意与顾客关系持续之间的关系模型;实证结果显示:顾客服务补救后满意必须通过信任和关系承诺变量的中介作用维系顾客关系,对顾客的关系持续意愿没有直接解释力,在服务补救背景下顾客信任通过顾客情感承诺变量间接影响关系承诺。[470]胡保玲(2009)在涉及互联网消费者购买行为意向影响机制相关研究中,重点探索了顾客信任维度的中介作用;实证研究结论显示:顾客满意、声誉、转换成本对顾客信任具有显著正向影响,顾客信任与顾客购买意愿之间亦呈现显著正相关,且顾客信任在顾客满意、声誉、转换成本与顾客购买意愿之间具有部分中介效应。[471]Kim(2009)的纵向数据研究表明,信任能有效降低消费者在互联网虚拟交易情境中对信息不对称风险的主观感知,对有效增强在线消费意愿具有积极意义。[472]张初兵(2010)以"承诺-信任"理论为依托,对顾客满意→顾客忠诚路径进行了系统研究,并实证检验了变量之间的路径关系;认为满意、信任与承诺是普通顾客向忠诚顾客转化时心理变化的三个阶段;研究成果显示:顾客信任对态度忠诚有直接影响,但对行为忠诚没有直接影响,即顾客在一次或多次满意消费后,在心理上会形成对产品或服务的认可和信赖,但这只会带来顾客的态度忠诚,不能直接促使顾客的重复购买,顾客只有形成了对企业的承诺后才会愿意与其保持长期的交换关系,才会促使顾客忠实于企业并重复购买该企业的产品或服务。[473]杨倩(2011)系统分析了EB平台使用便利性、交易安全性以及服务真诚性对顾客信任继而对顾客消费行为意向的影响机制,实证检验了EB平台的承诺违背行为对顾客信任影响机制的调节作用,研究显示当顾客信任某EB平台时,一方面,顾客会对该EB平台的履约能力、商品品质有信心,认为自己所购买的商品有保障且物有所值;另一方面,顾客也会认可该EB平台的商业信誉及交易诚意,认为该EB平台不会采取投机及不道德行为损害自身利益,且上述两方面对有效缓解消费者对互联网虚拟消费情境中存在的潜在风险具有积极意义,对增强顾客网络消费信心、实施网络消费行为具有重要影响。[474]谢恩(2012)在探索不同维度信任相互作用及其对在线购物意愿影响的相关研究中将信任分解为能力信任、正直信任和友善信任3个基本维度,通过对191份消费者数据,采用三阶段最小二乘分析法进行实证分析,研究成果表明不同维度信任之间存在部分相互作用关系,即能力信任与正直信任、正直信任与友善信任之间存在相互加强作用;不同维度信任均对在线购物意愿产生影响,只是影响程度及路径有所差异,即消费者对网站的能力信任会直接促进在线购物意愿、正直信任通过加强对网站的能力信任促进在线购物意愿的效果比能力信任弱、友善信任通过正直信任及能力信任促进在线购物意愿的效果更弱。[475]雷宏振(2013)基于行业分析与文献研究,对网络团购消费者进行了问卷调研,构建了顾客满意、品牌信任与顾客忠诚的结构方程模型;研究发现在现阶段网络团购行业中,顾客满意不能有效形成顾客忠诚,需要借助品牌信任作为中介变量,即团购网站在提升顾客满意度的同时,还需进行大量的品牌营销投入,通过传递品牌形象以建立品牌信任,最终促使顾客满意转化为顾客忠诚。[476]邓爱民(2014)构建了以信任、在线网站特性、线下物流服务质量、顾客满意度、转换成本为外因潜在变量,以顾客忠诚度为内因潜在变量的概念模型,采用因子分析、结构方程模型揭示网络环境下顾客忠诚度的影响因素及作用机制;研究发现:在网络环境下,信任不仅可以通过影响顾客满意度来间接影响顾客忠诚度,而且还可以成为顾客忠诚度的直接前因变量。[477]秦进(2014)的研究成果表明网络零售服务可靠性五维度对顾客信任具有显著影响,影响程度由强至弱依次为:客户服务可靠性、产品相符性、网站技术可靠性、信息可靠性以及物流配送可靠性;其中,网络零售服务可靠性各维度通过顾客满意、顾客信任的中介作用对顾客忠诚产生影响;而顾客满意、顾客信任对顾客忠诚亦具有显著正向影响,并且其在网络零售服务可靠性对顾客忠诚的影响机制中具有重要意义。[478]王琴英(2015)基于顾客满意与顾客信任理论,构建了互联网消费者"满意-信任-忠诚"转换模式,系统研究了顾客满意向顾客忠诚转化的路径关系,并利用问卷调研数据由结构方程模型进行量化测算,比较分析了淘宝、天猫、京东电商平台的顾客忠诚影响系数与忠诚度指数;研究成果显示:顾客期望、感知质量与感知价值对顾客忠诚具有间接影响作用,而顾客满意与信任则对顾客忠诚产生直接影响作用。[479]

综上所述，本研究认为在 Web 2.0 时代 B2C 模式下，伴随 EB 企业之间竞争激烈程度的日益加剧，互联网消费者对特定 EB 平台的信任度将显著影响其对该 EB 平台的消费决策意向。

因此，本书假设：

H5：互联网顾客信任与顾客忠诚呈正相关。

3. 互联网顾客满意与互联网顾客信任

在 B2C 模式下，EB 平台若能为消费者在功能性利益体验、程序性利益体验以及关系性利益体验层面提供高品质的消费价值感知、使其获取较高的让渡价值，将正向影响其对该 EB 平台的满意度评价，且顾客满意度指数对顾客信任度亦具有正向影响，并最终对 EB 企业改善互联网顾客关系质量实施顾客锁定战略起到积极的促进作用。

在此，本研究拟通过文献研究法对国内外学者关于顾客满意与顾客信任之间的相关性进行系统梳理，为后续实证研究奠定坚实的理论基础，具体阐述如下：Bendapudi 和 Berry（1997）、Fred（1998）在涉及顾客满意与顾客信任的相关性研究中指出，顾客满意是顾客信任的重要驱动因素，且顾客对曾经的消费体验越满意其对服务提供者的信任度就越高。[480,481] 袁亚忠（2008）认为顾客满意与顾客信任是构成顾客关系质量的重要组成部分，其对顾客忠诚形成机制具有重要影响，实证研究表明：顾客关系质量与顾客态度忠诚呈显著正相关，然而其与顾客行为忠诚之间却呈现显著负相关，即顾客关系质量在维系顾客忠诚层面仅直接影响顾客未来消费行为意向而对顾客未来实际消费行为影响作用甚微；此外，顾客满意、顾客信任作为顾客关系质量的重要组成部分，两者之间呈现显著相关性，即顾客满意是顾客对服务绩效与心理预期权衡后所产生的某种心理状态抑或是情绪翻译，且唯有顾客对企业提供的产品或服务感到满意时才会形成对该企业的信任感，并且愿意与值得信任的企业保持后续购买意向及实际购买行为。[482] 常亚平（2009）基于 B2C 模式下互联网消费者与 EB 平台整体交易过程，界定了网络服务质量构念及其测量维度，构建了 B2C 环境下网络服务质量对顾客忠诚的影响机制模型；研究成果显示：服务过程质量、服务结果质量与服务补救质量通过顾客满意中介变量正向影响顾客忠诚，服务结果质量直接通过顾客信任正向影响顾客忠诚，且顾客满意对顾客忠诚具有显著正向影响，即对于再次惠顾某 EB 平台的互联网消费者而言，曾经的消费体验所积累的满意将正向影响其对该 EB 平台的信任感。[483] 张初兵（2010）认为顾客满意度对顾客信任感的形成具有积极意义，一旦顾客形成信任感之后，一方面影响着顾客承诺，另一方面伴随着一定的态度忠诚，当顾客做出对产品或服务提供者的承诺时，此时往往也伴随着顾客的态度和行为表现，因此，这验证了顾客满意、顾客信任、顾客承诺、态度忠诚与行为忠诚之间存在着逻辑传递关系，且上述逻辑传递关系是顾客从满意到忠诚的心理活动进程。[484] 曾慧（2014）在涉及 B2C 环境下消费者持续网络信任实证研究中，基于顾客价值理论，构建了消费者持续网络信任模型，探讨了 B2C 环境下消费者持续网络信任的影响机制；研究结果表明：在线客服感知、物流服务感知、产品价值感知均正向影响持续网络信任与顾客满意，此外，网络顾客满意对持续网络信任具有显著影响，而消费者持续网络信任对顾客忠诚亦具有显著正向影响。[485]

综上所述，本研究认为在 Web 2.0 时代 B2C 模式下，伴随 EB 企业之间竞争激烈程度的日益加剧，互联网消费者对特定 EB 平台的满意度将显著影响其对该 EB 平台的信任度，进而正向显著影响其对该 EB 平台的态度忠诚及行为忠诚。

因此，本书假设：

H6：互联网顾客满意与顾客信任呈正相关。

第四章 研究方法

本章将系统介绍量表设计及开发流程；探讨本研究所涉及变量的操作化定义及度量指标描述；在调研过程及样本结构分析环节，完成调研问卷设计工作，确立研究对象、研究方法；对调研回收问卷就样本数据人口统计学特征进行深入分析，并将本书所涉及的主要研究方法进行系统描述。

第一节 量表设计及开发流程

为确保测量的准确性，本书在充分借鉴国内外学者已使用量表的基础上，结合本研究所需，形成了量表初稿。此外，通过预调研及修改方式对量表进行了一定程度上的微调，并完成了相应的信度、效度检验，剔除了某些不可靠指标，最终形成了正式计量量表。具体开发流程如下：

首先，对国内外学者现有研究成果进行文献回顾，并搜索、挖掘相应量表的测量语句。在本环节为了突破外文量表对受访者正确理解量表内涵的束缚，我们特聘请了外语教研室专业教师对其进行精确翻译，在此基础上与讲授营销课程的同事进行语义对比，反复推敲、斟酌，并在充分考量文化因素的前提下，对量表的某些专业术语进行了适当的修改与微调，以期最大限度地减少语义损失量。

其次，通过与国内众多 EB 企业深度访谈，了解 EB 平台发展现状及发展前景规划；通过走访大量的消费者，广泛考察影响 B2C 模式下互联网顾客忠诚形成机制前置限定因素。据此，将访谈资料进行系统筛选、归纳与汇总，对现有量表的测量语句进行补充与完善。

再次，本研究还聘请了管理学院营销管理研究方面的资深教授对量表进行审查。在该环节，参照专家建议对量表中一些语义上存在二义性及重复测量指标进行删除，完成了本研究所需的量表初稿。

最后，在预调研及修改环节，将编制好的调研问卷在 60 名管理学院研究生中进行了小规模初试，借以评估调研问卷长度的合理性、测量语句表述的清晰程度等，以期发现量表中亟待解决的问题，以避免研究后期的大规模返工。具体操作环节：对于两位以上受访者存有相同异议的题目，进行了相应的修改与删除；对一些多数受访者均选择相同答案的题目，对其答案是否在同一维度上以及不同答案间是否包含等相关问题进行了缜密的验证。此外，本研究还对量表进行了相应的信度、效度检验，剔除了某些存有不可靠因素的指标。

综上所述，经过上述步骤及开发过程，最终形成了本研究所采纳的计量量表。

第二节 变量的测量及计量指标

根据研究假设理论推演,在互联网顾客忠诚形成机制及影响因素概念模型中,共涉及17个变量,其中前因变量涉及功能性利益体验、程序性利益体验以及关系性利益体验三个层面,共计14个维度,具体包括:便利导向(Convenience Orientation,CO)、价格利益(Price Benefits,PB)、商品质量(Commodity Quality,CQ)、商品信息质量(Commodity Information Quality,CIQ)、物流配送服务质量(Logistics Distribution Service Quality,LDSQ)、服务失误补救措施(Service Failure Remedial Measures,SFRM)、系统设计质量(System Design Quality,SDQ)、系统交易安全性(System Security,SS)、消费者感知互动(Consumer Perceived Interactivity,CPI)、消费趣味性感知(Consumer Perceived Playfulness,CPP)、客户化定制(Customerization,C)、企业形象(Corporate Image,CI)、B2C结构性关系感知(B2C Structural Relationship Perception,B2CSRP)以及虚拟社区感(Sense of Virtual Community,SOVC);中介变量涉及互联网顾客满意度(Internet Customer Satisfaction,ICS)与互联网顾客信任度(Internet Customer Trust,ICT)2个维度;结果变量涉及互联网顾客忠诚度(Internet Customer Loyalty,ICL)1个维度。现将17个变量的操作化定义及度量指标描述如下:

①便利导向(CO)前因变量泛指B2C模式下,EB企业为消费者在互联网虚拟消费情境下选购商品及享受服务过程中涉及浏览、订购、支付、物流配送以及服务失误补救措施层面所积极尝试提供的便利服务体验。

②价格利益(PB)前因变量泛指B2C模式下,EB企业在降低消费者货币成本支出方面的主观感知,其在商品信息中体现为商品价格与折扣率两个维度。

③商品质量(CQ)前因变量泛指能够满足互联网顾客需求进而实现顾客满意的某些商品特性。

④商品信息质量(CIQ)前因变量泛指B2C模式下,EB企业为消费者在互联网虚拟消费情境下选购商品及享受服务过程中涉及某种商品品质所提供的相关佐证信息。

⑤物流配送服务质量(LDSQ)前因变量泛指B2C模式下,EB企业能够在恰当的时间和正确的场合,以适合的价格和方式为顾客提供适合的产品和服务,使客户的个性化需求得以满足,价值得以彰显的活动过程。在此,本研究将B2C模式下影响消费者感知物流配送服务质量细分为:客户化定制服务质量、回应质量、支付质量以及服务失误补救质量4个维度。

⑥服务失误补救措施(SFRM)前因变量泛指B2C模式下,EB企业从互联网顾客感知视角切入,在第一时间内对顾客投诉给予响应,并选取恰当的补救时机及完善的补救措施迅速回应。

⑦系统设计质量(SDQ)前因变量泛指B2C模式下,EB企业为消费者在互联网虚拟消费情境下选购商品及享受服务过程中涉及EB平台CI形象定位、虚拟触觉感知以及操作便利性3个维度所积极尝试提供的程序性利益体验。

⑧系统交易安全性(SS)前因变量泛指涉及交易的确认、在线支付结算以及隐私权保护等相关安全问题。

⑨消费者感知互动(CPI)前因变量泛指 B2C 模式下，EB 企业利用互联网平台进行信息传播与沟通，为互联网用户提供与网站经营者、管理者以及其他用户相互交流、相互回馈的有效沟通渠道，并借助连续的交互与修正增强彼此间的了解。在此，本研究将 B2C 模式下消费者感知互动进一步细分为交互导向互动、任务导向互动及自我导向互动 3 个维度。其中交互导向互动强调当 EB 企业重视互联网消费者需求与反馈，并积极尝试与其建立友好个人关系及互动氛围时，消费者所主观感知的互动性水平；任务导向互动是高目标驱动型互动，且在该互动模式驱动下 EB 企业在与互联网消费者的接触中，任何偏离任务导向或缺乏效率的任务提案都会被排除在 EB 企业考虑集之外；自我导向互动强调 EB 企业在与互联网消费者的服务接触中习惯以自我为中心，且其更关注自身福利，而忽视对方利益。

⑩消费趣味性感知(CPP)前因变量泛指 EB 企业借助互联网虚拟消费体验的趣味性感知充分释放互联网顾客高强度工作压力、缓解现实社会中的负面情绪，继而衍生出正面的情感评价。

⑪客户化定制(C)前因变量泛指 EB 企业参照消费者特质及具体诉求为其提供个性化产品及服务的能力。

⑫企业形象(CI)前因变量泛指在互联网虚拟交易情境下，顾客对 EB 企业社会责任及其所提供的商品、服务品质，通过与顾客从事社会性活动所累积的相关经验，并参照同类 EB 平台进行比较、权衡的聚合过程所最终形成的一种主观评价。在此，本研究在测量 EB 平台企业形象层面主要应涉及 EB 企业能力、EB 企业社会责任 2 个维度。其中，EB 企业能力泛指 EB 平台为消费者在互联网虚拟消费情境中所提供的功能性利益体验及程序性利益体验；而 EB 企业社会责任则强调面对一系列重大社会、道德和伦理问题时 EB 企业所应具备的品行。

⑬B2C 结构性关系感知(B2CSRP)前因变量泛指在互联网虚拟消费情境中 EB 企业在为消费者提供商品及服务的同时，若能有效针对不同消费个体的差异性为其提供个性化且同类竞争者难以复制的高附加值、形成消费个体的专属资产，增强顾客让渡价值感知，增加顾客对 EB 企业的信赖度。由此，显著提升顾客转换成本，并最终在 EB 企业与顾客之间形成某种相对稳定的结构化关联。

⑭虚拟社区感(SOVC)前因变量泛指 B2C 模式下，互联网虚拟交易情境中消费者对 EB 企业为其搭建的虚拟社区平台在成员感及个体身份认同、影响力、需求的整合与满足以及情感分享层面的主观感受。在此，本研究尝试基于虚拟社区成员个体水平以及虚拟社区整体水平两个层面对虚拟社区测量维度进行细化。具体而言：在虚拟社区成员个体水平层面，主要涉及成员感及个体身份认同 1 个维度；在虚拟社区整体水平层面，主要涉及影响力、需求的整合与满足以及情感分享 3 个维度。

⑮互联网顾客满意度(ICS)中介变量泛指在 B2C 模式下，EB 平台为顾客在功能性利益体验、程序性利益体验以及关系性利益体验层面所提供的消费价值感知，且当其与内心期

望值进行权衡后所感知的顾客让渡价值较高,则会产生积极的正向评价及愉悦的心理反应,进而形成互联网顾客满意度。

⑯ 互联网顾客信任度(ICT)。参照社会认知理论,本研究认为在互联网虚拟交易情境中互联网顾客信任度中介变量实质上是建立在情境-认知-行为的动态交互作用进程中,即 EB 平台借助系统设计品质、商品信息丰裕度及价格优势等外部情境因素刺激消费个体感官认知,且上述特征信息还会与消费者脑海中业已存储的相关信息动态融合、重新构建对该 EB 平台的整体印象,进而影响消费个体认知判断,消费者对 EB 平台印象的主观认知又会显著影响其互联网消费决策意向。

⑰ 互联网顾客忠诚度(ICL)结果变量泛指顾客在互联网虚拟消费体验进程中,对某 EB 平台所销售的商品及提供的服务在功能性利益体验、程序性利益体验以及关系性利益体验层面均获取了较高的感知价值,进而对其产生某种特定的感觉、偏好及承诺,据此对同类 EB 企业竞争者所积极开展的营销策划活动自动屏蔽、形成一定的免疫力,即互联网消费者与该 EB 平台业已形成了某种稳定的 B2C 结构性关系。此外,互联网消费行为拓展表现为:主动为该 EB 平台宣传口碑;向他人推荐该 EB 平台销售的产品或服务;价格敏感性降低、价格容忍度提高。

本研究采用 Likertt 量表对上述影响 B2C 模式下互联网顾客忠诚形成机制前置限定因素进行计量。为确保受访者做出倾向于赞同或者倾向于反对的判断,进而利于分析变量之间的相关关系,本量表没有采用常用的 5 点或者 7 点量表,而是采用了偶数形式的 6 点量表形式,参照完全反对,比较反对,有点反对,有点赞同,比较赞同,完全赞同,分别给予 1、2、3、4、5、6 分。各变量的计量指标如表 4-1 所示。

表 4-1 变量的计量指标

变量	指标(Q_n)
便利导向(CO)	$Q_1 \sim Q_3$
价格利益(PB)	$Q_4 \sim Q_6$
商品质量(CQ)	$Q_7 \sim Q_9$
商品信息质量(CIQ)	$Q_{10} \sim Q_{12}$
物流配送服务质量(LDSQ)	$Q_{13} \sim Q_{16}$
服务失误补救措施(SFRM)	$Q_{17} \sim Q_{19}$
系统设计质量(SDQ)	$Q_{20} \sim Q_{22}$
系统交易安全性(SS)	$Q_{23} \sim Q_{25}$
消费者感知互动(CPI)	$Q_{26} \sim Q_{28}$
消费趣味性感知(CPP)	$Q_{29} \sim Q_{31}$
客户化定制(C)	$Q_{32} \sim Q_{34}$
企业形象(CI)	$Q_{35} \sim Q_{37}$

续表

变量	指标(Q_n)
B2C 结构性关系感知(B2CSRP)	$Q_{38} \sim Q_{41}$
虚拟社区感(SOVC)	$Q_{42} \sim Q_{45}$
互联网顾客满意度(ICS)	$Q_{46} \sim Q_{48}$
互联网顾客信任度(ICT)	$Q_{49} \sim Q_{51}$
互联网顾客忠诚度(ICL)	$Q_{52} \sim Q_{54}$

注:指标 Q_n 表示调研问卷中 Likertt 量表的第 n 个题项,后续指示均表示此意。

第三节 调研过程与样本结构

一、调研问卷设计

在上述调整、梳理及研究工作的基础上,最终形成了本书所采用的正式调研问卷。

本调研问卷由引言部分、主体部分与后缀部分构成。引言部分包括:称呼、问候、访问员的自我介绍、调查目的、受访者作答的意义及重要性、说明回答者所需的时间以及对受访者信息的保密承诺和感谢语。调研问卷的主体部分由三部分构成,共计 64 题,全部采用封闭式提问,其具体分布如下:第一部分旨在了解受访者互联网消费历史的基本情况,包括互联网消费经历、顾客在 EB 平台选购商品及服务的种类、消费频度与单笔消费额度,共计 4 题;第二部分旨在了解受访者在互联网虚拟消费情境中所感知的功能性利益体验、程序性利益体验以及关系性利益体验对改善互联网顾客关系质量、提升顾客态度忠诚及行为忠诚所施加的影响,共计 54 题;第三部分旨在了解受访者的人口统计资料,共计 6 题;包括性别、年龄、婚姻状况、教育程度、职业以及平均月收入水平。调研问卷的后缀部分由调研员负责填写相应的信息点,包括调研员的姓名、调研时间与调研地点。

本问卷共计 6 页,经测试,受访者填答完整套问卷的时间为 20~25 分钟。此外,为杜绝受访者在填答问卷时出现漏项、跳页的现象,特在调研问卷第 1、3、5 页的页脚处标有"反面有题,请您继续填答"的提示语句。

二、调研对象与方法

本研究的调查对象拟定为城市成年消费群体,之所以选择城市成年消费者来开展调研工作,主要是基于以下几点考虑:第一,从国内外学者现有的研究成果表明,目前城市消费者仍占据网络消费的主导地位;第二,在前期广泛走访影响网络消费行为的深度访谈中可以证实城市消费者具有一定的计算机网络及信息技术知识储备,并具有潜在消费倾向及实际购买经历,在这些方面,农村消费者还相对欠缺与匮乏;第三,城市成年消费群体一般具有相对稳定的工作、较高的薪酬及较好的个人修养,能够更有效地配合问卷的调查,从而有利于本研究样本数据的采集。

本研究将天津市作为调研地点,从管理学院硕士研究生申请者中认真挑选了30名学生作为调研员,并对其进行了项目介绍及相应的调研方法培训。在筛选调研员的过程中,特别关注以下几点:首先是考察调研员完成调研工作的有效性及可靠性;其次是考察调研员是否善于交流,并掌握与他人沟通的简单技巧以及是否能细心倾听、准确领会和理解受访者的回应;最后为了确保本次调研的真实性、有效性,调研员的信念和个人道德也是避免作弊的重要保障。本次调研采取街头拦截式的调研方式,从2014年6月1日至2014年9月1日结束,数据采集汇总历时3个月,受访者采取现场填答方式,问卷由调研员现场收回。具体操作步骤是,根据天津市行政区划分,将主要调研区域分为10个区域,即和平区、南开区、红桥区、河东区、河北区、河西区、北辰区、津南区、西青区和滨海新区。在此基础上,将每3名调研员编为一组,负责一个采样点。本次调研共计发放问卷500份,回收416份,问卷回收率达83.2%。在对回收问卷的检查、整理过程中,剔除漏填及一致性存在问题的相关问卷28份,实际得到有效问卷为388份,有效率达93.3%。

三、样本结构分析

本次调研有效问卷为388份,现对样本的人口统计学特征进行分析,主要涉及如下六个方面,即性别、年龄、家庭结构、学历结构、职业和收入结构(表4-2)。

表4-2 样本人口统计特征

人口统计变量	分类指标	样本数目	百分比(%)	累计百分比(%)
性别	男性	198	51.1	51.1
	女性	190	48.9	100
年龄	18~25岁	24	6.2	6.2
	26~35岁	157	40.5	46.7
	36~45岁	96	24.7	71.4
	46~55岁	68	17.5	88.9
	56~65岁	28	7.2	96.1
	66岁及以上	15	3.9	100
婚姻状况	未婚	149	38.4	38.4
	已婚	239	61.6	100
教育程度	高中以下	27	7	7
	大学专科	75	19.3	26.3
	大学本科	157	40.5	66.8
	硕士研究生	102	26.2	93
	博士研究生	27	7	100

续表

人口统计变量	分类指标	样本数目	百分比(%)	累计百分比(%)
职业	政府公务员	32	8.2	8.2
	医生 教师 科研人员	138	35.6	43.8
	学生	112	28.9	72.7
	军人	9	2.3	75
	公司/企业职员	77	19.8	94.8
	其他	20	5.2	100
平均月收入(元)	>500	63	16.3	16.3
	501~1000	25	6.5	22.8
	1001~1500	14	3.6	26.4
	1501~2000	21	5.5	31.9
	2001~3000	75	19.2	51.1
	3001~5000	98	25.2	76.3
	5001~8000	66	17.1	93.4
	>8000	26	6.6	100

资料来源:本研究计算结果。

第四节 数据分析方法

一、信度、效度分析

在对调研问卷结果进行统计分析之前,有必要对其进行信度分析与效度分析,且唯有信度、效度达到可接受范围时,方可确保该调研问卷统计分析结论的可靠性与准确性。

1. 信度分析[486]

信度分析(Reliability Analysis)是指量表在衡量相关变量时是否具有稳定性(Stability)与一致性(Consistency),即检验量表内部各题项间的符合程度及两次度量的结果前后是否具有一致性。具体而言,研究者对于相同的或相似的现象或群体进行不同的测量(不同形式的或不同时间的),其所得结果一致的程度。任何测量的观测值包括了实际值与误差值两部分,信度越高表示误差值越低,所得的观测值就不会因形式或时间的改变而改变,故具有相当的稳定性。根据检测工具及测量时点可将信度具体分为:内部一致性信度(Internal Consistency Reliability)、复本信度(Alternate-Form Reliability)、再测信度(Test-Retest Reliability)以及复本再测信度(Alternate-Form Retest Reliability)。具体说明如图4-1所示。

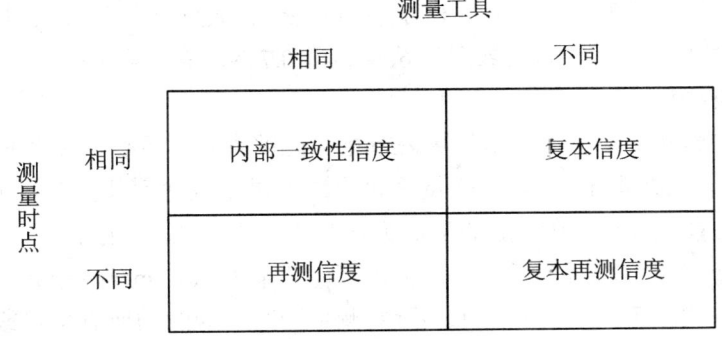

图 4-1 信度分类

一般而言,用于检验信度的指标包括:①稳定性(Stability);②等值性(Equivalence);③内部一致性(Internal Consistency)。在此,本书拟采用内部一致性这一指标来对量表进行信度检验。在内部一致性信度分析中通常使用 Cronbach α 系数来估计。Cronbach α 的计算方法如下所示。其中,k 表示测量某一观念的题目数;σ_i 表示题目 i 的方差;σ_{ij} 表示题目的协方差。

$$\alpha = \frac{k}{k-1}\left[1 - \frac{\sum_{i=1}^{k}\sigma_i^2}{\sum_{i=1}^{k}\sigma_i^2 + 2\sum_{j}^{k}\sum_{j}^{k}\sigma_{ij}}\right]$$

可信度与 Cronbach α 系数对应关系如表 4-3 所示。

表 4-3 可信度与 Cronbach α 系数对应关系

信度(Reliability)	Cronbach α 系数
不可信	Cronbach α<0.3
勉强可信	0.3≤Cronbach α<0.4
可信	0.4≤Cronbach α<0.5
很可信(最常见)	0.5≤Cronbach α<0.7
很可信(次常见)	0.7≤Cronbach α<0.9
十分可信	0.9≤Cronbach α

资料来源:本研究整理所得。

上表中 Cronbach α 系数越大,表示该变量各题项的相关性越大,即内部一致性越高。美国统计学家 Anderson 等认为 Cronbach α 大于 0.7 为高信度,如果计量尺度中的项目数小于 6 时,Cronbach α 大于 0.6,数据也可以接受,低于 0.35 为最低可接受的信度水平。Nunnally 指出用 Cronbach α 系数法来评价量表内部一致性通常有两个方面:其一,就项目而言,项目总体相关系数要求大于 0.3,而且项目的 Cronbach α 需小于量表总体的 Cronbach α,不符合此条件的项目应删除;其二,量表的 Cronbach α 值越接近 1 越好,表明量表的信度越高,具体而言,当计量的项目总数小于 6 时, Cronbach α 值只要大于 0.6 也是比较令人满意和可以接受的,如果计量的项目总数大于 6,应该以 0.7 为取舍下限。[487]

2. 效度分析[488]

效度分析(Validity Analysis)是指量表或指标能够真正测量出所要测量事物的真实程度,它揭示的是结构变量与其表示的变量之间的关系,也就是说采用的测量工具在多大程度上反映出概念的真实含义。在一般的学术研究中经常出现的效度有下述三种:①内容效度(Content Validity),又称表面效度(Face Validity)、逻辑效度(Logical Validity)。测量工具的内容效度是指该测量工具是否涵盖了其所要测量的某一观念的所有项目或层面。一般而言,如果测量工具涵盖了它所要测量的某一观念的代表性项目或层面,也就是具体而微的话,则称该测量工具基本上可认为是具有内容效度的。决定一个测量工具是否具有内容效度,多半是靠研究者的判断,在实际进行研究时,进行这种判断并非易事。研究者必须要考虑两件事情:其一,测量工具是否真正地测量到他所想要测量的观念(变量);其二,测量工具是否涵盖了所要测量的观念(变量)的各项目(各层面)。内容效度存在的最大问题在于:第一,研究者之间对于应如何测量某个观念并没有共识;第二,某个观念是多元尺度的,并包含有层次观念;第三,测量上是旷废时日的。②效标关联效度(Criterion-Related Validity),又称实用效度(Pragmatic Validity)。Selltiz 于 1976 年将实用效度再次分为同时效度(Concurrent Validity)及预测效度(Predictive Validity)。效标关联效度、同时效度及预测效度涉及对于同一观念的多重测量。同时效度是指某一测量工具在描述目前的特殊现象的有效性。预测效度是指某一测量工具能够预测未来的能力。③建构效度(Constructive Validity),分为收敛效度(Convergent Validity)和区别效度(Discriminant Validity)。当且仅当这两个效度同时获得时,方可认为具有建构效度。建构效度是指测量工具能够测量理论的概念或特质的程度。通常,在检验建构效度的过程中,必须先从某一理论建构着手,然后再进行测量及分析,以验证其结果是否符合原理论及建构。建构效度所包含的内容更为复杂,其包含了两个或两个以上的操作性定义,并探讨构念间及定义间的相互关系。在讨论理论建构时,必须考虑周延性及排他性的问题。周延性的要求在于对原理论建构的充分了解,而排他性的要求则在于将不相关的理论建构排除在外。收敛效度所探讨的是周延性的问题,而区分效度所探讨的是排他性问题。一般而言,建构效度通常是量表效度分析所采用的主要工具,可使用探索性因子分析方法和验证性因子分析方法。在此,本书将运用验证性因子进行分析。综上所述,三种类型的效度从内容效度到效标关联效度再到建构效度,可以说是渐进式的、累积式的。换言之,后面的类型具有前面类型的特性,再附加上新的特性。上述效度汇总说明如表 4-4 所示。

表 4-4 效度汇总说明

类型	测量内容	方法
内容效度	项目的内涵所能适当地代表所研究的观念(所有相关项目的总和)的程度	判断式的或以专家评价进行内容效度比率的估计

续表

类型	测量内容	方法
效标关联效度	预测变量所能适当预测效标变量相关层面的程度	相关分析
同时效度	对目前情况的描述；效标变量的数据可以与预测分数同时获得	
预测效度	对未来情况的预测；过了一段时间后，才能测量效标变量	
建构效度	回答"造成测量工具变异的原因是什么？"企图确认所测量的构念以决定测量工具的代表性	判断式的：所建立的测试工具与既有的工具的相关性；多质多法分析（Multi-trait-Multimethod Analysis）

资料来源：荣泰生.AMOS 与研究方法 [M].重庆：重庆大学出版社，2009：87.

二、结构方程模型概述 [489]

结构方程模型（Structural Equation Modeling，SEM）早期称为线性结构关系模型（Linear Structural Relationship Model）、协方差结构分析（Covariance Structure Analysis）、潜在变量分析（Latent Variable Analysis）、验证性因素分析（Confirmatory Factor Analysis）、简单的 LISREL 分析（Hair，1998）。通常结构方程模型被归类于高等统计学范畴中，属于多变量统计（Multivariate Statistics），它整合了因素分析（Factor Analysis）与路径分析（Path Analysis）两种统计方法，同时检验模型中包含的显性变量、潜在变量、干扰或误差变量（Disturbance Variables/Error Variables）间的关系，进而获得自变量对依变量影响的直接效果（Direct Effects）、间接效果（Indirect Effects）或总效果（Total Effects）。SEM 模型分析的基本假定与多变量总体统计法相同，样本数据要符合多变量正态性（Multivariate Normality）假定，数据必须为正态分布数据；测量指标变量呈现线性关系。

SEM 基本上是一种验证性的方法，通常必须有理论或经验法则支持，由理论来引导，在理论导引的前提下才能建构假设模型图。即使是模型的修正，也必须依据相关理论而来，它特别强调理论的合理性。此外，SEM 模型估计方法中最常用的方法为极大似然法（Maximum Likelihood），使用极大似然法来估计参数时，样本数据必须符合多变量正态性假定（Multivariate Normality），此外样本数据的样本数也不能太少，但样本数过大，使用极大似然法来估计参数时，适配度的卡方值会过度敏感，因而进行 SEM 模型估计与决定模型是否被接受时应参考多向度的指标值加以综合判断（黄俊英，2004）。在 SEM 的分析软件中，SPSS 家族系列的 AMOS 软件不仅可以进行各种 SEM 模型的分析，也可以进行多群组分析、多群组平均数检验、潜在平均结构分析、因素结构不变性检验、因果结构型态不变性检验、协方差分析等。

1. 测量模型

测量模型（Measured Model）由潜在变量（Latent Variable）与观察变量（Observed Variable)组成,就数学定义而言,测量模型是一组观察变量的线性函数,观察变量有时又称为潜在变量的外显变量(Manifest Variables)或测量指标(Measured Indicators)或指标变量。所谓观察变量是量表或问卷等测量工具所得的数据,潜在变量是观察变量间所形成的特质或抽象概念,此特质或抽象概念无法直接测量,而要由观变量测得的数据资料来反映。

潜在变量模型隐含的主要概念是潜在变量可以解释指标变量依变量间多少的变异量,潜在变量的个数需要少于指标变量的数目,在应用上,需要增列共变的变量或解释变量,以将潜在变量与其指标变量联结在一起。一个关注的焦点是从模型中确认潜在变量,并探讨解释变量的测量效果,指标变量被潜在变量解释的变异程度,可以反映出指标变量的有效性。一个潜在变量模型包含两个部分,一为潜在变量与一组观察指标的共变效果,这种直接效果称为测量模型(Measurement Model),二为潜在变量间或一组观察变量与潜在变量间的连结关系,称为结构模型。结构模型中变量间的影响效果可以为直接或间接,在结构模型中,研究者可能会关注一组潜在变量的共变效果或不同指标的共变效果(Moustaki,等,2004)。

在SEM分析的模型中,一个潜在变量必须以两个以上的观察变量来估计,称为多元指标原则,不同观察变量间的协方差,反映了潜在变量的共同影响。观察变量由于受到特定潜在变量的影响,使得观察变量分数呈现高低的变化,通常每个观察变量多少会有不同程度的测量误差或残差(观察变量的变异量中,无法被共同潜在变量解释的部分)。一个SEM分析模型中,观察变量一定存在,但潜在变量不可能单独存在,因为在研究过程中,潜在变量是反映某种抽象的概念意涵,并不是真实存在的变量,而是由观察变量所测量估计出来的(邱皓政,2005)。

2. 结构模型

结构模型是潜在变量间因果关系模型的说明,作为因的潜在变量称为外因潜在变量(或称潜在自变量、外衍潜在变量),作为果的潜在变量称为内因潜在变量(或称潜在依变量、内衍潜在变量)。外因潜在变量对内因潜在变量的解释变异会受到其他变因的影响,此影响变因称为干扰潜在变量,即结构模型中的干扰因素或残差值。结构模型又可称为因果模型、潜在变量模型(Latent Variable Models)、线性结构关系(Linear Structural Relationships)。

在SEM分析模型中,只有测量模型而无结构模型的回归关系,为验证性因素分析;相反的,只有结构模型而无测量模型,则潜在变量间因果关系的探讨,相当于传统的路径分析(或称径路分析),其中的差别在于结构模型探讨潜在变量间的因果关系,而路径分析直接探讨观察变量间的因果关系。

3. 参数估计方法

在SEM分析中,包括七种模型估计的方法:工具性变量法(Instrumental Variables,IV)、两阶段最小平方法(Two-stage Least Squares,TSLS)、未加权最小平方法(Unweighted Least Squares,ULS)、一般化最小平方法(Generalized Least Squares,GLS)、一般加权最小平方法(Generally Weighted Least Squares,GWLS)、极大似然法(Maximum Likelihood,ML)、对角

线加权平方法（Diagonally Weighted Least Squares, DWLS）。

若要检验样本数据所得的协方差矩阵 S 与理论模型推寻出的协方差矩阵 $\hat{\Sigma}$ 间的契合程度，即模型适配度的检验。测量 $\hat{\Sigma}$ 矩阵如何近似 S 矩阵的函数称为适配函数（Fitting Function），不同的适配函数有不同的估计方法。在上述七种方法中，假定研究者所提的理论模型是正确的（模型没有叙列误差或界定错误），而且取栏样本足够大，则上述方法所产生的估计值会接近真正的参数数值（Bollen, 1989; Joreskog 和 Sorbom, 1996）。其中，使用最为广泛使用的估计模型方法为 ML 法。

4. 模型修正

当对模型进行参数估计后，发现假设理论模型与观察数据的适配度不佳，研究者可能会对模型进行适当修正，修正的目的在于改善模型适配度。模型适配度不佳可能由于，违反基本分布的假定；有缺失值或叙列误差的存在；不是直线关系（Kaplan, 1989）。模型修正就是所谓模型界定（Model Specification），即对模型增列或删除某些参数；而模型改善指的是模型修改为更佳或更简约的适配，可以得到合理的解释。针对初始理论模型进行局部的修改或调整，以提高假设模型的适配度，这一步骤称为模型修正（Model Modification），修正完的模型应是合理的、明确的、可完整解释的。

5. 模型复核效化分析

当假设模型经过修正成为一个更佳的模型（Better Model）之后，研究者可以进一步将更佳模型与初始模型进行比较，以获得实质的意义。这个问题就是要关注最后模型的可信度。若一个模型有用，则其不仅适用于已知的样本，也要能适用于其他的样本（Yi 和 Nassen, 1992）。一种可能的结果是最后发展的模型只适配于一组样本，对于其他样本并不适配。如果模型建构得很理想，应该可以一次又一次地适配相同的数据样本组（Saris 和 Stronkhorst, 1984）。这种模型可交叉验证的过程称为模型的复核效化分析（Cross-validation Analysis）。复核效化就是分析修改的更佳模型是否也可适配于来自相同总体的不同样本，以及不同总体的样本是否也可获得理想的适配结果。复核效化的评价指标中，AIC（Akaike Information Criterion）与 ECVI（Expected Cross-validation）较为常用。在数学基础上，AIC 指标是从代表模型适配度的卡方值转换而来的一种基于概率原理的统计数，其公式如下：

$$AIC = \chi^2 - 2df$$

从模型复杂度来看，模型的自由度愈小，表示估计的参数愈多，模型愈复杂，模型能从 χ^2 值中扣减的数值愈少，使得 AIC 数值增大。因此，比较两个 SEM 假设模型比较时，AIC 指标值较低者，表示模型的变动性愈低，模型愈精简，在预测分布（Predictive Distribution）上的表现较佳，复核效化愈理想。在做模型比较时，AIC 值愈小表示模型愈简约，所以 AIC 指标值可以作为模型的选择，所有竞争模型中 AIC 值最小者，最具有复核效化。而 ECVI 指标，期望复核效度指标，是由 Cudeck 和 Browne（1983）所提出的评价复核效化适当问题的指标。此指标是基于非中央性参数的估计，用以反映模型估计的波动性。在实际应用上，ECVI 指数反映在相同的总体之下，不同样本重复获得同一个理论模型的适配度的期望值。ECVI 值愈小，表示模型适配度的波动性愈小，该理论模型愈好。在 ECVI 指数的判别上，要注意样本的分布,因为 ECVI 值受到样本分布假定的影响相当大,如果样本分布相当偏离正态,这个值的可信度就会减低(黄芳铭,2004;邱皓政,2005)。

三、模型适配度统计量描述[490]

适配度指标(Goodness-of-fit Indices)通常用来评价假设路径分析模型图与搜集数据是否相互适配。有关模型适配度的评价有许多不同主张,但以学者 Bogozzi 和 Yi(1988)的论点较为周全,他们认为假设模型与实际数据是否契合,须同时考虑三个方面:基本适配度指标(Preliminary Fit Criteria)、整体模型适配度指标(Overall Model Fit)、模型内在结构适配度指标(Fit of Internal Structural Model)。上述整体模型适配度指标,Bogozzi 和 Yi(1988)又将其细分为绝对适配指标(Absolute fit Indices)、相对适配指标(Relative Fit Indices)、简约适配指标(Parsimonious Fit Indices)。整体模型适配度的检核可说是模型外在质量的检验,模型内在结构适配度的程度代表各测量模型的信度及效度,是模型内在质量的检核。此外,Hair(1998)等学者也将整体模型适配度评估分为三类:绝对适配度测量(Absolute Fit Measurement)、增值适配度测量(Incremental Fit Measurement)及简约适配度测量(Parsimonious Fit Measurement),在进行模型适配度评估时,最好能同时考虑以上三种指标,这样能对模型的可接受性或拒绝产生共识。而学者 Diamantopoulos 与 Siguaw(2000)认为模型适配度的评估要从四个方面考虑:整体适配度评估(Overall Fit Assessment)、测量模型的评估(Assessment of Measurement Model)、结构模型的评估(Assessment of Structural Model)、统计检验力的评估(Power Assessment)。其中整体适配度评估包括绝对适配指标值、相对适配指标值和简约适配指标值的检核,是模型外在质量的检核;而测量模型评估及结构模型的评估代替了模型基本适配度指标与模型内在适配度指标的评估。

1. 绝对适配统计量

(1)卡方值

卡方值(χ^2)愈小表示整体模型的因果路径图与实际资料愈适配,一个不显著($P>0.05$)的 χ^2 值表示模型的因果路径图模型与实际数据不一致的可能性较小,当 χ^2 值为 0 时,表示假设模型与观察数据十分适配。而一个显著的 χ^2 值,表示理论模型估计矩阵与观察数据矩阵间是不适配的,饱和模型(Saturated Model)是假定模型完全适配样本数据的模型,因而其 χ^2 值为 0。但 χ^2 值对受试样本的大小非常敏感,样本数愈大,则 χ^2 值愈容易达到显著,导致理论模型遭到拒绝的概率愈大。χ^2 值检验最适用的样本数为 100~200。如果是问卷调查法,通常样本数均在 200 以上,因而整体模型是否适配需再参考其他的适配度指标。Rigdon(1995)认为,使用真实世界的数据来评价理论模型时,χ^2 统计通常的实际帮助不大,因为 χ^2 值受估计参数及样本数影响很大。估计的参数愈多(自由度愈大),影响假设模型的变因愈多,假设模型适配度不佳的情形就愈明显;而当样本数较大时,往往造成 χ^2 值变大,此时很容易拒绝虚无假设,接受对立假设,表示假设模型的协方差矩阵与观察数据间是不适配的。模型参数愈多,所需的样本数就愈多,若是在一个模型大而样本小的状态下,χ^2 检验的问题就会更严重。

χ^2 值统计值对于样本总体的多变量正态性(特别是出现极端峰度时)和样本大小特别敏感。而 χ^2 值的基本假定中,假设模型完美适配总体的分布,因而 χ^2 值可作为模型适配(Goodness-of-fit)或不适配(Badness-of-fit)的检验统计量。一个很大的 χ^2 值反映出模型适配不佳,一个小的 χ^2 值反映出模型适配度良好。对于 χ^2 值的大小,模型的自由度则提供了一个重要的标准。实际上,研究者使用的是样本数据,而非总体数据,因此 χ^2 值很容易偏离正态分布的基本假设,尤其是在使用小样本时,χ^2 值对模型与数据间缺乏适配的程度便非常敏感,假设理论模型与实际数据差异更大,$\sum \neq \sum(\theta)$。在此种情境下,检验统计的 χ^2 值不再是 χ^2 分布,而是呈现一种非集中化的 χ^2 分布,此分布具有非集中化的参数(Non-centrality Parameter, NCP)λ,λ 值反映的是 $\sum$ 与 $\sum(\theta)$ 间的差异值,此差异值愈大,表示虚无假设愈偏离真正的对立假设,模型的卡方值愈大,显示理论模型与数据间愈不适配。NCP 值等于正态化最小平方加权卡方值(Normal Theory Weighted Least Squares Chi-Square)与模型自由度的差值,NCP 值 90% 的置信区间如包括 0 在内,说明检验结果未达显著水平,应该接受虚无假设,说明理论模型与实际数据可以适配(Diamantopoulos 和 Siguaw,2000)。如采用极大似然法(ML 法)与 GLS 法来估计参数,其 F 值与 χ^2 值计算公式如下:

$$\text{ML 的 } \chi^2 = (n-1)F(S; \hat{\Sigma})$$
$$\text{GLS 的 } \chi^2 = (n-1)F_{CLS}$$
$$F(S; \hat{\Sigma}) = \text{tr}(S\hat{\Sigma}^{-1}) + \lg|\hat{\Sigma}| - \lg|S| - P$$

上式中,p 为测量变量的数目,$\hat{\Sigma}$ 为估计样本的协方差矩阵,当假设模型隐含的协方差矩阵与观察数据的完全契合时,$\hat{\Sigma}$ 矩阵的对数值与 s 矩阵的对数值相减为 0,而 $\text{tr}(S\hat{\Sigma}^{-1})$ 则为 $\text{tr}(I)$,解开后的数值等于 p,因此 $\text{tr}(S\hat{\Sigma}^{-1})-P$ 的值也等于 0。使得 $F(S; \hat{\Sigma})$ 的值为 0。由于,$F(S; \hat{\Sigma})$ 是基于概率原理的非线性函数,不容易获得参数解,因此需依赖迭代程序来获得参数最后估计值(邱皓政,2005)。

$$F_{GLS} = \frac{1}{2}\text{tr}[(S-\hat{\Sigma})S^{-1}]^2$$

tr[·]是矩阵内对角线元素之和。

(2)卡方自由度比

假设模型的估计参数愈多,自由度会变得愈小;而样本数增多,卡方值也会随之扩大,若同时考虑到卡方值与自由度大小,则二者的比值也可以作为模型适配度是否契合的指标。卡方自由度比值($=\chi^2 \div df$)愈小,表示假设模型的协方差矩阵与观察数据愈适配,相对的,卡方自由度比值愈大,表示模型的适配度愈差。一般而言,卡方自由度比值小于 2 时,表示假设模型的适配度较佳(Carmines 和 McIver,1981)。卡方自由度比也称为规范卡方(Normed chi-square, NC):①当其值小于 1.00 时,表示模型过度适配,即该模型具有样本独异性;②当其值大于 2.0 或 3.0(较宽松的规定值是 5.0),则表示假设模型尚无法反映真实观察数据,即模型契合度不佳,模型需要改进(黄芳铭,2004)。

(3) 渐进残差均方和平方根

RMSEA 为渐进残差均方和平方根(Root Mean Square Error of Approximation)，其概念与 NCP 值(Noncentrality Parameters, 即非集中化参数，其数值等于 $\chi^2 - df$。NCP 值等于 0 时，表示理论模型与实际数据最适配)类似，这是根据上述近似差异值($=\Sigma$ 矩阵 $-\Sigma(\theta)$ 矩阵)的概念而估算出来的。其意义是每个自由度的平均 Σ 与 $\Sigma(\theta)$ 间的差异值，由于考虑了自由度，因此可将模型的复杂度也列入考虑。RMSEA 值通常被视为是最重要的适配指标信息，其公式如下：

$$总体\ RMSEA = \sqrt{\frac{F_0}{df}} = \sqrt{\max\left(\frac{F_{ML}}{df} - \frac{1}{N-1}, 0\right)}; 估计的\ RMSEA = \sqrt{\frac{\hat{F}_0}{df}}$$

上述公式中的 F_0 为总体差异函数值(Population Discrepancy Function Value)，表示一个模型被用来适配总体协方差矩阵 Σ 时的适配函数的估计值。当模型完全适配时，总体差异函数值 F_0 等于 0，此时 RMSEA 值等于 0。RMSEA 为一种不需要基准线模型的绝对性指标，其值愈小，表示模型的适配度愈佳，一般而言，当 RMSEA 的数值高于 0.10 以上时，则模型的适配度欠佳；其数值为 0.08~0.10 则是模型尚可，具有普通适配；0.05~0.08 表示模型良好，即有合理适配；而如果其数值小于 0.05 表示模型适配度非常好(Browne 和 Cudeck, 1993)。此外，Sugawara 与 MacCallum(1993)认为 RMSEA 值在 0.01 以下时，代表模型有相当理想的适配；Steiger(1989)认为 RMSEA 值小于 0.05 时，表示模型有良好的适配；Byrne(1998)指出 RMSEA 值若高于 0.08 表示在总体中有一合理的近似误差存在；MacCallum 等人(1996)则进一步指出 RMSEA 的分割点(cut-points)，其认为 RMSEA 值为 0.08~0.10，模型作为普通适配，但 RMSEA 值超过 0.10 时，模型呈现不良适配。学者 Hu 与 Bentler(1999)建议模型适配度可以接受的范围为 RMSEA 数值低于 0.06；McDonald 与 Ho (2002)认为，RMSEA 数值等于 0.08 是模型契合度可以接受的界限，其数值若小于 0.05，表示模型的适配度良好。与卡方值相比，RMSEA 值较为稳定，其数值的改变不易受样本数多寡的影响，因而在评价模型契合度时，RMSEA 值均比其他指标值为佳(Marsh 和 Balla, 1994)。最近的研究指出，RMSEA 值如使用于小样本时，其指数有高估现象，使得假设模型的适配度倾向于适配不佳(Bentler 和 Yuan, 1999)。

(4) GFI 和 AGFI

CFI 为适配度指数，也译为良适性适配指标(Goodness-of-fit Index)，GFI 指标用来显示观察矩阵(S 矩阵)中的方差与协方差可被复制矩阵($\hat{\Sigma}$ 矩阵)预测得到的量，其数值是指根据"样本数据的观察矩阵(S 矩阵)与理论建构复制矩阵($\hat{\Sigma}$ 矩阵)之差的平方和"与"观察的方差"的比值(余民宁, 2006)。如果 GFI 值愈大，表示理论建构复制矩阵($\hat{\Sigma}$ 矩阵)能解释样本数据的观察矩阵(S 矩阵)的变异量愈大，二者的契合度愈高。GFI 数值为 0~1，其数值愈接近 1，表示模型的适配度愈佳；GFI 值愈小，表示模型的契合度愈差。一般的判别标准为 GFI 值大于 0.90，表示模型路径图与实际数据有良好的适配度。CFI 值相当于复回归分析中的决定系数(R^2)， R^2 值愈大，表示可解释变异量愈大；

在 SEM 分析中，GFI 值可被认为是假设模型协方差可以解释观察数据协方差的程度。GFI 指标的定义公式如下：

$$\text{GFI} = 1 - \frac{F(S;\hat{\Sigma})}{F(S;\hat{\Sigma}(0))}, \text{公式类似于} = 1 - \frac{\text{ERROR}_{VAR}}{\text{TOTAL}_{VAR}}$$

GFI 指标的计算公式如下：

$$\text{GFI} = 1 - \frac{\text{tr}[\Sigma^{-1}(S-\Sigma)]^2}{\text{tr}(\Sigma^{-1}S)^2}$$

AGFI 为调整后适配度指数，或称为调整后良适性适配指标（Adjusted Goodness-of-fit Index）。调整后的 GFI 值不会受单位影响，其估计公式中，同时考虑到估计的参数数目与观察变量数，它利用假设模型的自由度与模型变量个数的比率来修正 GFI 指标。其公式如下：

$$\text{AGFI} = 1 - (1-\text{GFI})\left[\frac{(p+q)(p+q+1)}{df}\right]$$

GFI 值愈大时，则 AGFI 也会愈大，AGFI 数值为 0~1，数值愈接近 1，表示模型的适配度愈佳；GFI 值愈小，表示模型的契合度愈差。一般的判别标准为 AGFI 值大于 0.90，表示模型路径图与实际数据有良好的适配度（Hu 和 Bentler，1999）。学者 Bollen 与 Long（1993）认为模型契合度良好的评价指标值应提高到 0.92 以上。在模型估计中，AGFI 估计值通常会小于 GFI 估计值。AGFI 值相当于复回归分析中的调整后的决定系数（Adjusted R^2），因而 AGFI 值会同时考虑估计参数的多少，当估计参数数目愈多，AGFI 值相对地就会变得较大，得到假设模型的适配度更佳的结论。至目前为止，无 GFI 与 ACFI 两个指标值的统计概率分布，因而无法对这两个指标值进行显著性检验。

（5）ECVI

ECVI 为期望跨效度指数（Expected Cross-validation Index）。在 NCP 与 RMSEA 指标值中，皆是以近似误差值的理念来推导其公式的，此近似误差值为总体的协方差矩阵（Σ）与总体假设模型导出的协方差矩阵$\Sigma(\theta)$的差异值。但 ECVI 值关注的是整体误差值（Overall Error），整体误差值表示总体协方差矩阵（Σ）与模型适配样本隐含的协方差矩阵$\hat{\Sigma}$的差异。ECVI 值主要功能在于探究从同一总体中抽取同样大小的样本数，检验同一个假设模型是否具有跨效度的效益（理论模型可以适配），它所测量分析的是所分析样本的适配协方差矩阵与从其他大小相同的样本所获得的期望协方差矩阵（Expected Covariance Matrix）的差异值（Byrne，1998）。因而 ECVI 值在模型整体适配度指标的评价中是一个有用的指标值。ECVI 的公式如下：

$$\text{ECVI} = \frac{\chi^2}{N-1} + \frac{2t}{N-1}$$

其中 t 为模型中自由参数的个数。

ECVI 值愈小，表示不同组样本间的一致性愈高，由于无法检验 ECVI 值的显著性，因而常用于不同模型间适配度的比较。ECVI 通常用于不同模型的选替，一般而言其值愈小愈好,但如果 ECVI 值不是用在选替模型之中,一般用下列方法来判断接受或拒绝模型,即理论模型的 ECVI 值小于饱和模型的 ECVI 值,且理论模型的 ECVI 值也小于独立模型的 ECVI 值时,就可接受理论模型,否则就应拒绝理论模型。另外一个辅助的判别是查阅 ECVI 值 90% 的置信区间,如果理论模型的 ECVI 值落入置信区间时,表示模型可以被接受。当一个假设模型具有良好的 ECVI 值,表示理论模型具有预测效度,即此假设模型能应用到不同的样本中(黄芳铭,2005)。

(6)NCP 和 SNCP

NCP 为非集中性参数(Non-centrality Parameter),是一种替代性指标(Alternative Index),之所以归为替代性指标,是因为其对于模型契合度的检验并非针对假设模型导出的矩阵与真实数据所得矩阵是否相同的这一个虚无假设进行检验,由于无法确定观察数据本身能否反映真实变量的关系,替代指标不再关注于虚无假设是否成立,而是直接估计理论模型与由抽样数据导出的卡方值的差异程度(邱皓政,2005)。NCP 值的目的在于减小样本数对 χ^2 统计的影响,其数值估算公式如下:

$$NCP = \chi^2 - df$$

统计理论认为此种非集中性参数指标能够减低样本大小对卡方值的影响,但是,这种指标值依然根据原始的样本数来计算。所以统计学者又发展出量尺非集中性参数(Scaled Non-centrality Parameter, SNCP),SNCP 值的估算公式如下(黄芳铭,2005):

$$SNCP = (\chi^2 - df) \div N$$

NCP 与 SNCP 值的目标均在于使参数值最小化,其值愈大,表示模型的适配度愈差,当 NCP(SNCP)的值为 0 时,表示模型有完美的契合度,在 AMOS 报表中,也呈现 NCP 值 90% 的置信区间,若是此置信区间包含 0 值,表示模型有不错的适配度。由于 NCP(SNCP)两种指标值无统计检验准则作为判别依据,一般皆用于模型选替的时候,许多模型中 NCP(SNCP)值较小者,表示该理论模型较优。

2. 增值适配度统计量

增值适配指标、比较适配指标、相对适配指标与规准指标等是衍生指标,也是一种比较性适配指标,此种指标的典型应用基准线模型(Baseline Model)是假设所有观察变量间彼此相互独立,完全没有相关(变量间的协方差假设为0),此种基准线模型就是独立模型,又称为虚无模型。增值适配度统计量通常是将待检验的假设理论模型与基准线模型的适配度相互比较,以判别模型的契合度。在 AMOS 输出的模型适配度摘要表中有一项为基准线比较(Baseline Comparisons)指标参数,其中包含 NFI、RFI、IFI、TLI、CFI 五种适配度检验统计量。NFI 值、RFI 值、IFI 值、CFI 值、TLI 值大多介于 0 与 1 之间,愈接近 1 表示模型适配度愈佳,愈小表示模型契合度愈差,其中 TLI 值(NNFI 值)、CFI 值、IFI 值可能大于 1。Bentler(1995)研究发现即使在小样本情况下,CFI 值对假设模型契合度的估计仍然十分稳定,CFI 指标值愈近 1,表示越能够有效改善非集中性的程度,CFI 值实际值可能大于 1 或小于 0,但在数据呈现上只会呈现为 0~1。一般而言,上述五个指标值用于判别模型路径图与实际数据是否适配的标准均为 0.90 以上。Hu 与 Bentler(1999)指出:如果 RFI 值大于或等于 0.95,

则模型的适配度相当完美。

3. 简约适配统计量

(1) AIC 和 CAIC

AIC 为 Akaike 讯息效标(Akaike Information Criteria),用来比较两个具有不同潜在变量数量模型的精简程度(余民宁,2006)。其估算公式有两种:

$$AIC = \chi^2 + 2 \times 模型中自由参数的个数$$
$$AIC = \chi^2 - 2 \times 模型中的自由度$$

AIC 值的概念与 PNFI 值的概念类似,在进行模型适配度检验时,期望其数值愈小愈好,越接近 0,表示模型的契合度愈高且模型愈简约。AIC 值的数值愈小表示模型的适配度愈佳,它的主要功能是用于数个模型之间的比较。与 AIC 指标相同性质的评价指标,还包括 BCC、BIC、CAIC 指标(Consistent Akaike Information Criterion),CAIC 指标是 AIC 指标的调整值,其计算公式如下:

$$CAIC = \chi^2 + (1 + \operatorname{Ln} N) \times (估计参数数目)$$

CAIC 指标将样本大小的影响也考虑到估算公式中。在判断假设模型是否可以接受时,通常的原则是理论模型的 AIC 值必须比饱和模型以及独立模型的 AIC 值小;假设模型的 CAIC 值必须比饱和模型以及独立模型的 CAIC 值小。若在多个模型中进行选择时,则应当选取 AIC 值/CAIC 值中最小者。其中有一点需要注意,使用 AIC 指标与 CAIC 指标时,样本的大小至少要在 200 以上,且数据要符合多变量正态分布,否则指标探究的结果缺乏可靠性(Diamantopoulos 和 Siguaw,2000)。

(2) PNFI

PNFI 为简约调整后的规准适配指数(Parsimony-adjusted NFI)。PNFI 指标把自由度的数量纳入预期获得适配程度的考虑中,因此它比 NFI 指标更适合用于判断模型的精简程度,当研究者欲估计某个模型的参数时,他只使用较少的自由度,即能获得一个较高程度的适配,此时表示已经达到模型的精简程度(余民宁,2006)。PNFI 主要用于不同自由度的模型之间的比较,其值愈高愈好。一般而言,当比较不同的模型时,PNFI 值的差异在 0.06~0.09,被视为是模型间具有真实的差异存在(黄芳铭,2005)。如不做模型比较,只关注于假设模型契合度判别时,一般以 PNFI 值 >0.50 作为模型适配度通过与否的标准,亦即 PNFI 值在 0.50 以上,表示假设理论模型是可以接受的。PNFI 的定义公式如下:

$$\mathrm{PNFI} = \left(\frac{\mathrm{d}f_{\text{proposed}}}{\mathrm{d}f_{\text{null}}}\right)\left(1 - \frac{\chi^2_{\text{proposed}}}{\chi^2_{\text{null}}}\right) = \left(\frac{\mathrm{d}f_{\text{proposed}}}{\mathrm{d}f_{\text{null}}}\right)\mathrm{NFI} = \left(\frac{\mathrm{d}f_1}{\mathrm{d}f_0}\right)\left(1 - \frac{F_1}{F_0}\right)$$

(3) PGFI

PGFI 为简约适配度指数(Parsimony Goodness-of-fit Index),其性质与 PNFI 指标值相同,PGFI 的值为 0~1,其值愈大,表示模型的适配度愈佳(模型愈简约)。判别模型适配的标准,一般皆采 PGFI 值大于 0.50 为模型可接受的范围。PGFI 值是将 GFI 值乘以一个简约比值,其计算公式如下:

$$PGFI = \frac{df_h}{\frac{1}{2}p(p+1)} \times GFI$$

（4）CN

CN 值为临界样本数（Critical N），此判别指标值由学者 Hoelter（1983）提出，所谓临界样本数是指：在统计检验的基础上，要得到一个理论模型适配的程度，所需要的最低的样本大小值。CN 值的作用是估计需要多少个样本才足够用来估计模型的参数与达到模型的适配度，亦即根据模型的参数数目，估计要产生一个适配度符合的假设模型时，其所需的样本数为多少？一般的判别标准或建议值是 CN 值 ≥ 200，当 CN 指标值在 200 以上时，表示该理论模型可以适当反映实际样本的性质。Hu 与 Bentler（1995）主张模型可以接受范围的 CN 值最小值是 250，此种观点是较为严格的。CN 值的计算公式如下：

$$CN = \frac{\chi^2}{F_{min}} + 1$$

4. SEM 整体模型适配度评价标准

综上所述，整体模型适配度评价指标及其评价标准整理如表 4-5 所示。

表 4-5　SEM 整体模型适配度评价标准

统计检验量	适配度评价标准
绝对适配度指数	
χ^2	显著性概率值 $P>0.05$（未达显著水平）
GFI	>0.90 以上
AGFI	>0.90 以上
RMR	<0.05
SRMR	<0.05
RMSEA	<0.05（适配良好）<0.08（适配合理）
NCP	愈小愈好，90% 的置信区间包含 0
ECVI	理论模型的 ECVI 值小于独立模型的 ECVI 值，且小于饱和模型的 ECVI 值
增值适配度指数	
NFI	>0.90 以上
RFI	>0.90 以上
IFI	>0.90 以上
TLI（NNFI）	>0.90 以上
CFI	>0.90 以上
简约适配度指数	
PGFI	>0.50 以上

续表

统计检验量	适配度评价标准
PNFI	>0.50 以上
CN	>200
NC	1<NC<3,表示模型有简约适配度;NC>5,表示模型需要修正

资料来源:吴明隆.结构方程模型[M].重庆:重庆大学出版社,2012:52-53.

第五章 数据分析与讨论

本章通过数理统计分析方法对采集到的数据进行系统归纳和讨论,以检验前文提出的研究假设。具体研究线路如下:首先,对样本数据进行描述性统计分析,并参照中国互联网络发展状况统计报告对样本数据质量进行初步评估;其次,对测量方程进行验证性因子分析,以检验观测数据信度及效度水平;再次,参照拟合优度数据统计分析检验结构方程模型与观测样本数据的整体拟合度及合理性是否理想;最后,通过结构方程建模对 B2C 模式下互联网顾客消费体验诸维度与互联网顾客满意度、信任度及忠诚度之间的相关关系进行系统检验,并将假设验证结果进行归纳、汇总。

第一节 描述性统计分析

在此,本研究拟对样本人口统计学特征进行描述性统计分析,主要涉及性别、年龄、家庭结构、学历结构、职业与收入结构 6 个层面。

1. 样本性别结构

在 388 名受访者中,男性为 198 人,占样本比重的 51.1%;女性为 190 人,占样本比重的 48.9%。男性受访者的样本数量约为女性的 1.04 倍。参照 CNNIC 最新统计数据可知,截至 2015 年 12 月,中国网民男女比例为 53.6 : 46.4,网民性别结构日趋平衡、两性数字落差已逐渐消失。此外,Goldsmith(2000)的实证研究成果也进一步印证,在互联网虚拟消费情境中,性别对购物信念与动机均具有显著影响;一般而言,男性顾客消费行为意向由商品种类及服务动机引发,而女性顾客消费行为意向则由便利导向、时间成本与努力动机所激发;其还进一步指出男性顾客互联网消费行为意向、消费频度、消费额度均在一定程度上高于女性顾客。[491]综上,本研究所涉及的样本性别比例与实际情况较为吻合。

2. 样本年龄结构

在 388 位受访者中,18~25 岁年龄段的受访者为 24 人,占样本总数的 6.2%;26~35 岁年龄段的受访者为 157 人,占样本总数的 40.5%;36~45 岁年龄段的受访者为 96 人,占样本总数的 24.7%;46~55 岁年龄段的受访者为 68 人,占样本总数的 17.5%;56~65 岁年龄段的受访者为 28 人,占样本总数的 7.2%;66 岁及以上年龄段的受访者为 15 人,占样本总数的 3.9%。其中,26~35 岁、36~45 岁 2 个年龄代际受访者人数较多,占样本总量的 65.2%,考虑到年龄在 26 至 45 岁区间的消费者的消费能力正处于鼎盛阶段,是社会消费的主体,这与互联网虚拟消费群体年龄结构趋于一致。

3. 样本家庭结构

从婚姻状况社会人口统计指标分析,已婚受访者样本数量较多,为 239 人,占比 61.6%,约为未婚受访者样本数量的 1.6 倍。考虑到 26~35 岁、36~45 岁两个年龄代际已婚消费群体日益稀缺的时间资源及有限的努力付出,其网络消费行为意向及消费频度应较高。

4. 样本学历结构

被访者样本中普遍学历层次较高,其中93%的受访者具有大学及以上学历。样本中学历为高中以下的样本数为27人,仅占样本比重的7%。上述样本结构呈现出高学历特征,这与天津市居民受教育程度基本上是一致的。

5. 样本职业结构

在调研问卷设计环节,本研究将受访者职业类型分为六类,即政府公务员;医生、教师及科研人员;学生;军人;公司/企业职员和其他。在388名被访问者中,医生、教师及科研人员最多,样本数达138人,超过35%;其次为学生,样本数为112人,占比28.9%;再次是公司/企业职员,样本数为77人,接近20%;样本数最低的职业分布为军人及从事其他职业者,二者样本总和为29人,仅占样本总数的7.5%。上述职业样本分布特征与天津市目前的职业结构还是存在一定出入的,因此分析结果可能会在一定程度上存在偏差。

6. 样本收入结构

在考量消费者互联网消费水平经济指标上,本研究将被访问者平均月收入水平细化为:500元以下、501~1000元、1001~1500元、1501~2000元、2001~3000元、3001~5000元、5001~8000元以及8000元以上,共计8个档次。在388名被调研对象中,平均月收入最多的为3001~5000元,样本数为98人,超过25%;其次为500元以下、2001~3000元、5001~8000元的受访者,三者的样本总数为204人,占样本数的52.6%;501~1000元、1001~1500元、1501~2000元及8000元以上的受访者样本数分别为:25人(6.5%)、14人(3.6%)、21人(5.5%)、26人(6.6%)。调研结果显示,样本收入结构分布比较平均,中低收入水平样本数较多,天津市统计局统计资料显示2015年天津市城镇常住居民人均月度消费支出为2186元,可以判定上述受访者平均月收入水平与天津市城市居民收入结构基本上是吻合的。

综上所述,本次研究的样本群体呈现高学历、年轻化、职业和收入较稳定的特征,这与我国目前互联网消费群体的构成基本上是一致的,因此,从人口统计特征来讲,本研究的数据采集对象具有一定的针对性。

第二节　问卷的信度、效度分析

一、功能性利益体验信度与效度评估

1. 因子模型构建

本研究将B2C模式下互联网顾客功能性利益体验界定为便利导向、价格利益、商品质量、商品信息质量、物流配送服务质量以及服务失误补救措施6个潜变量,其验证性因子分析模型如图5-1所示。

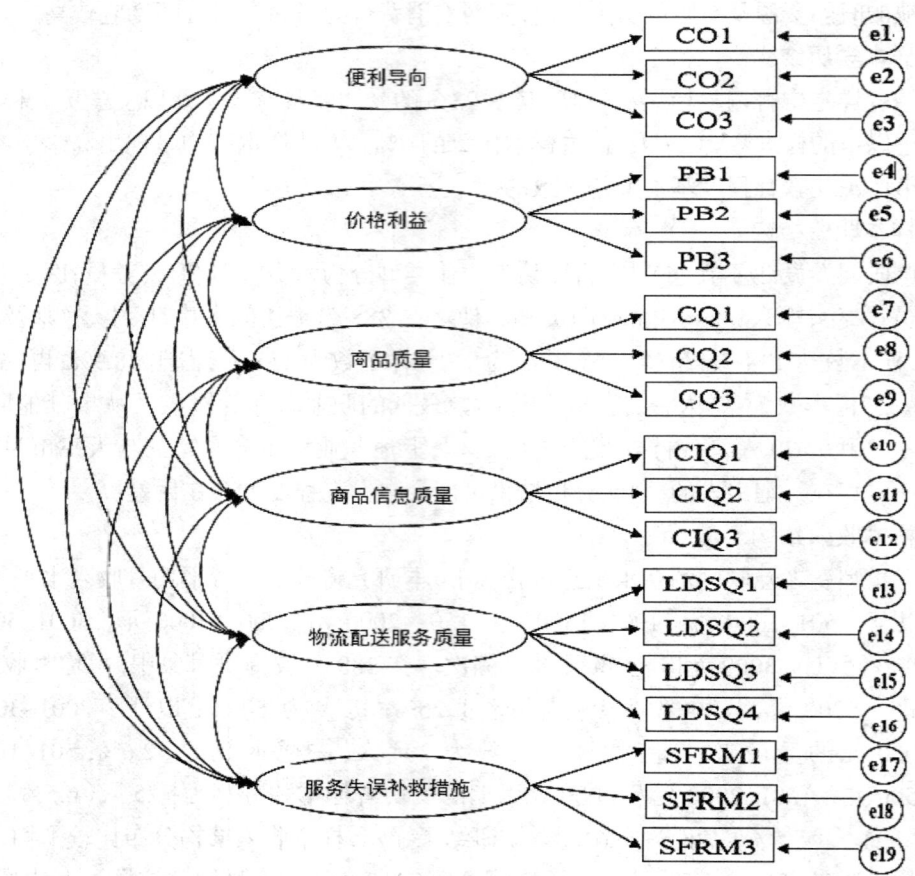

图 5-1 功能性利益体验验证性因子分析模型

2. 因子模型识别

本研究所涉及的功能性利益体验验证性因子分析模型共包含 19 个测量指标。参照 t 规则可知：$q(q+1)/2=190$；模型需计量的因子负荷（19 个）、测量指标误差方差（19 个）以及因子间相关系数（15 个），共计 53 个参数。据此，由 $t=53<190$，可进一步推知该模型符合因子模型识别的必要条件。此外，该模型还同时满足验证性因子分析模型识别的三指标法则，即模型所涉及的 6 个潜变量均包含 3 个或 3 个以上的测量变量；因子负荷矩阵每一行有且仅有一个非零值（一个测量变量仅测量一个特质量）；且残差协方差矩阵为对角阵（特殊因子间相互独立）。据此，可以判定该模型符合因子模型识别的充分条件。综上，本研究所涉及的功能性利益体验验证性因子分析模型同时满足因子模型识别的必要条件与充分条件，据此可以判定该模型可识别。

3. 因子模型分析

在此，本研究拟基于固定负荷法并借助 AMOS 软件对上述因子模型进行系统分析，具体而言：

(1)信度与效度分析

本研究采用Cronbach a 系数及组合信度(Composite Reliability, CR)来综合评价量表的稳定性及内部一致性,即当Cronbach a 系数大于0.7,说明样本数据内部一致性较好,并且其值越接近于1表明该量表信度越高;而组合信度CR值大于等于0.5则进一步说明该因子信度水平较好且CR数值越大表明该因子各项指标间的相关性及内部一致性越高。在此,各潜变量的Cronbach a 系数均大于0.7,且CR值也均达到0.8水平以上,说明研究量表内部一致性水平较好。

在效度检验环节,一方面,本研究在量表开发流程中借鉴了国内外学者权威测量量表,并通过深度访谈等形式广泛吸取业界资深专家、学者意见对量表测项的合理性、语言表述的清晰度等相关问题进行严谨论证,以期使其具备理想的内容效度;另一方面,本研究还采用收敛效度和判别效度来综合检验量表的构建效度,即在收敛效度检验环节采用主成分因子分析法以特征值1作为截取数据标准,并利用方差最大化旋转获取因子负荷值。在此,样本数据KMO统计量均大于0.85,且Bartlett球形检验显著性概率Sig=0.000<0.005均已达到显著性水平,效果良好,说明变量间相关性较强适合进行因子分析。与此同时,量表每个项目因子负荷均为0.633~0.917,大于0.5门限值;在判别效度检验环节,各潜变量AVE值平方根为0.528~0.707,均大于该潜变量与其它潜变量间的相关系数,由此进一步佐证本量表具有较好的判别效度。

表5-1 功能性利益体验信度、效度分析结果汇总

潜变量	题项	因子载荷	Cronbach a	CR	AVE
便利导向	CO1	0.824	0.925	0.808	0.655
	CO2	0.805			
	CO3	0.917			
价格利益	PB1	0.801	0.816	0.821	0.602
	PB2	0.716			
	PB3	0.633			
商品质量	CQ1	0.818	0.875	0.853	0.531
	CQ2	0.857			
	CQ3	0.830			
商品信息质量	CIQ1	0.912	0.833	0.890	0.707
	CIQ2	0.890			
	CIQ3	0.797			
物流配送服务质量	LDSQ1	0.875	0.906	0.882	0.676
	LDSQ2	0.721			
	LDSQ3	0.762			
	LDSQ4	0.803			

续表

潜变量	题项	因子载荷	Cronbach a	CR	AVE
服务失误补救措施	SFRM1	0.915	0.927	0.813	0.528
	SFRM2	0.891			
	SFRM3	0.756			

资料来源：作者统计分析而得。

（2）拟合优度数据统计分析

参照拟合优度数据统计分析，其中 $\chi^2/DF=2.327<3$，说明样本数据协方差矩阵 S 与估计方差矩阵 E 相似度较高，拟合优度指数 GFI 和修正拟合优度指数 AGFI 均大于 0.9 且近似方根误差 RMSEA 值为 0.062<0.08，表明该模型与观测样本数据整体拟合度及合理性较为理想。

二、程序性利益体验信度与效度评估

1. 因子模型构建

本研究将 B2C 模式下互联网顾客程序性利益体验界定为系统设计质量、系统交易安全性、消费者感知互动、消费趣味性感知以及客户化定制 5 个潜变量，其验证性因子分析模型如图 5-2 所示。

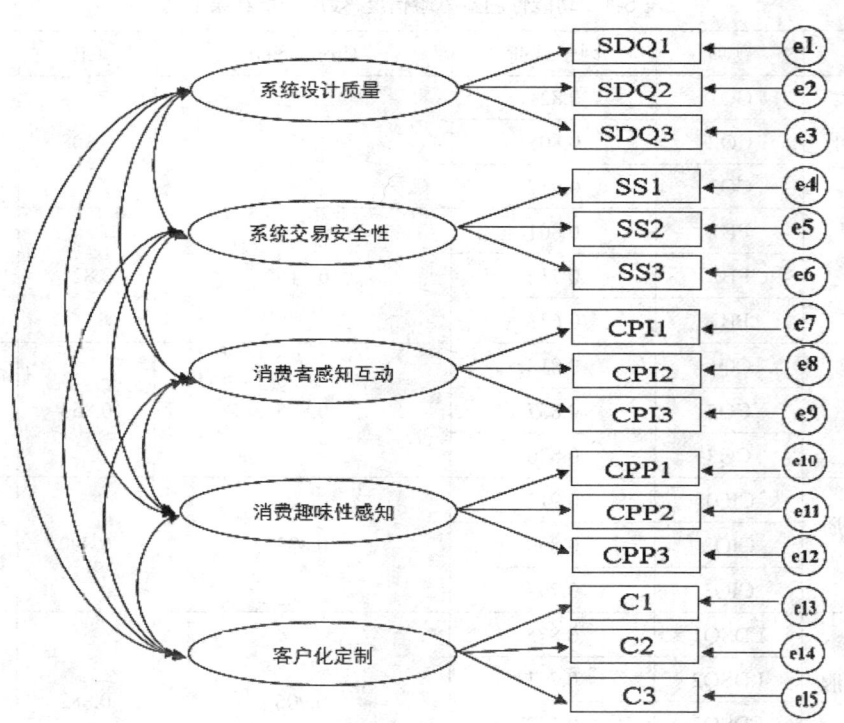

图 5-2　程序性利益体验验证性因子分析模型

2. 因子模型识别

本研究所涉及的程序性利益体验验证性因子分析模型共包含15个测量指标。参照 t 规则可知：$q(q+1)/2=120$；模型需计量的因子负荷（15个）、测量指标误差方差（15个）以及因子间相关系数（10个），共计40个参数。据此，由 $t=40<120$，可进一步推知该模型符合因子模型识别的必要条件。此外，该模型还同时满足验证性因子分析模型识别的三指标法则，即模型所涉及的5个潜变量均包含3个或3个以上的测量变量；因子负荷矩阵每一行有且仅有一个非零值（一个测量变量仅测量一个特质量）；且残差协方差矩阵为对角阵（特殊因子间相互独立）。据此，可以判定该模型符合因子模型识别的充分条件。综上，本研究所涉及的程序性利益体验验证性因子分析模型同时满足因子模型识别的必要条件与充分条件，据此可以判定该模型可识别。

3. 因子模型分析

在此，本研究拟基于固定负荷法并借助 AMOS 软件对上述因子模型进行系统分析。

（1）信度与效度分析

本研究采用 Cronbach a 系数及组合信度（Composite Reliability, CR）来综合评价量表的稳定性及内部一致性，即当 Cronbach a 系数大于 0.7，说明样本数据内部一致性较好且其值越接近于 1 表明该量表信度越高；而组合信度 CR 值大于等于 0.5 则进一步说明该因子信度水平较好，且 CR 数值越大表明该因子各项指标间的相关性及内部一致性越高。在此，各潜变量的 Cronbach a 系数为 0.762~0.912，均已超过 0.7 门限值，且 CR 值为 0.605~0.809，均已超过 0.5 门限值，说明研究量表内部一致性水平较好。

在效度检验环节，一方面，本研究在量表开发流程中借鉴了国内外学者权威测量量表，并通过深度访谈等形式广泛吸取业界资深专家、学者意见对量表测项的合理性、语言表述的清晰度等相关问题进行严谨论证，以期使其具备理想的内容效度；另一方面，本研究还采用收敛效度和判别效度来综合检验量表的构建效度。即在收敛效度检验环节采用主成分因子分析法以特征值1作为截取数据标准，并利用方差最大化旋转获取因子负荷值。在此，样本数据 KMO 统计量均大于 0.85，且 Bartlett 球形检验显著忄概率 Sig=0.000<0.005 均已达到显著性水平，效果良好，说明变量间相关性较强适合进行因子分析。与此同时，量表每个项目因子负荷均为 0.606~0.912，大于 0.5 门限值；在判别效度检验环节，各潜变量 AVE 值平方根为 0.592~0.732，均大于该潜变量与其它潜变量间的相关系数，由此进一步佐证本量表具有较好的判别效度。

表 5-2　程序性利益体验信度、效度分析结果汇总

潜变量	题项	因子载荷	Cronbach a	CR	AVE
系统设计质量	SDQ1	0.755	0.835	0.717	0.652
	SDQ2	0.618			
	SDQ3	0.778			

续表

潜变量	题项	因子载荷	Cronbach a	CR	AVE
系统交易安全性	SS1	0.803	0.762	0.605	0.592
	SS2	0.839			
	SS3	0.912			
消费者感知互动	CPI1	0.853	0.878	0.809	0.732
	CPI2	0.716			
	CPI3	0.836			
消费趣味性感知	CPP1	0.606	0.912	0.783	0.713
	CPP2	0.717			
	CPP3	0.678			
客户化定制	C1	0.757	0.903	0.677	0.623
	C2	0.909			
	C3	0.859			

资料来源:作者统计分析而得。

(2)拟合优度数据统计分析

参照拟合优度数据统计分析,其中 $\chi^2/DF=2.021<3$,说明样本数据协方差矩阵 S 与估计方差矩阵 E 相似度较高,拟合优度指数 GFI 和修正拟合优度指数 AGFI 均大于 0.9,且近似方根误差 RMSEA 值为 0.051<0.08,表明该模型与观测样本数据整体拟合度及合理性较为理想。

三、关系性利益体验信度与效度评估

1. 因子模型构建

本研究将 B2C 模式下互联网顾客关系性利益体验界定为企业形象、B2C 结构性关系感知以及虚拟社区感 3 个潜变量,其验证性因子分析模型如图 5-3 所示。

2. 因子模型识别

本研究所涉及的关系性利益体验验证性因子分析模型共包含 11 个测量指标。参照 t 规则可知:$q(q+1)/2=66$;模型需计量的因子负荷(11 个)、测量指标误差方差(11 个)以及因子间相关系数(3 个),共计 25 个参数。据此,由 $t=25<66$,可进一步推知该模型符合因子模型识别的必要条件。此外,该模型还同时满足验证性因子分析模型识别的三指标法则,即模型所涉及的 3 个潜变量均包含 3 个或 3 个以上的测量变量;因子负荷矩阵每一行有且仅有一个非零值(一个测量变量仅测量一个特质量);且残差协方差矩阵为对角阵(特殊因子间相互独立)。据此,可以判定该模型符合因子模型识别的充分条件。综上,本研究所涉及的关系性利益体验验证性因子分析模型同时满足因子模型识别的必要条件与充分条件,据此可以判定该模型可识别。

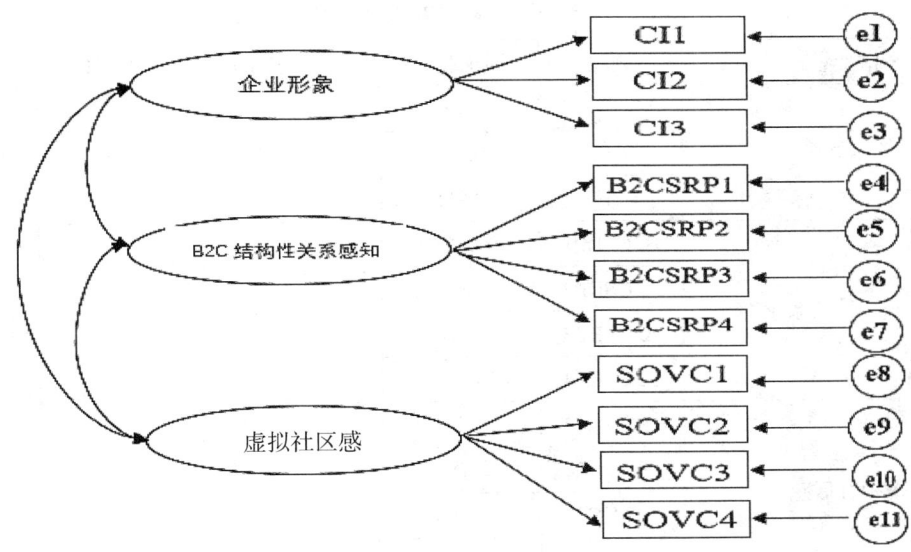

图 5-3 关系性利益体验验证性因子分析模型

3. 因子模型分析

在此,本研究拟基于固定负荷法并借助 AMOS 软件对上述因子模型进行系统分析。

（1）信度与效度分析

本研究采用 Cronbach α 系数及组合信度（Composite Reliability, CR）来综合评价量表的稳定性及内部一致性,即当 Cronbach α 系数大于 0.7,说明样本数据内部一致性较好且其值越接近于 1 表明该量表信度越高;而组合信度 CR 值大于等于 0.5 则进一步说明该因子信度水平较好,且 CR 数值越大表明该因子各项指标间的相关性及内部一致性越高。在此,各潜变量的 Cronbach α 系数均大于 0.7,且 CR 值为 0.732~0.812,均已超过 0.5 门限值,说明研究量表内部一致性水平较好。

在效度检验环节,一方面,本研究在量表开发流程中借鉴了国内外学者权威测量量表,并通过深度访谈等形式广泛吸取业界资深专家、学者意见对量表测项的合理性、语言表述的清晰度等相关问题进行严谨论证,以期使其具备理想的内容效度;另一方面,本研究还采用收敛效度和判别效度来综合检验量表的构建效度。即在收敛效度检验环节采用主成分因子分析法以特征值 1 作为载取数据标准,并利用方差最大化旋转获取因子负荷值。在此,样本数据 KMO 统计量均大于 0.85,且 Bartlett 球形检验显著性概率 Sig=0.000<0.005 均已达到显著性水平,效果良好,说明变量间相关性较强适合进行因子分析。与此同时,量表每个项目因子负荷均为 0.632~0.907,大于 0.5 门限值;在判别效度检验环节,各潜变量 AVE 值平方根为 0.586~0.771,均大于该潜变量与其它潜变量间的相关系数,由此进一步佐证本量表具有较好的判别效度。

表 5-3　关系性利益体验信度、效度分析结果汇总

潜变量	题项	因子载荷	Cronbach a	CR	AVE
企业形象	CI1	0.907	0.812	0.732	0.586
	CI2	0.829			
	CI3	0.816			
B2C 结构性关系感知	B2CSRP1	0.768	0.930	0.812	0.632
	B2CSRP2	0.832			
	B2CSRP3	0.716			
	B2CSRP4	0.632			
虚拟社区感	SOVC1	0.695	0.878	0.765	0.771
	SOVC2	0.755			
	SOVC3	0.850			
	SOVC4	0.810			

资料来源:作者统计分析而得。

（2）拟合优度数据统计分析

参照拟合优度数据统计分析,其中 $\chi^2/DF=1.781<3$,说明样本数据协方差矩阵 S 与估计方差矩阵 E 相似度较高,拟合优度指数 GFI 和修正拟合优度指数 AGFI 均大于 0.9,且近似方根误差 RMSEA 值为 0.037<0.08,表明该模型与观测样本数据整体拟合度及合理性较为理想。

四、互联网顾客关系质量与互联网顾客忠诚信度、效度评估

1. 因子模型构建

本研究将从互联网顾客满意与互联网顾客信任两个层面来系统界定 B2C 模式下互联网顾客关系质量。此外,由于互联网顾客满意、互联网顾客信任与互联网顾客忠诚 3 个潜变量均涉及互联网虚拟消费情境中顾客态度及行为意向变迁且三者之间相关关系密切,故在此拟将上述 3 个潜变量进行聚类分析,其验证性因子分析模型如图 5-4 所示。

2. 因子模型识别

本研究所涉及的互联网顾客关系质量验证性因子分析模型共包含 9 个测量指标。参照 t 规则可知:$q(q+1)/2=45$;模型需计量的因子负荷（9 个）、测量指标误差方差（9 个）以及因子间相关系数（3 个）,共计 21 个参数。据此,由 $t=21<45$,可进一步推知该模型符合因子模型识别的必要条件。此外,该模型还同时满足验证性因子分析模型识别的三指标法则,即模型所涉及的 3 个潜变量均包含 3 个或 3 个以上的测量变量;因子负荷矩阵每一行有且仅有一个非零值（一个测量变量仅测量一个特质量）;且残差协方差矩阵为对角阵（特殊因子间相互独立）。据此,可以判定该模型符合因子模型识别的充分条件。综上,本研究所涉及的

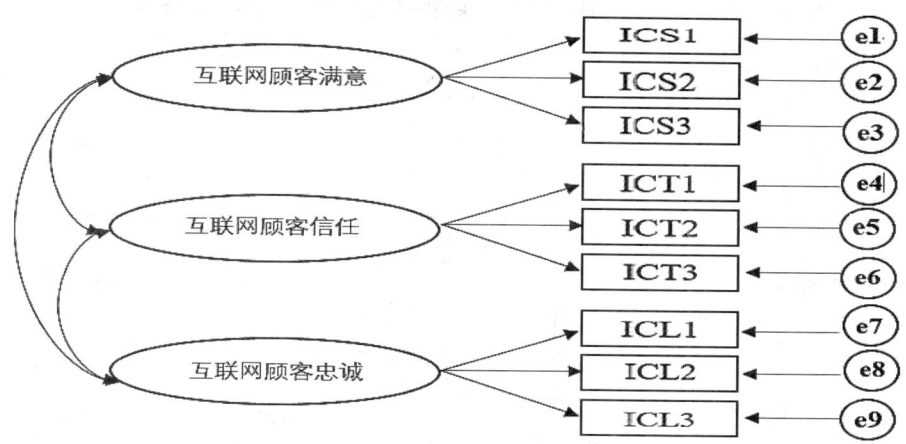

图 5-4 互联网顾客关系质量验证性因子分析模型

互联网顾客关系质量验证性因子分析模型同时满足因子模型识别的必要条件与充分条件，据此可以判定该模型可识别。

3. 因子模型分析

在此，本研究拟基于固定负荷法并借助 AMOS 软件对上述因子模型进行系统分析。

（1）信度与效度分析

本研究采用 Cronbach α 系数及组合信度（Composite Reliability, CR）来综合评价量表的稳定性及内部一致性，即当 Cronbach α 系数大于 0.7，说明样本数据内部一致性较好且其值越接近于 1 表明该量表信度越高；而组合信度 CR 值大于等于 0.5 则进一步说明该因子信度水平较好，且 CR 数值越大表明该因子各项指标间的相关性及内部一致性越高。在此，各潜变量的 Cronbach α 系数均大于 0.7，且 CR 值也均达到 0.8 水平以上，说明研究量表内部一致性水平较好。

在效度检验环节，一方面，本研究在量表开发流程中借鉴了国内外学者权威测量量表，并通过深度访谈等形式广泛吸取业界资深专家、学者意见对量表测项的合理性、语言表述的清晰度等相关问题进行严谨论证，以期使其具备理想的内容效度；另一方面，本研究还采用收敛效度和判别效度来综合检验量表的构建效度。即在收敛效度检验环节采用主成分因子分析法以特征值 1 作为截取数据标准，并利用方差最大化旋转获取因子负荷值。在此，样本数据 KMO 统计量均大于 0.85，且 Bartlett 球形检验显著性概率 Sig=0.000<0.005 均已达到显著性水平，效果良好，说明变量间相关性较强适合进行因子分析。与此同时，量表每个项目因子负荷均为 0.737~0.921，大于 0.5 门限值；在判别效度检验环节，各潜变量 AVE 值平方根为 0.566~0.657，均大于该潜变量与其它潜变量间的相关系数，由此进一步佐证本量表具有较好的判别效度。

表 5-4 互联网顾客关系质量与互联网顾客忠诚信度、效度分析结果汇总

潜变量	题项	因子载荷	Cronbach α	CR	AVE
互联网顾客满意	ICS1	0.867	0.808	0.850	0.655
	ICS2	0.832			
	ICS3	0.766			
互联网顾客信任	ICT1	0.782	0.933	0.867	0.566
	ICT2	0.833			
	ICT3	0.901			
互联网顾客忠诚	ICL1	0.856	0.876	0.826	0.657
	ICL2	0.921			
	ICL3	0.737			

资料来源：作者统计分析而得。

（2）拟合优度数据统计分析

参照拟合优度数据统计分析，其中 $\chi^2/DF=2.326<3$，说明样本数据协方差矩阵 S 与估计方差矩阵 E 相似度较高，拟合优度指数 GFI 和修正拟合优度指数 AGFI 均大于 0.9，且近似方根误差 RMSEA 值为 0.066<0.08，表明该模型与观测样本数据整体拟合度及合理性较为理想。

第三节 互联网顾客忠诚前置限定因素实证研究

本研究将影响互联网顾客忠诚前置限定因素划分为功能性利益体验、程序性利益体验以及关系性利益体验三个层面，共涉及便利导向、价格利益、商品质量、商品信息质量、物流配送服务质量、服务失误补救措施、系统设计质量、系统交易安全性、消费者感知互动、消费趣味性感知、客户化定制、企业形象、B2C 结构性关系感知以及虚拟社区感 14 个维度，并借助实证研究方法来系统界定 B2C 模式下影响互联网顾客忠诚前置限定因素的关键因子。

一、结构模型构建

在此，本研究拟深入探索互联网虚拟消费情境下影响互联网顾客忠诚前置限定因素与互联网顾客忠诚之间的相关关系，其结构模型如图 5-5 所示。

二、结构模型识别

本研究所涉及的互联网顾客忠诚前置限定因素结构模型共包含 48 个测量指标。参照 t 规则可知：$q(q+1)/2=1176$；模型需计量的因子负荷（48 个）、测量指标误差方差（48 个）、因子间相关系数（91 个）、路径系数（4 个）以及内源潜变量残差（1 个）共计 202 个参数。据此，由 $t=202<1176$，可进一步推知该模型符合因子模型识别的必要条件。此外，该模型还同时满足验证性因子分析模型识别的三指标法则，即模型所涉及的 15 个潜变量均包含 3 个或

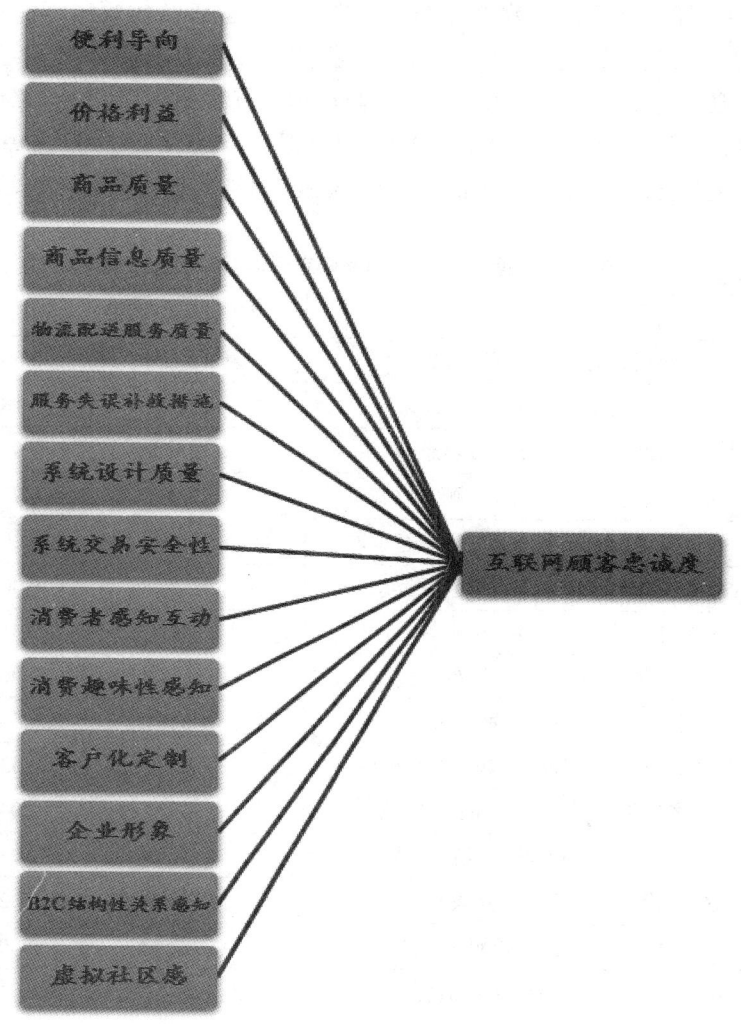

图 5-5　互联网顾客忠诚前置限定因素结构模型

3 个以上的测量变量;因子负荷矩阵每一行有且仅有一个非零值(一个测量变量仅测量一个特质量);且残差协方差矩阵为对角阵(特殊因子间相互独立)。据此,可以判定该模型符合因子模型识别的充分条件,且本结构模型为典型递归模型,不存在双向因果关系,因此矩阵 B 为严格下三角矩阵,研究假设理论推演所涉及的残差彼此间均不存在相关性,即矩阵 ψ 为对角矩阵。综上,本研究所涉及的互联网顾客忠诚前置限定因素结构模型同时满足结构模型识别的必要条件与充分条件,据此可以判定该模型可识别。

三、结构模型参数分析与讨论

1. 结构模型参数估计与拟合指标分析

互联网顾客忠诚前置限定因素结构模型参数估计如表 5-5 所示。在此,本研究所涉及的研究假设除 H1.2、H2.1 与 H2.4 未通过显著性检验,其余研究假设显著性水平均在 0.05

或 0.01 水平之上，且由复相关系数 R^2=0.866 可进一步佐证该结构模型解释力较好。此外，参照拟合优度统计分析，其中：χ^2/DF=2.271<3，说明样本数据协方差矩阵 S 与估计方差矩阵 E 相似度较高；拟合优度指数 GFI=0.912>0.9，修正拟合优度指数 AGFI=0.856>0.8，接近 0.9 门限值，且近似方根误差 RMSEA=0.057<0.08；规范拟合指标 NFI=0.908>0.9；比较拟合指标 CFI=0.937>0.9；上述指标表明该模型与观测样本数据整体拟合度及合理性较为理想。

表 5-5　互联网顾客忠诚前置限定因素参数估计汇总

研究假设	路径	标准化回归系数	P 值	验证结论
H1.1	便利导向→互联网顾客忠诚	0.125***	0.007	支持
H1.2	价格利益→互联网顾客忠诚	0.057	0.183	不支持
H1.3	商品质量→互联网顾客忠诚	0.138***	0.002	支持
H1.4	商品信息质量→互联网顾客忠诚	0.232***	0.007	支持
H1.5	物流配送服务质量→互联网顾客忠诚	0.306***	0.005	支持
H1.6	服务失误补救措施→互联网顾客忠诚	0.317***	0.000	支持
H2.1	系统设计质量→互联网顾客忠诚	0.037	0.319	不支持
H2.2	系统交易安全性→互联网顾客忠诚	0.263***	0.007	支持
H2.3	消费者感知互动→互联网顾客忠诚	0.037**	0.036	支持
H2.4	消费趣味性感知→互联网顾客忠诚	0.031	0.536	不支持
H2.5	客户化定制→互联网顾客忠诚	0.359**	0.040	支持
H3.1	企业形象→互联网顾客忠诚	0.182**	0.037	支持
H3.2	B2C 结构性关系感知→互联网顾客忠诚	0.339**	0.029	支持
H3.3	虚拟社区感→互联网顾客忠诚	0.107***	0.006	支持

资料来源：作者统计分析而得。（注：***P<0.01，**P<0.05，*P<0.1）

2. 研究假设检验与讨论

H1.1：EB 平台的便利导向对互联网顾客忠诚度具有显著影响。参照互联网顾客忠诚前置限定因素结构方程模型路径系数可知，便利导向与互联网顾客忠诚之间的路径系数为 0.125，P=0.007，显著性水平在 0.01 以上，故研究假设 H1.1 通过检验，说明相对于新消费者阶层日益稀缺的时间资源和有限的努力付出，EB 平台若使消费者在互联网消费体验进程中所感知的时间和努力付出程度小于其心理预期，那么该消费者所感知的便利性就会越显著，其对 EB 平台的满意度、信任度及忠诚度指数评价亦呈现显著上升趋势。

H1.2：EB 平台的价格利益与互联网顾客忠诚度呈正向关系。参照互联网顾客忠诚前置限定因素结构方程模型路径系数可知，价格利益与互联网顾客忠诚之间的路径系数为 0.057，P=0.183>0.1，未通过显著性检验，故研究假设 H1.2 不成立。

H1.3：EB 平台的商品质量与互联网顾客忠诚度呈正向关系。参照互联网顾客忠诚前置限定因素结构方程模型路径系数可知，商品质量与互联网顾客忠诚之间的路径系数为

0.138，$P=0.002$，显著性水平在 0.01 以上，故研究假设 H1.3 通过检验，说明由于互联网消费环境虚拟性的客观存在，消费者通常无法直接甄别商品质量。因此，EB 企业若能保证其销售商品品质，则顾客网络消费新动力将得到深度激发。与此同时，消费者对该 EB 平台的信任度、满意度及忠诚度亦将显著提升。

  H1.4：EB 平台的商品信息质量与互联网顾客忠诚度呈正向关系。参照互联网顾客忠诚前置限定因素结构方程模型路径系数可知，商品信息质量与互联网顾客忠诚之间的路径系数为 0.232，$P=0.007$，显著性水平在 0.01 以上，故研究假设 H1.4 通过检验，说明商品信息质量对改善互联网顾客关系质量，提升顾客忠诚具有重要影响，即 EB 平台所提供的商品信息质量越高，消费者从中获取某种商品品质的佐证信息就越便捷，进而正向影响其互联网消费体验。

  H1.5：EB 平台的物流服务质量正向影响互联网顾客忠诚度。参照互联网顾客忠诚前置限定因素结构方程模型路径系数可知，物流配送服务质量与互联网顾客忠诚之间的路径系数为 0.306，$P=0.005$，显著性水平在 0.01 以上，故研究假设 H1.5 通过检验，说明物流配送服务质量对改善互联网顾客关系质量，提升顾客忠诚具有正向影响，即 EB 企业提供的客户化定制服务质量、回应质量、交付质量以及服务失误补救质量品质越高，消费者从中感知的满意度、信任度指数越高，进而正向影响其态度忠诚与行为忠诚。

  H1.6：EB 平台的服务失误补救措施正向影响互联网顾客忠诚度。参照互联网顾客忠诚前置限定因素结构方程模型路径系数可知，服务失误补救措施与互联网顾客忠诚之间的路径系数为 0.317，$P=0.000$，显著性水平在 0.01 以上，故研究假设 H1.6 通过检验，说明服务失误补救措施对改善互联网顾客关系质量，提升顾客忠诚具有正向影响，即 EB 企业在恰当时间内对顾客投诉给予响应，并制订相应的补救措施迅速回应，对有效弥补服务失误情境下的顾客满意度及信任度均具有重要影响，并最终影响其态度忠诚与行为忠诚。

  H2.1：EB 平台的系统设计质量正向影响互联网顾客忠诚度。参照互联网顾客忠诚前置限定因素结构方程模型路径系数可知，系统设计质量与互联网顾客忠诚之间的路径系数为 0.037，$P=0.319>0.1$，未通过显著性检验，故研究假设 H2.1 不成立。

  H2.2：EB 平台的系统交易安全性正向影响互联网顾客忠诚度。参照互联网顾客忠诚前置限定因素结构方程模型路径系数可知，系统交易安全性与互联网顾客忠诚之间的路径系数为 0.263，$P=0.007$，显著性水平在 0.01 以上，故研究假设 H2.2 通过检验，说明系统交易安全性对改善互联网顾客关系质量，提升顾客忠诚具有正向影响，即 EB 企业对顾客在网络消费体验进程中所承诺的安全性品质越高，消费者从中感知风险越低，净效价越高，且满意度、信任度指数越高，进而正向影响其态度忠诚及行为忠诚。

  H2.3：EB 平台的消费者感知互动水平正向影响互联网顾客忠诚。参照互联网顾客忠诚前置限定因素结构方程模型路径系数可知，消费者感知互动水平与互联网顾客忠诚之间的路径系数为 0.037，$P=0.036$，显著性水平在 0.05 以上，故研究假设 H2.3 通过检验，说明消费者感知互动对改善互联网顾客关系质量，提升顾客忠诚度具有正向影响，即 EB 平台使顾客在网络消费体验进程中所感知的交互导向互动水平及任务导向互动水平品质越高，且自我导向互动水平越低，消费者从中体验的程序性利益价值就越高且满意度、信任度指数亦越高,进而正向影响其态度忠诚及行为忠诚。

H2.4：EB平台的消费趣味性感知正向影响互联网顾客忠诚。参照互联网顾客忠诚前置限定因素结构方程模型路径系数可知,消费趣味性感知与互联网顾客忠诚之间的路径系数为0.031,$P=0.536>0.1$,未通过显著性检验,故研究假设H2.4不成立。

H2.5：EB平台的客户化定制品质正向影响互联网顾客忠诚度。参照互联网顾客忠诚前置限定因素结构方程模型路径系数可知,客户化定制与互联网顾客忠诚之间的路径系数为0.359,$P=0.040$,显著性水平在0.05以上,故研究假设H2.5通过检验,说明客户化定制对改善互联网顾客关系质量,提升顾客忠诚具有正向影响,即在网络消费体验进程中EB企业若能精确定位消费者诉求,并参照消费者特质积极践行差异化营销战略,将对提升互联网顾客满意度、信任度指数具有重要意义,进而正向影响其态度忠诚及行为忠诚。

H3.1：EB平台的企业形象正向影响互联网顾客忠诚度。参照互联网顾客忠诚前置限定因素结构方程模型路径系数可知,企业形象与互联网顾客忠诚之间的路径系数为0.182,$P=0.037$,显著性水平在0.05以上,故研究假设H3.1通过检验,说明企业形象对改善互联网顾客关系质量,提升顾客忠诚具有正向影响,即EB平台的企业形象美誉度越高,缓解消费者在互联网虚拟交易情境中的风险感知效果越显著,顾客从中体验的关系性利益价值越高,且满意度、信任度指数亦越高,进而正向影响其态度忠诚及行为忠诚。

H3.2：消费者所感知的B2C结构性关系价值正向影响其互联网顾客忠诚度。参照互联网顾客忠诚前置限定因素结构方程模型路径系数可知,B2C结构性关系感知与互联网顾客忠诚之间的路径系数为0.339,$P=0.029$,显著性水平在0.05以上,故研究假设H3.2通过检验,说明在互联网虚拟消费情境中消费者所感知的B2C结构性关系价值对改善互联网顾客关系质量,提升顾客忠诚具有正向影响,即EB企业通过为顾客提供竞争者难以效仿的、差异化、个性化高附加值产品及服务,增强顾客让渡价值感知,提高顾客转换成本,并使二者关系趋于结构化,则消费者从中体验的关系性利益价值将显著提升,且满意度、信任度指数亦将同步提升,进而正向影响其态度忠诚及行为忠诚。

H3.3：EB平台虚拟社区感正向影响互联网顾客忠诚。参照互联网顾客忠诚前置限定因素结构方程模型路径系数可知,虚拟社区感与互联网顾客忠诚之间的路径系数为0.107,$P=0.006$,显著性水平在0.01以上,故研究假设H3.3通过检验,说明虚拟社区感对改善互联网顾客关系质量,提升顾客忠诚具有正向影响,即互联网消费者在虚拟社区中所感知的成员感及个体身份认同、影响力、需求的整合与满足以及情感分享的效果越显著,其从中体验的关系性利益价值就越高,且满意度、信任度指数越高,进而正向影响其态度忠诚及行为忠诚。

第四节 B2C模式下互联网顾客忠诚形成机制实证研究

一、整合模型构建

在此,本研究将影响B2C模式下互联网顾客忠诚前置限定因素分别作为功能性利益体验、程序性利益体验、关系性利益体验的一阶因子,以期整合研究互联网顾客消费体验三维度与互联网顾客忠诚之间的相关关系,其整合模型架构如图5-6所示。

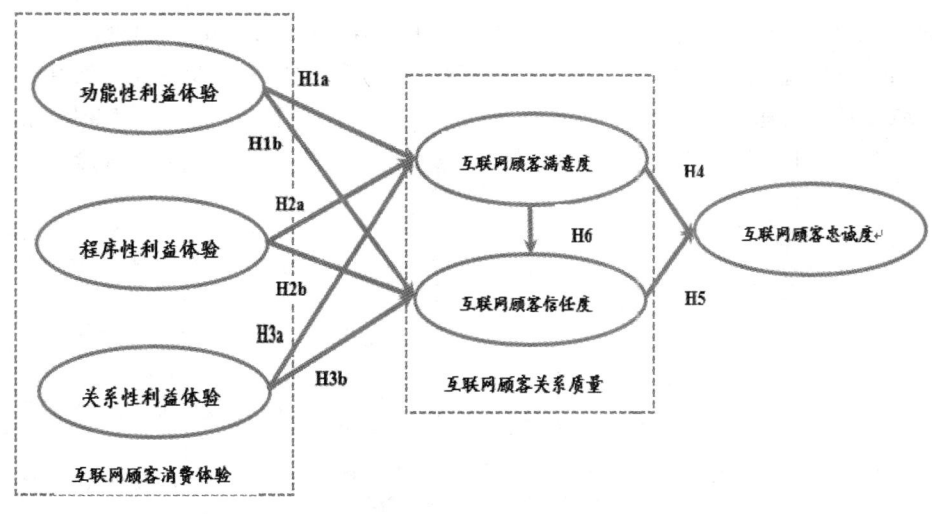

图 5-6　整合模型架构

二、整合模型识别

本研究所涉及的互联网顾客消费体验高阶验证性因子分析模型共包含54个测量指标。参照 t 规则可知:$q(q+1)/2=1485$;模型需计量的因子负荷(68个)、测量指标误差方差(54个)、因子间相关系数(6个)、回归系数(9个)以及内源潜变量残差(3个)共计140个参数。据此,由 $t=140<1485$,可进一步推知该模型符合因子模型识别的必要条件。此外,该模型还同时满足验证性因子分析模型识别的三指标法则,即模型所涉及的潜变量均包含3个或3个以上的测量变量,且每个高阶因子均对应3个或3个以上的一阶因子;因子负荷矩阵每一行有且仅有一个非零值(一个测量变量仅测量一个特质量);且残差协方差矩阵为对角阵(特殊因子间相互独立)。据此,可以判定该模型符合因子模型识别的充分条件,且本结构模型为典型递归模型,不存在双向因果关系,因此矩阵 B 为严格下三角矩阵,研究假设理论推演所涉及的残差彼此间均不存在相关性,即矩阵 ψ 为对角矩阵。综上,本研究所涉及的互联网顾客消费体验高阶验证性因子分析模型同时满足结构模型识别的必要条件与充分条件,据此可以判定该模型可识别。

三、高阶验证性因子分析

在此,本研究拟基于固定负荷法并借助 AMOS 软件对互联网顾客消费体验高阶验证性因子分析模型进行系统分析,具体而言:其一,在拟合优度数据统计分析环节,其中 $\chi^2/DF=2.337<3$,说明样本数据协方差矩阵 S 与估计方差矩阵 E 相似度较高,拟合优度指数 GFI 和修正拟合优度指数 AGFI 均大于0.9,且近似方根误差 RMSEA 值为 $0.069<0.08$,表明该模型与观测样本数据整体拟合度及合理性较为理想;其二,在高阶因子测量模式参数估计环节,由标准化因子负荷系数可知,除价格利益对功能性利益体验、系统设计质量与消费趣味性感知

对程序性利益体验因子载荷未达到门限值,其余一阶因子对高阶因子的因子载荷系数均大于0.7,且大部分项目信度较为理想。据此,可以将14个一阶因子视为互联网顾客消费体验3个维度的二阶因子测量指标。此外,二阶因子组合信度(Composite Reliability,CR)值为0.627~0.723,均已超过0.5门限值,说明该因子各项指标间的相关性及内部一致性较高,且各潜变量AVE值平方根分别为0.515、0.572和0.536,均大于该潜变量与其他潜变量间的相关系数。因此,进一步印证该高阶验证性因子分析模型(图5-7)具有较好的判别效度。

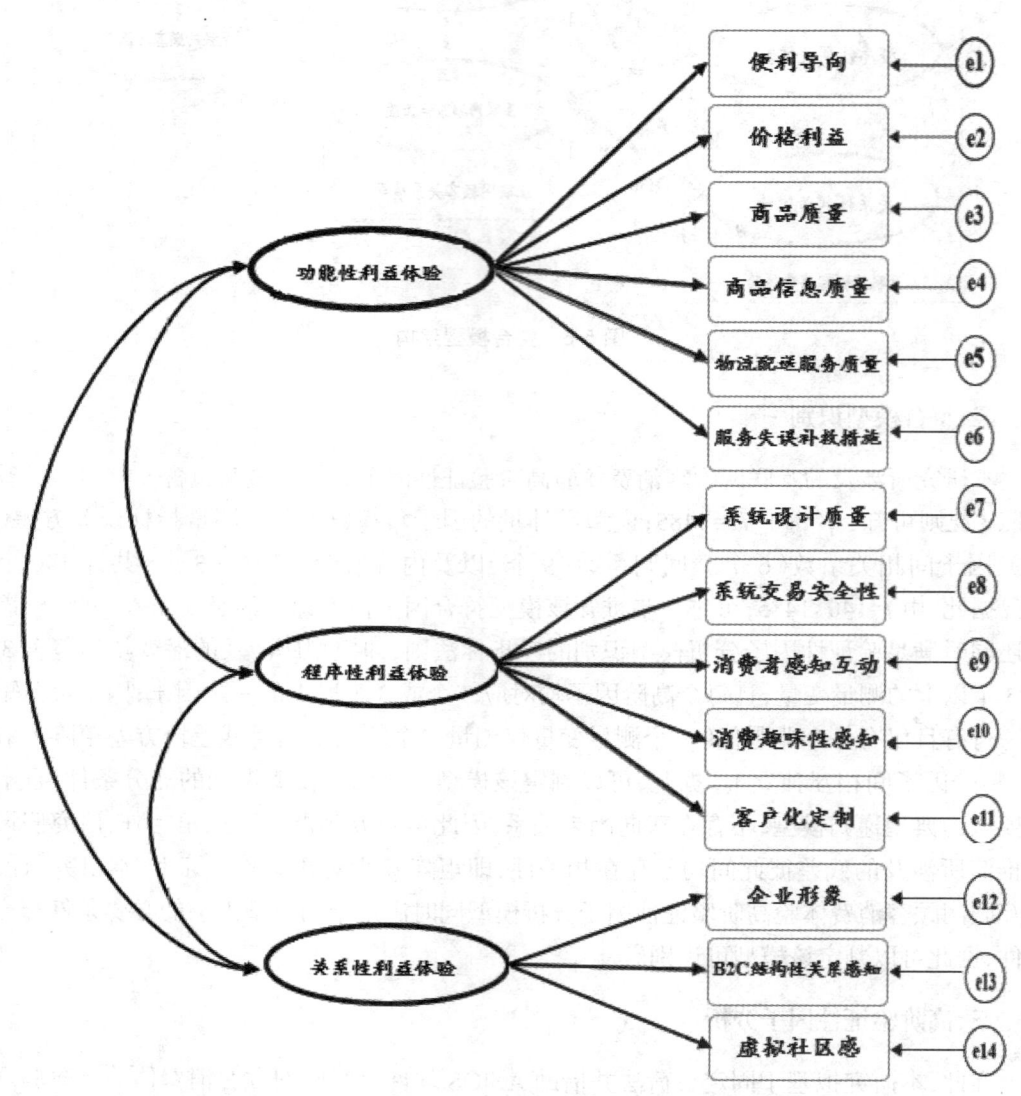

图5-7　互联网顾客消费体验高阶验证性因子分析模型

四、整合模型参数分析与讨论

本研究为界定互联网顾客关系质量在互联网顾客消费体验与互联网顾客忠诚间的中介效应,特针对直接模型与间接模型进行系统检验,并参照Tippins等学者观点,认为当出现下述情形时即可判定间接模型优于直接模型:第一,当间接模型比直接模型解释了更多的互联网顾客忠诚总变异;第二,当引入互联网顾客关系质量中介效应时,在直接模型显示的互联网顾客消费体验三维度对互联网顾客忠诚的直接效应在间接模型中减少甚至消失;第三,在互联网顾客消费体验三维度与互联网顾客关系质量以及互联网顾客关系质量与互联网顾客忠诚间均存在显著相关关系;第四,在拟合优度数据分析环节,间接模型拟合效果优于直接模型。[492]具体而言:第一,直接模型对 B2C 模式下互联网顾客忠诚解释力($R=0.767$)优于直接模型($R=0.606$);第二,在直接模型中,功能性利益体验、程序性利益体验、关系性利益体验与互联网顾客忠诚均在 0.01 水平以上,呈显著正相关,然而当引入互联网顾客关系质量中介效应后,在直接模型显示的互联网顾客消费体验三维度对互联网顾客忠诚的直接效应在间接模型中减少乃至消失;第三,在间接模型中互联网顾客体验三维度对互联网顾客关系质量均在 0.05 或 0.01 水平以上,呈显著正相关,且互联网顾客关系质量与互联网顾客忠诚之间标准化回归系数分别为 0.256 与 0.317,均在 0.01 水平以上,呈显著正相关;第四,参照拟合优度数据统计分析直接模型与间接模型的 χ^2/DF 值均小于 3,说明样本数据协方差矩阵 S 与估计方差矩阵 E 相似度较高。此外,直接模型拟合优度指数 GFI=0.901、修正拟合优度指数 AGFI=0.833 均接近或超过 0.9 门限值,且近似方根误差 RMSEA 值为 0.077<0.08 表明直接模型与观测样本数据整体拟合度及合理性尚可;而间接模型拟合优度指数 GFI=0.925、修正拟合优度指数 AGFI=0.901 均大于 0.9 门限值,且近似方根误差 RMSEA 值为 0.062<0.08,表明间接模型与观测样本数据整体拟合度及合理性较好且优于直接模型。综上,本研究认为间接模型优于直接模型,即在 B2C 模式下互联网顾客消费体验三维度通过互联网顾客关系质量影响互联网顾客忠诚。

表 5-6　互联网顾客消费体验与互联网顾客忠诚相关关系模型参数分析汇总

研究假设	路径	直接模型		间接模型		验证结论
		标准化回归系数	P 值	标准化回归系数	P 值	
H1	功能性利益体验→互联网顾客忠诚	0.232***	0.008	0.067*	0.062	弱支持
H2	程序性利益体验→互联网顾客忠诚	0.315***	0.003	0.082	0.115	不支持
H3	关系性利益体验→互联网顾客忠诚	0.367***	0.005	0.023*	0.077	支持
H4	互联网顾客满意→互联网顾客忠诚			0.256***	0.000	支持
H5	互联网顾客信任→互联网顾客忠诚			0.317***	0.003	支持
H6	互联网顾客满意→互联网顾客信任			0.266***	0.001	支持

续表

研究假设	路径	直接模型 标准化回归系数	直接模型 P 值	间接模型 标准化回归系数	间接模型 P 值	验证结论
H1a	功能性利益体验→互联网顾客满意			0.291**	0.000	支持
H2a	功能性利益体验→互联网顾客信任			0.221***	0.002	支持
H2b	程序性利益体验→互联网顾客满意			0.313***	0.042	支持
H3a	程序性利益体验→互联网顾客信任			0.232***	0.007	支持
H3b	关系性利益体验→互联网顾客满意				0.006	支持
	关系性利益体验→互联网顾客信任				0.037	支持

资料来源：作者统计分析而得。（注：***$P<0.01$，**$P<0.05$，*$P<0.1$）

第五节 实证分析结论汇总

本章利用数理统计方法对采集到的数据进行系统处理与分析，研究假设验证结果归纳如表5-7所示。

表5-7 假设验证结论汇总

假设内容	路径	结论
H1：EB平台提供的功能性利益体验价值越高，消费者对其满意度、信任度（互联网顾客关系质量）指数越高，进而正向影响其对该EB平台的忠诚度	功能性利益体验→互联网顾客忠诚	总体支持
H1.1：EB平台的便利导向对互联网顾客忠诚度具有显著影响	便利导向→互联网顾客忠诚	支持
H1.2：EB平台的价格利益与互联网顾客忠诚度呈正向关系	价格利益→互联网顾客忠诚	不支持
H1.3：EB平台的商品质量与互联网顾客忠诚度呈正向关系	商品质量→互联网顾客忠诚	支持
H1.4：EB平台的商品信息质量与互联网顾客忠诚度呈正向关系	商品信息质量→互联网顾客忠诚	支持
H1.5：EB平台的物流服务质量正向影响互联网顾客忠诚度	物流配送服务质量→互联网顾客忠诚	支持

续表

假设内容	路径	结论
H1.6:EB平台的服务失误补救措施正向影响互联网顾客忠诚度	服务失误补救措施→互联网顾客忠诚	支持
H2:EB平台提供的程序性利益体验价值越高,消费者对其满意度、信任度(互联网顾客关系质量)指数越高,进而正向影响其对该EB平台的忠诚度	程序性利益体验→互联网顾客忠诚	总体支持
H2.1:EB平台的系统设计质量正向影响互联网顾客忠诚度	系统设计质量→互联网顾客忠诚	不支持
H2.2:EB平台的系统交易安全性正向影响互联网顾客忠诚度	系统交易安全性→互联网顾客忠诚	支持
H2.3:EB平台的消费者感知互动水平正向影响互联网顾客忠诚	消费者感知互动→互联网顾客忠诚	支持
H2.4:EB平台的消费趣味性感知正向影响互联网顾客忠诚	消费趣味性感知→互联网顾客忠诚	不支持
H2.5:EB平台的客户化定制品质正向影响互联网顾客忠诚度	客户化定制→互联网顾客忠诚	支持
H3:EB平台提供的关系性利益体验价值越高,消费者对其满意度、信任度(互联网顾客关系质量)指数越高,进而正向影响其对该EB平台的忠诚度	关系性利益体验→互联网顾客忠诚	支持
H3.1:EB平台的企业形象正向影响互联网顾客忠诚度	企业形象→互联网顾客忠诚	支持
H3.2:消费者所感知的B2C结构性关系价值正向影响其互联网顾客忠诚度	B2C结构性关系感知→互联网顾客忠诚	支持
H3.3:EB平台虚拟社区感正向影响互联网顾客忠诚	虚拟社区感→互联网顾客忠诚	支持
H4:互联网顾客满意与顾客忠诚正相关	联网顾客满意→互联网顾客忠诚	支持
H5:互联网顾客信任与顾客忠诚正相关	互联网顾客信任→互联网顾客忠诚	支持
H6:互联网顾客满意与顾客信任正相关	互联网顾客满意→互联网顾客信任	支持

资料来源:作者统计分析而得。

由表5-7可知,前文提出的大部分研究假设得到了相应支持,然而也存在部分假设未通过实证检验。

第六章 研究结论

本章主要是对全书的研究内容进行系统梳理、归纳,总结本研究所取得的研究成果,并在此基础上指出本书的不足之处,对今后研究方向进行展望。

第一节 研究内容总结

B2C 模式下,本书针对顾客在互联网虚拟消费情境中,EB 平台所提供的功能性利益体验、程序性利益体验以及关系性利益体验的主观感知与互联网顾客关系质量、顾客忠诚形成机制的相关性进行系统分析与实证研究,主要内容涉及以下几个方面。

首先,回顾了国内外学者涉及 B2C 模式下互联网顾客关系质量及顾客忠诚形成机制的相关文献,对影响互联网顾客网络消费行为相关理论进行系统梳理,分别从消费者行为理论、关系营销理论及互联网顾客忠诚形成机制三个层面进行系统分析,为论文后续实证研究工作奠定了坚实的理论基础。在消费者行为理论溯源部分,从消费者行为定义切入,界定了消费行为研究的基本假设,探讨了尼克西亚模式、霍华德-谢恩模式以及 EBK 模式等相关消费者购买行为理论。在关系营销理论文献综述部分,界定了关系营销内涵及基本模式分析架构,并基于关系营销范式顾客忠诚形成机制进行深入探索性研究。在涉及互联网顾客忠诚形成机制研究层面,系统考察了顾客忠诚内涵,全新界定了 B2C 模式下互联网顾客忠诚构念的内涵,指出在互联网虚拟消费体验进程中,顾客对 EB 平台所销售的商品及提供的服务在功能性利益体验、程序性利益体验以及关系性利益体验层面均获取了较高的感知价值,进而对其产生某种特定的感觉、偏好及承诺,据此对同类 EB 企业竞争者所积极开展的营销策划活动自动屏蔽、形成一定的免疫力,即互联网消费者与该 EB 平台业已形成了某种稳定的 B2C 结构性关系。此外,相对于新消费者阶层日益稀缺的时间资源及有限的努力付出,EB 企业若想显著改善互联网顾客关系质量、提升顾客态度忠诚及行为忠诚,就应积极致力于顾客满意战略与顾客锁定战略的系统实施。

其次,本书对互联网虚拟消费环境下,影响顾客消费行为意向的诸多扰动因素进行系统梳理、归纳,并基于互联网顾客消费体验视角将其系统划分为功能性利益体验、程序性利益体验以及关系性利益体验三个层面,共涉及:便利导向(CO)、价格利益(PB)、商品质量(CQ)、商品信息质量(CIQ)、物流配送服务质量(LDSQ)、服务失误补救措施(SFRM)、系统设计质量(SDQ)、系统交易安全性(SS)、消费者感知互动(CPI)、消费趣味性感知(CPP)、客户化定制(C)、企业形象(CI)、B2C 结构性关系感知(B2CSRP)以及虚拟社区感(SOVC)14 个维度,并将其作为影响 B2C 模式下互联网顾客关系质量的前置驱动因素,深入探索了其对改善互联网顾客关系质量、提升顾客态度忠诚及行为忠诚的影响机制;中介变量涉及互联网顾客满意度(ICS)和互联网顾客信任度(ICT)2 个维度;结果变量涉及互联网顾客忠诚度(ICL)1 个维度。整体研究架构由前因变量、中介变量、结果变量及相应研究路径关系构成。据此,本研究构建了适用于互联网虚拟消费环境下 EB 平台顾客忠诚形成机制及影响因素概念模型,以期更全面、系统地诠释 B2C 模式下互联网顾客关系质量及顾客忠诚形成机制,进而有利于后期实证分析的逻辑性、严谨性。

再次,本书通过实证研究方式,对互联网虚拟消费环境下顾客网络消费行为相关数据进行分析,系统考察了影响互联网顾客关系质量、顾客态度忠诚及行为忠诚的前置限定因素,构建了 B2C 模式下 EB 平台顾客忠诚形成机制及影响因素概念模型,并运用数理统计方法对模型进行相关检验,探讨了研究的局限性。具体而言:在研究方法层面,为了确保测量的准确性,本书在借鉴国外学者已使用量表的基础上,并结合本研究所需,形成了量表初稿,此后通过预调研方式对量表进行了一定程度上的微调,并完成了相应的信度与效度检验,剔除了某些不可靠的指标,最终形成了本研究所采用的正式计量量表。此外,本书还参照研究假设理论推演对概念模型中所涉及的 17 个变量进行了操作化定义及度量指标描述。在调研过程及样本结构分析环节,完成了本研究相应的调研问卷设计工作,明确了研究对象、研究方法,对有效调研问卷就样本人口统计学特征进行了深入分析。在数据分析与讨论环节,通过对样本数据进行描述性统计分析,并参照中国互联网络发展状况统计报告对观测数据质量进行初步评估;借助结构方程统计软件 AMOS 对测量方程进行验证性因子分析,以检验样本数据信度及效度水平;参照拟合优度数据统计分析检验结构方程模型与观测样本数据的整体拟合度及合理性;通过结构方程建模对 B2C 模式下互联网顾客消费体验诸维度与互联网顾客满意度、信任度及忠诚度之间的相关关系进行系统检验,并将假设验证结果进行归纳、汇总。

最后,本书在前文研究结论基础上对 B2C 模式下 EB 企业改善互联网顾客关系质量、提升顾客态度忠诚及行为忠诚,实施顾客锁定战略进行相关深入探索性研究,并在 EB 企业网络营销管理实践层面取得了一些有益的阶段性研究成果。具体而言:第一,认为在互联网经济时代,我国 EB 企业应适时将竞争战略向以全面提升顾客感知价值为初衷的竞争战略范式演进,并基于复杂混沌网络环境积极构建竞争对手难以效仿的差异化竞争优势,即 EB 企业可适时采取增强顾客感知利得(Perceived Benefits,PB)战略、减少顾客感知利失(Perceived Sacrifices,PS)战略以及 PB、PS 组合战略。第二,尝式将 6Sigma 理念植入 EB 平台服务便利体系,构建了以服务过程为基础,以顾客为核心,以提高服务质量为初衷的 6Sigma 管理模型,并运用 6Sigma 管理理念中顾客导向、零缺陷卓越质量追求及成本控制方法深入探讨了 DMAIC 实施策略。第三,基于电商企业、互联网消费者、政府、第三方电商产品质量信息服务平台不同视角,深入探讨其对构建中国电商产业商品质量监管体系所发挥的积极作用,构建了中国电商产业商品质量监管体系四力模型,并进一步强调政府在中国电商产业商品质量监管体系中应承担重要引领、推动作用;EB 企业在国内网络消费市场尚处于萌芽发展阶段,政府、第三方平台的引领、推动作用及互联网消费者的拉动力明显匮乏的情况下,我国各大电商企业应与政府携手共同扶持第三方平台成长,并积极扩大其影响力及执行力;第三方电商产品质量信息服务平台也应不断增强自身实力,与 EB 企业深度融合、完善质量监控系统,为政府职能部门构建质量监管体系建言献策。第四,指出在体验经济时代EB平台应从消费者感知互动视角出发,在顾客的网络消费体验进程中积极为其提供卓越的功能性利益体验、程序性利益体验以及关系性利益体验,以满足其情感诉求、获取尊重与自我价值实现,并最终实现实用性、享乐性及社会性价值的高度统一。第五,认为EB企业在社交网络时代实施全方位E-CRM应从售前、售中、售后3个层面系统展开,即在售前E-CRM阶段实施需求诱导策略、售中E-CRM阶段实施客户化定制差异化营销策略、售后E-CRM阶段实施情感沟通策略。

第二节 营销和管理启示

一、基于顾客感知价值的竞争战略范式演进

Holbrook(1996,1999)的研究成果显示感知价值是预测顾客选择行为的重要影响因子,且顾客感知价值能较好地诠释顾客在特定情境中的消费偏好及购买意向。[493,494] 由此,EB企业若能在顾客的网络消费进程中大量提供卓越的顾客体验价值感知,将形成独特的差异化竞争优势。Zeithaml(1988)从理性视角将顾客感知价值界定为消费者基于付出与获得而形成的对某种商品效用的总体评价。[495] 随后,Dodds W B、Monroe K B和Grewal D(1991)从权衡(trade-off)观点切入,将顾客感知价值定义为感知利益与感知牺牲的权衡结果。[496] 在此,本研究继承并拓展了Zeithaml等学者观点,将B2C模式下互联网顾客感知价值(Internet Customer Perceived Value,ICPV)界定为网络消费者对EB企业提供商品或服务所蕴涵价值的主观认知,并以互联网顾客感知价值ICPV为因变量,以顾客感知利得(Perceived Benefits,PB)和顾客感知利失(Perceived Sacrifices,PS)为自变量,构建了ICPV概念函数:ICPV=f(PB,PS)=PB(PV,SV,AV,……,N)-PS(MC,TC,EC,……,N)其中,PB涉及顾客在网络消费进程中所感知的产品价值(Product Value,PV)、服务价值(Service Value,SV)、娱乐价值(Amusement Value,AV)等相关因素;而PS则泛指顾客在网络消费进程中所支付的全部成本,包括:货币成本(Money Cost,MC)、时间成本(Time Cost,TC)、精力成本(Energy Cost,EC)等相关要素。由此,在Web 2.0时代B2C模式下EB企业可参照ICPV概念函数,通过增强顾客感知利得抑或减少顾客感知利失等多种途径来动态调整互联网顾客感知价值。目前多数中国EB企业仍然将低价战略放在首位,即采取降低顾客感知利失层面中的货币成本以增强顾客感知价值,进而获取竞争优势。然而,参照销售量一般模型可知,如图6-1所示,当某一企业实施降价促销战略时,伴随价格下行,从理论层面分析销售量应与其呈现反比例关系,其函数表达式可描述为:

$$S = A \times \left(\frac{P_{max}}{P} - 1\right) = \frac{AP_{max}}{P} - A$$

其中:A为常数;P_{max}表示当销售量$Q=0$时该种商品的最高售价。当价格由P_a下降至P_b时,销售量将上升。然而,由于价格敏感性的客观存在,竞争企业也会随之下调价格,最终该

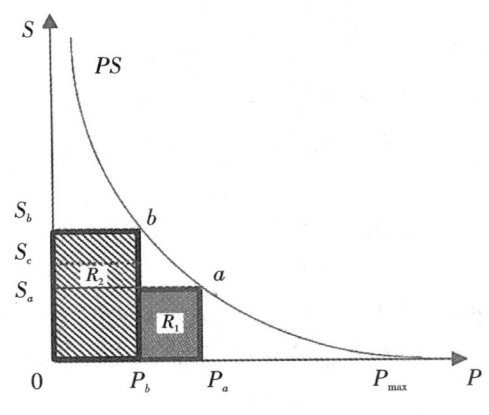

图 6-1 价格-销售量曲线

EB 企业的收益空间未必会达到其理想预期 R_0（图中矩形 $S_b b P_b O$ 的面积），而销售额度则可能会上行至 S_a 至 S_b 区间内的某一点 S_c，增加的收益空间 R_2 亦可能小于 R_1。另据中国 CNNIC 及国内外学者相关研究表明，价格因素已不再成为顾客网络消费行为意向的重要决策因子，且伴随消费者网络消费理念的日臻成熟，其关注焦点将侧重于在网络消费体验中对服务便利性、系统交易安全性、平台互动性、娱乐性以及对商品及物流配送服务质量等方面的主观感知。

据此，EB 企业在提升 ICPV、改善顾客关系质量及顾客忠诚环节可采取下述措施。

第一，实施增强顾客感知利得战略。EB 企业应以顾客需求为导向、以全面提升顾客感知价值为基点，系统分析影响提升 PB 的诸多限定因素，并据此提出相应改进措施。具体而言，EB 企业应高度关注产品质量并不断拓展产品品类，为消费者提供高品质、个性化商品以期使其获取较高的顾客让渡价值。伴随科学技术的日新月异，同类商品质量及价格方面的差异将逐渐趋同，而 EB 平台在服务理念上的差异会日益明显。由此，EB 企业应加强对售前、售中、售后环节中的服务质量进行全程监控，并积极构建规范化、高标准的服务体系，尊重并关注每一位顾客的消费体验，及时倾听消费者的不满、切实解决其在网络消费体验中出现的实际问题。此外，面对快节奏的都市生活及繁重的工作压力，EB 平台不应仅满足于为消费者提供便捷的购物体验，还应精心设计网络消费流程的诸多环节，以彰显其独特的趣味性和娱乐性。

第二，实施减少顾客感知利失战略。EB 企业应以顾客需求为导向、以全面提升顾客感知价值为基点，系统分析影响降低 PS 的诸多促进因素，并据此提出相应可行性改进措施。具体而言，EB 企业应针对现代社会新消费者阶层日益稀缺的时间资源及有限的努力付出，积极探寻为消费者提供诸多便利服务体验，如提升系统设计质量，研发功能更为强劲的搜索引擎，抑或开发基于规则和推理机制的订单实时处理机器人等举措以降低时间成本，通过提供灵活多样的支付方式及完善的服务失误补救措施以减少消费者精力成本支出，通过提供高效完善及个性化的配送方案以降低顾客体力成本支出。

第三,实施 PB、PS 组合战略。中国电商行业的发展是依靠资本孵化推动的,除阿里巴巴等个别 EB 企业,整体上仍处于亏损状态且伴随获取流量费用及客户转化成本的大幅攀升,各大电商平台的非价格竞争战略亦将呈现多元化态势,如 EB 企业可尝试在显著提升顾客感知利得的前提下,将价格上调,以期获取较高的利润额度,但不容忽视的是该组合战略成功实施的关键不仅取决于提升的顾客感知利得因素是否已形成差异化的竞争优势且难以被竞争对手效仿,还取决与顾客是否愿意为显著提升的顾客感知利得而承担一定的溢价支出。

综上,本研究认为在网络经济时代,伴随信息技术前沿与 EB 平台的深度融合及 EB 平台在各级城市渗透率的快速提升与物流配送体系布建日趋完善,中国 EB 企业的竞争战略应适时向以全面提升顾客感知价值为初衷的竞争战略范式演进,并基于复杂混沌网络环境积极构建竞争对手难以效仿的差异化竞争优势,以期改善顾客关系质量、提升顾客忠诚度,最终实施顾客锁定战略。

二、EB 平台服务质量管理体系的构建与实施

1.6Sigma 理念下 EB 平台服务质量体系架构及实施步骤

1)EB 平台服务质量 6Sigma 管理体系架构

20 世纪 80 年代中期,摩托罗拉公司制订了以客户完全满意(Total Customer Satisfaction, TCS)为目标的质量方针,并据此提出了六西格玛(6Sigma)理论。6Sigma 是一种管理方法,一种卓越的管理系统:从狭义层面上讲,6Sigma 是建立在统计学正态分布的基础上,考虑 1.5Sigma 的漂移,使落在 6Sigma 之外的概率仅为 3.4PPM;从广义层面上讲,Sigma 则是一种用来衡量或评价某项产品和服务的质量标准。[497]EB 平台服务便利体系是基于现代社会新消费者阶层日益稀缺的时间资源和有限的努力付出而构建的。在此,本研究尝试将 6Sigma 理念植入 EB 平台服务便利体系,构建了以服务过程为基础,以顾客为核心,以提高服务质量为初衷的 6Sigma 管理模型,并运用 6Sigma 管理理念中顾客导向、零缺陷卓越质量追求及成本控制方法深入探讨了 DMAIC 实施策略,以期从互联网消费者便利视角制订经营管理策略,以起到一定的理论借鉴作用(图 6-2)。

2)6Sigma 理念在顾客服务质量感知提升中的实施步骤

6Sigma 管理方法通常使用 DMAIC 业绩改进模型来提升现有产品或服务的质量。其中:D(Define)即定义,确定需要改进的产品或过程,决定项目需要什么资源;M(Measure)即测量,定义缺陷、收集有关产品或过程现状的数据,确定改进的目标;A(Analyze)即分析,分析在测量阶段收集的数据,以确定一组按重要程度排列的影响质量的变量;I(Improve)即改善,实施优化解决方案,并确认该方案能够满足或超过项目质量改进目标;C(Control)即控制,确保对过程的改进一经实施就能够持之以恒,并确保过程不会恢复到原来的状态。[498-501]

(1)定义阶段:明确顾客关键需求

关注顾客需求是 6Sigma 的核心价值观,据此 EB 企业在提升服务质量水平进程中,首先应针对服务过程中影响顾客满意度的相关因素进行系统描述,辨别顾客关键需求(Critical

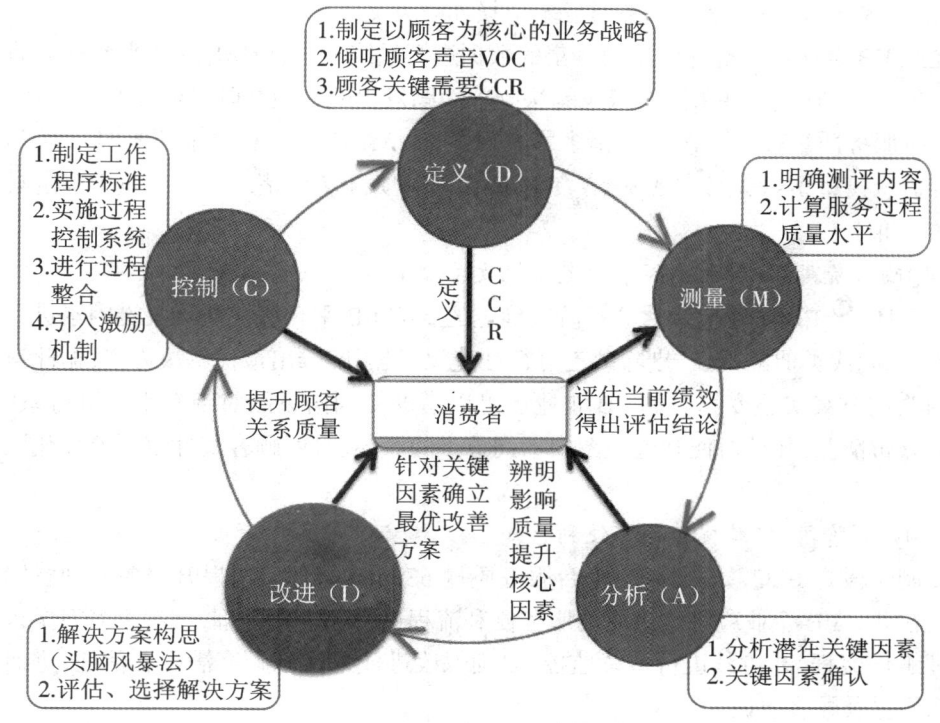

图 6-2　EB 平台服务质量 6Sigma 管理模型——DMAIC

Customer Requirements，CCR)，参照服务便利现状设定改进目标,并结合顾客实时反馈的数据动态微调需要改进的项目和目标。在此,本研究将界定顾客关键需求 CCR 细化为以下 3 个步骤:第一,制定以顾客为核心的业务流程。分别从企业、消费者不同视角切入将影响 EB 平台服务便利因素归纳为:系统设计质量、订单实时处理、EB 企业品牌形象、时间价值、换位思考以及网络消费涉入程度,共计 6 个维度,系统地诠释了互联网消费便利需求感知。据此,EB 企业应积极将服务便利理念落地,并使其在战略层面及战术层面与企业经营管理的每一环节深度融合,并以顾客便利导向为基点重新审视其业务流程。第二,倾听顾客声音。6Sigma 管理强调倾听顾客的声音(Voice of Consumer，VOC)，即 EB 企业可通过售后评价、问卷调查、虚拟社区等多种途径了解网络消费者对 EB 平台服务质量现状的评价。第三,将 VOC 转化为 CCR。在本环节,首先将相同或类似的顾客反馈进行筛选、归类,然后深入分析与其对应的顾客关注点。

(2)测量阶段:评估 EB 平台当前服务质量水平得出评估结论

在测量阶段,EB 企业首先应参照定义阶段界定的 CCR 建立评估核心服务环节指标体系,然后采取调查问卷方式,通过统计分析评估服务质量水平,将服务过程中每百万次机会缺陷数(Defects per Million Opportunities，DPMO)通过查表确定其 Sigma 水平,并与顾客期望的服务质量水平进行对比分析,查找差距。如将 EB 平台服务质量水平的关键环节服务失误补救措施从 4 Sigma 水平提升至 5Sigma 水平,其 DPMO 将显著下降 96.3%。据此,网络消费者所感知的时间、努力成本显著下降,服务便利感知将提升 27 倍。

（3）分析阶段：界定影响服务质量水平提升的关键因素

在此 EB 企业应针对评估阶段采集的数据进行系统分析，对影响 EB 平台服务质量的核心因素进行详细描述，并采用头脑风暴法寻求问题发生的原因，即该环节的主要目的是尽量详尽影响服务质量核心因素 Y 的诸多影响因子 $X_1, X_2, X_3, \cdots, X_n$，并据此构建关于问题产生原因的概念模型 $Y=f(X_1, X_2, X_3, \cdots, X_n)$，然后在影响项目 Y 的诸多过程变量中确定具有重要特性的 X 值。

（4）改进阶段：针对关键因素确定最优改善方案

在本环节，EB 企业应针对分析阶段确定的影响 EB 平台服务质量关键因素进行深入探讨，归并相同或类似的观点，剔除缺乏可行性建议，最后筛选出最优解决方案，据此拟定有针对性的改进方案实施变革。如 EB 企业还可以借助便利谱系图对现有服务进行系统分析，定位其分布情况，并针对便利谱系图中不同节点的产品属性、顾客属性定制差异化服务营销策略。

（5）控制阶段：持续提升顾客便利感知

控制阶段是 B2C 模式下 EB 平台服务质量 6Sigma 管理架构提升服务便利感知的关键步骤。在此，EB 企业应将改进后的服务便利流程进行标准化处理，使解决方案融入日常服务管理工作流程，并对其进行持续监控，以确保改进成果达到顾客满意和信任，进而提升顾客关系质量及顾客忠诚。

2. 积极构建中国电商产业商品质量监管体系

国务院总理李克强在政府工作报告中明确指出："要促进物流配送、快递业和网络购物发展，充分释放十几亿人口所蕴藏的巨大消费潜力。"在互联网虚拟环境下，由于消费者通常无法直接甄别商品质量属性，网络商品质量的优劣便成为能否有效释放网络消费潜力、拉动内需、促进经济增长的重要影响因素。在此，本研究分别从电商企业、互联网消费者、政府以及第三方电商产品质量信息服务平台各自不同视角切入，深入探讨其对构建中国电商产业商品质量监管体系所发挥的积极作用，并基于 Web 2.0 时代 B2C 模式下构建了中国电商产业商品质量监管体系四力模型（图6-3）。

首先，对电商企业网络营销的启示。具体而言：第一，建立并完善 EB 平台商品质量监控、评价系统。目前，EB 平台供应商对平台内部销售商品品质的质量监管工作虽已高度重视，但在第三方销售平台商品质量管控方面仍存在盲区，主要体现在对其经营资质的认定以及对商品质量的系统监控方面。以京东商城为例，自 2010 年引入第三方销售平台后营业额突破 1000 亿元，其中来自第三方平台占比达 30%。然而，消费者对第三方平台商品质量投诉却一直居高不下，占全部投诉比例的 80%。据此，电商企业一方面应对第三方平台加盟制定科学的、严格准入制度，系统考察其经营资质及经营规模，即在经营资质层面，EB 平台应重点关注商家是否已具备工商经营资质和进行实名认证；而在经营规模层面，EB 平台亦应拟定加盟商经营规模的门限值，并重点考察其是否具备持续经营能力。此外由 Jarvenpaa (1999)等学者的相关研究成果也可进一步说明消费者感知网络商家规模越大，商家进行不诚信行为所支付的成本就越高，从而就越能履行对商品质量的承诺。[502] 另一方面，应加强

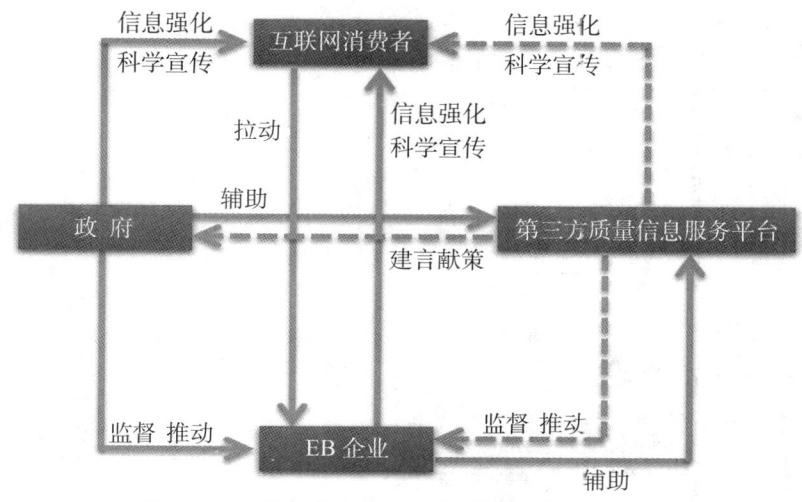

图 6-3　中国电商产业商品质量监管体系四力模型

对已通过审核的第三方销售平台交易行为的监管力度,坚持诚信经营理念加强对商家质量欺诈行为的处罚力度,如降低其信用等级抑或取消其在平台上的经营资质,并将不良商家质量欺诈行为录入诚信档案,切实维护互联网消费者的合法权益。第二,规范 EB 平台商品信息发布质量、协调网络推荐与在线评价管理机制。电商企业应完善并规范商品信息发布体系,并针对平台已发布的商品文字、图片及多媒体影音信息进行严格审核,以确保商品信息的真实有效。此外,在网络推荐层面,为了解决互联网消费者商品信息过载难以比较筛选问题,EB 平台应积极提升现有系统商品比较分析功能,由比较同类商品在各项性能指标上的简单呈现向侧重信息分析纵向延伸,进而提升消费决策质量。在评价体系层面,电商企业也应针对不同品类商品构建差异化评价形式和评价指标。与此同时,电商企业仍需特别关注网络商品信息推荐与在线评价间的联系及作用机理,以期为 EB 平台口碑营销的顺利开展奠定基础。第三,以卓越商品质量激发网络消费新动力。参照销售量一般模型可进一步佐证在商品本身价格不变的情况下,商品质量水平与电商企业销售量之间呈现显著相关性(图 6-4),具体分析如下:①当商品价格水平保持 P_a 水平不变时,由于商品品质的提升,PS 曲线将向右上方移动,其销售量也将随之上升 $\Delta S(\Delta S=S_b-S_a)$ 电商企业收益空间亦将上升 ΔR_1(注:图中矩形 S_aS_bba 的面积);②当商品价格上行,且在某一时刻满足 $P_a \leqslant P_t \leqslant P_c$ 时,由于商品销售量与价格同步提升的拉动促进作用将引致电商企业获取更高的利润空间 ΔR_2(注:图中多边形 $S_aS_t tP_t P_a$ 的面积)。据此,综合①、②观点,本研究认为在 Web 2.0 时代 B2C 模式下相对于价格竞争战略而言,EB 平台若能为互联网消费者提供卓越的商品品质,则其将逐渐形成竞争对手难以效仿的差异化竞争优势进而获取更高的利润额度。此外,卓越的商品品质也是电商企业维持较高市场占有率的必要条件。美国学者罗伯特·D. 巴泽尔的相关研究成果市场战略利润影响(Profit Impact of Market Strategy,PIMS)表明商品质量与市场占有率之间显著相关,即提供高质量产品的战略业务单位其市场占有率为低产品质量战略业务单位投资回报率的 6 倍。

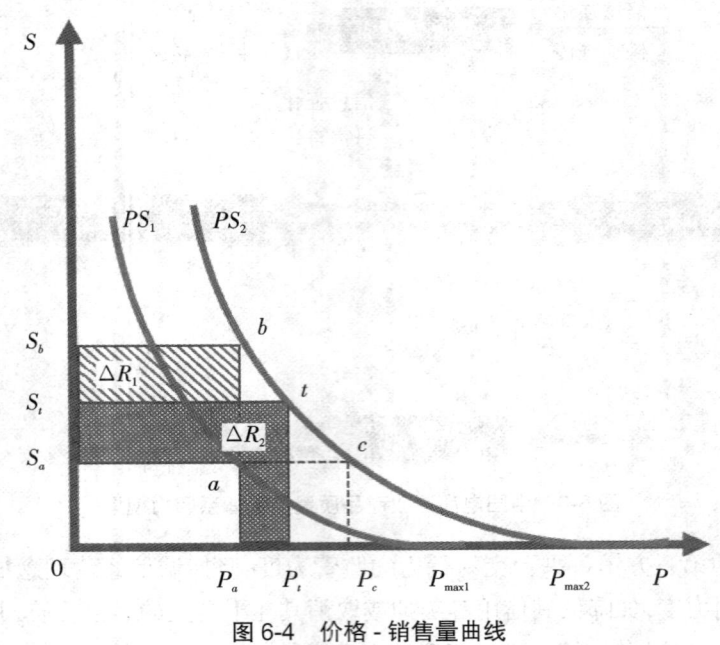

图 6-4 价格 - 销售量曲线

其次,对互联网消费者的建议。具体而言:第一,增强网络消费维权意识。一方面,当消费者遭遇不良商家质量欺诈行为时应牢固树立维权意识,并积极采取法律途径来维护自身合法权益;另一方面,消费者在互联网消费体验进程中亦应提高自身权益保护意识,优先遴选正规且口碑良好的电商企业,同时妥善保存与商家在交易过程中的聊天、支付记录等相关电子信息,并养成向商家索要消费发票凭证习惯。第二,客观评价网络消费体验。据市场咨询有限公司 iResearch 调研统计数据分析,约 62% 的潜在网络消费者在进行消费决策前会优先考虑网友意见,而在线评论则是网络口碑传播的重要形式具有在线口碑的一般特性,与此同时其还具有影响力更大、信息保留更完整、展观时间更长、更聚焦在产品和服务上、更易被获得和测量等特征,且业已成为网络消费行为中最具影响力的信息来源之一(Park,2009)。[503] 因此,消费者在网络消费体验进程中应客观评价 EB 平台为其提供的商品及服务质量,以期为构建互联网消费社会信用体系提供数据源支撑。此外,政府监管机构应从宏观调控的战略高度积极推进互联网社会消费信用体系的构建,并联合商业银行、相关行业协会等职能部门建立统一的信用评价规则和标准,实现跨 EB 平台商家信用资源共享,以期从源头杜绝信用欺诈行为。

再次,对政府管理的建议。具体而言:第一,制订互联网虚拟环境下商品质量监管新举措。目前,基于我国互联网消费市场法律监管环境尚未健全的客观条件,政府监管部门作为宏观调控者应充分发挥其政府职能,在实践中积极探索适用于互联网虚拟环境下电商企业商品质量监管新模式,并针对互联网消费的虚拟交易环境以及跨区域、跨国交易模式等特点制定并完善相关质量监管法律法规、政策措施,切实加强对电商企业商品质量监管力度,特别针对在互联网消费进程中,由商品质量问题所导致的消费者合法权益受损且商家无视新消法规定以所谓本店规定等形式规避其应尽责任与义务时,政府相关职能部门应进一步出台相应强制性管理措施加以干预。第二,建立事后责任追溯链条。针对目前互联网消费者在网络质量投诉维权进程中难以充分获取商家真实有效信息等难题,建议政府相关职能部门与各大 EB 平台深入合作积极构建网络质量维权问责平台,从物流配送环节开始逆向追溯至商品生产环节,系统考量商品质量出现问题节点,并针对该问题环节进行系统分析,界定相应部门责任,以期形成网上发现、追溯源头、落地查处的质量监管闭环协作机制。第三,建立互联网消费维权绿色通道。在互联网消费模式下,由于经营者与消费者在享有信息方面处于严重失衡状态,一旦发生网络消费纠纷问题,消费者往往缺乏内在维权动力及专业维权知识,特别是在获取经营者真实有效信息方面、在界定责任主体方面以及在寻求法律援助等方面均处于弱势地位。由此,政府相关职能部门应为互联网消费者维护自身合法权益开通绿色通道,建立相应机构负责网络质量诉讼证据的收集与鉴定,切实降低消费者在维权进程中所支付的时间、精力等各项成本,切实提高诉讼效率。

最后,对第三方电商产品质量信息服务平台的建议。具体而言:第一,为政府职能部门构建质量监管体系建言献策。第三方电商的产品质量信息服务平台应致力于汇集、整合各级质监部门商品质量信息,并与 EB 企业深度融合,辅助 EB 企业建立并完善商品质量监控系统,并在实践中不断探索、总结经验,为政府职能部门机构提供实践经验。第二,积极构建网络消费质量诚信数据库。作为第三方非盈利组织的电商产品质量信息服务平台应充分彰显其权威性及公允性,通过对电商企业网络消费质量诚信数据库的构建,将损害消费者合法权益的商家列入商品质量黑名单,并借助信息服务平台向社会公众实时发布,以期督促电商企业高度重视其销售商品品质,进而推动中国电商产业的持续健康发展。此外,Caswell(2000)的相关研究成果也进一步表明质量信号将有助于将信任属性转化为搜索属性,[504] 消费者在做出购买决策前可直接查询商家质量诚信水平、优先遴选信誉口碑俱佳的商家进行消费,从而有效缓解在网络消费进程中由于质量瑕疵所导致的消费者权益受损问题。第三,与 EB 企业深度融合、完善质量监控系统。第三方电商产品质量信息服务平台应与 EB 企业深度融合,凭借其丰富、权威的信息资源辅助 EB 企业完善质量监控系统;而 EB 企业亦可借助该信息服务平台查询、监控、取缔自营及第三方销售平台中的假冒伪劣商品,从而实现 EB 平台内商品质量监控的自我净化。

综上所述,本研究认为在 B2C 模式下 EB 平台二维质量分析架构中,EB 企业应密切关注区域Ⅰ中的魅力质量曲线部分和区域Ⅲ中的必备质量曲线部分,特别是魅力质量要素对 EB 企业能否有效实施顾客锁定战略具有重要影响。此外,在中国电商产业商品质量监管体系四力模型中:政府在中国电商产业商品质量监管体系中应承担重要引领、推动作用;EB 企业在国内网络消费市场尚处于萌芽发展阶段,政府、第三方平台的引领、推动作用及互联网消费者的拉动力明显匮乏的情况下,我国各大电商企业应与政府携手共同扶持第三方平台成长,并积极扩大其影响力及执行力;第三方电商产品质量信息服务平台也应不断增强自身实力,与 EB 企业深度融合、完善质量监控系统,为政府职能部门构建质量监管体系建言献策。

3. 基于消费者感知互动视角下 EB 平台交互性策略研究

商务部电子和信息化司统计数据表明,目前我国业已成为世界最大的网络零售市场,

2013年网络消费用户规模达3.02亿,网络零售交易总额超过1.85万亿,占社会消费品零售总额的7.8%。据业内人士预计,至2020年,中国网络零售市场规模最高将增至4.2万亿。然而,中国电子商务研究中心调研报告显示2013年企业销售规模低于500万元以及位于500万~3000万的企业分别占比18.52%和43.42%,高于3000万元销售规模的企业仅占比38.06%,即我国六成以上电商企业销售规模不足3000万元。上述统计数据表明:一方面,我国电子商务产业的高速发展业已成为拉动内需促进经济增长的重要推动力量;另一方面,除少数企业外,依靠资本孵化助推的中国电商行业整体行业盈利能力亟待进一步提升。特别是在B2C模式下伴随电商企业之间竞争的日益加剧,商品质量、价格以及服务等属性均呈现趋同现象。据此,本研究认为在Web 2.0时代,伴随体验经济的到来,EB平台应从消费者感知互动视角切入,为顾客在网络消费体验进程中积极提供卓越的功能性利益体验、程序性利益体验以及关系性利益体验以期满足其情感诉求、获取尊重与自我价值实现,并最终实现实用性、享乐性及社会性价值的高度统一。

(1)以感知互动为基点,重塑EB平台程序性利益体验功能

在EB平台系统设计层面,系统设计师及网页设计人员通常基于业务流程核心来构建商务网站,该设计思想能满足商务网站的功能诉求,但对满足新消费者阶层需求的互动虚拟性及社会性价值体验方面则有所欠缺。在此,本研究认为在EB平台开发阶段应从以下6个方面增强消费者感知互动品质,进而改善互联网顾客关系质量,提升顾客态度忠诚及行为忠诚。第一,交互多样性。在B2C模式下,EB平台与消费者之间的交互多样性不应仅局限于互动工具的多样化,还应突出互动内容呈现的差异化,即通过文字、图片、声音、动画、视频等多媒体元素,并综合运用虚拟现实等前沿信息技术,以电话、短信、电子邮件、微信、虚拟社区等多种途径与顾客进行时时在线深层互动。第二,沟通双向性。商务沟通强调通过借助某种载体或渠道将信息由发送方传递给接收方并获取充分理解,且高效沟通标准应具有清晰、完整、准确、节约读者时间以及传达友善信息等特质。在B2C模式下,EB平台所提供的高品质系统交互功能不仅有益于消费者与系统、客服人员以及其他消费者之间实现双向沟通,更有益于EB平台参照顾客个体需求进行差异化定制准确定位其所需商品或服务,进而为成功践行小众营销策略奠定基础。第三,信息相关性。在互联网虚拟交易环境下,由于顾客无法通过人物触摸模式或与营销人员进行面对面沟通等感官体验来直接评价商品质量。因此,EB平台客服人员在与顾客在线互动进程中,不仅应对顾客请求及时响应,还应特别针对顾客间个性需求给予差异化响应,以期为顾客网络消费决策提供依据。第四,响应及时行。消费者感知响应作为对互动的一种主观感知,其响应速度越及时说明顾客与EB平台之间的交互性水平越高,且对顾客与EB平台访问黏度及再次惠顾率均具有显著正向影响。在B2C模式下,顾客在互动进程中总是寄希望于EB企业能及时响应服务请求、回应信息与顾客个性化需求密切相关,并能进一步辅助其解决购买及售后服务等相关问题,即响应及时性、信息相关性在一定程度上反映了该EB平台程序性利益体验价值。第五,感知控制性。在环境心理学研究领域,感知控制性被诠释为在不同方式下感知自由抑或是可以不受约束的行动。在互联网虚拟消费体验进程中,顾客可以借助EB平台提供的系统导航、站内

搜索引擎等相关方式来有效控制自己所需信息,进而为其制订消费决策提供依据。第六,信息隐私性。EB 企业对顾客在互联网消费体验进程中填写的个人隐私信息以及在交互进程中产生的数据所承诺的安全性品质越高,消费者从中感知风险越低,净效益越高,且满意度、信任度指数越高,进而正向影响其态度忠诚及行为忠诚。

(2)提升 EB 平台交互导向、任务导向互动品质,改善互联网顾客关系质量

B2C 模式下,EB 企业在营销实践环节可参照感知互动类型划分来有效提升消费者感知互动品质,具体而言:一方面,在交互导向互动设计层面,EB 企业应高度关注顾客在网络消费体验进程中的差异化个性需求及信息反馈,适时营造良好互动氛围并尝试与顾客建立友好的 B2C 结构性关系,以期使顾客对商品或服务绩效以及情感体验层面衍生出积极的正面评价;另一方面,在任务导向互动设计层面,相对于新消费者阶层日益稀缺的时间资源及有限的努力付出,EB 企业在与消费者进行互动时应力求将顾客参与任务情境所投入的时间成本、精神成本以及体力成本降至最低,与此同时,通过别具匠心的任务导向构思引导顾客积极参与,并充分感知虚拟体验的趣味性及娱乐性,使其内心产生某种逃离现实般的愉悦心理感受,进而对改善互联网顾客关系质量产生积极的正向影响。如京东商城在消费者成功完成在线交易并对商品品质、物流配送服务质量发表评价后,或是会员在参与拼图、抽奖等互动小游戏后系统均会奖励一定数量的京豆,且该京豆在支付结算环节亦具有一定的货币支付职能。京东商城通过奖励京豆这一简单方式在一定程度上增强了消费者与 EB 平台之间的互动频度与互动品质。此外,在互联网虚拟交易情境中,EB 企业仍须高度关注自我导向互动对改善互联网顾客关系质量的扰动作用,即 EB 企业服务提供者一旦秉承自我导向互动哲学,漠视消费者差异化个性需求及反馈信息一味从自我利益出发控制互动导向将导致消费者产生失望、抱怨以及不满等负面情绪。综上,在体验经济时代 EB 企业使消费者所感知的交互导向水平及任务导向水平品质越高,且自我导向互动水平越低,消费者从中体验的程序性利益价值越高,且满意度、信任度指数越高,进而正向影响其态度忠诚及行为忠诚。

(3)增强 EB 平台虚拟体验趣味性,提升消费者涉入度调节作用

据 Online User Panel 和 Website Design 的调研数据显示,EB 平台提供的消费趣味性感知在影响顾客惠顾及重复惠顾商务网站的重要性分布上分别占比 21% 和 18%,Webster(1992)实证研究结论也进一步佐证在人机互动进程中娱乐性及趣味性的总体特征与互动行为创造性之间呈现显著正相关。[505]此外,在消费者卷入度相关研究领域,Mittal(1995)认为消费者涉入度应由个体需求、兴趣及价值观决定,是个人对某一目标或活动的意向心境所表现出对某事物、活动的兴趣程度与投入水平,且在高涉入度情况下消费者会更加积极主动搜索相关信息,并进一步致力于通过构建评估标准和寻求可行性解决方案实现最大期望的满足。[506]Kandampully(2000)指出在服务提供者与消费者互动进程中,服务提供者所发布的信息或线索作为外部信号来源渠道必将对消费者决策产生积极影响。[507]据此,EB 企业在营销管理实践层面应将消费者感知趣味性体现在互动设计环节的每一个细微之处,并充分发挥消费者卷入度对交互导向互动及任务导向互动品质的调节作用,即 EB 企业提供的感知互动趣味性越高,消费者卷入度越高,且在高涉入度情形下消费者信息搜索动机及需

求程度均较强。由此，可进一步推知在 B2C 模式下消费者对能充分满足其差异化个性需求及反馈信息的交互导向互动及任务导向互动满意度评价指数亦较高。

三、社交网络时代 EB 企业 E-CRM 实施策略建议

客户关系管理（Customer Relationship Management, CRM）其实质强调企业与利益相关方建立并发展长期互惠关系以实现双赢。在 B2C 模式下，EB 企业实施全方位 E-CRM 不仅利于建立并维系其与互联网消费者之间长期稳定的供需关系，而且对改善互联网顾客关系质量、提升顾客态度忠诚及行为忠诚亦具有积极意义。

1. 建构大数据背景下顾客需求分析模式

社交网络时代，互联网消费者在企业与客户信息沟通体系中不再处于被动信息接收地位，且其借助互联网沟通媒介企业已成为信息的发布者、传播者及交互者，而基于大数据技术下对实时数据进行采集、分析将为 EB 企业营销管理实践提供强劲支撑。毋庸置疑，B2C 模式下顾客依然是 EB 企业架构全新 E-CRM 体系的核心，且相对于传统媒体时代，在信息发布、传播与交互层面更加凸显数字舆论与自媒体特征。据此，EB 企业一方面需持续提升互联网消费者在虚拟社区中所感知的成员感及个体身份认同、影响力、需求的整合与满足以及情感分享效果，以期使其获取较高的关系性利益价值体验，进而利于 EB 企业借助虚拟社区数据系统分析互联网消费者需求意向；另一方面，应基于大数据技术下对 EB 平台内、外部相关数据进行深度数据挖掘，系统分析现有顾客及潜在消费者需求偏好及行为意向充分识别实时商机，并以消费个体为单位借助虚拟社区、电子邮件、微信、QQ 等多种渠道与顾客积极沟通、实时深层互动，最大限度满足客户个性化需求，将小众营销理念与 EB 平台营销管理实践深度融合，以期增强互联网消费者 B2C 结构性关系感知。

2. 系统践行 E-CRM，实施顾客锁定战略

本研究实证结论表明互联网顾客满意度、互联网顾客信任度与互联网顾客忠诚度之间具有显著正向影响，且以顾客为核心、以服务为初衷的市场营销战略不仅要求现代企业高度关注顾客消费行为意向、日益密切与顾客之间的结构性关系，而且还应充分发掘并高效管理顾客资源。据此，在 B2C 模式下 EB 企业应从售前、售中、售后 3 个层面系统践行 E-CRM，以期显著提升互联网顾客关系质量、实施顾客锁定战略。具体而言：第一，售前 E-CRM 阶段，实施需求诱导策略。当消费者在 EB 平台完成首次注册登录后，EB 企业应对其注册的基本信息进行系统分析，尤其应关注社会人口统计特征如性别、年龄、家庭结构、受教育程度、职业、个人可支配收入等相关信息点，据此初步推断顾客消费偏好及行为意向，并适时向顾客推送相关商品信息。随后，EB 平台应结合顾客每次消费记录不断修正初步推断内容，以期系统掌握每位顾客消费倾向，并适时推送其经常惠顾的相关商品促销信息，增强其与 EB 平台的访问黏度。此外，EB 平台仍需对顾客在售前咨询及使用评价中所发布的相关信息进行深度数据挖掘，力求有效激活现有顾客潜在消费需求，积极拓展市场份额。第二，售中 E-CRM 阶段，实施客户化定制、差异化营销策略。在网络消费体验进程中，EB 企业应精确定位消费者诉求，并参照消费者特质积极践行差异化营销战略，即 EB 平台在网络营销实

践层面可借助数据仓库（Data Warehouse）、数据挖掘（Data Miniing）、用户偏好动态挖掘算法（Dynamic Mining Algorithm for Customer Preference，DMA）等信息技术前沿通过对互联网消费者浏览、选购商品的历史信息进行系统分析，研究消费者行为偏好，精确定位消费者个性化消费诉求，并通过虚拟社区、电子邮件、微信等多种途径与顾客积极沟通、实时互动充分了解其需求意向、量身定制将个性化商品及服务推荐给客户。相对于新消费者阶层日益稀缺的时间资源及有限的努力付出，EB平台所提供的客户化定制服务将有效降低消费者卷入度，减少其时间成本、精神成本等非货币成本的支付，进而对提升互联网顾客关系质量、增强顾客与EB平台的黏度具有重要实践意义。第三，售后E-CRM阶段，实施情感沟通策略。在售后E-CRM阶段，EB企业应密切关注顾客对商品品质及物流配送服务质量的满意度评价。特别是在服务经济时代，由于服务本身所具有的无形性、异质性、不可分离性以及互联网消费环境的虚拟性、信息不对称等相关问题均在一定程度上导致服务失误情境难以避免。然而，相对于新消费者阶层日益稀缺的时间资源及有限的努力付出，EB企业若能基于顾客感知视角，在恰当补救时机实施高绩效补救策略，便成为EB企业成功实施E-CRM的关键所在。在B2C模式下，互联网消费者对选购商品及享受服务的满意状态是基于其对产品期望绩效与感知实际绩效间的主观评价结果，即当产品的实际绩效低于期望绩效时便会产生负向失验情形，顾客随即产生抱怨、不满等负面情绪，最终导致EB企业服务失误。在社交网络时代，消费者对EB企业服务失误所产生的负面网络口碑会通过虚拟社区等途径迅速传播，对其他消费者品牌态度及品牌行为负面影响颇为深远，即负面网络口碑与互联网顾客关系质量、互联网顾客忠诚度之间呈显著负相关。据此，EB企业对虚拟社区中产生的负面网络口碑应进行实时动态监控并制订相应危机公关程序，一旦顾客产生负向失验情形，应在第一时间对其投诉给予响应，并与顾客之间进行积极沟通，为其提供合理的情感宣泄渠道，寻求妥善解决方案，力求将顾客流失率最大限度降低，并重获顾客满意、信任，进而巩固顾客态度忠诚及行为忠诚。

第三节　研究展望

　　本书通过实证研究方式，对B2C模式下互联网消费者网络消费行为相关调研数据进行系统分析，并基于顾客功能性利益体验、程序性利益体验以及关系性利益体验视角深入考察了影响互联网顾客关系质量及顾客忠诚形成机制的相关因素，构建了互联网顾客忠诚形成机制及影响因素模型，在此基础上对Web 2.0时代B2C模式下我国EB企业实施网络营销管理及顾客锁定战略进行了深入探索性研究。尽管本研究目前已经取得了一些有益的阶段性研究成果，但与此同时在研究过程中也存在一定的局限性，亟待于后续研究的进一步深化与完善。

　　第一，本书实证研究是在天津市展开的，所选取的调研样本基本上涵盖了不同消费群体，并在一定程度上客观反映了天津市消费者网络消费行为意向，但在实地调研过程中抽样并未全部采用简单随机抽样，部分使用了方便随机抽样。此外，鉴于时间、精力和资源的局限,本研究无法搜集纵断面(Longitudinal)数据进行时间序列分析来深入研析变量之间的相关性。由此,在一定程度上会导致本研究外部效应下降,其研究结论的普遍适用性函待进一步商榷。后续研究工作有必要继续扩大实践调研范围与对象,并采取更加严格的抽样调查方法。

第二,本研究基于互联网顾客消费体验视角对消费者感知互动与互联网顾客关系质量、顾客态度忠诚及行为忠诚之间相关性进行定量探索性研究,强调顾客在网络消费体验进程中所感知的交互导向互动水平及任务导向互动水平品质越高,且自我导向互动水平越低,消费者从中体验的程序性利益价值就越高,且满意度、信任度指数越高,进而正向影响其态度忠诚及行为忠诚。然而,由于在互联网虚拟消费情境中,消费行为内在决策模式的复杂性势必会引致交互导向及互动导向进程中互联网顾客关系质量、顾客态度忠诚及行为忠诚扰动因素的复杂性。因此,下一阶段研究工作的重点需进一步寻求相关中介变量及调节变量以期完善消费者感知互动对互联网顾客满意度、互联网信任度以及互联网忠诚度的深层作用机制。

第三,在互联网经济时代,伴随信息技术的迅猛发展,虚拟社区感作为系统诠释虚拟社区动态的关键构念日益成为国内外学者关注的焦点。在此,本研究虽已对互联网消费者在虚拟社区中所感知的成员感及个体身份认同、影响力、需求的整合与满足以及情感分享与互联网顾客关系质量、顾客行为意向之间的相关关系进行了相应探索性研究,但不容忽视由于研究理论基础不够夯实,且对虚拟社区感构念的界定在某种意义上借鉴了社会心理学及社区研究相关研究成果,尚未形成虚拟社区感自身理论研究体系,进而在一定程度上制约了虚拟社区感的研究与深化,下一阶段研究工作拟通过整合模型再次深入探索影响虚拟社区感的重要前置限定因素、界定影响互联网顾客关系质量及顾客行为意向的关键路径,以期对B2C模式下EB企业提升互联网顾客关系性利益体验价值及实施顾客锁定战略提供参考依据。此外,在研究方法上后续调研工作可采取案例研究、实验研究以及扎根研究等多种途径积极展开纵向分析,系统考察某一时期内同一批次虚拟社区成员调研对象消费行为意向变迁,以期系统描述虚拟社区感发展轨迹及关键转折点,进而完善并深化虚拟社区感与互联网顾客满意度、互联网顾客信任度以及互联网顾客忠诚度等相关重要变量之间的相关关系。

参考文献

[1] 中国互联网络信息中心（CNNIC），2016.中国第37次互联网发展状况统计报告

[2] 中国互联网络信息中心（CNNIC），2016.中国第37次互联网发展状况统计报告

[3] 中国互联网络信息中心（CNNIC），2016.中国第37次互联网发展状况统计报告

[4] Bloemer J, Kasper H D.The complex relationship between consumer satisfaction and brand loyalty[J].Journal of Economic Psychology,1995,16(2):311-329.

[5] Reichheld F F, Schefter P.E-loyalty: Your secret weapon on the Web[J].Harvard Business Review,2000,78(4):105-113.

[6] Cronin, J., Brady, M., Thomas, G.., Hult, M.Assessing the effects of quality, value and customer satisfaction on consunmer behavioural interntions in service environments[J].Journal of Retailing,2000,76(2):193-217.

[7] McKnight D H.The Inpact of Initial Consumer Trust on Intentions to Transact with a Web Site: A Mist Building model[J].Journal of Strategic Information Systems.2002(11):297-323.

[8] Gefen D.Reflections on the Dimensions of Trust and Trustworthiness among Online Consumers[J].ACM SIGMIS Database,2002,33(3):38-53.

[9] Luarn P, Lin H H.A Customer Loyalty Model for E-service Context[J].Journal of Electronic Commerce Research,2003,4(4):156-167.

[10] Shergill, G.S.Internet banking-an empirical investigation of a trust and loyalty model for New Zealand banks[EB/OL].http: //commerce.massey.ac.nz/research_outputs%5C2004/2004024.pdf.

[11] Balabanis,G,Reynolds,N.Simintiras,A.Bases of e-store loyalty: Perceived switching barriers and satisfaction [J].Journal of Business Research,2006(59):214-224.

[12] Flavian C, Guinaliu M, Gurrea R.The role played by perceived usability, satisfaction and consumer trust on website loyalty[J].Information & Management,2006,43(1):1-14.

[13] Kim D J, Ferrin D L, Rao H R.Trust and satisfaction, two stepping stones for successful e-commerce relationships: A longitudinal exploration[J].Information Systems Research,2009,20(2):237-257.

[14] Swaid S I, Wigand R T.Measuring the Quality of E-SERVICE: Scale Development and Initial Validation[J].Journal of Electronic Commerce Research,2009,10(1):13-28.

[15] Zhou T.Understanding Continuance Usage of Mobile Sites[J].Industrial Management & Data Systems,2013,113(9):1286-1299.

[16] Cao H.H., Jiang J.H., Oh L.B., et al.A Maslow's Hierarchy of Needs Analysis of Social Networking Services Continuance[J].Journal of Service Management,2013,24(2):170-190.

[17] 邓之宏,邵兵家. 中国网络团购消费者满意度影响因素研究 [J]. 商业研究,2013(4):34-39.

[18] 雷宏振,卢欢,邵鹏. 基于顾客视角的我国网络团购发展研究 [J]. 经济经纬,2013(3):107-112.

[19] 邓爱民,陶宝,马莹莹. 网络购物顾客忠诚度影响因素的实证研究 [J]. 中国管理科学,2014,22(6):96-104.

[20] 刘力. 关系利益影响顾客满意和忠诚的机制研究——中介与调节效应检验 [J]. 技术经济与管理研究,2015(8):57-61.

[21] 王琴英,郭慧君,刘敏. 网络购物顾客满意与顾客忠诚转换模式研究——以淘宝、天猫和京东电商网站为例 [J]. 商业经济研究,2015(11):72-75.

[22] 朱艳春,张志晴,孙宝文. 网络商店的服务质量、顾客满意、顾客忠诚的关系研究 [J]. 现代管理科学,2015(6):100-102.

[23] 亚当·斯密. 国民财富的性质和原因的研究 [M]. 北京:商务印书馆,1979.

[24] 大卫·李嘉图. 政治经济学及赋税原理 [M]. 北京:商务印书馆,1976.

[25] 魁奈. 魁奈经济著作选集 [M]. 北京:商务印书馆,1979.

[26] 让·萨伊. 政治经济学概论 [M]. 北京:商各印书馆,1963.

[27] 西斯蒙第. 政治经济学新原理 [M]. 北京:商各印书馆,1979.

[28] 马歇尔. 经济学原理 [M]. 北京:商各印书馆,1981.

[39] 凯恩斯. 就业 利息和货币通论 [M]. 伦敦:麦克米伦出版社,1936.

[30] 叶敏. 消费者行为学 [M]. 北京:北京邮电大学出版社,2008.

[31] 叶敏. 消费者行为学 [M]. 北京:北京邮电大学出版社,2008.

[32] 叶敏. 消费者行为学 [M]. 北京:北京邮电大学出版社,2008.

[33] Del I.Hawkins, Roger J.Best, Kenneth A.Coney. 消费者行为学(符国群等译)[M]. 北京:机械工业出版社,2005.

[34] Michael R.Solomon. 消费者行为学(卢泰宏译)[M]. 北京:电子工业出版社,2006.

[35] Henry Assael. 消费者行为和营销策略(韩德昌译)[M]. 北京:机械工业出版社,2002.

[36] J.Paul Peter, Jerry C.OlSon. 消费者行为与营销战略 [M]. 大连:东北财经大学出版社,2000.

[37] 符国群. 消费者行为学 [M]. 武汉:武汉大学出版社,2000.

[38] 吕一林. 现代市场营销学 [M]. 北京:清华大学出版社,2004.

[39] John C. Mowen, M. S. Minor. 消费者行为学(黄格非等译)[M]. 北京:清华大学出版社,2003.

[40] 符国群. 消费者行为学 [M]. 武汉:武汉大学出版社,2000.

[41] 罗格 D. 布莱克韦尔. 消费者行为学 [M]. 北京:机械工业出版社,2003.

[42] John A. Howard.Consumer Behavior In Marketing Strategy[M].New Jersey: Prentice Hall International,1989.

[43] 代天宇. 消费者行为消费函数与财政货币政策 [D]. 北京:中国社科院研究生院,2003.

[44] Donavan D.Todd.Tom J. Brown. John C. Mowen, Internal Benefits of Service Worker Customer Orientation : Job Satisfaction,Commitment,and Organizational Citizenship Behaviors,2004(1).

[45] 张彩华. 网络营销中的消费行为新特点 [J]. 消费经济,2001(5):60-62.

[46] Holbrook M.B.The Nature of Customer Value: An Axiology of Services in the Consumption Experience[A]//Roland T.R.and R.L. Oliver,Service Quality: New Directions in Theory and Practice[C].CA:Newbury Park,Sage Publications,1994:21-71.

[47] Mathwick C., N.K.Malhotra, E.Rigdon.Experiential Value: Conceptualization,Measurement and Application in the Catalog and Internet Shopping Environment[J].Journal of Retailing,2001(1):39-56.

[48] Holbrook M.B.The Nature of Customer Value: An Axiology of Services in the Consumption Experience[A]//Roland T.R.and R.L. Oliver,Service Quality: New Directions in Theory and Practice[C].CA:Newbury Park,Sage Publications,1994:21-71.

[49] Ajzen, I.The theory of planned behavior[J].Organizational Behavior and Human Decision Processes,1985:179-211.

[50] 陈志平.B2C 购物网站消费者感知互动对态度的影响模式研究 [D]. 杭州:浙江大学,2007:22.

[51] Mathwick C., N.K.Malhotra, E.Rigdon.Experiential Value: Conceptualization,Measurement and Application in the Catalog and Internet Shopping Environment[J].Journal of Retailing,2001(1):39-56.

[52] Holbrook M.B.The Nature of Customer Value: An Axiology of Services in the Consumption Experience[A]//Roland T.R.and R.L. Oliver,Service Quality: New Directions in Theory and Practice[C].CA:Newbury Park,Sage Publications,1994:21-71.

[53] Yoo W.S., Y.Lee.The Role of Interactivity in e-tailing: Creating Value and Increasing Satisfaction[J].Journal of Retailing and Consumer Services,2010(2):89-96.

[54] HOFFMAN D L, THOMAS P N.Marketing in hypermedia computer-mediated environments: Conceptual foundations[J].Journal of Marketing,1996,60(7):50-68.

[55] Fiore A.M, Kim J., Lee H.-H.Effect of iImage Interactivity Technology on Consumer Responses toward the Online Retailer[J].Journal of Interactive Marketing,2005(3):38-53.

[56] 罗海成,范秀成. 基于心理契约的关系营销机制:服务业实证研究 [J]. 南开管理评论,2005,8(6):48-55.

[57] 马宝龙,王高,李金林,李纯青.关系营销范式下营销努力对客户行为的影响研究[J].南开管理评论,2009,12(3):152-160.

[58] 占小军.关系营销范式的顾客忠诚形成机理研究 [J].江西社会科学,2012(5):222-227.

[59] 董大海,王建军,张瑞雪,高维.关系营销导向对顾客忠诚的影响机制研究——以关系质量为中介变量[J].现代管理科学,2012(3):21-23.

[60] Frederick F.R., W.Earl Sasser, Jr.Zero Defections: Quality comes to services[J].Harvard Business Review,1996(3-4):57-69.

[61] Gillespie, A., Krishan, M., Oliver, C., Olsen, K&Thiel, M.Online behavior: Stickiness[M].Vanderbilt University's eLab,1999.

[62] Smith, E.R.Seven steps to building e-loyalty[J].Medical Marketing and Media,2001,36(3):94-102.

[63] 钟辉新.E-忠诚度影响因素探讨[J].科技情报开发与经济,2006(8):147.

[64] Srinivasan,S.S.,Anderson,R.,Ponnavolu,K.Customer loyalty in e-commerce: an exploration of its antecedents and consequences[J].Journal of Retailing,2002,78(1):41-50.

[65] 苏秦.网络消费者行为影响因素分析及实证研究[J].系统工程,2007,25(2):1.

[66] 冯强.B2C模式下顾客资产驱动因素对网络顾客忠诚的影响初探[J].现代财经,2011(6):102.

[67] 田凌云.提升企业E-忠诚度的网络营销策略[J].中南林业科技大学学报,2009(3):104-105.

[68] 刘坤.电子商务顾客忠诚驱动因素探讨[J].商业经济研究,2015(11):76.

[69] Youjae Y.A critical review of consumer satisfaction[J].1989,141:213-232.

[70] Bloemer J, Kasper H D.The complex relationship between consumer satisfaction and brand loyalty[J].Journal of Economic Psychology,1995,16(2):311-329.

[71] Hallowell R.The relationships of customer satisfaction, customer loyalty, and profitability: An empirical study[J].International Journal of Service Industry Management, 1996, 7(4):27-42.

[72] Reichheld F F, Schefter P.E-loyalty: Your secret weapon on the Web[J].Harvard Business Review,2000,78(4):105-113.

[73] Lee, J., Kim, J.& Moon, J.Y. What mades Internet users visit Cyber stores again? Key factor for customer loyalty[A].Proceedings of the CHI 2000 conference on human factors in computing systems[C],2000:305-312.

[74] Cronin, J., Brady, M., Thomas, G.., Hult, M.Assessing the effects of quality, value and customer satisfaction on consunmer behavioural interntions in service environments[J].Journal of Retailing,2000,76(2):193-217.

[75] McKnight D H.The Inpact of Initial Consumer Trust on Intentions to Transact with a

Web Site: A Mist Building model[J].Journal of Strategic Information Systems.2002(11):297-323.

[76] Gefen D.Reflections on the Dimensions of Trust and Trustworthiness among Online Consumers[J].ACM SIGMIS Database,2002,33(3):38-53.

[77] 汪纯孝,韩小芸,温碧燕.顾客满意感与忠诚感关系的实证研究[J].南开管理评论,2003(4):70-74.

[78] Luarn P, Lin H H.A Customer Loyalty Model for E-service Context[J].Journal of Electronic Commerce Research,2003,4(4):156-167.

[79] Shergill, G.S., Li, B.& Mgt, M.Internet banking-an empirical investigation of a trust and loyalty model for New Zealand banks[EB/OL].http: //commerce.massey.ac.nz/research_outputs%5C2004/2004024.pdf.

[80] 罗海成,范秀成.基于心理契约的关系营销机制:服务业实证研究[J].南开管理评论,2005,8(6):48-55.

[81] Balabanis,G,Reynolds,N.Simintiras,A.Bases of e-store loyalty: Perceived switching barriers and satisfaction[J].Journal of Business Research,2006(59):214-224.

[82] Flavian C, Guinaliu M, Gurrea R.The role played by perceived usability, satisfaction and consumer trust on website loyalty[J].Information & Management,2006,43(1):1-14.

[83] 刘建新.顾客信任的形成机理及其营销管理研究[J].经济问题探索,2006(2):122-127.

[84] 丛庆,阎洪,王玉梅.服务补救后满意对顾客形成关系持续意愿的影响研究[J].管理科学,2007,20(6):54-63.

[85] 张新安,田澎.顾客满意与顾客忠诚之间关系的实证研究[J].管理科学学报,2007,10(4):62-72.

[86] 马钦海,李艺.服务消费顾客满意与顾客忠诚关系调节因素的实证研究[J].管理科学,2007,20(5):48-59.

[87] 苏秦.网络消费者行为影响因素分析及实证研究[J].系统工程,2007,25(2):1-6.

[88] Kim D J, Ferrin D L, Rao H R.Trust and satisfaction, two stepping stones for successful e-commerce relationships: A longitudinal exploration[J].Information Systems Research,2009,20(2):237-257.

[89] Swaid S I, Wigand R T.Measuring the Quality of E-SERVICE: Scale Development and Initial Validation[J].Journal of Electronic Commerce Research,2009,10(1):13-28.

[90] 胡保玲,云乐鑫.网络顾客购买意愿影响因素实证研究——顾客信任的中介作用[J].消费经济,2009,25(4):35-39.

[91] 李思曼,王宇航,李亚平.基于顾客满意的消费者网上购物影响因素分析[J].商业研究,2009(1):203-205.

[92] 张初兵,黄怀,易牧农.满意与忠诚的路径剖析:来自天津寿险业的实证[J].经济

经纬,2010(2):103-107.

[93] 杨倩,刘益,韩朝.网络购物中顾客信任影响机制研究[J].情报杂志,2011,30(5):197-201.

[94] 郭鑫.顾客价值、顾客满意和转换成本对顾客忠诚影响实证研究[J].商业时代,2012(10):17-18.

[95] 张圣亮,李小东.网上购物顾客满意度影响因素研究[J].天津大学学报(社会科学版),2013,15(2):109-115.

[96] Zhou T.Understanding Continuance Usage of Mobile Sites[J].Industrial Management & Data Systems,2013,113(9):1286-1299.

[97] 黄丽丽,网络零售业服务质量三维度、顾客满意度和顾客忠诚度的关联关系研究[J].标准科学,2013(12):60-64.

[98] 邓之宏,邵兵家.中国网络团购消费者满意度影响因素研究[J].商业研究,2013(4):34-39.

[99] Cao H.H., Jiang J.H., Oh L.B., et al.A Maslow's Hierarchy of Needs Analysis of Social Networking Services Continuance[J].Journal of Service Management,2013,24(2):170-190.

[100] 雷宏振,卢欢,邵鹏.基于顾客视角的我国网络团购发展研究[J].经济经纬,2013(3):107-112.

[101] 仲伟仁,席菱聆,武瑞娟.基于ACSI模型的网络购物满意度影响因素实证研究[J].软科学,2014,28(2):100-105.

[102] 邓爱民,陶宝,马莹莹.网络购物顾客忠诚度影响因素的实证研究[J].中国管理科学,2014,22(6):96-104.

[103] 秦进.网络零售服务可靠性五维度对顾客忠诚的影响——基于顾客满意与顾客信任的视角[J].西北工业大学学报(社会科学版),2014,34(2):38-45.

[104] 刘坤.电子商务顾客忠诚驱动因素探讨[J].商业经济研究,2015(11):76-77.

[105] 朱艳春,张志晴,孙宝文.网络商店的服务质量、顾客满意、顾客忠诚的关系研究[J].现代管理科学,2015(6):100-102.

[106] 刘力.关系利益影响顾客满意和忠诚的机制研究——中介与调节效应检验[J].技术经济与管理研究,2015(8):57-61.

[107] 王琴英,郭慧君,刘敏.网络购物顾客满意与顾客忠诚转换模式研究——以淘宝、天猫和京东电商网站为例[J].商业经济研究,2015(11):72-75.

[108] 仇立.B2C模式下消费者感知物流配送服务质量与顾客忠诚相关性研究[J].管理现代化,2015(6):82-84.

[109] Schneider, Bowen.Understanding customer delight and outrage[J].Sloan Management Review,1999,41.

[110] 陈树公.顾客惊喜与顾客满意、顾客忠诚之间关系的研究[J].工业技术经济,2004,23(5):80-82.

[111] 刘德智.顾客满意与顾客忠诚的关系研究[J].现代管理科学,2006(2):16-18.

[112] Zhou T.Understanding Continuance Usage of Mobile Sites[J].Industrial Management & Data Systems,2013,113(9):1286-1299.

[113] 熊吉陵.顾客满意度、企业营销战略与社会福利变化分析[J].商业研究,2009(4):32-36.

[114] 金立印.服务转换成本对顾客忠诚的影响——满意度与替代者吸引力的调节效应[J].管理学报,2008,5(6):913.

[115] Burnham,Thomas A,Judy K Frels,Vijay Mahajian Consumer Switching costs:a typology,antecedents,and consequences[J].Journal of the Academy of Marketing Science,2003,31(2):109-126.

[116] Hu,A.Measuring the Effects of Consumer Switching Costs on Switching Intention in Taiwan Mobile Telecommunication Services[J].The Journal of American Academy of Business,2006,9(3):75-85.

[117] 查金祥.B2C电子商务顾客价值与顾客忠诚度的关系研究[D].杭州:浙江大学,2006:41-42.

[118] 汪旭晖,徐健.基于转换成本调节作用的网上顾客忠诚研究[J].中国工业经济,2008(12):113-123.

[119] 金立印.服务转换成本对顾客忠诚的影响——满意度与替代者吸引力的调节效应[J].管理学报,2008,5(6):912-920.

[120] 冯强.转换成本对网上顾客忠诚的影响分析——基于B2C网络书店的实证研究[J].技术经济,2010,29(9):90-94.

[121] 陈秋英.转换成本对顾客感知价值与忠诚度的调节作用[J].厦门理工学院学报,2011,19(3):85-89.

[122] 李先国,段祥昆.转换成本、顾客满意与顾客忠诚:基于移动通信客户行为的研究[J].中国软科学,2011(4):154-160.

[123] 陈文沛.物流服务质量、网络顾客满意与网络顾客忠诚——转换成本的调节作用[J].中国流通经济,2014(10):44-51.

[124] 李玉萍.网上转换成本对顾客重复购买意愿影响的研究[J].价格理论与实践,2014(12):100-102.

[125] Bivens,Gordon E.,Carol B.Volker. A Value-Added Approach to Household Production:The Special Case of Meal Preparation[J].Journal of Consumer Research,1986,13(9):272-279.

[126] http://ec.iresearch.cn/shopping/20100408/112244.shtml

[127] Jarvenpaa,S.L.,Todd,P.A. Consumer reactions to electronic shopping on the world wide web[J].International Journal of Electronic Commerce,1997,1(2):59-88.

[128] Copeland,Melvin T.. Relation of Consumers' Buying Habits to Marketing Meth-

ods[J]. Harvard Business Review, 1923, 1(4):282-289.

[129] Richard H. Holton.The Distinction between Convenience Goods, Shopping Goods, and Specialty Goods[J].Journal of Marketing,1958,7:53-56.

[130] Kelley, Eugene J.The Importance of Convenience in Consumer Purchasing[J]. Journal of Marketing,1958,23(7):32-38.

[131] Anderson, W.Thomas, Jr.Identifying the Convenience Oriented Consumer[J]. Journal of Marketing Research,1971,8(5):179-183.

[132] Morganosky, Michelle.Cost-Versus Convenience-Oriented Consumers: Demographic, Lifestyle, and Value Perspectives[J].Psychology and Marketing,1986,3:35-46.

[133] Brown, Lew G.Convenience in Services Marketing[J].Journal of Services Marketing,1990,4:53-59.

[134] Voli, Patricia Kramer.The Convenience Orientation of Services Consumers: An Empirical Examination[D].Norfolk:Old Dominion University,1998.

[135] Brown, Lew G.The Strategic and Tactical Implications of Convenience in Consumer Product Marketing[J].Journal of Consumer Marketing,1989,6:13-19.

[136] Leonard L Berry, Kathleen Seiders, Dhruv Grewal.Understanding Service Convenience[J].Journal of Marketing,2002,66(3):17.

[137] SORCE P, PEROTTI V, WIDRICK S.Attitude and Age Differences in Online Buying[J].International Journal of Retail & Distribution Management,2005,33(2):122-132.

[138] LOHSE, G L, SPILLER P. Electronic Shopping: The Effect of Customer Interfaces on Traffic and Sales[J].Communications of the ACM,1998,41(7):81-87.

[139] 孙军华. 基于时间研究及 KANO 模型的在线零售网站设计质量要素研究 [J]. 工业工程与管理,2014,19(1):91-97.

[140] SMITH A K, BOLTON R N, WAGNER J.A Model of Customer Satisfaction with Service Economics Involving Failure and Recovery[J].Journal of Marketing Reaearch, 1999, 36(3):356-389.

[141] Schaffer,E.A better way for web design[J].Information Week,2000,5:784.

[142] Yoo B, Donthu N. Developing a scale to measure the perceived quality of an internet shopping site(SITEQUAL)[J]. Quarterly Journal of Electronic Commerce,2001,2(1):31-45.

[143] Barnes SJ, Vidgen R T.An integrative approach to the for assessment of E-Commerce quality[J].Journal of Electronic Commerce Research,2002,3(3):114-127.

[144] 李玉敏. 电子商务订单实时处理的软件机器人研究 [J]. 沈阳师范大学学报,2009,27(3):323.

[145] 于卫红. 基于 JADE Agent 与 FSM 的电子商务订单实时处理 [J]. 计算机应用与软件,2013,30(8):223.

[146] 乔春洋. 品牌文化 [M]. 广州:中山大学出版社,2005:152.

[147] Becker, Gary S.A Theory of the Allocation of Time[J].The Economic Journal, 1965, 75(9):493-517.

[148] Szymanski, D. M., Hise, R.T. E-satisfaction: An initial examination[J].Journal of Retailing,2000,76(3):309-322.

[149] 郭国庆.营销科学的新问题——便利理论的研究评述及启示[J].经济管理研究,2012(4):38-44.

[150] Bhattacherjee, A. An empirical analysis of the antecedents of electronic commerce service continuance[J].Decision Support Systems,2001,32:201-214.

[151] Devaraj, S., Fan, M., Kohli, R.Antecedents of B2C channel satisfaction and preference: validating e-commerce metrics[J].Information Systems Research,2002,13(3):316-333.

[152] Kim,J.,Lee,J.,Han,K,Lee,M. Business as buildings: metrics for the architectural quality of Internet businesses[J]. Information Systems Research,2002,13(3):239-254.

[153] Reinartz, W.&Kumar, V. On the profitability of long-life customers in a noncontractual setting: an empirical investigation and implications for marketing[J].Journal of Marketing,2000,64(10):17-35.

[154] Reichbeld, E, Markey, G Jr., Christopher, H.E-customer loyalty-applying the traditional rules of business for online success[J].European Business,2000(1):173-179.

[155] Barnes, J.G.Secrets of customer relationship management: it's all about how you make them feel[J].New York:McGraw-Hill Inc,2000.

[156] REIBSTEIN DJ.What Attracts Customers to Online Stores, and What Keeps Them Coming Back? [J].Journal of the Academy of Marketing Science,2002,30(4):465-473.

[157] DEGERATU A M, RANGASWAMY A, WU J.Consumer Choice Behavior in Online and Traditional Supermarkets: The Effects of Brand Name, Price, and Other Search Attribute[J].International Journal of Research in Marketing,2000,17(1):55-78.

[158] BISWAS A, BLAIR E A.Contextual Effects of Reference Price in Retail Advertisements[J].Journal of Marketing,1991,55(3):1-12.

[159] Kamen J M, Toman R J.Psychophysics of prices[J].Journal of Marketing Research,1970,7(1):27-35.

[160] 王元华.质量—价格对顾客满意度的影响[J].数学的实践与认识,2006,36(11):16-22.

[161] Stigler, G..The Economics of Information[J].Journal of Political Economy,1961,69(3):213-225.

[162] Carlson, J., P. McAfee.Discrete Equilibrium Price Dispersion[J].Journal of Political Economy,1983,91(3):480-493.

[163] Burdett, K., K. Judd.Equilibrium Price Dispersion[J].Econometrica, 1983, 51(4):955-969.

[164] Clay, K., C. Tay.Cross-Country Price Differentials in the Online Textbook Market[J].Working Paper,Carnegie Mellon University,2001.

[165] Baye, M., J.Morgan, P. Scholten.Persistent Price Dispersion in Online Markets[J]. Working Paper,UC-Berkeley,2002.

[166] 赵冬梅.电子商务市场价格离散度的收敛分析 [J]. 经济学,2008,7(2):685-700.

[167] Lee,S.P,Kwok,R.C.,Huynh,M.Q.The Contribution of commitment value in Internet commerce: An empricial investigation[J].Journal of the Association for Information Systems, 2003(4):39-64.

[168] CASE A S.Perceived Risk and Risk-Reduction Strategies in Internet Shopping[J]. The International Review of Retail,Distribution and Consumer Research,2002,12(4):375-394.

[169] Wolinsky A. Prices as signals of product quality[J].Review of Economic Studies, 1983,50(163):647-658.

[170] Lee,S.P,Kwok,R.C.,Huynh,M.Q.The Contribution of commitment value in Internet commerce: An empricial investigation[J].Journal of the Association for Information Systems, 2003(4):39-64.

[171] Cronin, J., Brady, M., Thomas, G.., Hult, M.Assessing the effects of quality, value and customer satisfaction on consunmer behavioural interntions in service environments[J].Journal of Retailing,2000,76(2):193-217.

[172] Zhan,Chen.,DeVaney,S.A.,Liu,S.Consumer's Value perception of an e-store & its impact on e-store loyalty intention[A].the Sevnth Triennial AMS/ACRA Retailing Conference, 2003.

[173] BLACKWELL R D, MINIARD P W, ENGEL J F.Consumer Behavior[M].Orlando, FL:The Dryden Press,2001.

[174] http://www.find.org.tw/0105/news/0105_news_dis.aspx? news_id=3318

[175] Danny Weathers, Subhash Sharma, Stacy L. Wood. Effects of online communication practices on consumer perceptions of performance uncertainty for search and experience goods[J]. Journal of Retailing,2007,83(4):393-401.

[176] Szymanski,D.M.,Hise,R.T.E-satisfaction: An initial examination[J].Journal of Retailing,2000,76(3):309-322.

[177] Ranganathan, C., Ganapathy, S.Key dimensions of business-to-consumer web sites[J].Information & Management,2002(39):457-465.

[178] Sinioukov, T.Mastering the web by the book[J].BookTech the Magazine, 1999, 2 (3):50-54.

[179] 黄永哲.电子商务环境下的顾客信任 [J]. 中山大学学报论丛,2005(2):245-247.

[180] DODDS W B, MONROE K B, GREWAL D.Effects of Price, Brand, and Store Information on Buyers' Product Evaluations[J].Journal of Marketing Research, 1991, 28(3): 307-

319.

[181] Glen L.Urban, Fareena Sultan, William J.Qualls.Placing Trust at the centre of your internet strategy[J].Sloan Management Review,2000:39-48.

[182] 郑淞月.基于美团网的产品因素对网络团购影响因素实证研究[J].管理学报,2013(3):397-403.

[183] 温德成.B2B平台—质量成就商机[M].北京:中国计量出版社,2008:174-200.

[184] Jason Q. Zhang, Georgiana Craciun, Dongwoo Shin. When does electronic word-of-mouth matter? A study of consumer product reviews[J]. Journal of Business Research, 2010 (63):1336-1341.

[185] Cronin, J., Brady, M., Thomas, G.., Hult, M.Assessing the effects of quality, value and customer satisfaction on consunmer behavioural interntions in service environments[J].Journal of Retailing,2000,76(2):193-217.

[186] Heiner, E., Gopalkrishnan, R.I., Josef, H., Dieter, A.E-satisfaction: a re-examination[J]. Journal of Retailing,2004(80):239-247.

[187] http://www.cnnic.net.cn/hlwfzyj/hlwxzbg/201502/P020150203551802054676.pdf

[188] Grönroos C.A Service Quality Model and Its Marketing Implication[J].European Journal of Marketing,1984,18(4),36-44.

[189] Grönroos C.Service Quality; The Six Criteria of Good Perceived Service Quality[J]. Review of Business,1988(9):10-13.

[190] Bolton R.N., Drew J.H.A Multistage Model of Customers' Assessments of Service Quality and Value[J].Journal of Consumer Research,1991(17):375-384.

[191] Gummesson E.Quality Management in Service Organizations: An Interpretation of the Service[M].New York:International Service Quality Association,1993.

[192] Rust R, Oliver R L.Service Quality: New Directions in Theory and Practice[M]. Thousand Oaks,CA:Sage Publication,1994:1-19.

[193] Brogowicz A.A., Delence L.M.A Synthesized Service Quality Model with Managerial Implications[J].The International Journal of Service Industry Management,2009,1(1):27-45.

[194] Parasuraman A., Zeithaml V.A., Berry L.L. A Conceptual Model of Service Quality and Its Implications For Future Researvh[J].Journal of Marketing,1985,49:41-50.

[195] Parasuraman A., Zeithaml V.A., Berry L.L.SERVOUAL, A Multiple-Item Scale for Measring Consumer of Perception Service Quality[J].Journal of Retailing,1988,64(1):12-40.

[196] Zeithaml V.A., Berry L.L., Parasuraman A.Delivering Quality Service: Balancing Customer Perceptions and Expectations[M].New York: New York Free Press,1993.

[197] Reieheld FF, Sasser W E.Zero Defections: Quality Comes to Services[J]. Harvard Business Review,1990,68(5):105-110.

[198] Menzer J T, Williams L R.The Role of Logistics Leverage in Marketing Strategy[J].

Journal of Marketing,2001(8):29-48.

[199] Perrault W D, Russ F.Physical Distribution Service: A Neglected Aspect of Marketing Management[J].MSU Business Topics,1974,22(2):37-45.

[200] 何云,田宇.顾客导向的物流服务质量模型及其应用[J].物流技术,2004,23(2):11.

[201] 何云,田宇.顾客导向的物流服务质量模型及其应用[J].物流技术,2004,23(2):11-13.

[202] Mentzer J T, Gomes R, Krapfel R E.Physical Distribution Service: A Fundamental Marketing Concept? [J].Journal of the Academy of Marketing Scienee,1989,17(4):53-62.

[203] Bienstock C C, Mentzer J T, Bird M M.Measuring Physical Distribution Service Quality[J].Journal of the Academy Marketing Science,1997,25(4):31-44.

[204] Mentzer J T, Myers M B, Cheung, Mee-Shew.Global Market Segmentation for Logistics Services[J].Industrial Marketing Management,2004,33(1):15-20.

[205] Lin H.T.Fuzzy Application in service Quality Analysis: An Empirical Study[J].Expert Systems with Applications,2010,37(1):517-526.

[206] Teseng M.L.A Causal and Effect Decision Making Model of Service Quality Expectation Using Grey-Fuzzy DEMATAL Approach[J].Expert Systems with Applications,2009,36(4):7738-7748.

[207] Wind, Y.J., Rangaswamy, A..Customerization: the next revolution in mass customization[J]. Journal of Interactive Marketing,2001,15(1):13-32.

[208] Srinivasan, S.S., Anderson, R., Ponnavolu, K.Customer loyalty in e-commerce: an exploration of its antecedents and consequences[J].Journal of Retailing,2002,78(1):41-50.

[209] 黄永哲.电子商务环境下的顾客信任[J].中山大学学报论丛,2005(2):245-247.

[210] Gremler DD, Kevin G P.Customer-Employee Rapport in Service Relationships[J].Journal of Service Research,2000(3):82-104.

[211] Grönroos C, Heinonen F, Isoniemi K.The NetOffer model: a case example from the virtual marketplace[J].Management Decision,2000,38(4):243-252.

[212] Mentzer J T, Flint D J, Kent J L.Logistics Service Quality as a Segment-Customized Process[J].Journal of Marketing,2001,65(4):82-104.

[213] Stank P T, Goldsby J T, Vickery K S. Logistics Service Performance: Estimating its Influence on Market Share[J].Journal of Business Logistics,2003,24(1):27-29.

[214] 克里斯廷·格罗鲁斯.服务管理与营销[M].北京:电子工艺出版社,2002.

[215] McCollough M.A., Bharadwaj S.G..The recovery paradox: An examination of Consumer satisfaction in relation to disconfirmnation, Service Quality, and Attribution-based theories[J].Marketing theory and application,2000,65(4):102-107.

[216] Maxham, Netemeyer.Modeling customer perception of complaint handling over

time: the effect of perceived justice on satisfaction and intent[J].Journal of retailing,2002,(10): 7-71.

[217] Kelley S.W., Davis M.A..Antecedents to Customer Expectations for Service Recovery[J].Journal of the Academy of Marketing Science,1994,22(1):52-6.

[218] Hoffman, Dougla, Scott W.Kelley, Holly M.Rotalsky.Tracking Service Failures and Employee Recovery Efforts[J].Journal of Services Marketing,1995,9(2):49-61.

[219] L.A.Mohr, M.J.Bitner.The Role of Employee Effort in Satisfaction with Service[J]. Journal of Business Research,1995,32(3):239-252.

[220] Keaveney,Susan.Customer switching behavior in service industries: An Exploratory study[J]. Journal of Marketing,1995,59:71-82.

[221] Smith, A.K., Bolton, R.N., Wagner, J..A Model of Customer Satisfaction with Service Encounters Involving Failure and Recovery[J].Journal of Marketing Research,1999,36(3): 356-362.

[222] Bitner M.J., Booms B.H., Tetreault, M.H.The Service Encounter: Diagnosing Favorable and Unfavorable Incidents[J].Journal of Marketing,1990,54(1):71-85.

[223] Bitner M.J., Booms B.M., Mohr L. A.. Critieal Service Encounters: The Employee's Viewpoint[J].Journal of Marketing,1994,58(4):95-106.

[224] Price, Linda L., Eric J.Arnound, Patrick Tierney.Going to Extremes: Managing Service Encounters and Assessing Provider Performance[J].Journal of Marketing, 1995, 59(4): 83-97.

[225] 宋亦平,王晓艳.服务失误归因对服务补救效果的影响[J].南开管理评论,2005, 4:12-17.

[226] L.Richard Oliver, Wayne S.DeSarbo.Response Determinants in Satisfaction Judgments[J]. Journal of Consumer Research,1988,14(3):495-507.

[227] 克里斯廷·格罗鲁斯.服务管理与营销[M].北京:电子工业出版社,2002.

[228] WOODRUFF, ROBERT B.Customer Value: The Next Source for Competitive Advantage[J]. Journal of the Academy of Marketing Science,1997,25(2):139-153.

[229] Kelley S.W, Hoffman K D, Davis M A.A Typology of Retail Failures and Recoveries[J].Journal of Retailing,1993,69(4):429-452.

[230] Hoffman K.D., Kelley S.W., Rotalsky H M..Tracking Service Failures and Employee Recovery Efforts[J].The Journal of Services Marketing,1995,9(2):49-61.

[231] Boshoff, C.An experimental study of service recovery options[J].International Journal of Service Industry Management,1997,8(2):110-130.

[232] Boshoff, Christo.An Instrument to Measure Satisfaction with Transaction-Specific Service Recovery[J]. Journal of Service Research,1999,2:236-249.

[233] Forbes, L.P., Kelley, S.W., Hoffman, K.D..Typologies of e-commerce retail failures

and recovery strategies[J]. Journal of Service Marketing,19(5):280-292.

[234] MCCOLL-KENNEDY J R, SPARKS B A.Application of Fairness Theory to Service Failures and Service Recovery[J].Journal of Service Research,2003,5(3):251-266.

[235] Oliver R L.Cognitive, affective and attribute bases of the satisfaction response[J]. Journal of Consumer Research,1993,20:418-430.

[236] Tax S S, Brown S W, Chandrashekaran M.Customer evaluations of service complaint experiences:Implications for relationship marketing[J]. Journal of marketing,1998,62:60-76.

[237] Smith A K, Bolton R N, Wanger J.A model of customer satisfaction with service encounters involving failure and recovery[J]. Journal of Marketing Research,1999,36:356-372.

[238] 唐小飞,钟帅,贾建民. 服务补救:投其所好还需相机而动吗 [J]. 营销科学学报,2013,9(3):45-59.

[239] Hart C, Heskett J, Sasser E J.The service management course[M].New York: Free Press,1990.

[240] Kelley S.W, Hoffman K D, Davis M A.A Typology of Retail Failures and Recoveries[J].Journal of Retailing,1993,69(4):429-452.

[241] Smith A K, Bolton R N, Wanger J.A model of customer satisfaction with service encounters involving failure and recovery[J]. Journal of Marketing Research,1999,36:356-372.

[242] 菲利普·科特勒. 营销管理 [M]. 北京:中国人民大学出版社,2000.

[243] 唐小飞,钟帅,贾建民. 服务补救:投其所好还需相机而动吗 [J]. 管理科学学报,2013,3:45.

[244] 詹姆斯. 服务管理-运营、战略和信息技术 [M]. 北京:机械工业出版社,2001.

[245] M A.McCollough, Berry, M S.Yadav.An empirical investigation of customer satisfaction after service failure and recovery[J]. Journal of Service Research,2000,3(2):121-137.

[246] T W.Andreassen.Antecedents to satisfaction with service recovery[J].European Journal of Marketing,2000,24(1):156-175.

[247] http://www.find.org.tw/0105/news/0105_news_disp.asp? news_id=2816

[248] http://www.cheskin.com/think/studies/trust2.html

[249] 查金祥.B2C 电子商务顾客价值与顾客忠诚度的关系研究 [D]. 杭州:浙江大学,2006:77.

[250] Hoffman,D.L.,Novak,T.P.,Marketing in Hypermedia Computer-Mediated Environments:Conceptual Foundations[J].Journal of Marketing,1996(7):50-68.

[251] Xue,M.,Harker,P.Customer efficiency: Concept and its impact on e-business management[J].Journal of Service Research,2002(4):253-267.

[252] Wolfinbarger,M.,Gilly,M.C.ETail SQ: Dimensionalizing,measuring and predicting eTail quality[J].Journal of Retailing,2003,79(3):183-198.

[253] 童强.CI通鉴-中外企业形象策划案例精解[M].北京:中国经济出版社,1998.

[254] Srinivasan,S.S.,Anderson,R.,Ponnavolu,K.Customer loyalty in e-commerce:an exploration of its antecedents and consequences[J].Journal of Retailing,2002,78(1):41-50.

[255] Fogg,B.J.,Soohoo,C.,Danielson,D.How people evaluate a website's credibility? Results from a larger study[M].State of California:Persuasive Technology Lab Stanford University,2002.

[256] 张丙刚.品牌视觉设计[M].北京:人民邮电出版社,2014.

[257] 张丙刚.品牌视觉设计[M].北京:人民邮电出版社,2014.

[258] Robles-De-La-Torre G.The importance of the sense of touch in virtual and real environments[J].IEEE Multimedia,2006,13(3):24-30.

[259] KHAKIMDJANOVA J,PARK J.Online Visual Merchandising Practice of Apparel E-Merchants[J].Journal of Retailing and Consumer Services,2005,12(5):311-313.

[260] PARK J,LENNON S J,STOEL J.Online Product Presentation:Effects on Mood, Perceived Risk,and Purchase Intension[J].Psychology & Marketing,2005,22(9):695-719.

[261] KIM H,SHARRON J L.E-Atmosphere,Emotional,Cognitive,and Behavioral Responses[J].Journal of Fashion Marketing and Management,2010,14(3):412-428.

[262] Peck J,Childers T L.Individual differences in haptic information processing:The "need for touch" scale[J].Journal of Consumer Research,2003,30(3):430-442.

[263] Peck J,Childers T L.If I touch it I have to have it:Individual and environmental influences on impulse purchasing[J].Journal of Business Research,2006,59(6):765-769.

[264] McCabe D B,Nowlis S M.The effect of examining actual products or product descriptions on consumer preference[J].Journal of Consumer Psychology,2003,13(4):481-439.

[265] 赵宏霞,才智慧,何珊.基于虚拟触觉视角的在线商品展示、在线互动与冲动性购买研究[J].管理学报,2014,1:133-141.

[266] KOUFARIS M.Applying the Technology Acceptance Model and Flow Theory to Online Consumer Behavior[J].Information Systems Research,2002,13(2):205-225.

[267] SKADBERG Y X,KIMMEL J R.Visitor's Flow Experience While Browing a Web Site:Its Measurement,Contributing Factors and Consequences[J].Computers in Human Behavior,2004,20(3):403-422.

[268] 刘晟男,董大海.基于两大心理学理论对网购消费者虚拟体验的解读[J].外国经济与管理,2011,33(2):41-47.

[269] Chang,M.K.Literature derived reference models for the adoption of online shopping[J]. Information and Management,2005,42(4):543-559.

[270] Davis,F.D.Perceived usefulness,perceived ease of use and user acceptance of information technology[J].MIS Quarterly,1989(9):319-340.

[271] Davis,F.D.,Bagozzi,R.P.,Warshaw,P.R.User acceptance of computer technology:a

comparison of two theoretical models[J].Managements Science,1989,35(8):982-1003.

[272] 黄永哲.电子商务环境下的顾客信任 [J].中山大学学报论丛,2005(2):245-247.

[273] Lynch,J.G,Ariely,D.Wine online: search cost and competition on price,quality and distribution[J].Marketing Science,2000,19(1):83-103.

[274] Sinioukov, T.Mastering the web by the book[J].BookTech the Magazine, 1999, 2(3):50-54.

[275] Schaffer,E.A better way for web design[J].Information Week,2000(5):784..

[276] Pastrick,Greg.Secrets of Great Site Design[J].InternetUser,1997(9):80-87.

[277] Szymanski, D.M., Hise, R.T. E-satisfaction: An initial examination[J].Journal of Retailing,2000,76(3):309-322.

[278] 王树西,李安渝.大数据与云计算环境下的电子商务安全研究 [C].广州:中国信息经济学会,2013:1-8.

[279] PETER J P, TARPEY L X.A Comparative Analysis of Three Consumer Decision Strategies[J].Journal of Consumer Research,1975,2(1):29-37.

[280] 曹玉枝,鲁耀斌,杨水清.影响用户从网下到网上转移使用意愿因素的研究 [J].管理学报,2013,3:404-412.

[281] http://www.find.org.tw/0105/news/0105_news_disp.asp？news_id=3209

[282] http://www.find.org.tw/0105/news/0105_news_disp.asp？news_id=2745

[283] http://www.find.org.tw/0105/news/0105_news_disp.asp？news_id=3063

[284] http://www.find.org.tw/0105/news/0105_news_disp.asp？news_id=3626

[285] Hoffman,D.L.,Novak,T.P.Markketing in Hypermedia Computer-Mediated Environments:Conceptual Foundations[J]. Journal of Marketing,1996(7):50-68.

[286] Ferraro.Electronic commerce: the issues and challenges to creating trust and a positive image in consumer sales on the World Wide Web[J].Academy of Marketing Science, 1998, 28(1):168-174.

[287] http://www.iresearch.com.cn/view/250182.html

[288] Chain Store Age..The survey says[J].1999(1):155.

[289] Belanger,F.,Hiller,J.,Smith,W.Trustworthiness in electronic commerce: the role of privaxy,security,and site attributes[J].Journal of Strategic Information Systems,2002(11): 245-270.

[290] Ranganathan, C., Ganapathy, S.Key dimensions of business-to-consumer web sites[J].Information & Management,2002(39):457-465.

[291] COCKBURN C, WILSON T D.Business Use of the World Wide Web[J].International Journal of Information Management,1996,16(2):83-102.

[292] POON M C.Users'Adoption of E-Banking Services: The Malaysian Perspective[J].Journal of Business & Industrial Marketing,2008,23(1):59-69.

[293] LEE M C.Factors Influencing the Adoption of Internet Banking An Integration of TAM and TPB with Perceived Risk and Peceived Benefit[J].Electronic Commerce Research and Applications,2009,8(3):130-141.

[294] 李昌麟,许明华.消费者保护法[M].北京:法律出版社,2008.

[295] 张楚.电子商务法[M].北京:中国人民大学出版社,2007.

[296] Allen,C.,Kania D.,Yaeckel,B.Internet world guide to one-to-one web marketing[M].New York:John Wiley & Sons,1998.

[297] Awe,S.C.Trust and risk in Internet commerce[J].Library Journal,2001,126(5):43.

[298] Kiely,T.The Internet fear & Shopping in Cyberspace[J].Harvard Business Review,1997,6(8):13-24.

[299] Hoffman,D.L.,Novak,T.P.,Peralta,M.Building consumer trust online[J].Communications of the ACM,1999,42(4):80-85.

[300] Sheehan,K.B.,Hoy,M.G.Dimensions of Privacy Concern among Online Consumers[J].Journal of the Academy of the Marketing Science,2000(23):255-271.

[301] 李健,段晓燕.电子忠诚来自天堂的救命稻草[J].电子商务,2001(4):48.

[302] 黄晓涛.电子商务导论[M].北京:清华大学出版社,2005.

[303] 张润彤,耿建东.电子商务概论[M].北京:中国人民大学出版社,2010.

[304] Spiro R L,William D P.Influence Use by Industrial Salesmen:Influence-Strategy Mixes and Situational Determinants[J].Journal of Business,1979(3).

[305] Holbrook M B.The Nature of Customer Value:An Axiology of Services in the Consumption Experience[C].Roland T R,Richard L O.Service Quality:New Directions in Theory and Practice.Newbury Park,CA:Sage,1994.

[306] Kandampully J.The Impact of Demand Fluctuation on the Quality of Service:A Tourism Industry Example[J].Managing Service Quality,2000(9).

[307] Sheth J.Buyer-Seller Interaction:A Conceptual Framework[J].Advances in Consumer Research,1976(1).

[308] BLATTBERG R C,DEIGHTON J.Interactive marketing:Exploring the age of addressability[J].Sloan Management Review,1991,33(1):5-14.

[309] GEFEN D,RAO V S,TRACTINSKY N.The conceptualization of trust,Risk,and their relationship in electronic commerce:The need for clarifications[R].Working Paper,2003.

[310] Deighton,J.The future of interactive marketing[J].Harvard Business Review,1996,74(1):151-160.

[311] Dutta,S.,Kwan,S.Segev,A.Business transformation in electronic commerce:a study of sectoral and regional trends[J].European Management Journal,1999,16(5):540-551.

[312] Williamson,O.E.The economic institutions of Capitalism[M].New York:The Free Press,1985.

[313] Lagace,R.R.,Dahlstrom,R.Gassenheimer,J.B..The Relevance of ethical salesperson behavior on Relationship quality: the pharmaceutical industry[J].Journal of Personal Selling & Sales Management,1991,11(4):39-47.

[314] Sheth J.Buyer-Seller Interaction: A Conceptual Framework[J]. Advances in Consumer Research,1976(1).

[315] Spiro R L, William D P.Influence Use by Industrial Salesmen: Influence-Strategy Mixes and Situational Determinants[J].Journal of Business,1979(3).

[316] Blake R R, Mouton J S.The Grid for Sales Excellence[M].McGraw-Hill Book Company,1980.

[317] 陈志平.B2C购物网站消费者感知互动对态度的影响模式研究[D].杭州:浙江大学,2007:20.

[318] Hoffman,D.L.,Novak,T.P.,Marketing in Hypermedia Computer-Mediated Environments:Conceptual Foundations[J].Journal of Marketing,1996(7):50-68.

[319] 陈志平.B2C购物网站消费者感知互动对态度的影响模式研究[D].杭州:浙江大学,2007:19.

[320] Liu, Y.Shrum, L.J.What is interactivity and is it always such a good thing? Implications of definition, person and situation for the influence of interactivity on advertising effectiveness[J].Journal of Advertising,2002,31(4):53-64.

[321] Ahn, T., Ryu, S.Han, I.The impact of the online and offline features on the user acceptance of Internet shopping malls[J].Electronic Commerce Research and Applications, 2004 (3):405-420.

[322] Wu, G.Conceptualizing and Measuring the Perceived Interactivity of Websites[J]. Journal of Current Issues and Research in Advertising,2006,28(1):87-104.

[323] 毕达天,邱长波.B2C电子商务企业-客户间互动对客户体验影响机制研究[J].中国软科学,2014(12):124-135.

[324] Liu, Y.Shrum, L.J.What is interactivity and is it always such a good thing? Implications of definition, person and situation for the influence of interactivity on advertising effectiveness[J].Journal of Advertising,2002,31(4):53-64.

[325] Gutman J..A Means-end Chain Model Based on Consumer Categorization Processes[J].Journal of Marketing,1982(2):60-72.

[326] Holbrook M.B.The Nature of Customer Value: An Axiology of Services in the Consumption Experience[A]//Roland T.R.and R.L. Oliver,Service Quality: New Directions in Theory and Practice[C].CA:Newbury Park,Sage Publications,1994:21-71.

[327] 毕达天,邱长波.B2C电子商务企业-客户间互动对客户体验影响机制研究[J].中国软科学,2014(12):124.

[328] Mathwick C., N.K.Malhotra, E.Rigdon.Experiential Value: Conceptualization, Mea-

surement and Application in the Catalog and Internet Shopping Environment[J].Journal of Retailing,2001(1):39-56.

[329] Fiore A.M,Kim J.,Lee H.-H.Effect of iImage Interactivity Technology on Consumer Responses toward the Online Retailer[J].Journal of Interactive Marketing,2005(3):38-53.

[330] Wu G.H.The Mediating Role of Perceived Interactivity in the Effect of Actual Interactivity on Attitude Toward the Website[J].Journal of Interactive Advertising,2005(2):29-39.

[331] RUYTER K, WETZELS M.The impact of perceived listening behavior in voice-to-voice service encounters[J].Journal of Service Research,2000,2(3):276-284.

[332] FOGG B J, MARSHALL J, et al.What makes websites credible? A report on a large quantitative study[R].CHI 2001 Conference on Human Factors and Computing Systems,2001,3(1).

[333] Payne, A.Pennie, F.Developing a segmentaed service strategy: Improving measurement in relationship marketing[J].Journal of Marketing,1999:797-818.

[334] McDougall G.H.G., T.Levesque.Customer Satisfaction with Services: Putting Perceived Value into the Equation[J].Journal of Services Marketing,2000(5):392-410.

[335] 孙乃娟,李辉. 感知互动一定能产生顾客满意吗?——基于体验价值、消费者涉入度、任务类型作用机制的实证研究 [J]. 经济管理,2011,33(12):108.

[336] Liu Y-P., L.J. Shrum.What Is Interactivity and Is It Always Such a Good Thing? Implications of Definition, Person, and Situation for the Influence of Interactivity on Advertising Effectiveness[J].Journal of Advertising,2002(Winter):53-64.

[337] Srinivasan, S.S., Anderson, R., Ponnavolu, K.Customer loyalty in e-commerce: an exploration of its antecedents and consequences[J].Journal of Retailing,2002,78(1):41-50.

[338] 孙乃娟,李辉. 感知互动一定能产生顾客满意吗?——基于体验价值、消费者涉入度、任务类型作用机制的实证研究 [J]. 经济管理,2011,33(12):109.

[339] Cedric H J W, Liang R D.Effect of Experiential Value on Customer Satisfaction with Service Encounters in Luxury-hotel Restaurants[J].International Journal of Hospitality Management,2009(4).

[340] CARUANA A, EWING M T.How corporate reputation, quality, and value influence online loyalty[J].Joumal of Business Research,2010,63:1103-1110.

[341] 郭国庆,李光明. 购物网站交互性对消费者体验价值和满意度的影响 [J]. 中国流通经济,2012,26(2):112-118.

[342] Davis, F.D.Perceived usefulness, perceived ease of use and user acceptance of information technology[J].MIS Quarterly,1989(9):319-340.

[343] Webster, J., Martocchio, J.J.Microcomputer playfulness: Development of a measure with workplace implications[J].Mis Quarterly,1992(6):201-226.

[344] Papacharissi, Z., Rubin, A.M.Predictors of Internet use[J].Journal of Broadcasting &

Electronic Media,2000,44(2),Spring:176-196.

[345] Barnes SJ, Vidgen R T.An integrative approach to the for assessment of E-Commerce quality[J].Journal of Electronic Commerce Research,2002,3(3):114-127.

[346] Wolfinbarger,M.,Gilly,M.C.ETail SQ: Dimensionalizing,measuring and predicting eTail quality[J].Journal of Retailing,2003,79(3):183-198.

[347] Lee,S.P,Kwok,R.C.,Huynh,M.Q.The Contribution of commitment value in Internet commerce: An empricial investigation[J].Journal of the Association for Information Systems,2003(4):39-64.

[348] Chung J., F.B.Tan.Antecedents of Perceived Playfulness: an Exploratory Study on User Acceptance of General Information-searching Websites[J].Information and Management,2004(1):869-881.

[349] Hsu,C.L.,Lu,H.P.Consumer behavior in online game communities: a motivational factor perspective[J].Computers in Human Behavior,2005(09):001-018.

[350] Korgaokar,P.K.,Wolin,L.D.A multivariate analysis of web usage[J].Journal of Advertising Research,1999,39(2):53-68.

[351] Schuler, R.S. A case study of the HR department at Swiss Bank Corporation: customerization for organizational effectiveness[J].Human Resource Planning,1988,11(4):241-253.

[352] Tersine,R.,Harvey,M.Global customerization of markets has arrived! [J].European Management Journal,1998,16(1):79-90.

[353] Wind,Y.J.,Rangaswamy,A.Customerization: the next revolution in mass Customerization[J].Journal of Interactive Marketing,2001,15(1):13-32.

[354] 张祥.顾客化定制中的顾客参与研究 [D].武汉:华中科技大学,2007:14.

[355] 朱俊.面向价值融合的全面顾客参与研究 [D].武汉:华中科技大学,2010:42.

[356] 唐璎璋.一对一营销——客户关系管理核心战略 [M].北京:中国经济出版社,2010.

[357] 孔繁超.个性化信息服务中用户偏好的动态挖掘 [J].情报理论与实践,2009,32(6):111.

[358] http://www.find.org.tw/0105/news/0105_news_disp.asp? news_id=3296

[359] 欧阳烽.Web 数据挖掘与高校数字图书馆个性化服务 [J].现代情报,2008(1):104.

[360] 查金祥.B2C 电子商务顾客价值与顾客忠诚度的关系研究 [D].杭州:浙江大学,2006:78-79.

[361] Srinivasan,S.S.,Anderson,R.,Ponnavolu,K.Customer loyalty in e-commerce: an exploration of its antecedents and consequences[J].Journal of Retailing,2002,78(1):41-50.

[362] 温碧霞.网上零售企业培育顾客忠诚感的 8Cs 策略 [J].江苏商论,2004(12):39-

41.

[363] 黄永哲.电子商务环境下的顾客信任 [J].中山大学学报论丛,2005(2):245-247.

[364] 朱俊.顾客化定制的演进及发展 [J].武汉理工大学学报,2006,28(10):134.

[365] 杨岳全.个性化服务造就顾客忠诚 [J].中国新时代,2003(8):54.

[366] BROWN T J.Corporate Associations in Marketing: Antecedents and Consequences[J].Corporate Reputation Review,1998,1(3):215.

[367] Bayton J.A.Researching the Corporate Image[J].Public Relations,1959,4(10):3-8.

[368] Barich H., Kotler P.A Framework for Marketing Image Management[J].Sloan Management Review,1991,32(2):94-104.

[369] 高立胜.企业形象 [M].沈阳:辽宁人民出版社,1994.

[370] 王富祥.企业形象策划 [M].武汉:武汉理工大学出版社,2006.

[371] Nguyen N.The Collective Impact of Service Workers and Servicescapeon the Corporate Image Formation[J].International Journal of Hospitality Management,2006,25(2):227-244.

[372] Martineau P.Social Class and Spending Behavior[J].Journal of Marketing,1958,22(4):121-130.

[373] Walton S. D.American Business and its Environment[M].New York: Mac Milton Company,1996.

[374] BROWN T J, DACIN P A.The Company and the Product: Corporate Associations and Consumer Product Responses[J].Journal of Marketing,1997,61(1):68-84.

[375] Pairin, K., Keng, S.Creating a Virtual Store Image[J].Communications of the ACM,2003,46(12):34-39.

[376] Jungmi, O., Susan, S.Effects of Design Factors on Store Image and Expectation of Merchandise Quality in Web-Based Stores[J].Journal of Retailing and Consumer Services,2008,15(4):237-249.

[377] Andreassen T.W., Lindestad B.Customer Loyalty and Complex Services: The Impact of Corporate Image on Quality, Customer Satisfaction and Loyalty for Customers with Varying Degrees of Service Experience[J]. International Journal of Service Industry Management,1998,9(1):7-23.

[378] BROWN T J, DACIN P A.The Company and the Product: Corporate Associations and Consumer Product Responses[J].Journal of Marketing,1997,61(1):68-84.

[379] LUO XUEMING, BHATTACHARYA C B.Corporate Social Responsibility, Customer Satisfaction, and Market Value[J].Journal of Marketing,2006,70(10):1-18.

[380] Chang C H, Tu C Y.Exploring store image, customer satisfaction and customer loyalty relationship: Evidence from taiwanese hypermarket industry[J].The Journal of American Academy of Business,2005,7(2):197-202.

[381] 汪旭晖,徐健.在华跨国零售企业店铺形象维度与顾客忠诚关系的实证研

究——异业态的比较分析 [J]. 北京工商大学学报(社会科学版),2010,25(2):17-27.

[382] http://www.find.org.tw/0105/news/0105_news_disp.aspx? news_id=2816

[383] Jarvenpaa, N., Tractinsky, M.V.Consumer trust in an Internet store[J].Information Technology and Management,2000,1(1-2):45-71.

[384] Zhan,Chen.,DeVaney,S.A.,Liu,S.Consumer's Value perception of an e-store & its impact on e-store loyalty intention[A].the Sevnth Triennial AMS/ACRA Retailing Conference,2003.

[385] 田阳,王海忠,陈增祥.公司形象对消费者信任和购买意向的影响机制 [J]. 商业经济与管理,2009(9):65-72.

[386] 高博. 网络商店形象对顾客购买意向的影响关系研究 [D]. 大连:大连理工大学,2010.

[387] 中国互联网络信息中心(CNNIC),2014. 中国第 33 次互联网发展状况统计报告[EB/OL].http://www.cnnic.net.cn/hlwfzyj/hlwxzbg/hlwtjbg/201403/t20140305_46240.htm

[388] Gürhan-Canli, Z., Batra, R.When Corporate Image Affects Product Evaluations: The Moderating Role of Perceived Risk[J].Journal of Marketing Research,2004(41).

[389] Fishbein M., Ajzen I.Belief, Attitude, Intention, and Behavior: An Introduction to Theory and Research[M]. MA:Addison-Wesley,1975.

[390] Shapiro C.Consumer Information, Product Quality, and Seller Reputation[J].The Bell Journal of Economics,1982,13(1):20-35.

[391] Liang,T.,Lai,H.Effect of store design on consumer purchases: an empirical study of online bookstores[J].Information and Management,2002(39):431-444.

[392] 姜参,赵宏霞.B2C 网络商店形象、消费者感知与购买行为 [J]. 财经问题研究,2013(10):116-122.

[393] Eskildsen J., Kristensen K., Juhl H.T., Ostergaard P.The Drivers of Customer Satisfaction and Loyalty: The Case of Denmark 2000-2002[J].Total Quality Management,2004,15(5/6):859-868.

[394] 李惠璠,罗海成,姚唐.企业形象对顾客态度忠诚与行为忠诚的影响模型——来自零售银行业的证据 [J]. 管理评论,2012(6):88-97.

[395] 沈鹏熠.零售企业社会责任行为对企业形象及顾客忠诚的影响机制 [J]. 北京工商大学学报(社会科学版),2012,27(3):23-28.

[396] Berry, L.L., Parasuraman, A.Marketing Services[M].New York: The Free Press,1991.

[397] 金立印.服务转换成本对顾客忠诚的影响——满意度与替代者吸引力的调节效应 [J]. 管理学报,2008,5(6):913.

[398] Burnham, Thomas A, Judy K Frels, Vijay Mahajian.Consumer Switching costs: a typology, antecedents, and consequences[J].Journal of the Academy of Marketing Science,2003,31(2):109-126.

[399] Yang Zhilin, Peterson Customer Perceived Value Satisfaction and Loyalty: The Role of Switching Costs[J].Psychology&Marketing,2004,21(10):799-822.

[400] Hu, A.Measuring the Effects of Consumer Switching Costs on Switching Intention in Taiwan Mobile Telecommunication Services[J].The Journal of American Academy of Business,2006,9(3):75-85.

[401] 金立印.服务转换成本对顾客忠诚的影响——满意度与替代者吸引力的调节效应[J].管理学报,2008,5(6):912-920.

[402] 金晓彤,陈艺妮,焦竹.不同类型转换成本的调节作用机制研究[J].管理评论,2010(5):42-46.

[403] 冯强.转换成本对网上顾客忠诚的影响分析——基于B2C网络书店的实证研究[J].技术经济,2010,29(9):90-94.

[404] 陈秋英.转换成本对顾客感知价值与忠诚度的调节作用[J].厦门理工学院学报,2011,19(3):85-89.

[405] 李先国,段祥昆.转换成本、顾客满意与顾客忠诚:基于移动通信客户行为的研究[J].中国软科学,2011(4):154-160.

[406] 郭鑫.顾客价值、顾客满意和转换成本对顾客忠试影响实证研究[J].商业时代,2012(10):17-18.

[407] 陈文沛.物流服务质量、网络顾客满意与网络顾客忠诚——转换成本的调节作用[J].中国流通经济,2014(10):44-51.

[408] 李玉萍.网上转换成本对顾客重复购买意愿影响的研究[J].价格理论与实践,2014(12):100-102.

[409] 姜红波,邵雪媛.微信电子商务顾客忠诚度影响因素分析[J].厦门理工学院学报,2015,23(4):45-50.

[410] HAGEL J, ARMSTRONG A G.Net Gain: Expanding Markets through Virtual Communities[M].Boston:Harvard Business School Press,1997.

[411] Tonteri L, et al.Antecedents of an experienced sense of virtual community[J].Computers in Human Behavior,2011,27(6):2215-2223.

[412] Tsai M, Cheng N, Chen K.Understanding online group buying intention the roles of sense of virtual community and technology acceptance factors[J].Total Quality Management,2011,22(10):1091-1104.

[413] Blanchard A L, Markus M L.The experienced sense of a virtual community: Characteristics and processes[J].Database for Advances in Information Systems,2004,35(1):65-79.

[414] Koh J, Kim Y.Sense of virtual community: A conceptual framework and empirical validation[J].International Journal of Electronic Commerce,2003,8(2):75-93.

[415] Blanchard A L.Developing a sense of virtual community measure[J].Cyber Psychology & Behavior,2007,10(6):827-830.

[416] 周涛,鲁耀斌.企业网上社区用户忠诚度影响因素的实证分析[J].图书情报工作,2009,53(4):128-131.

[417] Tsai M,Cheng N,Chen K.Understanding online group buying intention the roles of sense of virtual community and technology acceptance factors[J].Total Quality Management,2011,22(10):1091-1104.

[418] Tonteri L,et al.Antecedents of an experienced sense of virtual community[J].Computers in Human Behavior,2011,27(6):2215-2223.

[419] 宁连举,张玉红.虚拟社区感对用户忠诚度影响的实证研究[J].技术经济,2014,33(11):8.

[420] Blanchard A L,Markus M L.The experienced sense of a virtual community:Characteristics and processes[J].Database for Advances in Information Systems,2004,35(1):65-79.

[421] Ellonen H,et al.The development of a sense of virtual community[J].International Journal of Web Based Communities,2007,3(1):114-130.

[422] 赵玲,鲁耀斌,邓朝华.基于社会资本理论的虚拟社区感研究[J].管理学报,2009,6(9):1169-1175.

[423] 朱振中,李晓丹,梁美丽.虚拟社区感研究述评与展望[J].外国经济与管理,2014,36(4):41.

[424] 张宏亮,张崇.基于海量交易数据的虚拟社区网购意见领袖研究[J].管理评论,2015,27(12):80-87.

[425] Koh J,Kim Y.Sense of virtual community:A conceptual framework and empirical validation[J].International Journal of Electronic Commerce,2003,8(2):75-93.

[426] Korgaokar P.K.,Wolin L.D.A multivariate analysis of web usage[J].Journal of Advertising Research,1999,39(2):53-68.

[427] 付丽丽,吕本富,裴瑞敏.关系型虚拟社区用户参与机制研究[J].经济管理,2009(5):134-139.

[428] 李国鑫,李一军,尼菲.基于用户在线交易意愿的虚拟社区电子商务实证研究[J].管理评论,2011,23(8):78-86.

[429] Tsai M,Cheng N,Chen K.Understanding online group buying intention the roles of sense of virtual community and technology acceptance factors[J].Total Quality Management,2011,22(10):1091-1104.

[430] 庞川,陈忠民,罗瑞文.消费者网络信任影响因素的实证分析[J].系统工程理论方法应用,2004(8):296-301.

[431] 周涛,鲁耀斌.企业网上社区用户忠诚度影响因素的实证分析[J].图书情报工作,2009,53(4):128-131.

[432] Blanchard A L,Welbourne J L,Boughton M D.A model of online trust:The mediating role of norms and sense of virtual community[J].Information,Communication,and Society,

2011,14(1):76-106.

[433] 李国鑫,李一军,尼菲.基于用户在线交易意愿的虚拟社区电子商务实证研究[J].管理评论,2011,23(8):80.

[434] Koh J, Kim Y.Sense of virtual community: A conceptual framework and empirical validation[J].International Journal of Electronic Commerce,2003,8(2):75-93.

[435] Woo, G.K., Chang, L., Stephen, J.H.Effects of an online virtual community on customer loyalty and travel product purchases[J].Tourism Management,2004(25):343-355.

[436] 赵玲,鲁耀斌,邓朝华.基于社会资本理论的虚拟社区感研究[J].管理学报,2009,6(9):1169-1175.

[437] 郑秋婵,张红.旅游虚拟社区成员感知、归属感及行为意向研究[J].江西农业学报,2009,21(6):178-180.

[438] Huang J, et al.The effects of electronic word of mouth on product judgment and choice: The moderating role of the sense of virtual community[J].Journal of Applied Social Psychology,2012,42(9):2326-2347.

[439] 宁连举,张玉红.虚拟社区感对用户忠诚度影响的实证研究[J].技术经济,2014,33(11):7-15.

[440] Jones T O, Sasser W E.Why satisfied customers defect[J].Harvard Business Review,1995,73:88.

[441] Youjae Y.A critical review of consumer satisfaction[J].1989,141:213-232.

[442] Bloemer J, Kasper H D.The complex relationship between consumer satisfaction and brand loyalty[J].Journal of Economic Psychology,1995,16(2):311-329.

[443] Hallowell R.The relationships of customer satisfaction, customer loyalty, and profitability: An empirical study[J].International Journal of Service Industry Management, 1996, 7(4):27-42.

[444] 白长虹,刘炽.服务企业的顾客忠诚及其决定因素研究[J].南开管理评论,2002(6):64-69.

[445] 汪纯孝,韩小芸,温碧燕.顾客满意感与忠诚感关系的实证研究[J].南开管理评论,2003(4):70-74.

[446] 孙丽辉.顾客满意度理论研究[J].东北师大学报,2003,204(4):18-24.

[447] Balabanis, G, Reynolds, N.Simintiras, A.Bases of e-store loyalty: Perceived switching barriers and satisfaction [J].Journal of Business Research,2006(59):214-224.

[448] 张新安,田澎.顾客满意与顾客忠诚之间关系的实证研究[J].管理科学学报,2007,10(4):62-72.

[449] 马钦海,李艺.服务消费顾客满意与顾客忠诚关系调节因素的实证研究[J].管理科学,2007,20(5):48-59.

[450] 苏秦.网络消费者行为影响因素分析及实证研究[J].系统工程,2007,25(2):

1-6.

[451] 李思曼,王宇航,李亚平.基于顾客满意的消费者网上购物影响因素分析[J].商业研究,2009(1):203-205.

[452] 郭鑫,顾客价值、顾客满意和转换成本对顾客忠诚影响实证研究[J].商业时代,2012(10):17-18.

[453] 张圣亮,李小东.网上购物顾客满意度影响因素研究[J].天津大学学报(社会科学版),2013,15(2):109-115.

[454] Zhou T.Understanding Continuance Usage of Mobile Sites[J].Industrial Management & Data Systems,2013,113(9):1286-1299.

[455] 黄丽丽,网络零售业服务质量三维度、顾客满意度和顾客忠诚度的关联关系研究[J].标准科学,2013(12):60-64.

[456] 邓之宏,邵兵家.中国网络团购消费者满意度影响因素研究[J].商业研究,2013(4):34-39.

[457] Cao H.H.,Jiang J.H.,Oh L.B.,et al.A Maslow's Hierarchy of Needs Analysis of Social Networking Services Continuance[J].Journal of Service Management,2013,24(2):170-190.

[458] 仲伟伫,席菱聆,武瑞娟.基于ACSI模型的网络购物满意度影响因素实证研究[J].软科学,2014,28(2):100-105.

[459] 刘坤.电子商务顾客忠诚驱动因素探讨[J].商业经济研究,2015(11):76-77.

[460] 朱艳春,张志晴,孙宝文.网络商店的服务质量、顾客满意、顾客忠诚的关系研究[J].现代管理科学,2015(6):100-102.

[461] 刘力.关系利益影响顾客满意和忠诚的机制研究——中介与调节效应检验[J].技术经济与管理研究,2015(8):57-61.

[462] Pavlou P A,Liang H,Xue Y.Understanding and mitigating uncertainty in online exchange relationships:A principal-agent perspective[J].MIS Quarterly,2007,31(1):105-136.

[463] Lee M K O,Turban E.A trust model for consumer internet shopping[J].International Journal of Electronic Commerce,2001,6(1):75-91.

[464] Reichheld F F,Schefter P.E-loyalty:Your secret weapon on the Web[J].Harvard Business Review,2000,78(4):105-113.

[465] McKnight D H.The Inpact of Initial Consumer Trust on Intentions to Transact with a Web Site:A Mist Building model[J].Journal of Strategic Information Systems.2002(11):297-323.

[466] Gefen D.Reflections on the Dimensions of Trust and Trustworthiness among Online Consumers[J].ACM SIGMIS Database,2002,33(3):38-53.

[467] Luarn P,Lin H H.A Customer Loyalty Model for E-service Context[J].Journal of Electronic Commerce Research,2003,4(4):156-167.

[468] 罗海成,范秀成.基于心理契约的关系营销机制:服务业实证研究[J].南开管理评论,2005,8(6):48-55.

[469] 刘建新. 顾客信任的形成机理及其营销管理研究 [J]. 经济问题探索, 2006(2): 122-127.

[470] 丛庆, 阎洪, 王玉梅. 服务补救后满意对顾客形成关系持续意愿的影响研究 [J]. 管理科学, 2007, 20(6): 54-63.

[471] 胡保玲, 云乐鑫. 网络顾客购买意愿影响因素实证研究——顾客信任的中介作用 [J]. 消费经济, 2009, 25(4): 35-39.

[472] Kim D J, Ferrin D L, Rao H R.Trust and satisfaction, two stepping stones for successful e-commerce relationships: A longitudinal exploration[J].Information Systems Research, 2009, 20(2): 237-257.

[473] 张初兵, 黄怀, 易牧农. 满意与忠诚的路径剖析:来自天津寿险业的实证 [J]. 经济经纬, 2010(2): 103-107.

[474] 杨倩, 刘益, 韩朝. 网络购物中顾客信任影响机制研究 [J]. 情报杂志, 2011, 30(5): 197-201.

[475] 谢恩, 黄缘缘, 赵锐. 不同维度信任相互作用及对在线购物意愿影响研究 [J]. 管理科学, 2012, 25(2): 69-77.

[476] 雷宏振, 卢欢, 邵鹏. 基于顾客视角的我国网络团购发展研究 [J]. 经济经纬, 2013(3): 107-112.

[477] 邓爱民, 陶宝, 马莹莹. 网络购物顾客忠诚度影响因素的实证研究 [J]. 中国管理科学, 2014, 22(6): 96-104.

[478] 秦进. 网络零售服务可靠性五维度对顾客忠诚的影响——基于顾客满意与顾客信任的视角 [J]. 西北工业大学学报(社会科学版), 2014, 34(2): 38-45.

[479] 王琴英, 郭慧君, 刘敏. 网络购物顾客满意与顾客忠诚转换模式研究——以淘宝、天猫和京东电商网站为例 [J]. 商业经济研究, 2015(11): 72-75.

[480] Selnes F. Antecedents and consequences of trust and satisfaction in buyer-seller relationships[J]. European Journal of Marketing, 1998, 32(3/4): 305-322.

[481] Bendapudi N, Berry L L.Customers' motivations for maintaining relationships with service providers[J]. Journal of Retailing, 1997, 73(1): 15-37.

[482] 袁亚忠. 关系质量对酒店顾客忠诚影响的实证研究 [J]. 湘潭大学学报(哲学社会科学版), 2008, 32(6): 143-146.

[483] 常亚平, 刘艳阳, 阎俊, 张金隆.B2C 环境下网络服务质量对顾客忠诚的影响机理 [J]. 系统工程理论与实践, 2009, 29(6): 94-106.

[484] 张初兵, 黄怀, 易牧农. 满意与忠诚的路径剖析:来自天津寿险业的实证 [J]. 经济经纬, 2010(2): 106.

[485] 曾慧, 郝辽钢, 于贞朋.B2C 环境下消费者持续网络信任的实证研究 [J]. 管理现代化, 2014, 34(6): 34-36.

[486] 荣泰生.AMOS 与研究方法 [M]. 重庆:重庆大学出版社, 2009.

[487] Nunnally, J.C.Psychometric Theory[M].New York:McGraw-Hill,1978.

[488] 荣泰生.AMOS 与研究方法 [M]. 重庆:重庆大学出版社,2009.

[489] 吴明隆. 结构方程模型 [M]. 重庆:重庆大学出版社,2012.

[490] 吴明隆. 结构方程模型 [M]. 重庆:重庆大学出版社,2012.

[491] Goldsmith, R.E., Bridges, E.E-tailing versus retailing: Using attitudes to predict online buying behavior[J].Quarterly Journal of Electronic Commerce,2000,1(3):245-253.

[492] 查金祥.B2C 电子商务顾客价值与顾客忠诚度的关系研究 [D]. 杭州:浙江大学,2006:169.

[493] Holbrook M B.Customer Value: A Framework for Analysis and Research[J].Advances in Consumer Researeh,1996,23(1):138-142.

[494] Holbrook M B.Customer Value: A Framework for Analysis and Research[J].New York:Routledge,1999.

[495] Zeithaml V A.Consumer Perceptions of Price, Quality, and Value: A Means-End Model and Synthesis of Evidence[J].Journal of Marketing,1988,52(7):2-22.

[496] Dodds W B, Monroe K B, Grewal D. Effects of Price, Brand, and Store Information on Buyers' Product Evaluations[J].Journal of Marketing Researeh,1991,28(3):307-319.

[497] Eckes,George.The Six Sigma Revolution[M].New York:John Wiley and Sons,2001.

[498] 张弛. 六西格玛实战 [M]. 广州:广东经济出版社,2002.

[499] 张根保. 质量管理与可靠性(修订版)[M]. 北京:中国林业出版社,2005.

[500] 魏中龙. 中国企业的六西格玛管理之道 [M]. 北京:经济管理出版社,2005.

[501] 宋祥彦. 六西格玛管理质疑 [M]. 青岛:青岛出版社,2005.

[502] Sirkka L.Jarvenpaa, Noam Tractinsky, Lauri Saarinen.Consumer Trust in an Internet Store: A Cross-Cultural Validation[J]. Journal of Computer-Mediated Communication,1999,5(12).

[503] Park, C., Lee, T.M.Information direction, website reputation and eWOM effect: A moderating role of product type[J].Journal of Business Research,2009,152(62):61-67.

[504] Caswell, J.A.Valuing the benefits and costs of improved food safety and nutrition[J]. Australian Journal of Agricultural and Resource Economics,2000,42(4):409-424.

[505] Webster, J., Martocchio, J.J.Microcomputer playfulness: Development of a measure with workplace implications[J].Mis Quarterly,1992(6):201-226.

[506] 孙乃娟,李辉. 感知互动一定能产生顾客满意吗?——基于体验价值、消费者涉入度、任务类型作用机制的实证研究 [J]. 经济管理,2011,33(12):107-118.

[507] Kandampully J.The Impact of Demand Fluctuation on the Quality of Service: A Tourism Industry Example[J].Managing Service Quality,2000(9).

附录1　B2C模式下互联网顾客忠诚形成机制调研问卷

尊敬的女士/先生：

　　您好！非常感谢您能在百忙之中填写此问卷！

　　我是天津大学管理与经济学部博士后研究人员，现正进行一项涉及B2C模式下互联网顾客忠诚形成机制方面的市场调研。本研究主要目的是通过实证研究方式，对互联网虚拟消费情境下我国居民网络消费行为相关数据进行分析，系统考察影响B2C模式下互联网顾客忠诚形成机制的前置限定因素，以期对国内电商企业实施网络营销管理创新提供可行性建议与对策。

　　本问卷采用不记名方式填答，所获取的资料仅供学术研究使用，决不外流，敬请您根据实际情况回答，您的回答将作为此项研究的重要依据，如果您需要了解本研究的最终结论，敬请留下您的电子邮箱地址。最后，衷心感谢您的合作与支持！

　　敬祝您：

　　　　生活愉快，万事顺意！

天津大学管理与经济学部：

仇立

2014年6月

说　　明

请根据主观印象回答下述问题，所填答案没有对错之分。

本问卷均为单项选择。

答案可能需要占用您大约20~25分钟时间。

第一部分：以下是对您互联网消费经历基本信息的描述，请您根据个人情况，在选项前相应的"□"内画"√"

您的互联网消费经历为：

□ 1年以下　□ 1~2年　□ 2~3年　□ 3~4年　□ 4~5年　□ 5年以上

在该商务网站上，您曾经选购的商品或服务涉及：（可多选）

□ 潮流女装　□ 品牌男装　□ 内衣配饰　□ 母婴童装　□ 个护化妆

□ 家用电器　□ 电脑办公　□ 手机数码　□ 图书音像　□ 家居家纺

□ 居家生活　□ 家具建材　□ 食品生鲜　□ 酒水饮料　□ 运动户外

☐ 鞋靴箱包 ☐ 奢品礼品 ☐ 钟表珠宝 ☐ 汽车用品 ☐ 医药保健
☐ 生活旅行 ☐ 宠物农资 ☐ 其他

在过去一年内,您在该商务网站消费的频度为:
☐ 0 次 ☐ 1~5 次 ☐ 6~10 次 ☐ 11~15 次 ☐ 16~20 次 ☐ 20 次以上

您在该商务网站消费时,平均每笔消费额度为:
☐ 0 元 ☐ 0~100 元 ☐ 101~200 元 ☐ 201~500 元 ☐ 501~1000 元 ☐ 1000 元以上

第二部分:以下是您对经常浏览并惠顾商务网站的主观评价,其中数字 1—6 依次表示从"完全反对"至"完全赞同",请您在相应的选项上画"√"。

序号	问题项目	完全反对	比较反对	有点反对	有点赞同	比较赞同	完全赞同
Q₁	在该商务网站上浏览、订购及完成支付结算,让我感觉很方便。	☐1	☐2	☐3	☐4	☐5	☐6
Q₂	该网站能提供高效限时送达的个性化物流配送服务。	☐1	☐2	☐3	☐4	☐5	☐6
Q₃	该网站服务失误补救措施完善、便捷。	☐1	☐2	☐3	☐4	☐5	☐6
Q₄	在该网站上,我可以买到价格更便宜的商品。	☐1	☐2	☐3	☐4	☐5	☐6
Q₅	该网站经常提供优惠的商品折扣。	☐1	☐2	☐3	☐4	☐5	☐6
Q₆	该网站物流配送价格合理。	☐1	☐2	☐3	☐4	☐5	☐6
Q₇	该网站所售商品与我订购内容完全相符。	☐1	☐2	☐3	☐4	☐5	☐6
Q₈	该网站所售商品的某些特性能够满足我的需求。	☐1	☐2	☐3	☐4	☐5	☐6
Q₉	该网站所售商品品质超出我购买前预期。	☐1	☐2	☐3	☐4	☐5	☐6
Q₁₀	该网站呈现的商品信息内容详实、可靠且更新及时。	☐1	☐2	☐3	☐4	☐5	☐6
Q₁₁	该网站为所售商品提供视觉描述信息。	☐1	☐2	☐3	☐4	☐5	☐6
Q₁₂	该网站呈现的商品信息对我而言很有价值,且能增长相关知识。	☐1	☐2	☐3	☐4	☐5	☐6
Q₁₃	该网站在物流配送环节与顾客之间沟通渠道畅通。	☐1	☐2	☐3	☐4	☐5	☐6
Q₁₄	我收到的商品与订购内容完全相符。	☐1	☐2	☐3	☐4	☐5	☐6
Q₁₅	我收到的商品是完好、没有破损的。	☐1	☐2	☐3	☐4	☐5	☐6
Q₁₆	该网站对所售商品包装措施完善。	☐1	☐2	☐3	☐4	☐5	☐6
Q₁₇	该网站对顾客抱怨、不满等负面情绪高度关注,并在第一时间内给予响应。	☐1	☐2	☐3	☐4	☐5	☐6
Q₁₈	若该网站所售商品质量存在瑕疵,其会赔偿消费者全部损失。	☐1	☐2	☐3	☐4	☐5	☐6

续表

序号	问题项目	完全反对	比较反对	有点反对	有点赞同	比较赞同	完全赞同
Q_{19}	若该网站发布信息有误,其会及时更正并向消费者致歉。	□1	□2	□3	□4	□5	□6
Q_{20}	该网站整体形象风格是颇具魅力且吸引人的。	□1	□2	□3	□4	□5	□6
Q_{21}	该网站所提供的高品质视听效果能在一定程度上增强消费者触觉感官体验。	□1	□2	□3	□4	□5	□6
Q_{22}	该网站具备高效搜索引擎与系统导航功能。	□1	□2	□3	□4	□5	□6
Q_{23}	该网站系统交易安全性较高。	□1	□2	□3	□4	□5	□6
Q_{24}	该网站不会使用不恰当途径获取顾客个人信息。	□1	□2	□3	□4	□5	□6
Q_{25}	该网站在未征得本人许可前,不会擅自泄露顾客个人信息抑或将其用于其他用途。	□1	□2	□3	□4	□5	□6
Q_{26}	该网站能及时响应顾客反馈,并参照顾客反馈提供适合的商品及服务。	□1	□2	□3	□4	□5	□6
Q_{27}	我觉得该网站客服人员工作态度积极,认真答复顾客疑问并努力促成销售。	□1	□2	□3	□4	□5	□6
Q_{28}	该网站在与顾客服务接触中习惯以自我为中心、关注自身福利,忽视对方利益。	□1	□2	□3	□4	□5	□6
Q_{29}	该网站所提供的消费体验是令人愉悦的。	□1	□2	□3	□4	□5	□6
Q_{30}	惠顾该网站能使我放松心情,达到消遣及情感宣泄的目的。	□1	□2	□3	□4	□5	□6
Q_{31}	该网站所提供的消费趣味性感知能在一定程度上使我释放压力及负面情绪。	□1	□2	□3	□4	□5	□6
Q_{32}	该网站推荐的相关商品及服务与消费者个体诉求相吻合。	□1	□2	□3	□4	□5	□6
Q_{33}	该网站会参照消费者特质及具体诉求为其提供个性化产品及服务。	□1	□2	□3	□4	□5	□6
Q_{34}	该网站会参照消费者行为偏好,量身定制,将个性化商品信息适时推送给客户。	□1	□2	□3	□4	□5	□6
Q_{35}	该网站产品形象、服务形象及人员形象俱佳。	□1	□2	□3	□4	□5	□6
Q_{36}	该网站秉承诚信经营理念。	□1	□2	□3	□4	□5	□6
Q_{37}	该网站在承担社会责任层面美誉度较高。	□1	□2	□3	□4	□5	□6
Q_{38}	该网站能为我提供同类网站无法轻易效仿的高附加值商品及服务。	□1	□2	□3	□4	□5	□6
Q_{39}	该网站与我已主动建立起深厚情感。	□1	□2	□3	□4	□5	□6

续表

序号	问题项目	完全反对	比较反对	有点反对	有点赞同	比较赞同	完全赞同
Q_{40}	若转向其他同类网站,我需要花费一定的时间及精力去探索、学习。	□1	□2	□3	□4	□5	□6
Q_{41}	若转向其他同类网站,我将不得不损失在原网站上所享受的所有优惠条件。	□1	□2	□3	□4	□5	□6
Q_{42}	我感到自己是虚拟社区中的一员。	□1	□2	□3	□4	□5	□6
Q_{43}	我在虚拟社区发布的信息经常被其他成员浏览与关注。	□1	□2	□3	□4	□5	□6
Q_{44}	该虚拟社区为我提供很多有实用价值的信息。	□1	□2	□3	□4	□5	□6
Q_{45}	我为虚拟社区其他成员提供帮助时,会感到快乐与成就感。	□1	□2	□3	□4	□5	□6
Q_{46}	该网站所提供的商品及服务品质超出我消费前对其心理预期。	□1	□2	□3	□4	□5	□6
Q_{47}	该网站所提供的商品及服务品质已达到我所需要的理想水平。	□1	□2	□3	□4	□5	□6
Q_{48}	总体而言,我对该网站的消费体验是非常满意的。	□1	□2	□3	□4	□5	□6
Q_{49}	我相信该网站所发布商品信息的真实性。	□1	□2	□3	□4	□5	□6
Q_{50}	我相信该网站能提供优质的商品及服务。	□1	□2	□3	□4	□5	□6
Q_{51}	总体而言,该网站是非常值得信赖的。	□1	□2	□3	□4	□5	□6
Q_{52}	我打算以后经常惠顾该网站。	□1	□2	□3	□4	□5	□6
Q_{53}	我非常愿意在该网站购物。	□1	□2	□3	□4	□5	□6
Q_{54}	我会向亲朋好友推荐该网站。	□1	□2	□3	□4	□5	□6

第三部分:以下是对个人背景信息的描述,请您根据个人情况,在选项前相应的"□"内画"√"

您的性别:
□ 男　　□ 女

您的年龄:
□ 18~25 岁
□ 26~35 岁
□ 36~45 岁
□ 46~55 岁
□ 56~65 岁
□ 66 岁及以上

您的婚姻状况：
☐ 未婚　　　　　☐ 已婚

您的教育程度：
☐ 高中或高中以下（含中专）
☐ 大学专科
☐ 大学本科
☐ 硕士研究生
☐ 博士研究生

您的职业：
☐ 政府公务员
☐ 医生、教师及科研人员
☐ 学生
☐ 军人
☐ 公司/企业职员
☐ 其他

您的平均月收入水平（RMB）：
☐ 500 元以下
☐ 501~1000 元
☐ 1001~1500 元
☐ 1501~2000 元
☐ 2001~3000 元
☐ 3001~5000 元
☐ 5001~8000 元
☐ 8000 元以上

调查到此结束，请您最后检查一下是否有漏填项目。如果您希望获得我们的调查结论，请填写您的 E-mall 地址：_____。再次感谢您的支持！

（以下由调查员填写）

调查员：_____
调查时间：_____
调查地点：_____

附录2 阶段性研究成果

B2C模式下消费者感知物流配送服务质量与顾客忠诚相关性研究

仇立

（天津大学管理与经济学部，天津，300072）

摘要：通过对服务经济时代服务质量形成机制、物流服务质量内涵进行系统分析和深入研究基础上，将B2C模式下影响消费者感知物流配送服务质量细分为客户化定制服务质量、回应质量、支付质量以及服务失误补救质量4个维度，并针对每一个维度进行严谨的理论推导和数理统计分析，以期更加系统全面地探索其对改善互联网顾客关系质量、提升顾客忠诚的影响机制。

关键词：服务失误补救；客户化定制；顾客忠诚

一、引言

互联网消费市场的高速增长为中国电商企业带来了前所未有的发展机遇，然而其对现代物流配送服务质量也构成了严峻挑战。在B2C模式下，互联网消费者选购商品的分散性和随机性通常会导致物流配送呈现小规模、高频度等特征。据此，如何降低经营成本、优化配送方案并确保配送商品质量的前提下，有效缩短配送时间、提升服务理念，便成为电商企业改善顾客关系质量、提升互联网顾客忠诚的关键所在。

二、文献评析

服务经济时代的来临使现代企业服务质量品质与顾客关系质量、顾客忠诚度以及企业运营成本、利润空间等方面密切相关，且其业已成为现代企业经营绩效的重要影响因子。服务质量形成的核心机制是建立在顾客感知服务质量与顾客期望质量二者之间差距的前提下，而顾客间的差异化特质及服务进程中心理交互、调试等影响机制则构成其关键影响因素。Crönroos[1]从顾客感知服务质量视角切入，将总体服务质量界定为功能质量和技术质量两个维度，其中功能质量涉及消费者在服务交互进程中所感知的服务水平，而技术质量则强调顾客在服务结束后所感知的服务结果，并在此基础上构建了顾客感知服务质量模型。Reicheld[2]的研究证明服务质量是影响顾客满意度的重要影响因子，而且还是维系顾客忠诚、保持企业竞争优势的重要前提。在服务经济时代，物流服务作为联系生产、流通和消费的重要纽带，其质量的优劣对企业经营绩效亦将产生显著影响。[3]

三、研究假设理论推演及概念模型

(一)研究假设理论推演

本研究将 B2C 模式下影响消费者感知物流配送服务质量细分为:①客户化定制服务质量。黄永哲[4]将影响互联网顾客忠诚基本决定因素界定为符合顾客个性化需求的客户化情境,其所提供的一对一服务能够使顾客产生被重视的感觉,这种被重视的感觉将在一定程度上唤起顾客对商家的信任。②回应质量。在服务经济时代,沟通是商家与顾客之间进行信息交换获取信息的重要途径,而在物流配送体系中,高质量的回应质量能有效消除商家与顾客之间的沟通障碍,增强彼此双方之间的信任度、满意度,进而提升顾客对 EB 企业的态度忠诚及行为忠诚。③交付质量。在 B2C 模式下交付质量泛指消费者提交订单后,EB(Electronic Business)企业物流配送体系能否按承诺的时间节点如期配送、配送商品的精确度、商品品质的完好度以及包装措施的有效性。④服务失误补救质量。相对于传统商业模式而言,互联网消费由于具有交易完成滞后性特征,导致消费者在收货环节若发现商品配送有误、商品质量存有瑕疵等相关问题,顾客会产生不满、抱怨等负面情绪并会直接影响互联网顾客关系质量。此外,由服务补救悖论可进一步推知经服务失误补救的顾客满意度指数明显高于未经过服务失误的满意度指数。综合上述推理分析,本文假设:

H1 EB 平台的 LDSQ 正向影响互联网顾客满意度。

H1a 客户化定制服务质量与互联网顾客满意度正相关。

H1b 回应质量与互联网顾客满意度正相关。

H1c 交付质量与互联网顾客满意度正相关。

H1d 服务失误补救质量与互联网顾客满意度正相关。

H2 EB 平台的 LDSQ 正向影响互联网顾客信任度。

H2a 客户化定制服务质量与互联网顾客信任度正相关。

H2b 回应质量与互联网顾客信任度正相关。

H2c 交付质量与互联网顾客信任度正相关。

H2d 服务失误补救质量与互联网顾客信任度正相关。

本研究认为在互联网虚拟消费环境下,顾客满意度、信任度是驱动顾客态度忠诚及行为忠诚的重要前因,即消费者会将 EB 平台的消费体验感知与内心期望值进行比较,若其所感知的顾客让渡价值较高,则会产生愉悦的心理反应,进而对该 EB 平台产生重复惠顾倾向。Mcknight 等人[5]的实证研究结论也进一步佐证,在 B2C 模式下消费者对 EB 平台的信任度对其重复惠顾该 EB 平台将产生积极影响。与此同时,EB 平台若能为消费者提供高品质的互联网消费体验、使其获取较高的让渡价值,将正向影响其对该 EB 平台的信任度,进而对改善互联网顾客关系质量实施顾客锁定战略奠定基础。综合上述推理分析,本文假设:

H3 互联网顾客满意与顾客忠诚正相关。

H4 互联网顾客信任与顾客忠诚正相关。

H5 互联网顾客满意与顾客信任正相关。

(二)概念模型

本研究构建了适用于虚拟网络环境下 EB 平台顾客忠诚形成机制及影响因素概念模型,整体研究架构由前因变量(物流配送服务质量)、中介变量(互联网顾客满意度和信任度)、结果变量(互联网顾客忠诚度)及相应研究路径关系构成,且各种因素不断动态演化调整,最终对改善顾客关系质量、提升顾客忠诚起到积极促进作用。

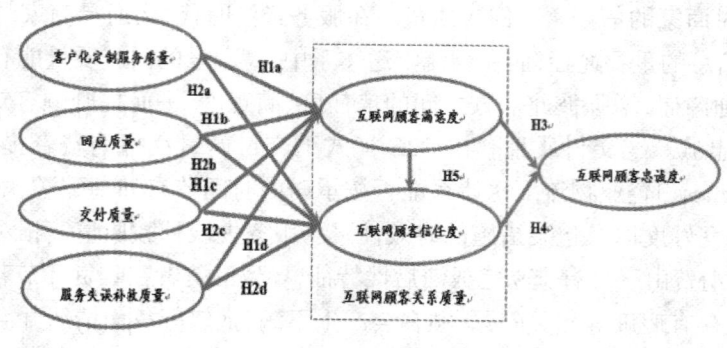

图 1 概念模型

四、研究设计

本研究选取天津市居民作为研究对象,并采取电子邮件等多种调研途径累计发放问卷 500 份,回收 416 份,回收率达 83.2%。通过对回收调查问卷进行系统筛选,剔除在完整性及一致性检测环节存在缺失的无效问卷 28 份,实际采用有效率为 93.3%,数据采集汇总历时 3 个月。在样本描述统计环节,从人口统计学特征分析本次调研所涉及的受访者女性有效样本容量为 207,占比 53.4%;在教育背景方面,样本结构显示 82% 受访者具备大学及以上学历,且在职业分布上以企业员工、高校大学生及专业技术人员居多,累计占比 75.3%。此外,本研究在 LDSQCL 结构方程模型中共涉及 7 个潜变量维度,即客户化定制服务质量(CSQ)、回应质量(RQ)、交付质量(DQ)、服务失误补救质量(SFRQ)、互联网顾客满意(ICS)、互联网顾客信任(ICT)以及互联网顾客忠诚(ICL),采用 7 级 Likert 量表计量。

五、数据分析

(一)信度、效度分析

本研究采用 Cronbach a 系数及组合信度(Composite Reliability, CR)来综合评价量表的稳定性及内部一致性,即当 Cronbach a 系数大于 0.7,说明样本数据内部一致性较好且其值越接近于 1,表明该量表信度越高;而组合信度 CR 值大于等于 0.5 则进一步说明该因子信度水平较好且 CR 数值越大,表明该因子各项指标间的相关性及内部一致性越高。在此,各潜变量的 Cronbach a 系数均大于 0.7,且 CR 值也均达到 0.8 水平以上,说明研究量表内部一致性水平较好。

在效度检验环节,一方面,本研究在量表开发流程中借鉴了国内外学者权威测量量表,并通过深度访谈等形式广泛吸取业界资深专家、学者意见对量表测项的合理性、语言表述的清晰度等相关问题进行严谨论证,以期使其具备理想的内容效度;另一方面,本研究还采用收敛效度和判别效度来综合检验量表的构建效度。即在收敛效度检验环节采用主成分因子分析法以特征值1作为截取数据标准,并利用方差最大化旋转获取因子负荷值。在此,样本数据 KMO 统计量均大于 0.85,且 Bartlett 球形检验显著性概率 Sig=0.000<0.005 均已达到显著性水平,效果良好,说明变量间相关性较强适合进行因子分析。与此同时,量表每个项目因子负荷均为 0.716~0.937,大于 0.5 门限值,且 7 个潜变量累计方差解释量均为 63.7%~81.6%,高于 50% 门限值,说明本量表收敛效度较好;在判别效度检验环节,LDSQCL 结构方程模型所涉及的各潜变量 AVE 值平方根为 0.798~0.903,均大于该潜变量与其他潜变量间的相关系数,由此进一步佐证本量表具有较好的判别效度。

(二)假设检验

参照拟合优度数据统计分析,其中 $X^2/DF=1.612<2$ 说明样本数据协方差矩阵 S 与估计方差矩阵 E 相似度较高;拟合优度指数 GFI 和修正拟合优度指数 AGFI 均大于 0.9,且近似方根误差 RMSEA 值为 0.036<1,表明该 LDSQCL 结构方程模型与观测样本数据整体拟合度及合理性较为理想。此外,由显著性统计 P 值($P<0.05$)可知本研究理论假设均已通过实证检验,而参照各潜变量之间标准化回归系数可进一步探索在 B2C 模式下影响消费者感知物流配送服务质量满意度、信任度的关键因素。在此,交付质量和服务失误补救质量的标准化回归系数分别为 0.53 和 0.51,其构成影响消费者感知物流配送服务满意度和信任度的首要因素,而互联网顾客满意度及信任度对互联网顾客忠诚之间的回归系数分别为 0.58 和 0.62,说明在 B2C 模式下由顾客满意及顾客信任所构成的顾客关系质量与顾客忠诚之间呈显著相关性。与此同时,顾客满意与顾客信任之间的标准化系数为 0.56,也进一步印证 EB 企业若能为消费者提供高质量的个性化物流配送服务将显著提升互联网消费者满意度指数,进而正向影响其对 EB 企业的信任度。

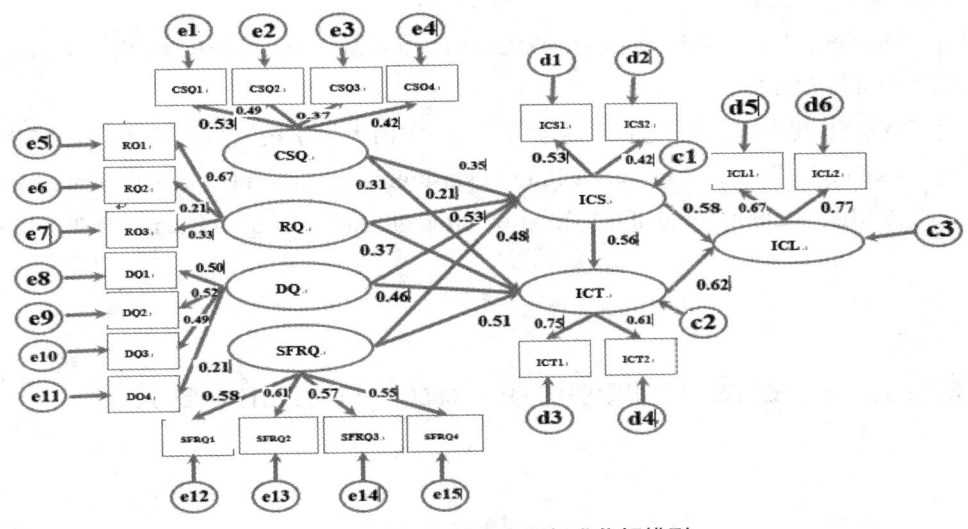

图 2 LDSQCL 结构方程标准化解模型

六、研究结论与启示

首先,在客户化定制服务质量层面,本研究统计数据显示支付方式、收货方式的载荷系数均较高,说明其对客户化定制服务质量影响显著。据此,在 B2C 模式下 EB 企业应针对互联网顾客明显的多样化需求特征,实施客户化定制服务战略,即物流配送方案应尽量满足每一位顾客配送的时效性、配送方式、支付方式以及其他特殊要求的差异化,充分体现管理柔性。其次,在回应质量层面,由于订购配送进度实时查询的因子载荷系数明显高于其他指标,因此 EB 企业应为商家与顾客之间搭建有效的沟通平台,为消费者提供物流配送状态的实时查询功能并建立对物流配送环节满意度评价机制。此外,配送人员所秉承的服务理念对整体物流配送质量影响仍不容忽视,即在交付环节之前,配送人员能否做到以电话或短信方式通知客户准备接货以及在收获环节又是否能主动提醒消费者验货等细微之处均影响消费者对物流配送服务质量的主观感受。再次,在交付质量层面时间性、商品精确率及商品质量完好度 3 个观测变量的因子载荷系数均较高,表明其对潜变量交付质量影响显著,即针对消费者日益稀缺的时间资源和有限的努力付出,EB 企业若使消费者在交付环节所感知的时间和努力程度小于心理预期,而商品品质明显高于其期望值时,则消费者对 EB 企业所感知的满意度、信任度就会越显著。最后,在服务失误补救质量层面,各观测变量因子载荷系数均较高,据此 EB 企业能否在第一时间内对顾客投诉给予积极回应,并制订相应补救措施及时响应以及补救措施的便利性、补救结果的满意性对有效弥补服务失误均具有正向影响。

参考文献

[1] Grönroos C.Service Quality:The Six Criteria of Good Perceived Service Quality[J].Review of Business,1988(9):10-13.

[2] Reieheld FF.Zero Defections:Quality Comes to Services[J]. Harvard Business Review,1990,68(5):105-110.

[3] Menzer J T.The Role of Logistics Leverage in Marketing Strategy [J].Journal of Marketing,2001(8):29-48.

[4] 黄永哲.电子商务环境下的顾客信任 [J]. 中山大学学报论丛,2005(2):245-247.

[5] McKnight D H.The Inpact of Initial Consumer Trust on Intentions to Transact with a Web Site:A Mist Building model[J].Journal of Strategic Information Systems.2002(11):297-323.

备注:该论文已发表在《管理现代化》(PKU、CSSCI、ISTIC)2015 年第 6 期。

2016 2nd Asia-Pacific Management and Engineering Conference (APME 2016)
ISBN: 978-1-60595-434-9

Reseach of the Relevance between the Product Quality and the Customer Loyalty under the B2C Mode

LI QIU and LI-YUN ZHAO

ABSTRACT

This paper constructs a new two-dimensional quality analysis framework of the Intemet virtual environment quality perception and customer loyalty, and the nonlinear quantitative relevance between product quality and customer loyalty of the system is also deducted. In addition, the enterprise, the consumer, the govemment and the third party electronic business product quality information service platform is studied respectively from different vision. and this paper discusses the positive role played by the products quality supervision system for the construction of the Intemet business. four forces model is constructed on the basis of Chinese electronic business industry product quality supervision system.

INTRODUCTION

Under the Intemet virtual environment. because of the consumers cannot directly identify the goods quality attributes, the pros and cons of network goods quality effective impact on the network consumption potential, boost domestic demand and promote economic growth. Product quality and commodity information quality are the important influences factors of Intemet consumer decision-making intention. it can significant improve the customer relationship quality and the customer loyalty.

Lee subdivided the customers perceived values when he exploring the factors of the satisfaction affecting to customers. that is the social psychological value, the economic value and the product value.[1] The research results indicate that the product value (quality) has a

---

Li Qiu, College of Management and Economics, Tianjin University, Tianjin 300072, China

Liyun Zhao, School of Electronic Information Engineering, Tianjin University of Technology, Tianjin 300384, China

significant impact on the Intemet customer satisfaction. that is the higher the customer perceived quality relative to the expected one before buying, the higher the perceived satisfaction index is the consumption after the purchase process and purchase experience (Cronin, 2000).[2]

Today, interpersonal communication is not for the commercial marketing. The brand, the products. the services. and the manufacturer's information or the opinions is considered more reliable by oral communication, it plays a vital role impact on the consumer attitudes and behaviors. the consumers will evaluate the weight of the service provider through the consumption experience of others. [3]

2D QUALITY ANALYSIS FOR EB PLATFORM UNDERTHE B2C MODE

Noriaki Kano constructed a 2D. quality analysis model with the satisfaction status and satisfaction degree under the Herzberg's inspire of the behavioral science of the two-factor theory, and in troduced the satisfy standard in the quality management domain. The new analysis fram ework of the two-dimensional. quality is constructed accordingly to the .Intemet virtual environment ;for goods quality perception. and customer loyalty of new (see figure 1), in order to explore the influence mechanism of the custom erloyalty and the nonlinear relationship under the different quality level, and then expands and improves.KANO model and the theory of attractive quality at the theoretical level. At the same time, this study also attempts to introduce economics eiastic theory, qualitative analysis and defines the. quality of the Intemet customer loyalty elasti'c system E_Q^{CL} :

$$E_Q^{CL} = \frac{\Delta CL}{\Delta Q} \cdot \frac{Q}{CL} = \frac{dCL}{dQ} \cdot \frac{Q}{CL}$$

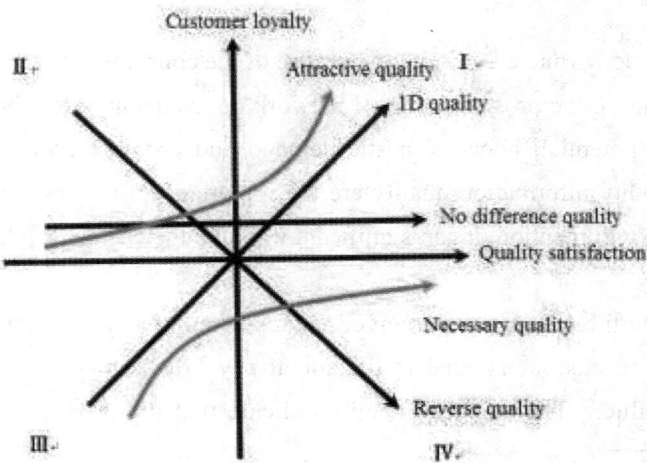

Figure 1. The model of 2D quality analysis for EB platform under B2C mode.

The Charm of the Internet Customer Loyalty Quality Elastic An alysis

As' showin region Ⅰ in figure 1, the steeper the attractive qualit:y curve is, the greater the Intemet customer loyalty on-the quality of elastic coefficient is. In regional Ⅱ l-the attractive quality curve is flat and it shows that the elasticity coefficient of the Internet customer loyalty to the quality js smaller, and the Internet customer loyalty is inelastic to charm quality, namely Internet customer loyalty on the EB platform commodity quality is poor in the sensitive.

The One Dimensional Quality Elastic Analysis under the Internet Customer Loyalty

As shown in the region I and Ⅲ in figure 1, the one-dimensional. quality curve is linearly distributed, namely the Iritemet customer loyalty and the quality of one dimensional change rate happens to be equal, so the Internet customer loyalty elasticity quality is the unit elasticity.

The Necessary Quality Elastic Analysis of the Internet Customer Loyalty

In the region Ⅲ in figure 1. the steep er the curve of the necessary quality, showed the Internet customer loyalty to the quality of the elastic coefficient, the greater the Internet customer loyalty is sensitive to the subtle. changes in the quality, namely EB platform essential commodity quality has significant correlation with the Internet customer loyalty. Inregion. Ⅳ, the qualit. curve will tend to flat, that means the Internet customer loyalty to the necessary quality is inelastic.

The Differ ence Quality.Elastic An alysjs of th e Intern et Customer Loyalty

In the region Ⅰ and Ⅱ in figure 1. due to the quality of indifference curve is shown as a honzontal line in the geometry. whether goods quality meet, there is no any'influence on the Internet customer loyalty, and then the Intemet customer elasticity is perfectly elastic.

The Reverse Quality Elastic An alysis of the Internet Customer Loyalty

In region Ⅱ and Ⅳ in figure 1, the reverse quality Curve is a linear distribution, but the EB enterprisesshould pay special attention to the Internet customer. loyalty and commodity quality satisfaction degree has significant negative correlation. at this time. That is the higher satisfaction. lowerinternet customer loyalty.

IMPLEM ENTATION STRATEGY OF CHINA'S ELE CTRONIC COMMERCE INDUSTRY QUALITY SUPERVISION,SYSTEM

The ousjness enterprise. Intrtnet consumers, governments, and the third party electronic product quality inform ation service p.latform is studied respectively in this paper, and the positive role the quality played on the supervision system. which construct China's electronic industry i's discussed; and the four forces model based on B2C mode under Web2.0 era for Chinese electronic industry product quality supervision system is constructed. It is shown in figure 2. The analysis is described as below:

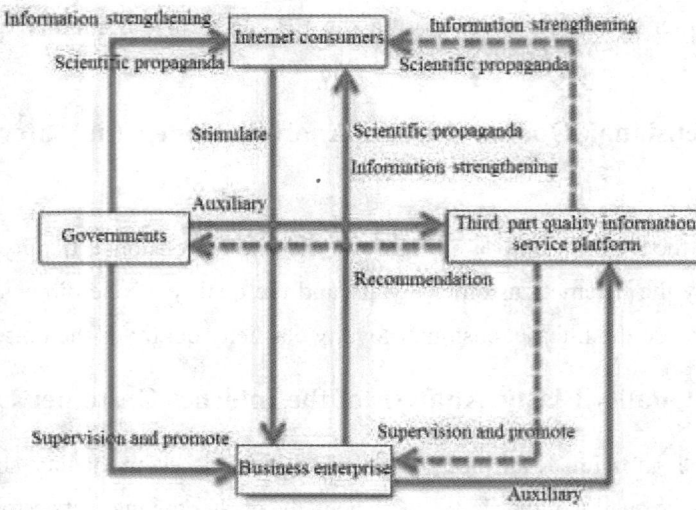

Figure 2. Four forces model of Chinese electromic industry product qualitysuper rvision system.

The Electronic Business Enterprise Network Marketing Enlightenment

Step 1, establish and complete the EB platform For product quality m onitoring and evaluation system. Jarvenpaa (1999) and other scholar's relevant research results also further illustrate the consumer perception about the network business scale. That is the greater the merchants is, the more will pay on the dishonest behavior cost, thus the more can fulfill the commitment to qualjty.[4] Second, to form the standard on the platform of EE commochty information release quality, to coordinate the network recommendation and online evaluation management mechanism. The electronic enterprises, meanwhile, should pay special attention on the network commodity information recommended and the relationshi.p between online evaluation and mechanism.and lay the foundation for the marketing of the EE platform smoothly. Third, the excell ent product quality excites the network consumption. Reference to the general model of sales. it can be further evidencedin the case of goods itself, the quality level show significant correlation with electronic enterprise sales (as shown in figure 3) while the price remains the same.

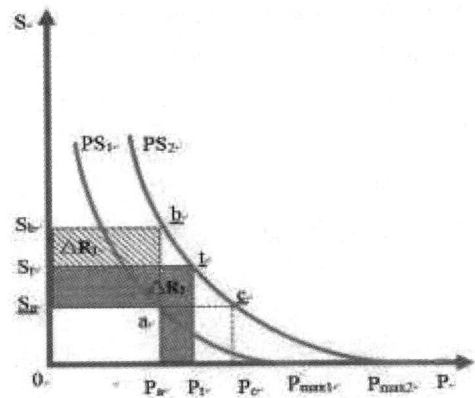

Figrue 3. Curve of price and sales

The Advice to Internet Consumers

The first of the advices to Internet consumer is the consciousness strengthening of the network consumer rights protection. When the consumers encounter undesirable businessman quality fraud, they should firmly recall the consciousness, and actively take legal ways to protect their legitimate rights and interests. The second is the objective evaluation of the network consumption experience. According to iResearch survey statistical data analysis From the market consultant on the limited company. about 62% of potential online consumers will ask their net friend before make the decision, and have already become one of the most influential sources of inform ation of the consumer behavior. (Park, 2009).[5]So, the consumer should make the objective evaluation on the quality of its goods and servi ces to provide on EB platform.

The Suggestion to the Government Management

The first SU99estion to the government management is to develop the Internet virtual environment quality supervision measures. At present, the legal regulatory Internet consumption market environment has not yet set up in China, government regulators are th e macro regul ators and should fully play the functions. actively explore the product quali-y supervision mode in practice for the Intemet virtual environment electronic business enterprise. The second suggestion is to establish responsibility back chain. In view of the present Intemet consumers in the process of network. the consumers cannot fully get the real and effective information when they have quality complaints. The third suggestion is to establish the green channel for Intemet consumer advocate.

Suggestion of Set Up the Third Party Product Quality Information Service Platform

There are many functions of action with the quality information service platform. First of all. the supervision system is one the recommendations to the govemment functional departments.

The second is to actively build the network consumption quality integrity database. As a third party nonprofit electronic product quality information service platform. it should be fully reveal its authority and the fair. In addition. Caswell further related research results show that the quality will help to convert the trust attributes to search properties.[6] The third is the deep fusion system with EB enterprises, perfect the quality control. The third party electronic product quality information service platform should be deeply integrated with EB enterprise.

CONCLUSIONS

This paper studied the 2D quality analysis of EB platform architecture in B2C mode. As the results. EB enterprise should pay close attention on the charm quality curve part in regional I and necessary quality curve part in regional II especially the attractive quality elements of EB enterprises has the important influence on the implement of the strategy for customer lock. In addition. the four forces model in China's electronic industry product quality supervision system is described. The govemment should take the important leading and driving role in promoting electronic industry product quality supervision system in China. The third-party electronic product quality information service platform should also constantly enhance their strength, make deep fusion with EB enterprises, and complete the quality control system to build the quality system for the govemment functional departments to make supervision.

REFERENCES

1. Lee. SP. Kwok. RC. Huynh MQ The Contribution of commitment value in Intemet commerce: An empirical inv estigation [J] . Journal of the Association for Information Systems. 2003(4) :39-64

2. Cronin. J_ Brady. M_ Thomas. G_ Hult M Assessing the effects of quality. value and customer satisfaction on consumer behavioral intentions in service envrronments[J] Journal of Retailing. 2000.76(2):193-217

3. Zheng Songyue. How do the product factors affect online group-buying? An empirical study base on Mei Tuan [J] . Chinese Journal of Management 2013(3):397-403

4. Sirkka L Jarvenpaa. Noam Tractinsky. Lauri Saarinen Consumer Trust in an Intemet Store: A Cross-Cultural Validation[J] . Journal of Computer-Mediated Communication. 1999.5(12)

5. Park C. Lee. TM Information direction. website reputation and eWOM effect: A moderating role of product type[J] Journal of Business Research 2009. 152(62):61-67

6. Caswell. JA Valuing the benefits and costs of improved food safety and nutrition[J] Australian Journal of Agricultural and Resource Economics. 2000. 42(4):409-424

B2C 模式下消费者感知价格利益与顾客忠诚相关性研究

仇立

（天津大学管理与经济学部，天津 300072）

摘要：运用天津地区 10 家电子商务零售网站、家用电器类 300 种商品、2617 个价格样本数据，实证检验了我国电子商务市场价格离散现象，研究表明目前我国线上电器市场整体离散度为 18.36%，高于 10% 门限值且呈扩张态势，价格离散现象将刺激消费者搜索性价比俱佳的商品，进而出于价格利益感知与某电商企业形成相对稳定的结构性关系；界定了互联网顾客忠诚与价格间量化关系，认为当商品价格属于顾客内部参考价格变动范畴之外时其对互联网顾客忠诚影响显著。

关键词：价格利益；价格离散度；互联网顾客忠诚；竞争战略

一、引言

在市场体系中，供求平衡是通过价格机制来实现的，价格机制是进行资源有效配置的基础。对生产者和消费者而言，价格作为一种信号协调二者的决策，反映了市场供求现状及资源的稀缺程度，进而引导市场对资源进行有效配置。消费者在互联网虚拟消费情境中需要支付时间、努力及货币等相关成本，其中货币成本是影响消费决策行为的重要限定因素。学术界现有研究成果表明价格利益对互联网顾客忠诚具有一定影响，然而诸多研究结论却并不一致。一方面，有的学者认为价格利益对改善互联网顾客关系质量、提升顾客忠诚具有重要影响。Reichbeld[1] 等学者认为价格利益是影响顾客忠诚的重要影响因子，特别是在培育并维系顾客忠诚进程中的积极作用尤为突出，即较低的商品价格对增强顾客满意度感知，建立并维系企业与消费者之间的结构性关系具有正向作用。Reibstein[2] 将消费者选择网络消费行为的主要原因归为价格优势，且在互联网虚拟消费环境下消费者价格敏感度更高，即一定程度的价格折扣对网络消费行为意向具有积极促进作用。另一方面，有的学者则认为在 B2C 模式下影响消费者购买决策意向的价格因子的影响力已日趋弱化。据 CNNIC 最新统计数据显示价格因素已不再成为互联网顾客消费行为意向的重要决策因子，且伴随消费者网络消费理念的日臻成熟，其关注焦点将侧重于在网络消费体验中对服务便利性、系统交易安全性、平台互动性、娱乐性以及对商品及物流配送服务质量等方面的主观感知。此外，凯度消费者指数表明伴随人民生活水平日益提高，我国城市居民消费高端化已不再是小众现象，且电商平台渗透率的快速提升与物流体系布建日趋完善也在一定程度上促使高端化在各品类蔓延并不断渗透到各级别城市，加之由健康信念理论可进一步推知消费者出于对自身健康的关切将导致其在进行消费决策时价格敏感性感知日趋弱化。据此，探讨消费者感知价格利益与互联网顾客忠诚之间关系的必要性就更加凸显，故本文尝试通过价格离散度收敛分析及量化分析来重新界定二者之间相关性，以期为我国电商（Electronic Business，EB）企业改善互联网顾客关系质量、提升顾客忠诚，实施顾客锁定战略提供相应可行性建议。

二、B2C模式下我国电商市场价格离散度收敛分析

(一)价格离散现象理论分析

价格离散理论认为价格离散现象是由于不完全信息所引致的同一市场、同一时间、不同卖家、同种商品的差异化价格分布。Carlson[3]等学者相关研究成果表明价格离散现象是由于市场搜索成本较高促使一些消费者放弃搜索最低价格商品而产生的市场均衡现象。价格离散度是检验网络经济环境下新兴电子商务市场效率的重要指标,即电子商务市场价格离散度越低表明该市场信息处理效率越高。据此推论,伴随信息技术与EB平台的日益深度融合,消费者可基于自身偏好客户化定制聚合服务并主导商品信息需求模式,且无论是定向聚合抑或是关键字聚合均可精准定位互联网顾客个性化商品资讯诉求。届时消费者搜索成本同比传统市场将显著下降,即市场信息效率显著提升、电子商务市场价格离散度数值逐渐减小,继而呈现收敛趋势。由此可进一步推知,目前尚处于"红海"搏杀的我国EB企业在实施低价战略时,由于市场透明度的逐步增强,对同种商品的定价信息将日益趋同,那么从理论层面分析价格利益感知对EB企业改善互联网顾客关系质量,提升顾客忠诚的影响机制将显著下降。然而,国内外学者相关研究成果却并不支持上述推论,其认为电子商务市场价格离散程度并未呈现收敛态势,价格离散现象仍将长期客观存在,即互联网消费者只要存在品牌敏感性并关注不同EB企业定价就会形成差异。

(二)价格离散现象实证研究

本文为进一步深入探索B2C模式下我国电商市场价格离散度收敛情况,于2016年7月针对天津地区10家电子商务零售网站家用电器类300种商品价格样本数据进行线上采集,并基于价格离散度测量公式进行定量分析。

(1)数据样本采集。本次调研通过对淘宝、京东商城、天猫商城、苏宁易购、国美在线、唯品会、当当网、亚马逊、1号店网上超市及新蛋商城10家EB平台,涉及冰箱、洗衣机等10类300种商品进行取价,累计采集价格样本数据2617个。其中冰箱类家用电器涉及20种商品、报价数量为185;洗衣机类家用电器涉及20种商品、报价数量为186;电视类家用电器涉及30种商品、报价数量为208;电脑类家用电器涉及30种商品、报价数量为206;智能手机类家用电器涉及30种商品、报价数量为202;数码相机类家用电器涉及30种商品、报价数量为195;空调类家用电器涉及20种商品、报价数量为196;生活类家用电器涉及20种商品、报价数量为232;厨房类家用电器涉及50种商品、报价数量为640;卫浴类家用电器涉及50种商品、报价数量为367。此外,为确保获取价格信息的时效性,本次调研线上数据采集限定在7日内完成(2016.7.1—2016.7.7)。

(2)理论模型构建。参照修正市场价格离散度模型,本文假设在市场M中存在m家销售同质化商品X的店铺,且在某一既定时期或时刻其对商品X的市场售价为$P_1, P_2, \cdots, P_n$,若市场售价为P_i的店铺数量为$t_i(i=1,2,\cdots,n)$,由此可进一步推知$t_1+t_2+\cdots+t_n=m$,则在某一既定时期或时刻商品X在市场M中的价格离散率可以表示为平均市场价格$\bar{P}$的标准差σ与$\bar{P}$的比值,即:

$$a = \frac{\sigma}{\bar{P}} = \frac{\sqrt{\dfrac{\sum_{i=1}^{n}(P_i - \bar{P})^2 t_i}{\sum_{i=1}^{n} t_i}}}{\dfrac{t_1 p_1 + t_2 p_2 + \cdots + t_n p_n}{t_1 + t_2 + \cdots + t_n}} \quad (1)$$

（3）数据分析与讨论。在价格离散度收敛判定环节，Stigler[4]认为组织较好、效率较高的市场的价格离散度应控制在5%~10%，若超过10%门限值则可认为该市场信息存在明显不对称现象。在此，由价格离散率$a=18.36\%>10\%$可判定目前我国线上电器市场整体离散度仍呈扩张态势，且各品类电器商品价格离散度分布差异较大，其中电视类家用电器价格离散度最高为25.77%，而智能手机类家用电器价格离散度最低仅为12.35%。综上，本文认为虽然网络零售商市场与传统市场在信息处理效率层面差异显著，但互联网价格离散现象由于受EB平台美誉度、商品信息、购物便利性、交易可靠性、物流配送服务质量、售后服务保障以及进入互联网市场时间等诸多因素影响仍将长期客观存在，且电子商务市场价格离散现象亦将刺激消费者搜索性价比俱佳的商品，进而出于价格利益感知与某EB企业形成相对稳定的结构性关系；而EB企业则可以通过降低顾客感知利失层面中货币成本支出以增强顾客感知价值、改善互联网顾客关系质量进而提升顾客忠诚。

三、价格与互联网顾客忠诚量化关系推演

本文将价格利益界定为EB企业在降低消费者货币成本支出方面的主观感知，其在商品信息中体现为商品价格与折扣率两个维度。由参考价格过程模型可知，消费者在获取EB平台标识的外部参考价格信息后会与其内部参考价格相比较，若消费者所感知的价格利益越显著则其购买意向越积极；而价格折扣率则强调EB企业所标识的商品外部价格参考信息与实际价格的相对价格反映，参照消费者心理学可进一步推知消费者对较高外部参考价格条件下形成的低折扣率所感知的节约收益、消费收益较强，即折扣率引起的价格落差会增强网络消费者价格利益感知，并在一定程度上提升互联网顾客关系质量及顾客忠诚度。据此，本文认为消费者对商品价格存在某一可接受区间，若商品价格属于顾客内部参考价格变动范畴，则对改善互联网顾客关系质量、提升顾客忠诚影响较小；反之，若商品价格不属于该范畴则影响较大。为进一步从量化视角深入分析价格与互联网顾客忠诚的相关关系，将互联网顾客忠诚度（Internet Customer Loyalty, ICL）与价格的函数关系及关于互联网顾客忠诚的价格弹性E^{ICL}_P分别界定为：

$$ICL = \begin{cases} \xi - \xi_0 P^\alpha, & P > P_H \\ \xi - \xi_0 P, & P_L \leqslant P \leqslant P_H \\ \xi - \xi_0 P^\beta, & P < P_L \end{cases} \quad (2)$$

$$E^{ICL}_P = \left| \frac{\Delta ICL}{\Delta P} \cdot \frac{P}{ICL} \right| = \left| \frac{\mathrm{d} ICL}{\mathrm{d} P} \cdot \frac{P}{ICL} \right| \quad (3)$$

其中：P_H为消费者内部参考价格上限，P_L为消费者内部参考价格下限，且$\zeta>0, \zeta_0>0$，

$0 < \alpha < 1, \beta > 1$。B2C 模式下价格与互联网顾客忠诚度的函数图像分布如图 1 所示,具体分析过程如下:

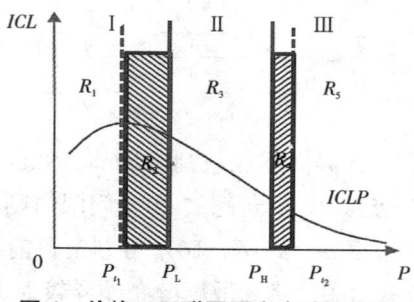

图 1 价格 - 互联网顾客忠诚度曲线

在区域 I 中,当 $P < P_L$ 时,因为 $\dfrac{dICL}{dP} = -\beta \xi_0 P^{\beta-1} < 0$ 且 $\dfrac{d^2 ICL}{dP^2} = -\beta(\beta-1)\xi_0 P^{\beta-2} < 0$,所以互联网顾客忠诚度关于价格的函数为凹函数(Concave),即伴随价格下降互联网顾客忠诚度应呈缓慢上升趋势。然而,若从互联网顾客忠诚价格弹性角度分析,当 $P_{t_1} < P < P_L$ 时,互联网顾客忠诚度 ICL 对价格下行十分敏感,是富有弹性的,即在区域 I 中 R_2 部分价格对互联网顾客忠诚具有显著影响;但伴随价格继续下行,互联网顾客忠诚价格弹性逐渐减弱,其对互联网顾客忠诚影响力亦日趋弱化。

在区域 II 中,当 $P_L \leq P \leq P_H$ 时,互联网顾客忠诚度与价格的函数关系呈线性分布,即伴随价格上升,互联网顾客忠诚度虽呈下降趋势,但价格变化仍属顾客内部参考价格变动范畴,故其对改善互联网顾客关系质量、提升顾客忠诚影响较小。此外,若从互联网顾客忠诚价格弹性角度分析,当价格 P 介于顾客内部参考价格下限 P_L 与上限 P_H 区间时,互联网顾客忠诚度 ICL 对价格波动并不十分敏感,是缺乏弹性的且相关关系较弱可忽略不计。

在区域 III 中,当 $P > P_H$ 时,因为 $\dfrac{dICL}{dP} = -\alpha \xi_0 P^{\alpha-1} < 0$ 且 $\dfrac{d^2 ICL}{dP^2} = -\alpha(\alpha-1)\xi_0 P^{\alpha-2} > 0$,所以互联网顾客忠诚度关于价格的函数为凸函数(Convex),即伴随价格上升互联网顾客忠诚度应呈显著下降趋势。然而,若从互联网顾客忠诚价格弹性角度分析,当价格 P 稍大于顾客内部参考价格上限 P_H 时,互联网顾客忠诚度 ICL 对价格上行并不十分敏感是缺乏弹性的,即区域 III 中 R_4 部分;但当 $P > P_{t_2}$ 时,伴随价格继续上升,互联网顾客忠诚价格弹性增强,价格容忍度(Price Tolerance)下降,其对互联网顾客忠诚负向影响效果日趋显现。

四、研究结论与启示

本文运用天津地区 10 家电子商务零售网站、家用电器类 300 种商品、2617 个价格样本数据,实证检验了 B2C 模式下我国电子商务市场价格离散现象,并基于顾客感知价值视角对价格利益感知与顾客忠诚间量化关系进行系统推演,全新界定了互联网顾客忠诚与价格函数关系以及互联网顾客忠诚价格弹性 E^{ICL}_P 研究表明目前我国线上电器市场整体离散度为 18.36%,高于 10% 门限值且呈扩张态势,各品类电器商品价格离散度分布差异较大,且价格离散现象由于受 EB 平台美誉度、商品信息、购物便利性、交易可靠性、物流配送服务质量、售后服务保障以及进入互联网市场时间等诸多因素影响仍将长期存在,价格离散现象的客观存在将刺激消费者搜索性价比俱佳的商品,进而出于价格利益感知与某 EB 企业形成相对稳定的结构性关系;并进一步指出消费者对商品价格存在某一可接受区间,若商品价格属于顾客内部参考价格变动范畴($P_L \leq P \leq P_H$),则其对互联网顾客消费行为意向影响甚微可忽略不计;反之,若商品价格低于顾客内部参考价格下限 P_L 属于区域Ⅰ中 R_2 部分,则价格落差会增强消费者价格利益感知,其对改善互联网顾客关系质量影响显著,即 EB 企业可采取低价策略以提升互联网顾客忠诚。此外,若商品价格稍高于顾客内部参考价格上限 P_H 属于区域Ⅲ中 R_4 部分,互联网顾客忠诚度对价格上行并不十分敏感且是缺乏弹性的,即 EB 企业可采取高价策略以获取利益最大化,且在互联网虚拟消费情境中由于顾客无法亲自看到或触摸到产品,通常会使用价格信息去评价商品质量,即价格信息是判断商品预期质量的重要外在线索,较高的商品价格信息会使消费者获取高质量产品期望进而降低感知风险,特别是当消费者处于信息不对称环境下,其将高价位商品等同于高质量商品。

在营销实践环节,我国 EB 企业通过价格利益感知改善互联网顾客关系质量、提升顾客忠诚、实施顾客锁定战略时应重点关注区域Ⅲ中 R_4 部分,且在实施高价策略时应适时将竞争战略向以全面提升顾客感知价值为初衷的竞争战略范式演进,并基于复杂混沌网络环境积极构建竞争对手难以效仿的差异化竞争优势,即 EB 企业可通过增强顾客感知利得抑或减少顾客感知利失等多种途径来动态调整互联网顾客感知价值。

(一)增强顾客感知利得战略

在产品价值层面,EB 企业应高度关注产品质量并不断拓展产品品类为消费者提供高品质、个性化商品以使其获取较高顾客让渡价值;在服务价值层面,EB 企业应对售前、售中、售后环节服务质量进行全程监控,并积极构建规范化、高标准服务体系,尊重并关注每位顾客消费体验,及时倾听顾客抱怨、切实解决其在网络消费中遇到的相关问题;在娱乐价值层面,面对快节奏都市生活及繁重工作压力,EB 平台不应仅满足于为消费者提供便捷购物体验,还应对网络购物流程进行精心设计,以彰显其独特趣味性及娱乐性。

(二)减少顾客感知利失战略

EB 企业应针对新消费者阶层日益稀缺的时间资源及有限的努力付出,积极探寻为其提供诸多便利服务体验:在浏览便利层面,EB 平台在注册登录环节应简化注册流程并提供多样化登录方式;在信息搜索环节亦应提供功能强劲搜索引擎,支持模糊查询、搜索纠错及搜索结果快速准确定位功能。在订购便利层面,EB 平台应积极提升订单处理自动化、智能化水平,并适时通过引入 ALICE 技术、Agent 技术、FSM 订单处理模型等智能化处理方式以及研发基于规则和推理机制的电子商务订单实时处理软件机器人等举措系统改善订单处理流程、缩短订单处理周期,提升平台运行效率、压缩运营成本,进而减少消费者对稀缺时间资源及努力成本的付出,提升 EB 平台服务便利感知。在支付便利层面,EB 平台在支付方式环节应尽量满足不同消费者支付偏好,提供货到付款、在线支付、分期付款、邮局付款以及公司转账等灵活多样支付方式;在支付安全层面应积极创新研发支付工具使消费者在支付结算过程中感知信任、消除疑虑,降低时间和努力成本。在物流配送便利层面,EB平台应不断完善其社会化物流配送支持系统,积极构建自营物流配送体系,拓展配送覆盖区域,提供高效限时送达服务,与此同时高效利用神经网络匹配技术及共同筛选技术兼顾差异化顾客需求,按照顾客约定的日期及时间节点提供一对一的个性化配送方案,充分体现管理柔性。[5] 在服务失误补救层面,EB企业能否及时响应顾客投诉并基于消费者感知服务便利视角制定相应补救措施以及顾客对补偿结果的满意度指数均对改善互联网顾客关系质量及顾客忠诚具有显著影响。

(三)组合战略

我国电商行业的发展是依靠资本孵化推动的,除阿里巴巴等个别EB企业整体上仍处于亏损状态且伴随获取流量费用及客户转化成本大幅攀升,各大EB平台之间非价格竞争战略亦将呈现多元化态势。由此,EB企业可尝试在显著提升顾客感知利得前提下将价格上行以获取较高利润额度,但不容忽视该组合战略成功实施的关键不仅取决于提升的顾客感知利得因素是否已形成差异化竞争优势且难以被竞争对手效仿,还取决于顾客是否愿意为显著提升的顾客感知利得而承担相应的溢价支出。

参考文献

[1] Reichbeld,E,Markey,G Jr.,Christopher,H.E-customer loyalty-applying the traditional rules of business for online success[J].European Business,2000,12(4):173-179.

[2] Reibstein DJ.What Attracts Customers to Online Stores, and What Keeps Them Coming Back? [J].Journal of the Academy of Marketing Science,2002,30(4):465-473.

[3] Carlson,J.,P.McAfee.Discrete Equilibrium Price Dispersion[J].Journal of Political Economy,1983,91(3):480-493.

[4] Stigler,G..The Economics of Information[J].Journal of Political Economy,1961,69(3):213-225.

[5] 仇立.B2C模式下消费者感知物流配送服务质量与顾客忠诚相关性研究[J].管理现代化,2015,35(6):82-84.

备注:该论文已发表在《管理现代化》(PKU、CSSCI、ISTIC)2017年第2期。

互联网顾客忠诚形成机制研究——基于便利营销理念

仇立

（天津大学管理与经济学部，天津 300072）

摘要：文章基于 461 份调研问卷统计数据，对 B2C 模式下影响消费者感知服务便利性前置限定因素进行系统梳理，采用结构方程模型展开实证研究。研究表明：在 0.05 显著性水平上，浏览便利、订购便利、支付便利、物流配送便利以及服务失误补救便利与互联网顾客忠诚显著正相关；满意度、信任度在互联网顾客忠诚形成机制中具有完全中介作用；支付便利、服务失误补救便利分别构成影响互联网顾客满意度、信任度的重要限定因子，据此建议电商企业在确保高效、安全支付前提下应差异化满足顾客支付偏好，且在服务失误情境下应快速响应顾客投诉并制订相应便利补救措施以提升抑或修复顾客忠诚。本研究结论对电商企业从消费便利视角践行客户导向战略制定经营管理策略具有一定借鉴意义。

关键词：消费者感知；服务便利；顾客关系质量；互联网顾客忠诚

Research on Internet Customer Loyalty Formation Mechanism——Under the Concept of Convenience Marketing

Qiu Li

(College of Management and Economics, Tianjin University, Tianjin 300072, China)

Abstract: Based on the statistical data from 461 questionnaires, the paper systematically analyzes the pre-defined factors that influence customer service convenience perception in B2C mode, and adopts structural equation model to explore the empirical research. The research shows that, browsing convenience, purchasing convenience, payment convenience, logistics convenience, and remedy convenience for service failure are positively correlated with internet customer loyalty at the significant level of 0.05; satisfaction and trust play a complete mediating role in the formation mechanism of internet customer loyalty; payment convenience and remedy convenience for service failure are important limiting factors that respectively influence internet customer satisfaction and trust. Therefore, it is suggested that e-commerce enterprises should differentially satisfy the customers' payment preference on the premise of ensuring the efficient and safe payment, speedily respond to customer complaints in the case of service failure, and formulate appropriate remedial measures to enhance or repair customer loyalty. The conclusion of this research has a certain reference value for e-commerce enterprises from the perspective of customer convenience to implement the customer-oriented strategies and develop management strategies.

Key words: Customer perception; Service convenience; Customer relationship quality; Internet customer loyalty

一、引言

伴随现代生活节奏的日益加快,新消费者阶层日益稀缺的时间资源及有限的努力付出使其对互联网购物便利需求日趋关注。据 iResearch 市场咨询调研数据显示,高达 66.4% 的中国网络消费者将选择网络购物原因归为方便快捷;而在北美,接受调研的互联网消费群体的网购原因亦凸显便利性特征,其中因节约时间、不愿排队、堵车以及搬运商品的消费者分别占比 46%、46% 与 39%;即便利性已成为影响电子商务(Electronic Business,EB)平台顾客关系质量及顾客忠诚度的重要限定因子。据此,如何在浏览、订购、支付、物流配送及服务失误补救层面显著提升消费者服务便利性感知业已演变为我国 EB 企业有效实施顾客锁定战略的关键所在。

在学术界,国内外学者涉及消费者感知服务便利性与顾客态度忠诚及行为忠诚间相关关系的现有研究成果多集中于规范性研究,而 B2C 模式下便利理论对互联网顾客消费体验、顾客价值感知及顾客忠诚方面影响机制相关研究成果较为欠缺且鲜有实证研究探索服务便利性感知与互联网顾客关系质量及顾客行为意向间传导机制,故本文拟通过对便利理论、互联网顾客忠诚相关理论进行系统梳理,将实体服务便利模式植入 EB 平台营销管理实践,全新界定互联网虚拟消费情境下便利理念基本内涵、便利导向以及影响服务便利性前置限定因素,据此构建 EB 平台服务便利模型以实证检验服务便利性感知与顾客忠诚形成机制内在联系,旨在拓展 B2C 模式下互联网顾客关系质量及顾客忠诚形成机制研究框架。

二、理论背景

1. 便利理论

在营销科学中,便利特指消费者在选购商品及享受服务过程中对时间和努力的感知程度,其中时间和努力是普通人成为消费者所必须承担的非货币成本,是阻碍人们从事其他活动的机会成本。[1]郭国庆(2006,2012)认为消费者在购物过程中对便利的感知是对所有便利类型的综合性评价,并进一步强调消费者对便利的需求将贯穿于购物过程始终且每一阶段便利需求均有其各自不同的内容与侧重点。[2,3]Richard Holton(1958)将便利品界定为顾客在消费该类产品时对其品质、价格等诸多因素进行权衡后所主观感知的收益同比进行类似比较所感知成本低的商品。[4]在便利成本研究领域,Kelly(1958)将其定义为消费者在获取商品及服务进程中为规避时空二维度摩擦,有效降低精力、体力、时间等非货币成本支出在权衡便利成本与商品成本之间达到某一平衡点后所制订的消费决策,其中前者是影响消费者购买决策的关键因子。[5]Anderson(1971)率先提出了便利导向观点,并将便利导向消费界定为在满足消费者某一即时诉求前提下有效降低其精力成本与体力成本支出的全新消费模式。[6]在涉及便利维度量化、测量层面,现有研究结论呈现多维度特质。Brown(1989)将便利测量细分为时间维度、地点维度、获得维度、使用维度及执行维度,其中前四者是基于经济效应理论提出的,而执行维度则强调消费者在获取商品及服务过程中所支付精力成本与体力成本的主观感知。[7] 在此,本文认为便利概念的核心观点为非货币成本;而便利导向则应强调 EB 企业在消费者选购商品及享受服务进程中为消费者积极尝试提供便利服务体验以满足其相对稀缺的时间资源及有限的努力付出;服务便利性前置限定因素的测量层面应涉及浏览便利、订购便利、支付便利、物流配送便利以及服务失误补救便利 5 个维度。

2. 互联网顾客忠诚

2000 年,Fredrick 在《哈佛商业评论》中率先构建了互联网顾客忠诚构念,随后国内外学者对其进行了诸多有益的探索性研究。Srinivasan(2002)将互联网顾客忠诚定义为消费者对特定 EB 平台的关注及偏好程度,并由此所引致的重复消费行为。[8] 毋庸置疑,重复消费频度为互联网顾客忠诚的重要判定依据,但重复消费频度较高的某些顾客却并非真正意义上的忠诚顾客,实际上消费者往往因规避频繁更换新 EB 平台所引致的高昂转换成本及其所选购的商品、服务无相关可替代 EB 供应商等客观限定因素与原 EB 平台保持相关交易。在此,本研究在综合国内外学者现有研究成果基础上,广泛借鉴学术界对传统意义上顾客忠诚内涵的界定,将 B2C 模式下互联网顾客忠诚定义为顾客在互联网虚拟消费体验进程中,对某 EB 平台所销售的商品及提供的服务在功能性利益体验、程序性利益体验以及关系性利益体验层面均获取了较高的感知价值,进而对其产生某种特定的感觉、偏好及承诺,据此对同类 EB 企业竞争者所积极开展的营销策划活动自动屏蔽、形成一定的免疫力,即互联网消费者与该 EB 平台业已形成了某种稳定的 B2C 结构性关系;此外,其互联网消费行为拓展表现为:主动为该 EB 平台宣传口碑;向他人推荐该 EB 平台销售的产品或服务;价格敏感性降低、价格容忍度提高。

三、理论模型构建与研究假设

1. 概念模型

本文研究架构以实体环境服务模式为依托,综合考量 EB 平台服务特性,认为服务便利(前因变量)对改善互联网顾客满意度与信任度(中介变量)、提升互联网顾客态度忠诚及行为忠诚(结果变量)具有显著影响,且互联网顾客关系质量在 EB 平台顾客忠诚形成机制中具有重要中介效应。

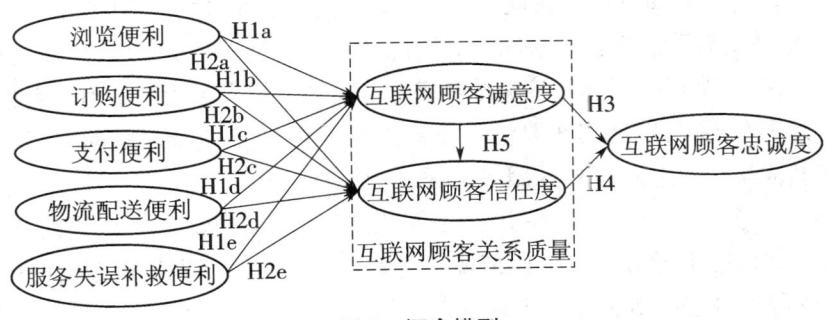

图 1 概念模型

2. 研究假设理论推演

在互联网虚拟消费体验进程中,消费者所感知的服务便利前置限定因素应包括:①浏览便利。浏览便利是指消费者在访问 EB 平台主页、进行注册登录及信息搜索操作环节中所感知的时间努力成本。当消费者向 EB 平台服务器提出浏览页面请求时,服务器端接到请求后首先会定位至客户请求的动态网页文件并执行网页文件中程序代码,将含有程序代码的动态网页转化为静态页面,然后将静态页面文件发送至客户端浏览器。显然在上述过程中快速系统响应时间将显著增强顾客服务便利性感知,特别是对于时间经济价值比较敏感的消费群体。在 B2C 模式下,EB 平台系统设计质量将显著影响顾客网络消费体验,即从顾客登录到 EB 平台伊始,网页设计是否美观、页面架构是否清晰、布局是否合理,搜索引擎与导航功能是否完善等涉及系统设计的每一细微之处均影响顾客对 EB 平台服务便利的感知。②订购便利。所谓订购便利泛指消费者在 EB 平台完成网络消费决策所感知的时间成本和努力成本。互联网消费魅力集中体现在消费者只需付出较少的时间成本即可完成多项消费决策,特别是对于时间经济价值比较敏感的消费群体,EB 平台服务便利性的影响力远远大于其在网络消费体验中所感知的娱乐互动价值,是互联网顾客关系质量的重要影响因子。相关研究成果表明 EB 平台所提供的订购服务操作流程是否清晰便捷以及是否具备实时帮助功能对降低顾客时间和努力成本均具有显著正向影响。孙军华(2014)在影响 EB 平台购物效率因素的界定及分析中也进一步验证在添加购买流程及购物车确认页面设计环节,添加购买键的位置及醒目性、增减产品数量或删除产品的简易性、确认结算功能键的位置及色彩的醒目性等诸方面对降低顾客寻找时间,简化顾客操作流程,提升订购便利感知具有显著影响。[9]③支付便利。在 B2C 模式下支付便利涉及消费者在 EB 平台完成支付结算环节所感知的时间成本和努力成本。支付结算的安全性、便捷性、高效性对提升顾客满意度、信任度指数具有重要意义。④物流配送便利。在服务经济时代物流配送便利强调消费者为获取服务的核心价值而支付的时间成本和努力成本,主要涉及客户化定制配送服务、回应质量及交付质量。本文前期研究成果显示在客户化定制配送服务层面,EB 企业应针对互联网顾客差异化需求特质积极践行客户化定制服务策略,即 EB 企业在物流配送环节应最大限度参照顾客订单中约定的配送方式、时间节点及相关诉求制订配送方案。在回应质量层面,时时、高效的信息交互模式对增强互联网顾客满意度及信任度感知具有重要意义,即 EB 平台能否及时回应消费者对物流配送进程中提出的相关问题并有效倾听顾客抱怨与建议将对改善互联网顾客关系质量影响显著;在交付质量层面,仇立(2015)的相关研究成果显示:相对于新消费者阶层日益稀缺的时间资源及有限的努力付出,EB 企业应在承诺配送时间限时送达、有效保障配送商品精确度及完好度前提下最大限度减少消费者精力成本、时间成本与体力成本支出,以使其获取较高顾客让渡价值,进而改善互联网顾客关系质量、提升顾客态度忠诚与行为忠诚。[10]⑤服务失误补救便利。在服务经济时代,由于服务本身具有无形性、异质性及不可分离性等特质,加之互联网消费环境的虚拟性以及信息不对称等相关问题均在一定程度上导致服务失误情境不可避免。在互联网虚拟消费情境中,顾客对选购商品及享受服务进程中所感知的满意状态是基于对产品实际绩效体验与期望绩效间差异的主观评价,即产品或服务品质实际绩效感知低于期望绩效时消费者会产生负向失验情形,随即滋生抱怨、不满、投诉等负面情绪,最终导致 EB 企业服务失误。芬兰学者 Crönroos(1988)率先构建了服务补救概念,并将其界定为服务提供者对产生缺陷或失误所应积极采取的反应与行动。[11]McCollough(2000)基于期望不一致理论构建了服务失误补救满意研究模型,并指出顾客对服务失误补救期望值越低,则其所感知的补救绩效与满意度指数越高。[12]Maxham(2002)的相关研究结论也进一步佐证适度高质量服务补救措施对有效修复服务失误情境下顾客满意度情绪具有正向影响。[13] 通常 EB 企业因服务失误对顾客补偿涉及经济补偿和精神补偿两个层面,具体补救措施包括:及时与顾客沟通、道歉、退换货、折扣退款、额外补偿以及管理层介入等。综上,EB 企业能否在第一时间内对顾客投诉给予回应,并制订相应补救措施及时响应以及补救措施的便利性、补救结果的满意性对有效弥补服务失误均具有正向影响。在此,本文以顾客期望失验理论为依托将服务失误补救措施便利界定为:当消费者在 EB 平台完成交易后所感知的产品实际绩效低于产品期望绩效产生负向失验情形后在与 EB 企业再次沟通协商时所支付的时间和努力成本,并进一步认为服务失误补救便利对互联网顾客忠诚形成机制具有重要影响。综合上述推理分析,本文提出如下假设:

H1:EB 平台服务便利性对互联网顾客满意度具有显著正向影响。

H1a:浏览便利正向影响互联网顾客满意度。

H1b:订购便利正向影响互联网顾客满意度。

H1c:支付便利正向影响互联网顾客满意度。

H1d:物流配送便利正向影响互联网顾客满意度。

H1e:服务失误补救便利正向影响互联网顾客满意度。

H2:EB 平台服务便利性对互联网顾客信任度具有显著正向影响。

H2a:浏览便利正向影响互联网顾客信任度。

H2b:订购便利正向影响互联网顾客信任度。

H2c:支付便利正向影响互联网顾客信任度。

H2d:物流配送便利正向影响互联网顾客信任度。

H2e:服务失误补救便利正向影响互联网顾客信任度。

在虚拟消费情境中,互联网顾客满意度是忠诚度的重要前因外衍变量。消费者在 EB 平台选购商品及享受服务进程中所感知的顾客让渡价值明显大于内心期望值时,其对该 EB 平台的口碑及美誉度评价较好、重复惠顾倾向较高。马钦海(2007)基于结构方程多组分析方法系统印证了竞争者吸引力、社会关系、转换成本及服务性质在顾客满意与顾客忠诚研究路径中的调节效应;并进一步强调顾客满意度与顾客忠诚度之间所存在的显著相关关系。[14] 张圣亮(2009,2013)认为顾客对商品问题认知、商品满意与顾客忠诚密切相关,即互联网顾客满意度正向影响其态度忠诚及行为忠诚,并最终影响 EB 企业盈利水平。[15,16]Oliva(1999)指出顾客满意度与顾客忠诚度之间呈非线性相关,且当满意度大于(或低于)门限值时,继续提升(或降低)的满意度空间会导致顾客重复惠顾倾向迅速增强(或减弱)。[17] 综合国内外学者现有研究成果表明,互联网顾客满意度是影响 EB 企业利润及未来收益的重要决定因素,其对提升互联网顾客忠诚具有积极影响。综合上述推理分析,本文提出如下假设:

H3:互联网顾客满意度正向影响互联网顾客忠诚度。

在互联网虚拟消费情境中,消费者会将 EB 平台的消费体验感知与其脑海中业已储存的网购经验及实体店商消费经历进行对比;若前者消费体验明感知明显优于后者,则消费者对该 EB 平台的美誉度评价及重复惠顾倾向亦较高。谢恩(2012)运用三阶段最小二乘分析法在探索不同维度信任相互作用及其对在线购物意愿影响中指出:能力信任、正直信任与友善信任对互联网消费行为意向均具有一定影响,且影响效力呈依次递减态势。[18]Kim(2009)通过纵向数据研究表明信任能有效降低消费者在互联网虚拟交易情境中对信息不对称风险的主观感知,对有效增强在线消费意愿具有积极意义。[19]邓爱民(2014)的实证研究成果进一步发现在互联网虚拟消费情境中顾客信任通过双重途径直接或间接影响顾客忠诚,具体而言:其一,顾客信任作为互联网顾客忠诚直接前因外衍变量影响效果显著;其二,顾客信任在互联网顾客满意正向影响顾客忠诚演化路径中中介效应显著。[20]综合国内外学者现有研究成果表明,顾客信任度能显著降低互联网虚拟消费情境中的信息搜索成本及交易成本并正向影响消费者行为意向,最终对提升顾客态度忠诚及行为忠诚起到积极促进作用。综合上述推理分析,本文提出如下假设:

H4:互联网顾客信任度正向影响互联网顾客忠诚度。

在 B2C 模式下,顾客满意度对顾客信任度具有正向影响,并最终对 EB 企业改善互联网顾客关系质量实施顾客锁定战略起到积极促进作用。张初兵(2010)认为在顾客忠诚形成机制研究框架中应存在下述逻辑传递关系,即顾客满意→信任→承诺→态度忠诚→行为忠诚,且该逻辑链条中顾客信任与态度忠诚及行为忠诚之间呈现直接抑或间接显著相关。[21]曾慧(2014)的相关研究成果进一步印证 B2C 模式下互联网顾客满意对维系顾客持续信任具有重要研究价值;持续网络信任对互联网顾客态度忠诚及行为忠诚具有显著影响,且其在互联网顾客忠诚形成机制中具有重要中介效应。[22]国内外学者现有研究成果表明,在 B2C 模式下 EB 企业若能使顾客在网络消费体验进程中获取较高的顾客让渡价值,则将显著提升顾客满意度,进而正向影响其对该 EB 平台的信任度。综合上述推理分析,本文提出如下假设:

H5:互联网顾客满意度正向影响互联网顾客信任度。

四、研究设计

本文数据采集、汇总工作于 2016 年 1 月至 2016 年 4 月进行,其间采用网络调研与实地调研相结合形式累计发放 600 份调研问卷,通过对 516 份回收问卷进行纯化处理,剔除 55 份涉及完整性或一致性存在明显缺失的无效问卷,有效回收率达 89.3%。在描述性统计分析环节,有效调研样本中所涉及的男性受访者是女性的 1.1 倍;年龄代际主要分布在 18~25 岁、26~35 岁及 36~45 岁 3 个年龄段,累计占比为 85.0%;在教育背景层面受访者学历层次普遍较高，其中高中及以下学历占比仅为 35.0%，大学专科学历占比 25.4%，大学本科学历占比 28.0%，研究生及以上学历占比 11.6%；样本职业分布显示本次调研以学生、高校教师、公务员、医护工作者及公司员工为主，人数累计占比达 87.3%。

在变量测量环节，本文共涉及 8 个潜在变量（Latent Variable），其中外衍变量 ζ 包括：浏览便利（Browse Convenience，BC）、订购便利（Order Convenience，OC）、支付便利（Payment Convenience，PC）、物流配送便利（Logistics Distribution Convenience，LDC）以及服务失误补救便利（Service Failure Recovery Convenience，SFRC）；内衍变量 η 包括：互联网顾客满意（Internet Customer Satisfaction，ICS）、互联网顾客信任（Internet Customer Trust，ICT）以及互联网顾客忠诚（Internet Customer Loyalty，ICL）。调研问卷使用 7-Likert 量表进行计量，其中 7 表示完全赞同、1 表示完全反对。

五、数据分析

1. 信度与效度检验

本文运用克朗巴哈系数及组合信度综合测评调研问卷的稳定性与内部一致性。在此，各潜变量的 Cronbach a 系数为 0.818~0.896，均在 0.700 临界值水平以上，且 CR 值业已超过 0.500 门限值，说明该调研量表的测量是可靠的。

本文在国内外学者权威测量量表基础上，参照互联网虚拟交易情境对相关测项进行微调，因此内容效度较好。在量表构建效度检验环节，本文采用收敛效度及区分效度综合判定量表效度水平。在收敛效度方面，统计数据表明 KMO=0.926，Bartlett 球形检验显著（$P<0.000$），说明变量间存在相关关系适合进行因子分析且量表所有测项因子负荷均为 0.752~0.963，高于 0.500 参照标准，说明其具备较强的统计显著性，所涉及 8 个潜变量 AVE 值均为 0.655~0.837，高于 0.500 参照标准，进一步佐证本量表具有理想的收敛效度；在区分效度方面，本文所涉及的 8 个潜变量观测测量之间相互区别度较好，各潜变量之间平均提取方差平方根数值为 0.809~0.915，说明该量表区分效度较高。

2. 假设检验

模型拟合指标显示绝对拟合指数 $P=0.086>0.05$；$X^2/DF=2.181<3$；平均近似值误差平方根 RMSEA=0.026<0.08；增值适配度指标 NFI、NNFI、CFI 分别为 0.913、0.981、0.992，均大于 0.900 参考值，且简约适配度指标 PNFI、PGFI 也均优于参考标准，据此可以判定 SCCL 结构方程模型拟合度较为理想。本文在模型实证检验环节以路径系数及显著性统计对研究假设理论推演进行系统验证，具体检验如下：EB 平台服务便利性所涉及的浏览便利、订购便利、支付便利、物流配送便利以及服务失误补救便利 5 维度标准化路径系数为 0.250~0.580，正向且显著（$P<0.05$）影响互联网顾客满意度，即研究假设 H1 通过实证检验；影响 EB 平台服务便利性前置限定因素 5 维度标准化路径系数为 0.350~0.560，正向且显著（$P<0.05$）影响互联网顾客信任度，即研究假设 H2 通过实证检验；互联网顾客满意度正向（标准化路径系数为 0.570）且显著（$P<0.05$）影响互联网顾客忠诚度，即研究假设 H3 得到有效支撑；互联网顾客信任度正向（标准化路径系数为 0.660）且显著（$P<0.05$）影响互联网顾客忠诚度，即研

究假设 H4 得到有效支撑;互联网顾客满意度正向(标准化路径系数为 0.550)且显著($P<0.05$)影响互联网顾客信任度,即研究假设 H5 得到有效支撑。在此,由潜变量间标准化路径系数可进一步推知 B2C 模式下影响互联网顾客关系质量的关键限定因子。参照 SCCL 结构方程标准化解模型可知支付便利与互联网顾客满意度标准化路径系数为 0.580 成为限定互联网顾客满意度的关键因子;而服务失误补救便利与互联网顾客信任度标准化路径系数为 0.560 构成互联网顾客信任度的重要前置限定因子。据此,EB 企业在保证消费者高效、安全完成交易支付结算前提下若能差异化满足消费者支付偏好,将显著提升顾客满意度指数,进而正向影响其对该 EB 企业的信任度。此外,由互联网顾客满意度与顾客忠诚度之间标准化路径系数 0.570 及互联网顾客信任度与顾客忠诚度之间标准化路径系数 0.660 可进一步推知由其构成的互联网顾客关系质量与顾客态度忠诚及行为忠诚亦应具有显著正向影响。

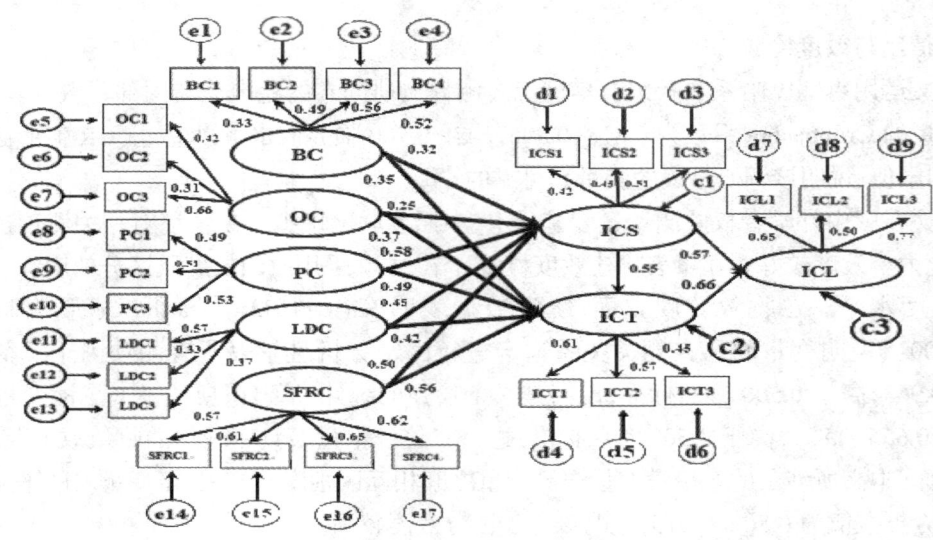

图 2 SCCL 结构方程标准化解模型

六、研究结论与启示

本文以服务便利理论为依托,在综合考量互联网服务特性基础上将 B2C 模式下影响消费者感知服务便利性细分为浏览便利、订购便利、支付便利、物流配送便利以及服务失误补救便利 5 个维度,并针对每一维度进行严谨的理论推导和数理统计分析,构建了适合虚拟环境的电子商务平台服务便利模型,并据此深入探索消费者感知服务便利与互联网顾客关系质量及顾客忠诚形成机制的相关性以期为 EB 企业实施顾客锁定战略提供可行性建议。

第一,在浏览便利层面,本文统计数据表明注册登录方式多样化、模糊搜索功能、导航及分类筛选功能因子载荷系数均较高。据此,EB 平台在注册登录环节应简化注册流程并提供多样化的登录方式;在信息搜索环节应提供功能强劲的搜索引擎,支持模糊查询、搜索纠错及搜索结果的快速准确定位功能。在网络推荐环节,为解决互联网消费者商品信息过载难以比较筛选问题，EB 平台应积极提升现有系统商品比较分析功能，由比较同类商品在各项性能指标上的简单呈现向侧重信息分析纵向延伸，以期有效降低网络消费涉入度、提升 EB 平台服务便利感知。此外，从移动互联网发展趋势分析多屏互动时代已初见端倪，消费者关注度逐渐向移动端迁徙，因此 EB 平台在跨屏服务能力层面应注重在 PC 端、手机端及 Pad 端深度融合，以期实现 PC 业务全面平移、广泛覆盖。

第二，在订购便利层面，由于订单实时处理因子载荷系数明显高于其他指标，据此 EB 平台应积极提升订单处理的自动化、智能化水平，并适时通过引入 ALICE 技术、Agent 技术、FSM 订单处理模型等智能化处理方式以及研发基于规则和推理机制的电子商务订单实时处理软件机器人等举措系统改善订单处理流程、缩短订单处理周期，提升平台运行效率、压缩运营成本，进而减少消费者对稀缺时间资源及努力成本的付出，提升 EB 平台服务便利感知。

第三，在支付便利层面，支付方式多样化、支付结算及时、支付工具安全性各观测变量因子载荷系数较高，由此可以判定其对潜变量支付便利影响显著，即 EB 平台在支付方式层面应尽量满足不同消费者的支付偏好，提供货到付款、在线支付、分期付款、邮局付款以及公司转账等灵活多样的支付方式；在支付安全层面，应积极创新研发支付工具使消费者在支付结算过程中感知信任、消除疑虑，降低时间和努力成本。

第四，在物流配送便利层面，由于客户化定制配送服务因子载荷系数明显高于其他指标，因此 EB 平台应不断完善其社会化物流配送支持系统，积极构建自营物流配送体系，拓展配送覆盖区域，提供高效限时送达服务，与此同时高效利用神经网络匹配技术及共同筛选技术兼顾差异化顾客需求，按照顾客约定的日期及时间节点提供一对一的个性化配送方案，充分体现管理柔性。

第五，在服务失误补救层面，应答满意、响应及时、补救措施便捷以及补偿结果满意各观测变量因子载荷系数均较高。参照服务失误补救悖论，相对于新消费者阶层日益稀缺的时间资源及有限的努力付出 EB 平台对服务失误情境下所积极实施的便利补救措施对有效弥补服务失误所引致的负面口碑、提升互联网顾客满意度、信任度指数应具有重要实践价值。据此，EB 企业能否及时响应顾客投诉并基于消费者感知服务便利视角制定相应补救措施以及顾客对补偿结果的满意度指数均对改善互联网顾客关系质量及顾客忠诚具有显著影响。此外，在服务失误情境下 EB 企业应以公平理论为依托对所实施的服务失误补救措施进行重新审视，以检验其是否满足顾客的服务补偿结果期望、服务补偿程序期望以及服务补偿互动期望。

参考文献

[1] Bivens, Gordon E., Carol B.Volker. A Value-Added Approach to Household Production: The Special Case of Meal Preparation[J].Journal of Consumer Research,1986,13(9):272-279.

[2] 郭国庆,杨学成,何秀超.服务便利理论在零售企业的应用——消费者购物过程中的便利需求分析[J].南开管理评论,2006,9(2):52-57.

[3] 郭国庆,杨明海.营销科学的新问题:便利理论的研究评述及启示[J].经济管理研究,2012,28(4):38-44.

[4] Richard H. Holton.The Distinction between Convenience Goods, Shopping Goods, and Specialty Goods[J].Journal of Marketing,1958,23(1):53-56.

[5] Kelley, Eugene J.The Importance of Convenience in Consumer Purchasing[J]. Journal of Marketing,1958,23(7):32-38.

[6] Anderson, W.Thomas, Jr.Identifying the Convenience Oriented Consumer[J]. Journal of Marketing Research,1971,8(5):179-183.

[7] Brown, Lew G.The Strategic and Tactical Implications of Convenience in Consumer Product Marketing[J].Journal of Consumer Marketing,1989,6(3):13-19.

[8] Srinivasan,S.S., Anderson, R., Ponnavolu, K.Customer loyalty in e-commerce: an exploration of its antecedents and consequences[J].Journal of Retailing,2002,78(1):41-50.

[9] 孙军华.基于时间研究及KANO模型的在线零售网站设计质量要素研究[J].工业工程与管理,2014,19(1):91-102.

[10] 仇立.B2C模式下消费者感知物流配送服务质量与顾客忠诚相关性研究[J].管理现代化,2015,35(6):82-84.

[11] 克里斯廷·格罗鲁斯.服务管理与营销[M].北京:电子工艺出版社,2002.

[12] McCollough M.A., Bharadwaj S.G..The recovery paradox: An examination of Consumer satisfaction in relation to disconfirmnation, Service Quality, and Attribution-based theories[J].Marketing theory and application,2000,65(4):102-107.

[13] Maxham, Netemeyer. Modeling customer perceptions of complaint handling over time: the effects of perceived justice on satisfaction and intent[J].Journal of Retailing, 2002, 78(4):239-252.

[14] 马钦海,李艺.服务消费顾客满意与顾客忠诚关系调节因素的实证研究[J].管理科学,2007,20(5):48-59.

[15] 张圣亮,杨俊.基于技术的自助服务顾客满意影响因素研究[J].管理学报,2009,6(9):1245-1249.

[16] 张圣亮,李小东.网上购物顾客满意度影响因素研究[J].天津大学学报(社会科学版),2013,15(2):109-115.

[17] Oliver,R.L..Whence consumer Loyalty[J].Journal of Marketing,1999,63(4):33-44.

[18] 谢恩,黄缘缘,赵锐.不同维度信任相互作用及对在线购物意愿影响研究[J].管理科学,2012,25(2):69-77.

[19] Kim D J, Ferrin D L, Rao H R.Trust and satisfaction, two stepping stones for successful e-commerce relationships: A longitudinal exploration[J].Information Systems Research,2009,20(2):237-257.

[20] 邓爱民,陶宝,马莹莹.网络购物顾客忠诚度影响因素的实证研究[J].中国管理科

学,2014,22(6):94-102.

[21] 张初兵,黄怀,易牧农.满意与忠诚的路径剖析:来自天津寿险业的实证[J].经济经纬,2010,27(2):103-107.

[22] 曾慧,郝辽钢,于贞朋.B2C 环境下消费者持续网络信任的实证研究[J].管理现代化,2014,34(6):34-36.

备注:该论文已发表在《技术经济与管理研究》(PKU、CSSCI、ISTIC)2017 年第 3 期。

体验营销理念下互联网顾客忠诚的形成机理——满意度与信任度的双中介效应

仇立

（天津大学管理与经济学部，天津市 300072）

摘要：文章基于388份调研问卷统计数据，对互联网虚拟消费情境下影响消费者功能性利益体验前置限定因素进行系统梳理，运用结构方程模型展开实证研究。研究表明：在0.05显著性水平上，消费便利性体验、价格利益感知、商品品质、物流配送服务质量与服务失误补救措施与互联网顾客忠诚显著正相关；消费便利性体验与商品品质分别构成影响互联网顾客满意度、信任度的重要限定因子；满意度、信任度在互联网顾客忠诚形成机制中中介效应显著。据此建议电商企业在消费便利性体验层面应提供功能强劲搜索引擎支持模糊查询、搜索纠错及搜索结果快速准确定位，并积极提升订单处理自动化、智能化水平系统改善订单处理流程、缩短订单处理周期，且在确保高效安全支付前提下应差异化满足顾客支付偏好；在感知商品品质层面，应建立并完善商品质量监控评价系统，加强对已通过审核第三方销售平台交易行为监管力度及商家质量欺诈行为处罚力度，规范商品信息发布质量、协调网络推荐与在线评价管理机制。本研究结论对电商企业从体验经济视角切入践行客户导向战略制定经营管理策略具有一定借鉴意义。

关键词：消费体验；顾客关系质量；互联网顾客忠诚；实证研究

Research on Internet Customer Loyalty Formation Mechanism under the Concept of Experience Marketing——Double Mediation Effect of Satisfaction and Trust

QIU Li

(Tianjin University, Tianjin300072, China)

Abstract: Based on the statistical data from 388 questionnaires, the paper systematically analyzes the pre-defined factors that influence customer functional benefits experience in the virtural situation of internet, and adopts structural equation model to explore the empirical research. The research shows that, customer convenience experience, price benefits perception, commodity quality, Logistics service quality, and remedy convenience for service failure are positively correlated with internet customer loyalty at the significant level of 0.05; customer convenience experience and commodity quality are important limiting factors that respectively influence internet customer satisfaction and trust; satisfaction and trust play a significant mediating role in the formation mechanism of internet customer loyalty. Therefore, it is suggested that e-commerce enterprises should provide a powerful search engine to support fuzzy query, search error correction, quick and accurate location of search results, and actively promote the order processing automation and intelligent level system to improve order process and shorten order processing cycle from the perspective of customer convenience experience. Furthermore, e-commerce enterprises should differentially satisfy the customers' payment preference on the premise of ensuring the efficient and safe payment, establish and improve the monitoring and evaluation system of commodity quality at the aspect of quality perception, strengthen the supervision of transaction behaviors on the third-party sale platforms that are authorized, intensify punishment for quality fraud behaviors, standardize the information dissemination of commodity, coordinate the network recommendation and online evaluation management mechanism. The conclusion of this research has a certain reference value for e-commerce enterprises from the perspective of experience economy to implement the customer-oriented strategies and develop management strategies.

Key words: consumption experience; customer relationship quality; internet customer loyalty; empirical research

一、引言

据 CNNIC 及易观统计数据显示,截至 2016 年 6 月,我国互联网用户规模达 4.48 亿,较 2015 年末增长 3448 万;B2C 交易规模业已突破 7085.6 亿,同比增长 40.7%。然而,与网络消费盛行背道而驰的是众多国内电商(Electronic Business,EB)企业的惨淡经营,甚至是难以为继。因此,在体验经济时代如何引导依靠资本孵化推动的我国电商行业整体破解亏损悖论,显著提升功能性体验价值、增加顾客访问黏度及重复购买意向将具有重要科研价值。在学术界,国内外学者涉及消费者感知体验价值与顾客态度忠诚及行为忠诚间相关关系的现有研究成果多集中于规范性研究,鲜有实证研究探索功能性利益体验与互联网顾客关系质量及顾客行为意向间传导机制。在此,本文通过对体验营销、互联网顾客忠诚相关理论系统梳理基础上全新界定虚拟消费情境下功能性利益体验基本内涵及其前置限定因素,据此构建功能性利益体验与互联网顾客忠诚概念模型,以实证检验功能性利益体验与顾客忠诚形成机制内在联系,旨在拓展 B2C 模式下顾客关系质量及顾客忠诚形成机制研究框架。

二、相关理论综述

(一)体验营销理论

1982 年,霍尔布鲁克(Holbrook)和赫希曼(Hirschman)率先将"体验"理念植入营销管理范畴,随后学术界基于不同研究情境对体验模式下所驱动的营销管理创新进行诸多有益探索性研究。罗(Luo M M)等[1]将体验营销界定为消费者的某种体验行为与主观感受。郭国庆等[2]认为互联网营销体验应涉及行动体验、情感体验与感官体验3个层面,并进一步强调顾客感知体验价值对商务网站经营绩效具有显著影响。纳塔莉亚（Natalia V. L）等[3]指出体验营销理念作为新兴营销模式对企业重塑品牌形象、改善顾客关系质量及提升顾客忠诚具有重要实践价值。在此,本文基于体验营销理念将B2C模式下功能性利益体验界定为：在互联网虚拟消费情境下,消费者对EB平台在满足其功能层面抑或效用层面基本诉求上所提供相关服务品质的主观感受,涉及消费便利性体验、价格利益感知、商品品质、物流配送服务质量、服务失误补救措施5个维度;并进一步认为功能性利益体验价值越高,消费者从中感知的满意度、信任度指数越高进而正向影响其态度忠诚及行为忠诚。

（二）互联网顾客忠诚文献述评

弗雷德里克（Fredrick）于2000年在《哈佛商业评论》中首次构建了互联网顾客忠诚概念,随后国内外学者对其进行了诸多有益的探索性研究。阎俊等[4]将顾客忠诚界定为消费者重复惠顾某企业产品或服务的态度、意愿与倾向。哈（Ha Y W）等[5]强调顾客忠诚是认知忠诚→情感忠诚→意向忠诚→行为忠诚的渐进过程,是消费者基于自身偏好与某品牌或企业所形成的心理依恋与承诺。斯里尼瓦桑（Srinivasan S. S）等[6]将互联网顾客忠诚定义为消费者对特定EB平台的关注及偏好程度并由此所引致的重复消费行为。毋庸置疑,重复消费频度为互联网顾客忠诚的重要判定依据,但重复消费频度较高的某些顾客却并非真正意义上的忠诚顾客,实际上消费者往往因规避频繁更换新EB平台所引致的高昂转换成本及其所选购商品、服务无相关可替代EB供应商等客观限定因素与原EB平台保持相关交易。在此,本文将B2C模式下互联网顾客忠诚定义为顾客在互联网虚拟消费体验进程中对某EB平台所销售的商品及提供的服务在功能性利益体验层面获取较高感知价值,进而对其产生某种特定的感觉、偏好及承诺,据此对同类EB企业竞争者所积极开展的营销策划活动自动屏蔽、形成一定的免疫力,即顾客与该EB平台业已形成了某种稳定的B2C结构性关系。此外,其网络消费行为拓展表现为主动为该EB平台宣传口碑;向他人推荐该EB平台销售的产品或服务;价格敏感性降低、价格容忍度提高。

三、概念模型与研究假设理论推演

（一）概念模型

本研究技术路线以虚拟消费情境下顾客消费体验感知为基点,深入探索、挖掘B2C模式下影响互联网顾客关系质量及行为意向关键因子与互联网顾客忠诚内在形成机制,构建了功能性利益体验与互联网顾客忠诚概念模型。研究架构涉及5项前因变量（消费便利性体验、价格利益感知、商品品质、物流配送服务质量、服务失误补救措施）、2项中介变量（互联网顾客满意度、互联网顾客信任度）、1项结果变量（互联网顾客忠诚度）与13条研究路径关系;认为功能性利益体验对改善互联网顾客关系质量、提升互联网顾客态度忠诚及行为忠诚具有显著影响,且互联网顾客满意度与信任度在EB平台顾客忠诚形成机制中具有重要中介效应。

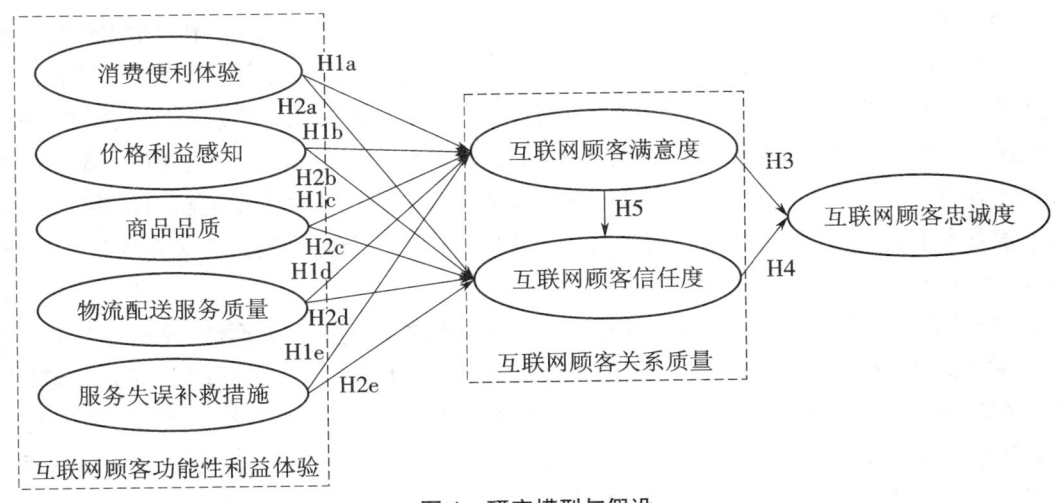

图 1 研究模型与假设

(二)研究假设

在互联网虚拟消费体验进程中,消费者所感知的功能性利益前置限定因素应涉及:

(1)消费便利性体验。互联网消费魅力集中体现在消费者只需支付较少时间成本即可完成多项消费决策,特别是针对时间经济价值比较敏感的消费群体,EB 平台服务便利性影响力远远大于其在网络消费体验中所感知的娱乐互动价值。在 B2C 模式下 EB 平台系统设计质量将显著影响顾客网络消费体验,即从顾客登录 EB 平台伊始,网页设计是否美观、页面架构是否清晰、布局是否合理,搜索引擎与导航功能是否完善等涉及系统设计每一个细微之处均影响顾客对 EB 平台服务便利性感知;而 EB 平台所提供的订购服务操作流程是否清晰便捷以及是否具备实时帮助功能对有效降低顾客时间成本、努力成本均具有正向影响;此外,在支付便利环节,支付结算安全性、便捷性、高效性对提升顾客满意度、信任度指数亦具有重要意义。

(2)价格利益感知。消费者在互联网虚拟消费情境中需要支付时间、努力及货币等相关成本,其中货币成本是影响消费决策行为的重要限定因素。在 B2C 模式下较低商品价格对增强顾客满意度感知、建立并维系企业与消费者之间结构性关系具有正向作用。鲁宾斯坦(Reibstein D. J)[7]将消费者选择网络消费行为归因为价格优势,且在互联网虚拟消费环境下消费者价格敏感度更高,即一定程度价格折扣对网络消费行为意向具有积极促进作用。此外,电商市场价格离散现象的长期客观存在亦将刺激消费者搜索性价比俱佳的商品,进而出于价格利益感知与某 EB 企业形成相对稳定的结构性关系。

(3)商品品质。卓越的商品品质是 EB 企业维持较高市场占有率的必要条件,且提供高质量产品战略业务单位的市场占有率为低质量产品战略业务单位投资回报率的 6 倍。在 B2C 模式下,商品质量、商品信息质量是互联网顾客消费决策意向的重要限定因子,其对改善顾客关系质量、提升顾客忠诚具有显著影响。克罗宁(Cronin J)等[8]进一步强调相对于购买前预期,顾客所感知的产品质量越高,其在购买过程及购买后消费体验中所感知的满意度指数越高。

（4）物流配送服务质量。在客户化定制层面，EB企业在物流配送环节应最大限度参照顾客订单中约定配送方式、时间节点及相关诉求制定配送方案；在回应质量层面，时时、高效信息交互模式对增强互联网顾客满意度及信任度感知具有重要意义；在交付质量层面，仇立[9]强调相对于新消费者阶层日益稀缺时间资源及有限努力付出，EB企业应在承诺配送时间限时送达、有效保障配送商品精确度及完好度前提下最大限度减少消费者精力成本、时间成本与体力成本支出，以期使其获取较高顾客让渡价值进而改善互联网顾客关系质量、提升顾客态度忠诚与行为忠诚。

（5）服务失误补救措施。在服务经济时代，由于服务本身具有无形性、异质性及不可分离性等特质，加之互联网消费环境的虚拟性以及信息不对称等相关问题均在一定程度上导致服务失误情境不可避免。在虚拟消费模式下顾客对选购商品及享受服务进程中所感知的满意状态是基于对产品实际绩效体验与期望绩效间差异的主观评价，即产品或服务品质实际绩效感知低于期望绩效时消费者会产生负向失验情形，随即滋生抱怨、不满等负面情绪，最终导致EB企业服务失误，而适度高质量服务补救对有效修复服务失误情境下互联网顾客关系质量具有积极意义。郑春东等[10]认为高绩效服务失误补救措施对消费者重复惠顾倾向影响显著。麦科洛（Mccollough M. A）等[11]指出顾客对服务失误补救期望值越低，则其所感知的补救绩效与满意度指数越高。综上，EB企业能否在第一时间对顾客投诉给予回应并制订相应补救措施及时响应以及补救措施便利性、补救结果满意性对有效弥补服务失误均具有正向影响。

据此，研究假设如下：

H1：EB平台功能性利益体验价值越高，互联网顾客满意度感知越显著。

H1a：消费便利性体验对提升互联网顾客满意度评价具有正向影响。

H1b：价格利益感知正向影响互联网顾客满意度。

H1c：商品品质对提升互联网顾客满意度评价具有正向影响。

H1d：物流配送服务质量对提升互联网顾客满意度评价具有正向影响。。

H1e：服务失误补救措施对提升互联网顾客满意度评价具有正向影响。

H2：EB平台功能性利益体验价值越高，互联网顾客信任度感知越显著。

H2a：消费便利性体验对增强互联网顾客信任度具有显著影响。

H2b：价格利益感知正向影响互联网顾客信任度。

H2c：商品品质对增强互联网顾客信任度具有显著影响。

H2d：物流配送服务质量对增强互联网顾客信任度具有显著影响。

H2e：服务失误补救措施对增强互联网顾客信任度具有显著影响。

在虚拟消费情境中，互联网顾客满意度、信任度是忠诚度的重要前因外衍变量。消费者在EB平台选购商品及享受服务进程中会将EB平台消费体验感知与其脑海中业已储存的网购经验及实体店商消费经历进行权衡，若前者消费体验明感知明显优于后者，则其对该EB平台口碑及美誉度评价较好、重复惠顾倾向较高。张圣亮等[12]认为互联网顾客满意度正向影响其态度忠诚及行为忠诚并最终影响EB企业盈利水平。奥利瓦（Oliva R L）[13]强调顾客满意度与顾客忠诚度之间呈非线性相关,且当满意度大于门限值时继续提升的满意度空间会引致顾客重复惠顾倾向迅速增强。信任是顾客对某 EB 平台提供商品及服务品质经理性评价后内心所形成的由放心→习惯→依赖→承诺→信赖的逻辑传递结果,在虚拟交易情境中其能有效降低消费者对信息不对称风险的主观感知,对有效增强在线消费意愿具有积极意义。谢恩等[14]运用三阶段最小二乘分析法在探索不同维度信任相互作用及其对在线购物意愿影响中指出能力信任、正直信任与友善信任对互联网消费行为意向均具有一定影响且影响效力呈依次递减态势。邓爱民等[15]强调在虚拟消费情境中顾客信任通过双重途径直接抑或间接影响顾客忠诚:其一,顾客信任作为顾客忠诚直接前因外衍变量影响效果显著;其二,顾客信任在顾客满意正向影响顾客忠诚演化路径中中介效应显著。国内外学者现有研究成果表明,互联网顾客满意度、信任度能显著降低虚拟消费情境中信息搜索成本及交易成本并正向影响消费者行为意向。据此,研究假设如下:

H3:互联网顾客满意对提升顾客忠诚具有显著影响。

H4:互联网顾客信任对提升顾客忠诚具有显著影响。

互联网顾客信任是由顾客基本满意到顾客惊喜逐渐累积强化的必然产物,亦是践行至理性认知过程的必然结果。张初兵等[16]认为在顾客忠诚形成机制中应遵循下述逻辑传递关系:顾客满意→信任→承诺→态度忠诚→行为忠诚,该逻辑链条表明顾客满意为顾客信任直接前置驱动因素其对态度忠诚及行为忠诚影响显著。曾慧等[17]的相关研究成果进一步印证 B2C 模式下互联网顾客满意对维系顾客持续信任具有重要研究价值;持续网络信任对顾客态度忠诚及行为忠诚具有显著影响且其在顾客忠诚形成机制中具有重要中介效应。国内外学者现有研究成果表明,在 B2C 模式下 EB 企业若能使顾客在网络消费体验进程中获取较高顾客让渡价值,将显著提升顾客满意度,进而正向影响其对该 EB 平台的信任度评价。据此,研究假设如下:

H5:互联网顾客满意度评价越高,越有助于增强顾客对该 EB 平台的信任度。

四、研究设计与方法

(一)调研问卷设计

本文共涉及消费便利性体验、价格利益感知、商品品质、物流配送服务质量、服务失误补救措施、互联网顾客满意度、互联网顾客信任度以及互联网顾客忠诚度 8 个潜在变量;使用 7-Likert 量表进行计量,1~7 表示由"完全反对"到"完全赞同"。

表 1 互联网顾客忠诚形成机制测量问项

潜变量	测量问项	测量文献
消费便利性体验(CCE)	1. 在该网站上浏览、订购及完成支付结算,让我感觉很方便	郭国庆[18] 布朗(Brown L G)[19]
	2. 该网站能提供高效限时送达的个性化物流配送服务	
	3. 该网站服务失误补救措施完善、便捷	

续表

潜变量	测量问项	测量文献
价格利益感知（PPB）	1. 在该网站上,我可以买到价格更便宜的商品 2. 该网站经常提供优惠的商品折扣 3. 该网站物流配送价格合理	自行研发
商品品质（CQ）	1. 该网站呈现的商品信息内容详实、可靠且更新及时 2. 该网站为所售商品提供视觉描述信息 3. 该网站所售商品与我订购内容完全相符 4. 该网站所售商品品质超出我购买前预期	丹尼（Danny W）等[20]
物流配送服务质量（LDSQ）	1. 该网站在物流配送环节与顾客之间沟通渠道畅通 2. 我收到的商品与订购内容完全相符 3. 我收到的商品是完好没有破损的 4. 该网站对所售商品包装措施完善	门泽尔（Mentzer J T）等[21]
服务失误补救措施（SFRM）	1. 该网站对顾客抱怨、不满等负面情绪高度关注,并及时响应 2. 若该网站所售商品质量存在瑕疵,其会赔偿消费者全部损失 3. 若该网站发布信息有误,其会及时更正并向消费者致歉	博肖夫（Boshoff C）[22]
互联网顾客满意度（ICS）	1. 该网站所提供的商品及服务品质超出我购买前心理预期 2. 该网站所提供的商品及服务品质已达到我所需要的理想水平 3. 总体而言,我对该网站的消费体验是非常满意的	金姆（Kim D J）等[23]
互联网顾客信任度（ICT）	1. 我相信该网站所发布商品信息的真实性 2. 我相信该网站能提供优质的商品及服务 3. 总体而言,该网站是非常值得信赖的	弗拉维安（Flavian C）等[24]
互联网顾客忠诚度（ICL）	1. 我打算以后经常惠顾该网站 2. 我非常愿意在该网站购物 3. 我会向亲朋好友推荐该网站	蔡特哈姆尔（Zeithaml V A）等[25]

（二）样本数据采集

本文数据采集、汇总工作于2016年7月至2016年9月进行,其间采用网络调研与实地调研相结合形式累计发放500份调研问卷,通过对416份回收问卷进行纯化处理,剔除28份涉及完整性或一致性存在明显缺失无效问卷,有效回收率达93.3%,且有效问卷数为测量问项的13.38倍,高于运用结构方程模型进行样本数据统计分析的门限值。在描述性统计分析环节,有效调研样本中所涉及的男性受访者是女性的1.04倍;年龄代际主要分布在26~35岁、

36~45 岁及 46~55 岁 3 个年龄段,累计占比为 88.9%;在教育背景层面受访者学历层次普遍较高,其中高中及以下学历占比仅为 27.6%;样本职业分布显示本次调研以医护工作者、教师、科研人员、学生及公司员工为主,人数累计占比达 84.3%,具体统计数据如表 2 所示。

表 2 样本数据人口统计特征

人口统计变量	分类指标	样本数目	百分比(%)	累计百分比(%)
性别	男性	198	51.1	51.1
	女性	190	48.9	100
年龄	18~25 岁	24	6.2	6.2
	26~35 岁	157	40.5	46.7
	36~45 岁	96	24.7	71.4
	46~55 岁	68	17.5	88.9
	56-65 岁	28	7.2	96.1
	66 岁及以上	15	3.9	100
婚姻状况	未婚	149	38.4	38.4
	已婚	239	61.6	100
教育程度	高中以下	107	27.6	27.6
	大学专科	95	24.5	52.1
	大学本科	116	29.9	82
	硕士研究生	53	13.7	95.7
	博士研究生	17	4.3	100
职业	政府公务员	32	8.2	8.2
	医生教师科研人员	138	35.6	43.8
	学生	112	28.9	72.7
	军人	9	2.3	75
	公司/企业职员	77	19.8	94.8
	其他	20	5.2	100
平均月收入	500 元以下	63	16.3	16.3
	501~1000 元	25	6.5	22.8
	1001~1500 元	14	3.6	26.4
	1501~2000 元	21	5.5	31.9
	2001~3000 元	75	19.2	51.1
	3001~5000 元	98	25.2	76.3
	5001~8000 元	66	17.1	93.4
	8000 元以上	26	6.6	100

五、数据分析

(一)信度、效度检验

本文采用 SPSS 计算各潜变量克朗巴哈系数、组合信度与平均提取方差值,并结合 AMOS 对样本数据进行验证性因子分析。在此,各潜变量 Cronbach α 值为 0.816~0.918,且均在 0.700 临界值水平之上,说明该调研量表稳定性及内部一致性较好。各测量量表显著性 P 值为 0.133~0.807,均大于 0.05 门限值;残差均方和平方根 RMR $\in$ (0.003, 0.017)<0.05 标准;良适性适配指数 GFI、规准适配指数 NFI 均大于 0.900 门限值;且简约调整后规准适配指数 PNFI $\in$ (0.503, 0.569)>0.05 标准。在内容效度检验环节,本文是在国内外学者权威测量量表基础上,参照互联网虚拟交易情境对相关测项进行微调,因此内容效度尚佳。在收敛效度检验环节,统计数据表明 KMO=0.917, Bartlett 球形检验显著性水平 Sig=0.000<0.05,说明变量间存在相关关系适合进行因子分析。调研量表所有测项因子负荷均介于 0.803-0.917 之间高于 0.500 参照标准说明其具备较强的统计显著性;所涉及的 8 个潜变量其 AVE $\in$ (0.804, 0.907)$\in$ >0.500,且 CR 值均大于 0.800 参照标准,进一步佐证本量表具有理想的收敛效度。在区分效度检验环节,各潜变量 AVE 值平方根分别为:0.897、0.934、0.899、0.928、0.903、0.925、0.952 和 0.948,均大于该潜变量与其它潜变量间相关系数,据此可以判定 8 个潜变量间区分效度较高。

表3 信度与效度检验结果汇总

潜变量	编码	效度检验	因子载荷	CR	AVE
CCE α=0.823	CCE1	P=0.655 RMR=0.003 GFI=0.991 NFI=0.997 PNFI=0.515	0.817	0.877	0.804
	CCE2		0.866		
	CCE3		0.835		
PPB α=0.857	PPB1	P=0.612 RMR=0.005 GFI=0.995 NFI=0.999 PNFI=0.527	0.803	0.906	0.872
	PPB2		0.851		
	PPB3		0.806		
CQ α=0.835	CQ1	P=0.807 RMR=0.007 GFI=0.997 NFI=0.991 PNFI=0.523	0.829	0.899	0.808
	CQ2		0.855		
	CQ3		0.861		
	CQ4		0.810		

续表

潜变量	编码	效度检验	因子载荷	CR	AVE
LDSQ $\alpha=0.918$	LDSQ1	$P=0.791$ RMR=0.004 GFI=0.992 NFI=0.993 PNFI=0.503	0.825	0.916	0.861
	LDSQ2		0.809		
	LDSQ3		0.810		
	LDSQ4		0.805		
SFRM $\alpha=0.887$	SFRM1	$P=0.527$ RMR=0.011 GFI=0.995 NFI=0.991 PNFI=0.569	0.872	0.906	0.816
	SFRM2		0.853		
	SFRM3		0.862		
ICS $\alpha=0.816$	ICS1	$P=0.133$ RMR=0.017 GFI=0.993 NFI=0.996 PNFI=0.513	0.862	0.938	0.856
	ICS2		0.912		
	ICS3		0.837		
ICT $\alpha=0.826$	ICT1	$P=0.529$ RMR=0.005 GFI=0.999 NFI=0.995 PNFI=0.520	0.821	0.888	0.907
	ICT2		0.818		
	ICT3		0.867		
ICL $\alpha=0.907$	ICL1	$P=0.156$ RMR=0.008 GFI=0.991 NFI=0.997 PNFI=0.516	0.917	0.917	0.899
	ICL2		0.891		
	ICL3		0.808		

（二）模型质量评价与实证分析

模型整体适配度显示：绝对拟合度指标 $P=0.087>0.05$，卡方自由度比 $X^2/DF=1.311<3$，拟合度指标 GFI=0.912>0.900，平均近似值误差平方根 RMSEA=0.025<0.08；增值拟合度指标 NFI、NNFI、CFI 分别为 0.933、0.985 和 0.962，均大于 0.9 参考值，且简约适配度指标 PNFI、PGFI 也均优于 0.500 参考标准，据此可以判定 CEICL 结构方程模型拟合度较为理想。

本文在模型实证检验环节以路径系数及显著性统计对研究假设理论推演进行系统验证，具体检验如下：EB 平台功能性利益体验所涉及的消费便利性体验、价格利益感知、商品品质、物流配送服务质量、服务失误补救措施 5 维度标准化路径系数为 0.37~0.52，正向且显著（$P<0.05$）影响互联网顾客满意度，即研究假设 H1 通过实证检验；影响 EB 平台功能性利益体验前置限定因素 5 维度标准化路径系数为 0.31~0.53，正向且显著（$P<0.05$）影响互联网

顾客信任度,即研究假设 H2 通过实证检验;互联网顾客满意度正向(标准化路径系数为 0.65)且显著($P<0.05$)影响互联网顾客忠诚度,即研究假设 H3 得到有效支撑;互联网顾客信任度正向(标准化路径系数为 0.61)且显著($P<0.05$)影响互联网顾客忠诚度,即研究假设 H4 得到有效支撑;互联网顾客满意度正向(标准化路径系数为 0.53)且显著($P<0.05$)影响互联网顾客信任度,即研究假设 H5 得到有效支撑。在此,由潜变量间标准化路径系数可进一步推知 B2C 模式下影响互联网顾客关系质量的关键限定因子。参照 CEICL 结构方程标准化解模型可知消费便利性体验与互联网顾客满意度标准化路径系数为 0.52 成为限定互联网顾客满意度关键因子;而商品品质与互联网顾客信任度标准化路径系数为 0.53,构成互联网顾客信任度重要前置限定因子。此外,由互联网顾客满意度与忠诚度之间标准化路径系数 0.65 及互联网顾客信任度与忠诚度之间标准化路径系数 0.61 可进一步推知由其构成的互联网顾客关系质量与顾客态度忠诚及行为忠诚亦应具有显著正向影响。

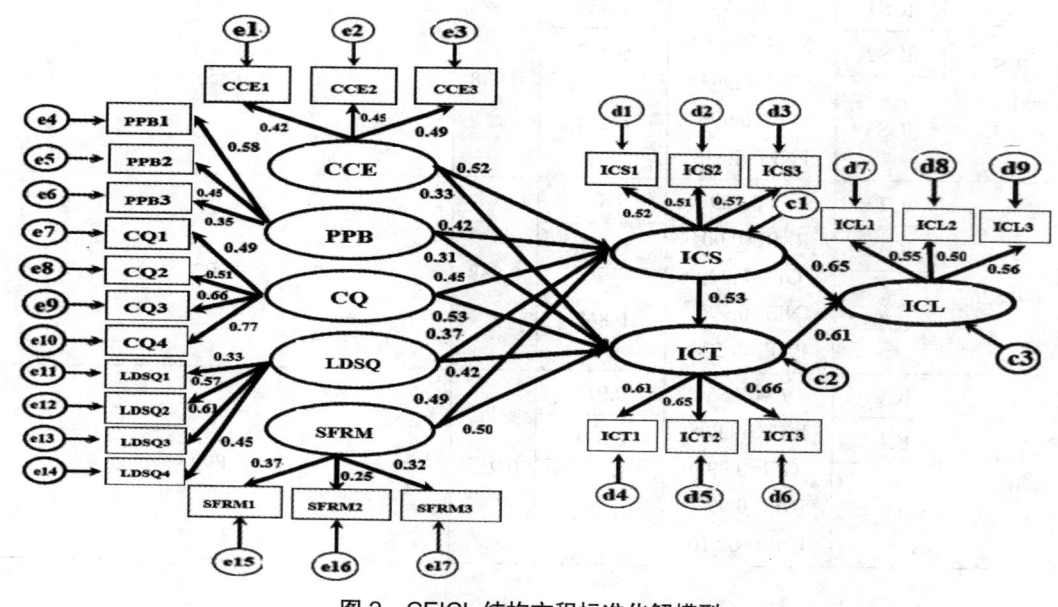

图 2　CEICL 结构方程标准化解模型

六、研究结论与启示

本文以体验营销、顾客忠诚理论为依托,在综合考量互联网服务特性基础上将 B2C 模式下影响消费者功能性利益体验前置限定因素归因为消费便利性体验、价格利益感知、商品品质、物流配送服务质量与服务失误补救措施,并针对每一维度进行严谨理论论证,据此构建功能性利益体验与互联网顾客忠诚概念模型,实证检验虚拟消费情境下消费者功能性利益体验对互联网顾客关系质量及顾客忠诚形成机理影响机制以期为 EB 企业提升顾客满意度、信任度,实施顾客锁定战略提供相应可行性建议。具体而言:

第一,在消费便利性体验层面,EB 平台应在信息搜索环节提供功能强劲搜索引擎,支持模糊查询、搜索纠错及搜索结果快速准确定位功能;在订购便利环节应积极提升订单处理自动化、智能化水平,并适时通过引入 Agent 技术、FSM 订单处理模型等智能化处理方式以及研发基于规则和推理机制电子商务订单实时处理软件机器人等举措系统改善订单处理流程、缩短订单处理周期;在支付便利环节,EB 平台应尽量满足不同消费者支付偏好,提供货到付款、在线支付、分期付款、邮局付款以及公司转账等灵活多样支付方式,在支付安全上应积极创新研发支付工具,使消费者在支付结算过程中感知信任、消除疑虑,降低时间与努力成本。

第二,在物流配送服务质量层面,EB 平台应不断完善其社会化物流配送支持系统,积极构建自营物流配送体系,拓展配送覆盖区域,提供高效限时送达服务,与此同时高效利用神经网络匹配技术及共同筛选技术兼顾差异化顾客需求,按照顾客约定日期及时间节点提供一对一个性化配送方案,充分体现管理柔性。

第三,在服务失误补救措施层面,EB 企业能否及时响应顾客投诉并基于消费者感知服务便利视角制订相应补救措施以及顾客对补偿结果满意度评价均对改善互联网顾客关系质量、提升顾客忠诚具有显著影响。参照服务失误补救悖论,相对于新消费者阶层日益稀缺的时间资源及有限的努力付出,EB 平台对服务失误情境下所积极实施的便利补救措施对有效弥补服务失误所导致的负面口碑、提升互联网顾客满意度、信任度指数应具有重要实践意义。此外,在服务失误情境下 EB 企业应以公平理论为依托对所实施的服务失误补救措施进行重新审视,以检验其是否满足顾客的服务补偿结果期望、服务补偿程序期望以及服务补偿互动期望。

第四,在商品品质层面,EB 平台首先应建立并完善商品质量监控与评价系统,对第三方平台加盟制订科学严格准入制度、系统考察其经营资质与经营规模,即在经营资质上应重点关注该商家是否已具备工商经营资质及实名认证,而在经营规模上亦应拟定加盟商经营规模门限值并重点考察其是否具备持续经营能力。其次,应加强对已通过审核第三方销售平台交易行为监管力度与商家质量欺诈行为处罚力度,如降低其信用等级抑或取消其经营资质并将不良商家质量欺诈行为录入诚信档案,切实维护消费者合法权益。再次,应规范商品信息发布质量、协调网络推荐与在线评价管理机制。EB 平台应完善并规范商品信息发布体系并针对平台已发布商品文字、图片及多媒体影音信息进行严格审核以确保商品信息真实有效。在评价体系环节,EB 企业应针对不同品类商品构建差异化评价形式及评价指标。最后,在网络推荐环节为解决互联网消费者商品信息过载难以比较筛选问题,EB 平台应积极提升现有系统商品比较分析功能,由比较同类商品在各项性能指标上的简单呈现向侧重信息分析纵向延伸进而提升消费决策质量。

第五,在价格利益感知层面,由于我国电商市场价格离散现象长期客观存在将刺激消费者搜索性价比俱佳商品进而出于价格利益感知与某 EB 企业形成相对稳定结构性关系。消费者对商品价格存在某一可接受区间,若商品价格属于顾客内部参考价格变动范畴($P_L \leqslant P \leqslant P_H$)则其对互联网顾客消费行为意向影响甚微可忽略不计;若商品价格低于顾客内部参考价格下限 P_L,则价格落差会增强消费者价格利益感知其对改善互联网顾客关系质量影响显著,即 EB 企业可采取低价策略以提升互联网顾客忠诚;若商品价格稍高于顾

内部参考价格上限 P_H,互联网顾客忠诚度对价格上行并不十分敏感且是缺乏弹性的,即 EB 企业可采取高价策略以获取利益最大化且在虚拟消费情境中由于顾客无法亲自看到或触摸到产品通常会使用价格信息去评价商品质量,即价格信息是判断商品预期质量的重要外在线索,较高商品价格信息会使消费者获取高质量产品期望进而降低感知风险,特别是当消费者处于信息不对称环境下,高价位商品也就等同于高质量商品。

参考文献

[1] LUO M M, CHEN J S, CHING R K. An examination of the effects of virtual experiential marketing on online customer intentions and loyalty[J]. The service industries journal, 2011, 31(13): 2163-2191.

[2] 郭国庆,周健明,姚亚男. 网站体验营销对网站品牌形象和用户体验价值的影响研究[J]. 经济管理研究, 2013, 29(6): 58-65.

[3] NATALIA V L, MACARMEN R M. Event-brand transfer in an entertainment service: experiential marketing[J]. Industrial management & data systems, 2013, 113(5): 712-731.

[4] 阎俊,胡少龙,常亚平. 基于公平视角的网络环境下服务补救对顾客忠诚的作用机理研究[J]. 管理学报, 2013, 10(10): 1512-1519.

[5] HA Y W, PARK M C. Antecedents of customer satisfaction and customer loyalty for emerging devices in the initial market of korea: an equity framework[J]. Psychology and marketing, 2013, 30(8): 676-689.

[6] SRINIVASAN S S, ANDERSON R, PONNAVOLU K. Customer loyalty in e-commerce: an exploration of its antecedents and consequences[J]. Journal of retailing, 2002, 78(1): 41-50.

[7] REIBSTEIN D J. What attracts customers to online stores, and what keeps them coming back? [J]. Journal of the academy of marketing science, 2002, 30(4): 465-473.

[8] CRONIN J, BRADY M, THOMAS G. Assessing the effects of quality, value and customer satisfaction on consumer behavioral intentions in service environments[J]. Journal of retailing, 2000, 76(2): 193-217.

[9] 仇立. B2C 模式下消费者感知物流配送服务质量与顾客忠诚相关性研究[J]. 管理现代化, 2015, 35(6): 82-84.

[10] 郑春东,张帅帅,段琦,等. 快递服务失误补救对顾客再购买意愿影响研究[J]. 工业工程与管理, 2012, 17(4): 96-100.

[11] MCCOLLOUGH M A, BHARADWAJ S G. The recovery paradox: an examination of customer satisfaction in relation to disconfirmation, service quality, and attribution based theories[J]. Marketing theory and application, 2000, 65(4): 102-107.

[12] 张圣亮,杨俊. 基于技术的自助服务顾客满意影响因素研究[J]. 管理学报, 2009, 6(9): 1245-1249.

[13]　OLIVER R L. Whence consumer loyalty[J].Journal of marketing，1999，63（4）：33-44.

[14]　谢恩,黄缘缘,赵锐.不同维度信任相互作用及对在线购物意愿影响研究[J].管理科学,2012,25(2):69-77.

[15]　邓爱民,陶宝,马莹莹.网络购物顾客忠诚度影响因素的实证研究[J].中国管理科学,2014,22(6):94-102.

[16]　张初兵,黄怀,易牧农.满意与忠诚的路径剖析:来自天津寿险业的实证[J].经济经纬,2010,27(2):103-107.

[17]　曾慧,郝辽钢,于贞朋.B2C环境下消费者持续网络信任的实证研究[J].管理现代化,2014,34(6):34-36.

[18]　郭国庆,杨明海.营销科学的新问题:便利理论的研究评述及启示[J].经济管理研究,2012,28(4):38-44.

[19]　BROWN L G. The strategic and tactical implications of convenience in consumer product marketing[J].Journal of consumer marketing,1989,6(3):13-19.

[20]　DANNY W，SUBHASH S，STACY L W. Effects of online communication practices on consumer perceptions of performance uncertainty for search and experience goods[J].Journal of retailing,2007,83(4):393-401.

[2]　MENTZER J T, KRAPFEL R E. Physical distribution service: a fundamental marketing concept? [J].Journal of the academy of marketing science,1989,17(4):53-62.

[22]　BOSHOFF C. An instrument to measure satisfaction with transaction-specific service recovery[J].Journal of service research,1999,1(3):236-249.

[23]　KIM D J, FERRIN D L, RAO H R.A trust-based consumer decision-making model in electronic commerce: the role of trust, perceived risk, and their antecedents[J].Decision support systems,2008,44(2):544-564.

[24]　FLAVIAN C，GUINALIU M，GURREA R. The role played by perceived usability, satisfaction and consumer trust on website loyalty[J].Information & management，2006，43(1):1-14.

[25]　ZEITHAML V A，PARASURAMAN A，MALHOTRA A. Service quality delivery through web sites: a critical review of extant knowledge[J].Journal of the academy of marketing science,2002,30(4):362-375.

备注:该论文已发表在《中国流通经济》(PKU、CSSCI、ISTIC)2017年第3期,并被中国人民大学书报资料中心复印报刊资料,F513《市场营销》(下半月·理论版)2017年第8期全文转载。

基于模糊层次分析法的 B2C 模式下物流配送服务质量评价体系构建

仇立

（天津大学管理与经济学部，天津 300072）

摘要：通过对物流服务质量内涵进行系统分析及深入研究，将 B2C 模式下影响消费者感知物流配送服务质量前置限定因素归因为客户化定制服务质量、回应质量、支付质量及服务失误补救质量，构建了科学、系统的基础性研究框架及规范，并运用层次分析及模糊综合评价法以京东商城为调研对象进行实证分析，研究结论显示该评价体系具有较好的合理性及可操作性。

关键词：物流配送服务质量；评价体系结构；层次分析法；模糊综合评价

The Logistic Service Quality Assessment System Construction Based on the B2C Mode of Huzzy Analytical Hierarchy Processing

QIU Li

(College of Management and Economics, Tianjin University, Tianjin 300072, China)

Abstract: By the systematical analyze and further research to the connotation of logistics service quality, and attributed the front limited element of influential customer perceptive logistics service quality under the B2C mode to customization service quality, feedback quality, payment quality and remedy quality for service mistake, constructed scientific and sysmatical basic research frame and standard, and adopted Huzzy Analytical Hierarchy Processing executed the reality analyze to Jingdong Mall, the conclusion of research showed that the assessment system possessed the more reasonable and operative characteristics.

Key words: Logistics Distribution Service Quality; Evaluation System Structure; Analytic Hierarchy Process; Fuzzy Comprehensive Evaluation

0. 引言

相对于新消费者阶层日益稀缺时间资源及有限努力付出，网络购物以其优越便利性备受青睐，然而新消费者阶层选购商品分散性、随机性特质通常会导致现代物流配送呈现小规模、高频度特征,其对 B2C 模式下物流配送服务质量亦构成严峻挑战。据此,如何在确保配送商品质量前提下优化配送方案、降低运营成本、提升服务理念,便成为我国电商(Electronic Business, EB)企业改善互联网顾客关系质量、提升顾客态度忠诚及行为忠诚的关键所在。

1. 评价指标体系构建

本文将 B2C 模式下影响消费者感知物流配送服务质量前置限定因素细化为:客户化定制服务质量、回应质量、支付质量及服务失误补救质量 4 项一级指标,并针对每项指标进行严谨理论论证以期系统探索其对改善互联网顾客关系质量、提升顾客态度忠诚及行为忠诚影响机理。具体而言:①客户化定制服务质量。客户化定制理念是一种以客户为中心并综合大量定制营销的全新企业战略模式,其质量优劣对服务经济时代差异化满足新消费者阶层需求特征将具有重要实践价值。Srinivasan[1] 的研究成果发现符合顾客需求的个性化服务是改善互联网顾客关系质量、吸引顾客持续惠顾该 EB 平台的重要因素。②回应质量。在虚拟消费体验进程中,由于 EB 企业与顾客之间缺乏沟通导致顾客难以借助与人员持续接触而逐渐养成对服务人员的情感依赖,进而影响其对服务质量的主观感知与评价。仇立[2]指出在服务经济时代,沟通是商家与顾客之间进行信息交换、获取信息的重要途径,而在物流配送体系中,高品质回应质量能有效消除商家与顾客之间沟通障碍,增强彼此双方之间信任度、满意度,进而提升顾客对 EB 企业的态度忠诚及行为忠诚。③交付质量。在此,本文将交付质量评价指标细化为时间性、商品精确率、商品质量完好度以及商品包装措施完备 4 项二级指标。Stank[3] 认为运营资质(可靠性、有形性)、相关质量(响应性、保证性、移情性)及成本质量(相对价格、绝对价格)对顾客满意具有正向影响,且顾客满意对顾客忠诚及市场份额中介效应显著。④服务失误补救质量。由于服务本身具有无形性、异质性及不可分离性等特质,加之互联网消费环境的虚拟性以及信息不对称等相关问题均在一定程度上导致服务失误情境不可避免。虚拟消费模式下顾客对选购商品及享受服务进程中所感知的满意状态是基于对产品实际绩效体验与期望绩效间差异的主观评价,即产品或服务品质实际绩效感知低于期望绩效时消费者会产生负向失验情形,随即滋生抱怨、不满等负面情绪最终导致 EB 企业服务失误,而适度高质量服务补救对有效修复服务失误情境下互联网顾客关系质量具有积极意义。此外,参照情绪反应时间动力性理论、情感体验多层面理论与情绪调节理论可进一步推知消费者负面情绪反应亦应呈现时间过程特质,据此本文认为相对性延迟补救策略在特定情境下亦能增加顾客满意度提高顾客抱怨处理有效性、降低顾客流失率,即 EB 企业能否在第一时间对顾客投诉给予回应并制订相应补救措施适时响应以及补救措施便利性、补救结果满意性对有效弥补服务失误均具有正向影响。

2. 基于层次分析法的权重系数确立

首先,借助 1-9 比例标度法构造判断矩阵 $A_{1-4}\text{-}A$,$A_{11-14}\text{-}A_1$,$A_{21-24}\text{-}A_2$,$A_{31-34}\text{-}A_3$,$A_{41-44}\text{-}A_4$,并针对判断矩阵中诸元素进行两两重要性比较分析。

其次,采用和积法确定权重系数:

(1)对比较矩阵 A 按列进行规范化操作: $\overline{a_{ij}} = \dfrac{a_{ij}}{\sum_{i=1}^{n} a_{ij}} (i,j=1,2,\cdots,n)$;

（2）将上述数值按行累加得到和数 ω_i：$\overline{\varpi_i} = \sum_{i=1}^{n} \overline{a_{ij}} (i,j = 1,2,\cdots,n)$；

（3）计算规范化权重系数 ω_i，$\omega_i = \dfrac{\overline{\omega_i}}{\sum_{i=1}^{n} \overline{\omega_i}} (i = 1,2,\cdots,n)$。

再次，在一致性检验环节，具体操作步骤：

（1）计算判断矩阵最大特征根 λ_{max}：

$$\lambda_{max} = \sum_{i=1}^{n} \dfrac{(AW)_i}{nw_i} = \dfrac{1}{n} \sum_{i=1}^{n} \dfrac{\sum_{j=1}^{n} a_{ij} w_j}{w_i} \quad (i,j=1,2,\cdots,n);$$

（2）计算一致性指标 CI，$CI = \dfrac{\lambda_{max} - n}{n-1}$

（3）参照表 1 所示平均随机一致性指标 RI 值计算一致性比例系数 CR，$CR = \dfrac{CI}{RI}$。一般而言，若 CR 值小于 0.1 则可以认为该判断矩阵一致性水平较好；否则应对其进行适度修正。在此，所有权重系数 CR 值均小于 0.1，表明该判断矩阵一致性水平尚佳。

表 1 平均随机一致性指标

矩阵阶数	1	2	3	4	5	6	7	8	9
RI	0.00	0.00	0.58	0.90	1.12	1.24	1.32	1.41	1.45

最后，参照上述判断矩阵并与业界资深专家进行深度访谈、广泛听取其评价建议后对准则层 A_1、A_2、A_3 及 A_4 进行重要性判定，并进一步推知 B2C 模式下物流配送服务质量评价指标权重系数（如表 2 所示）及 CR 值。

表 2 评价指标权重及模糊隶属度

一级指标 A_i	权重系数	二级指标 A_{ij}	权重系数	满意度等级				
				C_1	C_2	C_3	C_4	C_5
客户化定制服务质量 A_1	0.217	支付方式 A_{11}	0.353	0.316	0.203	0.107	0.271	0.103
		收货方式 A_{12}	0.249	0.307	0.215	0.206	0.160	0.112
		配送费用标准 A_{13}	0.187	0.212	0.232	0.151	0.172	0.233
		订购数量金额限制 A_{14}	0.211	0.164	0.107	0.301	0.203	0.225
回应质量 A_2	0.109	沟通服务品质 A_{21}	0.372	0.421	0.215	0.117	0.103	0.144
		沟通效率 A_{22}	0.277	0.375	0.205	0.237	0.051	0.132
		配送进度实时查询 A_{23}	0.267	0.239	0.201	0.107	0.182	0.271
		潜在需求问询 A_{24}	0.084	0.101	0.127	0.235	0.125	0.412

续表

一级指标 A_i	权重系数	二级指标 A_{ij}	权重系数	满意度等级				
				C_1	C_2	C_3	C_4	C_5
交付质量 A_3	0.306	时间性 A_{31}	0.261	0.242	0.282	0.217	0.049	0.210
		商品精确率 A_{32}	0.365	0.401	0.202	0.203	0.107	0.087
		商品质量完好度 A_{33}	0.262	0.251	0.051	0.107	0.209	0.382
		商品包装措施完备 A_{34}	0.112	0.105	0.116	0.216	0.208	0.355
服务失误补救质量 A_4	0.368	投诉应答满意 A_{41}	0.232	0.235	0.227	0.103	0.202	0.233
		补救措施响应适时 A_{42}	0.237	0.207	0.501	0.103	0.076	0.113
		补救措施便利 A_{43}	0.255	0.257	0.223	0.202	0.115	0.203
		补偿结果满意 A_{44}	0.276	0.322	0.211	0.113	0.152	0.202

3. 模糊评价模型构建与综合评价

3.1 梯阶层次结构模型

本文运用模糊数学方法系统构建了 B2C 模式下物流配送服务质量梯阶层次结构模型，如图 1 所示。该理论模型目标层为物流配送服务质量；准则层由客户化定制服务质量、回应质量、交付质量与服务失误补救质量 4 项一级指标构成，且每项一级指标又分别与子准则层 4 项二级指标一一对应；方案层为需要具体判定的某一 EB 平台物流配送服务质量。

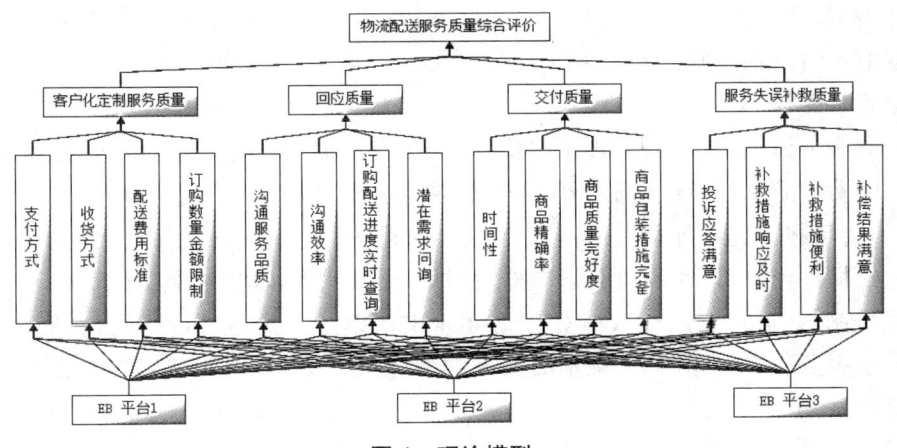

图 1 理论模型

3.2 模糊评价方法

首先，在确立评价因素集环节令 $U=\{U_1, U_2, U_3, U_4\}$，其中 U_1, U_2, U_3, U_4 分别表示准则层中客户化定制服务质量、回应质量、交付质量及服务失误补救质量 4 项一级指标，而 $U_1=\{U_{11}, U_{12}, U_{13}, U_{14}\}$、$U_2=\{U_{21}, U_{22}, U_{23}, U_{24}\}$、$U_3=\{U_{31}, U_{32}, U_{33}, U_{34}\}$、$U_4=\{U_{41}, U_{42}, U_{43}, U_{44}\}$ 则分别对应子准则层中诸项二级评价指标。其次，在建立权重集环节由表 2 可知一级指标权重系数 $\omega=(0.217, 0.109, 0.306, 0.368)$，据此可进一步推知在 B2C 模式下影响消费者感知物流配送服

务质量其效果由服务失误补救质量、交付质量、客户化定制服务质量至回应质量呈依次递减态势。再次,在确立评价集环节采用5级指标对梯阶层次结构模型进行量化,即 V=(非常满意、满意、一般、不满意、非常不满意),并参照模糊数学隶属度概念来进一步确定评价等级,其列向量 $C=\{C_1,C_2,C_3,C_4,C_5\}^T$=(100,80,60,40,20)^T。然后,在建立模糊判断矩阵及综合评价环节以京东商城为调研对象,遴选1000位京东商城银牌及以上会员展开实证分析并据此建立模糊判断矩阵。最后,在模糊综合评价环节采用乘积求和法进行定量计算,其客户化定制服务质量评判、回应质量评判、交付质量评判及服务失误补救质量评判推演过程如下:

$$U_1 = \omega_1 \cdot R_1 = (0.262, 0.191, 0.181, 0.211, 0.155)$$
$$U_2 = \omega_2 \cdot R_2 = (0.332, 0.201, 0.157, 0.112, 0.197)$$
$$U_3 = \omega_3 \cdot R_3 = (0.287, 0.174, 0.183, 0.130, 0.226)$$
$$U_4 = \omega_4 \cdot R_4 = (0.258, 0.287, 0.131, 0.136, 0.188)$$

综上,京东商城物流配送服务质量模糊综合评价结果为:

$$U = \omega \cdot R = (0.275808, 0.222216, 0.160596, 0.147823, 0.193448)$$

归一化处理:

$$U' = \frac{U}{\sum_{i=1}^{5} U} = \left(\frac{0.275808}{0.999891}, \frac{0.222216}{0.999891}, \frac{0.160596}{0.999891}, \frac{0.147823}{0.999891}, \frac{0.193448}{0.991891} \right)$$

$$= (0.276, 0.222, 0.161, 0.148, 0.193)$$

模糊综合评价结果为:

$$H = U' A = (0.276, 0.222, 0.161, 0.148, 0.193) \cdot (100, 80, 60, 40, 20) = 64.8$$

该数值表明京东商城物流配送服务质量接近"一般"等级水平。

4. 结论与建议

本文以服务营销、顾客满意理论为依托,在综合考量互联网服务特性基础上将B2C模式下影响消费者感知物流配送服务质量前置限定因素归因为客户化定制服务质量、回应质量、支付质量与服务失误补救质量,并针对每一维度进行严谨理论论证,据此构建物流配送服务质量模糊评价模型,实证检验了虚拟消费情境下消费者功能性利益体验对互联网顾客满意形成机制影响机制,以期从消费者视角对B2C模式下我国EB企业提升服务理念、改善物流配送服务质量,实施顾客锁定战略提供可行性建议。具体而言:第一,在客户化定制服务质量层面,子准则层中支付方式及收货方式二者权重系数均较高,说明其对客户化定制服务质量影响显著,对提升互联网顾客满意度、信任度评价亦具有重要意义。据此,建议在支付方式环节,EB平台应尽量满足不同消费者支付偏好提供货到付款、在线支付、微信支付、公司转账等灵活多样支付方式,支付安全上亦应积极创新研发支付工具使消费者在支付结算过程中感知信任、消除疑虑,降低时间与努力成本;在收货方式环节,应高效利用神经网络匹配技术及共同筛选技术兼顾差异化顾客需求,按照顾客约定日期及时间节点提供一对一个性化配送方案充分体现管理柔性。第二,在回应质量层面,由于订购配送进度实时查询权重系数明显高于其他指标,据此在B2C模式下EB企业应为商家与顾客之间搭建有效沟通平台、提供物流配送状态实时查询功能以及建立物流配送环节满意度评价机制。此外，配送人员所具备的服务素养对整体物流配送质量影响仍不容忽视，即在交付环节之前，配送人员能否做到以电话或短信方式通知客户准备接货以及在收货环节又是否能主动提醒消费者验货等细微之处均影响消费者对物流配送服务质量的主观感受与评价。第三，在交付质量层面，时间性、商品精确率、商品质量完好度3项二级指标权重系数较高，说明其对准则层中交付质量影响显著。据此，建议EB平台首先应针新消费者阶层日益稀缺时间资源及有限努力付出在配送环节不断完善其社会化物流配送支持系统、积极构建自营物流配送体系、拓展配送覆盖区域，提供高效限时送达服务；其次应建立并完善商品质量监控与评价系统对第三方平台加盟制订科学严格准入制度、系统考察其经营资质与经营规模，即在经营资质上应重点关注该商家是否已具备工商经营资质及实名认证，而在经营规模上亦应拟定加盟商经营规模门限值并重点考察其是否具备持续经营能力；最后应加强对已通过审核第三方销售平台交易行为监管力度与商家质量欺诈行为处罚力度，在实际操作环节可采取降低其信用等级抑或取消其经营资质并将不良商家质量欺诈行为录入诚信档案以切实保护消费者合法权益。第四，在服务失误补救质量层面，本文统计数据显示子准则层中各项二级指标权重系数均较高。由此，EB企业能否及时响应顾客投诉并基于消费者感知服务便利视角制定相应补救措施以及顾客对补偿结果满意度评价均对改善互联网顾客关系质量、重获顾客忠诚具有显著影响。参照服务失误补救悖论，相对于新消费者阶层日益稀缺时间资源及有限努力付出EB平台对服务失误情境下所积极实施的便利补救措施对有效弥补服务失误所导致的负面口碑、提升互联网顾客满意度、信任度指数应具有重要实践意义。此外，在服务失误情境下建议EB企业应以公平理论为依托对所实施服务失误补救措施进行重新审视，以检验其是否满足顾客服务补偿结果期望、服务补偿程序期望以及服务补偿互动期望。综上，在服务失误情境下EB企业应从顾客感知视角切入，选取恰当补救时机及完善补救措施，以期最大限度降低顾客流失率、重获顾客满意与信任，进而巩固互联网顾客态度忠诚与行为忠诚。

参考文献

[1] Srinivasan S S, Anderson R, Ponnavolu K. Customer loyalty in e-commerce: an exploration of its antecedents and consequences[J]. Journal of retailing, 2002, 78(1): 41-50.

[2] 仇立. B2C模式下消费者感知物流配送服务质量与顾客忠诚相关性研究[J]. 管理现代化, 2015, 35(6): 82-84.

[3] Stank P T, Goldsby J T, Vickery K S. Logistics service performance: estimating its influence on market share[J]. Journal of business logistics, 2003, 24(1): 27-29.

备注：该论文已发表在《物流科技》2017年第6期。

Study of Construction and Implementation Strategies of EB Platform Service Convenience System under Six Sigma Concept

LI QIU

ABSTRACT

In this Study, 6 Sigma Concept was built in the research framework of Electronic Business (EB) Platform Service Convenience System under Business-to-Customer (B2C) mode, 6 Sigma Management Model with service process as foundation, customer as core and improving quality of Service Convenience System as original intention was constructed, DMAIC implementation strategies were deeply explored with customer orientation, pursuit of zero-defect excellent quality and cost control methods in 6 Sigma Management Concept were used, the author wishes to provide EB enterprises with feasible reference about making operation and management strategies from the perspective of internet customer convenience.

INTRODUCTION

According to research statistical data of China Internet Network Information Center (CNNIC), by June 2017, the number of Chinese Internet consumers reached 0.514 billion and increased 10.2% compared with the end of 2016, with the steady proportion rise of B2C trades and ever closer integration trend of Online-to-Online (O2O), consumer convenience perception industry has become a primary factor for Internet customers to select EB Platform. In the era of Internet+, with the ever-accelerating pace of social life, time sensitivity of new consumer class is increasingly prominent and consumption involvement clearly declines, effectively reducing time cost and effort cost spent by Internet customers during their virtual consumption experience process on EB Platform will substantially increase service convenience perceived by Internet customers and cause positive influences on improving quality of Internet customer relationship, customer attitude loyalty and behavior loyalty.

Li QIU, College of Management and Economics, Tianjin University, Tianjin 300072, China

Framework of EB PLATFORM SERVICE CONVENIENCE SYSTEM

On perspective of enterprises, pre-limiting factors which affect EB Platform service convenience perception shall include quality of system design, performance of real-time handling purchase order and EB enterprise image.

Quality of system design can significantly affect Internet customer consumption convenience perception; the quality items which have positive influences on subjective impression of EB Platform consumption convenience and final consumption behavior intention mainly are: if EB Platform system framework is clear enough for potential consumers to register and log in EB Platform; if layout and design of webpages are reasonable and nice; if classifying selection and navigation functions of system search engine are powerful; if payment and settlement processes are safe and fast; and other details. SUN Junhua1 used stop watch of time study to test the relation between efficiency of Internet customer online shopping and quality of EB Platform system design, according to his experiment data, there is significant correlation, moreover, the higher quality of system design is, the more helpful it will be for increasing Internet customer consumption convenience perception. On level of testing quality of EB Platform system design, YOO et al.2 and BARNES et al.3 respectively established SITEQUAL Evaluation System and WEBQUAL Measurement Scale. Accessing convenience and trade settlement convenience are key measuring dimensions. Therefore, high attention shall be paid on such two sections for EB Platform system design. Accessing convenience refers to time cost and effort cost spent by Internet customers on registering and logging in EB Platform, browsing and searching for information about goods and services provided on such EB Platform. For registering, logging in, browsing webpages and searching for information on EB Platform, registration steps shall be simplified, several safe login ways shall be provided, voice recognition technology and image search function shall be further strengthened for accurate positioning of target goods, fuzzy search, search correction and relevant functions of search engine shall be constantly improved, in this way, fast system response can increase service convenience perception of new consumer class. Payment and settlement convenience refers to time cost and effort cost perceived by Internet customers during trade settlement on EB Platform. Providing fast payment methods on EB Platform according to different consumer preferences, further avoiding financial risks and reducing non-monetary cost expenditures during virtual consumption experience process can also effectively improve quality of Internet customer relationship, customer attitude loyalty and behavior loyalty.

Performance of real-time handling purchase order is closely related to Internet customer consumption convenience experience, the performance items which have positive influences on EB Platform consumption convenience perception mainly are: If ordering process of EB Platform is clear and convenient enough to assist Internet customers in making consumption decisions; if purchase order handling level can reflect automation, intelligence and accuracy; if responding time of ordering system is delayed; if socialized logistics distribution system is complete, if logistics distribution plans can fully interpret management flexibility and other details. Therefore, close attention shall be paid on potential effects caused by ordering convenience and logistics distribution convenience on Internet customer consumption experience during real-time handling purchase order section of EB Platform. Ordering convenience refers to Internet customer's comprehensive evaluation on clarity of purchasing process and performance of helping function of EB Platform. High attention shall be paid on all details in section of EB Platform purchasing process design, such like: positions and color conspicuousness of add to cart, confirm to settle and other function buttons; increase or decrease number of ordered goods, simplicity of canceling or ordering again, and etc. in addition, considering small scale, high frequency, high randomness and other characteristics of Internet trades are increasingly prominent, FSM Model and ALICE Working Mechanism shall be applied as foundations for EB Platform, principles of knowledge base systems and inference rules and strategies shall be integrated, design structure, work and knowledge processing process, human-computer interaction inference work procedures of real-time purchase order handling software robot shall be reviewed and modified in order to further improve operating efficiency and reduce operating cost of EB Platform. Logistics distribution convenience refers to time cost and effort cost which Internet customers must spend for obtaining core values of services. Because time sensitivity of new consumer class is increasingly prominent and consumption involvement clearly declines, self-operated logistics distribution support system shall be established for EB Platform, area scope of limit-time delivery shall be expanded, neural network matching technology and collaborative selecting technology shall be integrated with different needs of Internet customers.

  EB enterprise image is a comprehensive embodiment of vision, operation and management concepts and brand culture of EB enterprise, it consists of three layers – Internet customer's impression and attitude and public opinion about EB enterprise. In the fact that "Lemon Phenomenon" commonly and objectively exits in Internet virtual consumption experience, time sensitivity of new consumer class is increasingly prominent and consumption involvement clearly declines, Internet customers usually prefer EB enterprises with good brand images to avoid service risks and simplify process of making network consumption decisions. Moreover, heterogeneity, intangibility and perishability of services, asymmetric situational information of virtual consumptions and diversity of needs of new consumer class cause unavoidable service failures to some extent. According to QIU Li's[4] research results, remedial measure convenience under service failure situation has significant influences on effectively mending quality of Internet customer relationship and improving customer attitude loyalty and behavior loyalty, namely highly-efficient and convenient service remedial measures are necessary and sufficient conditions for EB enterprises to customize different compensation packages on basis of equity theory. Remedial measure convenience refers to time cost and effort cost which Internet customers must spend for obtaining EB Platform service compensations under service failure situations. Consumers are usually unsatisfied, querulous and negative about service failures, such kind of negative reputations can be spread quickly through WeChat, virtual community and other ways in the era of social network and cause far-reaching impacts on brand images of EB enterprises. EB enterprises shall timely respond to customer complaints, conduct positive communications, make remedial measures on perspective of consumers about perceiving service convenience and pass sincerity of remedy in order to repair quality of Internet customer relationships and rebuild enterprise images.

On perspective of consumers, pre-limiting factors which affect EB Platform service convenience perception shall include time value sensitivity and awareness of thinking about transpositions.

Time value sensitivity refers to attention on time cost and effort cost paid by Internet customers during virtual consumption experience process. Fascination of Internet consumption mainly embodies in high efficiency and convenience of consumers' making consumption decisions. However, diversity of consumption channels will lead to closer attention on time cost of virtual consumption from Internet customers, especially from new consumer class with high sensitivity on economic value of time; effectively activating and respectively satisfy various potential needs in virtual consumption experiences on EB Platform are measures with significant practical values for improving EB Platform service convenience perception. SZYMANSKI's5 research results also proved that there is significant correlation between particular time value sensitivity of individual consumers and EB Platform service convenience perception, his research also emphasized that convenient services are helpful for EB enterprises to establish and maintain B2C structural relationship with consumers.

Awareness of thinking about transpositions is a thinking mode of handling interpersonal relationship with understanding first, its basis point is integrity and its medium is effective communication. During virtual consumptions, Internet customers are usually influenced by their personal standards and internal values and used to evaluate EB Platform service convenience on basis of their own thinking modes, feelings and experiences. However, if Internet customers can review business process on perspective of service suppliers, think about transpositions, fully consider efforts put into EB Platform to provide services for them, reduce their criticizes and complaints, consumption convenience perception will be improved synchronously.

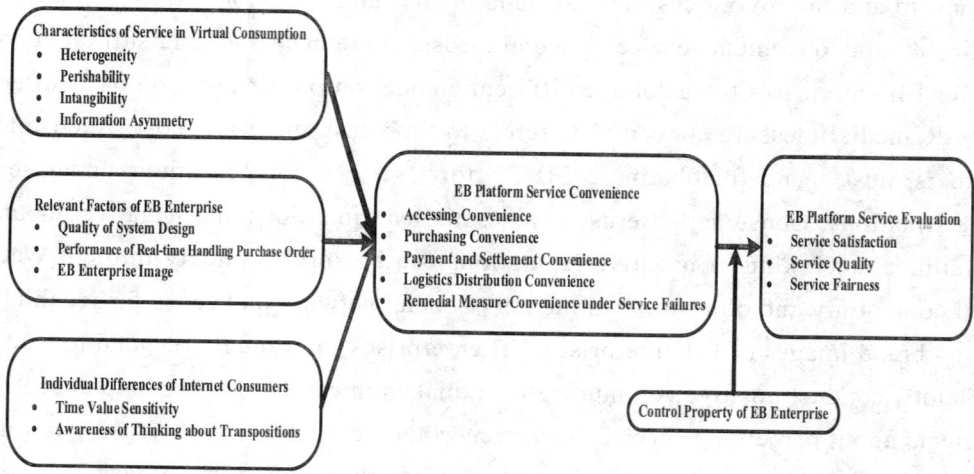

Figure 1   Framework of EB Platform Service Convenience System

6 Sigma Management Model of EB Platform Service Convenience System Quality

6 Sigma, on level of narrow sense, is considering 1.5 Sigma deviations on basis of statistics normal distribution and making falling probability of such deviations beyond 6 Sigma be only 3.4PPM, on level of broad sense, is quality standards of measuring and evaluating a product or service. In this research, 6 Sigma concepts were built into EB Platform Service Convenience System and 6 Sigma Management Model with service process as foundation, customer as core and improving quality of Convenience System as original intention was constructed, as shown in Figure 2.

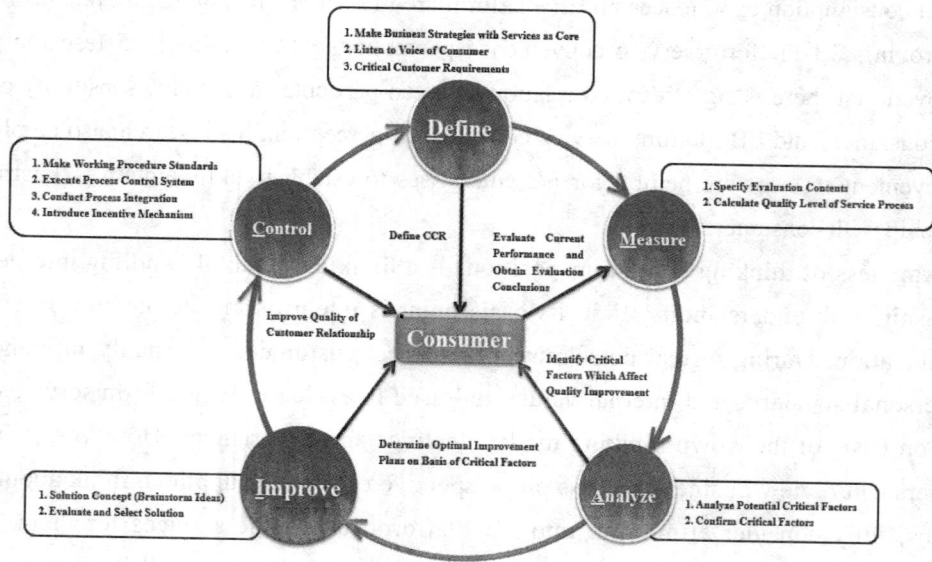

Figure 2   6 Sigma Management Model of EP Platform Service Convenience System Quality

IMPLEMENTATION STEPS OF IMPROVING CONSUMER SERVICE CONVENINENCE PERCEPTION UNDER 6 SIGMA CONCEPTS

Defining Phase: Define core requirements of Internet customer service convenience perception. Paying attention on customer requirements is the core value of 6 Sigma, EB enterprises shall systematically describe relevant factors which affect Internet customer satisfaction during service process, verify critical customer requirements (CCR), make improvement targets according to current status of service convenience, combine real-time customer feedback data and dynamically and slightly adjust to-be-improved projects and targets. Defining CCR shall include following three steps: (1) Form business process with customer as core, namely systematically select and summarize factors which affect EB Platform service convenience respectively on perspectives of enterprise and customer, review business process on basis of customer convenience orientation in order to make business process deeply integrate with all sections of enterprise operation and management on levels of strategy and tactic; (2) Listen to voice of customer (VOC). EB enterprises can learn about Internet customer consumption convenience perception from after-sale evaluation, questionnaire, virtual community and many other ways. (3) Convert VOC into CCR. In this section, same or similar customer feedbacks shall be selected and classified first, and then corresponding customer focuses shall be deeply analyzed.

Measuring Phase: Evaluate current quality level of EB Platform service convenience and obtain evaluation conclusions. In this Phase, EB enterprises shall firstly refer to CCR verified in Defining Phase and establish index system for evaluating core service sections, and then issue questionnaire, evaluate quality level of EB Platform service convenience perceived by customers through statistical analysis, check defects per million opportunities (DPMO) in Form and verify Sigma level, compare such Sigma level with service quality level expected by customers, analyze and find gap. For instance, when improving level of service failure remedial measure convenience – a critical section in EB Platform service convenience quality level -- from 4 Sigma to 5 Sigma, DPMO will significantly decline by 96.3%. Accordingly, time cost and effort cost perceived by Internet customers will decrease rapidly and service convenience experience will be improved 27 times.

Analyzing Phase: Define critical factors which affect improving quality level of Service Convenience System. EB enterprises shall systematically analyze the data collected in Measuring Phase, describe critical factors which affect quality of EB Platform Service Convenience System in details, find causes of problems with brainstorm ideas; main purpose of this Phase is to describe various affecting factors ($X_1, X_2, X_3, \cdots X_n$) in critical factors ϕ which affect Service Convenience System with as many details as possible, build concept model $\phi = f(X_1, X_2, X_3 \cdots X_n)$ for causes of problems, verify values of process variables (X) with significant property among many process variables which affect project ϕ.

Improving Phase: Determine optimal improvement plans on basis of critical factors. In this Phase, EB enterprises shall deeply explore critical factors which affect quality of EB Platform Service Convenience System and are defined in Analyzing Phase, summarize same or similar opinions, eliminate infeasible suggestions, determine optimal solutions, make targeted improvement plans and implement reforms. In addition, EB enterprises can also refer to Convenience Hierarchical Diagram, systematically analyze their existing services, positioning layout of such services and implement convenience marketing strategies according to different product and customer properties on different nodes of Convenience Hierarchical Diagram.

Controlling Phase: Continuously improve service convenience perceived by consumers during virtual consumptions. This Phase is a critical step in improving Internet customer service convenience perception under B2C mode. In this Phase, EB enterprises shall standardize improved service convenience processes, integrate solutions into daily service management process and monitor continuously in order to assure winning customer satisfaction and trust on improvement achievements, and to improve quality of Internet customer relationship, customer attitude loyalty and behavior loyalty.

Conclusion

In this Essay, real environment service mode was based, properties of services in virtual consumptions and various factors which affect EB Platform service convenience were comprehensively considered, research framework of EB Platform Service Convenience System under B2C mode was creatively built, it was believed that Internet customers evaluate EB Platform service convenience in basis point of individual differences and on basis of their comprehensive perceptions on quality of system design, performance of real-time handling purchase order and EB enterprise image; 6 Sigma management concepts were innovatively built into EB Platform Service Convenience System, it was suggested to use DMAIC implementation steps, pay attention on core requirements of Internet customers, optimize service process, systematically analyze critical factors which affect quality of service convenience and actively conduct continuous improvement. Moreover, the author advises that EB enterprises shall be aware that the construction and implementation of EB Platform Service Convenience System under 6 Sigma is a long-term systematic engineering, EB enterprises shall keep exploring and make progress step-by-step during marketing management practice.

Acknowledgement

Supported by the National Natural Science Foundation of China (71072155, 71472134)

References

1. SUN Junhua. "Research on the Design Quality of Online-Retailing Website Based on

Time Study and KANO Model", Industrial Engineering and Management, 2014(1), p91-97.

2. YOO W S, LEE Y J. "The Role of Interactivity in E-tailing: Creating Value and Increasing Satisfaction", Journal of Retailing and Consumer Services, 2010(2), p89-96.

3. BARNES S J, VIDGEN R. "An Integrative Approach to the Assessment of E-Commerce Quality", Journal of Electronic Commerce Research, 2002(3), p114-127.

4. QIU Li. "Research on Internet Customer Loyalty Formation Mechanism—under the Concept of Convenience Marketing", Technoeconomics & Management Research, 2017(3), p48-52.

5. SZYMANSKI D M, HISE R T. "E-satisfaction: An Initial Examination", Journal of Retailing, 2000(3), p309-322.

后　　记

　　时光荏苒，白驹过隙，三年多的研究工作即将结束。回首过往，点点滴滴历历在目。三年多来充满艰辛，充满坎坷，也充满收获。此时此刻，手抚书稿，思绪万千，我谨向一路走来所有支持、帮助和关心我的师长、家人和朋友们表达最真挚的感谢！

　　首先向我的导师赵道致教授表示真挚的敬意与衷心的感谢！这部书稿是在赵道致教授的悉心指导下完成的，从最初选题到成文定稿以至于具体的字斟句酌，每一步均凝聚了导师的心血。赵老师不仅在学术上给予我无尽的指导和帮助，而且在生活上也给予我无穷的启发，我从赵老师那里得到的不仅仅是知识，更有为人做事的道理。赵老师渊博的知识、敏锐的思维、民主而严谨的学风，以及追求真理、献身科学、严以律己、宽以待人的崇高品质，将使我终身受益。

　　诚挚感谢天津大学管理与经济学部傅利平教授、牛占文教授、李波教授、刘伟华教授、何龙飞副教授在我撰写本书期间给予的大力支持和无私帮助，以及所有给予我教导和帮助的诸位领导、同事，感谢您们一直以来对我的悉心指导和无私帮助。

　　感谢我的父亲仇宝山教授，感谢您一直以来对我学业、工作和生活上的支持和鼓励，感谢您一直以来对我无私的付出和关爱！

　　感谢我的母亲张学蓉教授，感谢您一直以来对我科研、教学和生活上无微不至的教诲与关爱，您用最无私的爱为我撑起一片晴朗的天空，您用灵巧的双手帮我编织美好的梦想，母爱之恩，与江河同流，与日月同辉！

　　感谢南开大学出版社张燕等编辑对本书稿的中肯建议及辛勤工作！

　　最后，向所有给予过我关心和帮助的人们一并表示衷心的感谢！

仇　立　谨识
2017 年 7 月
于天津大学